教育部人文社会科学研究青年基金项目[15YJC710064]
泰山学者工程专项经费资助项目[TS201712038]
国家社科基金一般项目[19BKS026]

基于“场域—惯习”视角的农村当代中国马克思主义大众化研究

肖 芳 著

山东大学出版社
SHANDONG UNIVERSITY PRESS
·济南·

图书在版编目(CIP)数据

基于"场域—惯习"视角的农村当代中国马克思主义大众化研究/肖芳著.—济南:山东大学出版社,2021.6.
ISBN 978-7-5607-7063-5

Ⅰ.①基… Ⅱ.①肖… Ⅲ.①马克思主义—大众化—研究—中国Ⅳ.①D61

中国版本图书馆 CIP 数据核字(2021)第 118176 号

责任编辑 李孝德
文案编辑 孟希亚
封面设计 杜 婕

出版发行 山东大学出版社
社 址 山东省济南市山大南路 20 号
邮政编码 250100
发行热线 (0531)88363008
经 销 新华书店
印 刷 济南乾丰云印刷科技有限公司
规 格 787 毫米×1092 毫米 1/16
20.25 印张 300 千字
版 次 2021 年 6 月第 1 版
印 次 2021 年 6 月第 1 次印刷
定 价 65.00 元

序

自肖芳进入曲阜师范大学求学，我与她结识已近20年，见证了她从学生到教师，再到学院管理人员的成长，更欣慰她在世事沉浮中不忘初心，始终坚守马克思主义的立场、观点、方法，并承担起“教书”和“育人”的双重使命。近年来她在教学和科研中均取得一定成绩，并时刻谨记“勤勉致知，励行致远”，正是一种不负韶华薪火相传，为新时代伟大事业而奋斗的追梦精神的展现，是值得肯定和褒扬的。近日，欣闻由其所著的《基于“场域—惯习”视角的农村当代中国马克思主义大众化研究》一书即将出版，作为其导师，我由衷地为她感到高兴，希望她在学术的道路上不断前行，收获更卓越的成果。

中国革命、建设、改革之所以能够取得成功，一个很重要的方面就在于广大农民的参与和支持。在中国，要发展，就必须研究农民，谁赢得了农民，谁就赢得了中国。在中华民族“站起来”“富起来”“强起来”的历史逻辑和实践逻辑中，农业农村农民始终起着重要的支撑作用。随着中国特色社会主义进入新时代，农村地区迎来了推动自身全面发展、发掘内部增长动力、提升农民生活水平的重大机遇。另一方面，市场经济的深化和各种社会思潮的涌入导致农民的思想观念在短时间内遭到巨大冲击，加剧了农民多元价值和农村地区意识形态的激烈交锋。唯有推进当代中国马克思主义尤其是习近平新时代中国特色社会主义思想大众化，才能推动农民以正确的政治立场，运用科学的理论体系和方法改造自我、审视新时代，继而为推动农业农村发展、建设社会主义现代化强国提供不竭动力。因此，处于深刻社会变迁中的农村社会无疑是推进当代中国马克思主义大众化的重要场域。这其中既有当代中国马克思主义大众化进程中不可回避的挑战，也是我们党加强社会主义意识形态建设的契机，值得广大马克思主义理论工作者给予高度关注。正如习近平总书记所言：“这是一个需要理论而且一定能够产生理论的时代，这是一个需要思想而且一定能够产生思想的时代。”

法国社会学家布迪厄无疑是当代影响最大的社会学家之一，他用敏锐而独特的眼光，打破了人们观察社会时的二元对立思维方法，创立了“场域—惯习”理论，以崭新的视角对社会现象进行深刻反思，为农村当代中国马克思主义大众化研究提供了一种新思路。沿着这一思路，在农村推进当代中国马克思主义大众化，我们不能将其简单理解为当代中国马克思主义在农村的传播，而应是在此基础上的一种主流意识形态的形塑活动，一种惯习的培育和养成活动。因而，本书批判继承、吸纳借鉴布迪厄的“场域—惯习”理论，以中国农村为研究场域，以农民为研究受众，着力探寻“场域—惯习”视角下实现农村当代中国马克思主义大众化的内在机理，力求理清场域、惯习、制度等具体研究对象在当代中国马克思主义大众化实践中的内在关系和行为逻辑。本书在对中国共产党推进农村马克思主义大众化的历史进程与实践经验进行总结的基础上，从农村经济、政治、文化、社会、生态五个子场域分析当代中国马克思主义大众化的现实境遇，进而针对现实问题从农村新场域的再造、农民新惯习的形塑两个角度提出相应的解决措施。本书将当代中国马克思主义大众化与农村场域变迁结合起来进行综合研究，力求为当前推进农村当代中国马克思主义大众化进程中遇到的种种问题提供一个合理且富有说服力的解释框架，并寻求一个有效的解决方案，助力乡村振兴和社会主义现代化强国建设。通读全书，它有四个显著特点：

第一，问题意识浓厚。从当前的现实情况看，我国“三农”工作还存在一些短板，尤其是主流意识形态领域仍存在一些亟待解决的突出问题。推进当代中国马克思主义大众化的重点在农村，难点在农村，薄弱环节也在农村。作者在写作过程中充分发挥理性精神，直面在农村推进马克思主义大众化面临的问题和挑战，着重分析了来自农村特定场域和惯习的冲击与排斥以及来自作为一种新惯习的马克思主义在融入农村场域中的不契合性，并在此基础上建构新时代推进农村当代中国马克思主义大众化的路径，具有浓厚的问题意识。

第二，理论分析精准。以农民为主体的“大众”向度既是马克思主义自身科学性与实践品格的要求，亦是马克思主义中国化的历史经验总结。因此，农村当代中国马克思主义大众化是一项复杂的系统工程。该书将当代中国马克思主义大众化与农村场域变迁结合起来进行综合研究，着眼于各要素间的互动与交融，从战略高度对如何推进农村当代中国马克思主义大众化作出了动态性、前瞻性和对策性综合研究。

第三，研究方法科学。该书综合运用理论与实践相统一、逻辑与历史相统一、规范研究与实证研究相统一、比较研究和个案分析相统一的方法。一方面，作者在书中对既有的马克思主义经典著作、中国共产党相关历史文献及社会学、心理学等相关资料进行系统梳理和分析，为当代中国马克思主义大众化的深入研究提供理论基础。另一方面，书中涉及大量翔实的数据，足见作者及其团队付出了大量心血。研究团队通过社会调研深入了解和获取了当代中国马克思主义在农村传播的具体情况，并把调研的数据材料吸收到最终成果中，增强了研究成果的感染力和说服力。

第四，现实关怀强烈。任何有价值的研究都不是凭空产生的，任何有生命力和感染力的研究都不是研究者的精神独白。在中国这个以农村为主体的社会中，农民是当代中国马克思主义大众化的主体受众，加之身处新旧社会传统交织、更替之中，农村社会无疑成为推进当代中国马克思主义大众化的重要场域。该研究立足于农村这一特定场域，具有浓厚的民生关怀，对于提高农民的思想政治素质、巩固农村社会主义主流意识形态的主导地位、保障乡村振兴事业的顺利进行等都具有重要的现实意义。

习近平总书记在中央农村工作会议上特别强调："全面建设社会主义现代化国家，实现中华民族伟大复兴，最艰巨最繁重的任务依然在农村，最广泛最深厚的基础依然在农村。""建设具有强大凝聚力和引领力的社会主义意识形态"的基础也于农村马克思主义大众化的广度与深度。《中华人民共和国国民经济和社会发展第十四个五年规划和2035年远景目标纲要》指出，加快推进"数字乡村"建设，构建面向农业农村的综合信息服务体系，建立涉农信息普惠服务机制，推动乡村管理服务数字化。这既为乡村振兴战略指明了方向，也为农村当代中国马克思主义大众化提供了前所未有的机遇和条件。农村当代中国马克思主义大众化研究是一个方兴未艾的大课题，相信学术界对这一问题的研究还会不断深入，对农村当代中国马克思主义大众化的路径研究也将会更加系统和完善。相信作者一定会以此书的出版为继续研究的新起点，再接再厉，形成更多的具有较高水平的研究成果，以飨读者！

李安增

2021年5月

目 录

绪 论

一、问题的提出

从 1848 年《共产党宣言》的问世至今已有 170 多年的历史，与人类发展的历史长河相比，这虽然十分短暂，但历史和现实都已经证明并将继续证明马克思主义的真理性与强大生命力。170 多年来，国际共产主义运动并不始终是凯歌高奏、一路欢歌，但处在时代变革中的中国共产党始终高扬马克思主义旗帜，不断推动马克思主义与中国的具体实际相结合，从而形成了中国化的马克思主义，也就是毛泽东思想和中国特色社会主义理论体系，实现了马克思主义在中国的落地、生根。然而，要实现马克思主义在中国的开花、结果，持续发展，还有一个重要的命题，那就是要使马克思主义走入大众的生活与实践，成为其思想和行动的指南。“批判的武器当然不能代替武器的批判，物质力量只能用物质力量来摧毁；但是理论一经掌握群众，也会变成物质力量。”①理论只有为大众所掌握，才能充分彰显马克思主义的理论魅力，这其实就引出了“马克思主义大众化”的重要命题。所谓马克思主义大众化，即是以具有鲜明中国特色、中国风格、中国气派的生动活泼形式向人民群众展现马克思主义，使其走入人民群众的日常生活，并内化为人民群众坚定信仰和实践动力的过程。当今中国，21 世纪马克思主义蓬勃发展。它要想引领新时代的发展，实现中华民族由“站起来”“富起来”到“强起来”的历史性飞跃，必须将当代中国马克思主义尤其是习近平新时代中国特色社会主义思想，切实转变为大众的理论自觉、理论自信与行动指南。

美国乡村社会学家罗吉斯说过：“一个国家要发展，必须研究农民，对农民缺乏了解是造成很多发展规划失败的原因。”②这对于农民人口占绝大多

---

① 《马克思恩格斯选集》第 1 卷，人民出版社 2012 年版，第 9 页。

② [美]埃弗里特・M.罗吉斯、[美]拉伯尔・J.伯德格：《乡村社会的变迁》，王晓毅、王地宁译，浙江人民出版社 1988 年版，第 320 页。

数的中国来讲，其重要性更是不言而喻的。中国革命、建设、改革之所以能够取得成功，一个很重要的原因就是广大农民的参与和支持。在中国，要发展，就必须研究农民，谁赢得了农民，谁就赢得了中国。在中华民族"站起来""富起来""强起来"的历史逻辑和实践逻辑中，农民始终起着重要的支撑作用。而在中国特色社会主义进入新时代的今天，广大农村地区面临着新的机遇和挑战。从机遇的角度而言，就是要不断挖掘自身发展的内在动力，推动自身的全面繁荣发展，不断满足广大农民对美好生活的需要。从挑战的角度来看，农民的思想观念伴随着市场经济的蓬勃发展和社会多样化思潮的不断涌入，价值观多元化趋势愈发明显，迫切需要正确的价值引领。因而，实现当代中国马克思主义尤其是习近平新时代中国特色社会主义思想大众化迫在眉睫。唯此，广大农民才能坚定政治立场，以马克思主义的理论和方法进行自我和实践的改造，从而为推动农业农村的发展振兴、为全面建设社会主义现代化强国目标的实现贡献源源不断的强大动力。正是在此意义上，身处深刻社会变迁中的农村社会便成为推进当代中国马克思主义大众化的重要场域。

当代中国马克思主义要实现在农村场域的顺利入场，既要保持与农村场域的良性互动，同时也需要关注内生于农村场域的农民惯习，实现与农民惯习的内在契合。在农村场域的历史变迁中，马克思主义大众化面临不同的主观需要和社会条件，其理论内涵、实践要求和推进路径有着不同的规定性和指向性。在农村推进当代中国马克思主义大众化，我们不能将其简单地理解为当代中国马克思主义在农村的传播，而应是在此基础上的一种主流意识形态的形塑活动，是一种惯习的培育和养成活动。因而，本书批判继承、吸纳借鉴布迪厄的"场域—惯习"理论，以中国农村为研究场域，以农民为研究受众，着力建构起"场域—惯习"视域下农村当代中国马克思主义大众化的分析架构，力求厘清场域、惯习、资本等具体研究对象在农村当代中国马克思主义大众化中的关系构成与行为逻辑，把握农村当代中国马克思主义大众化推进过程中遭遇的各种困境，缓解农村场域之中当代中国马克思主义水土不服的境遇，实现农民惯习与当代中国马克思主义契合与对接。事实上，这不仅是历史赋予中国共产党人的一项不可回避的重要任务，而且是我们马克思主义理论工作者不容忽视的重大问题。

二、研究现状述评

“推动当代中国马克思主义大众化”的命题自党的十七大提出之后，对其深入研究便成为马克思主义理论工作者必须回应的重大课题。目前，学术界从不同层面、不同视角、不同群体等对当代中国马克思主义大众化进行了系统、广泛而又深入细致的探讨和研究，取得了一系列重大成果。

(一)关于马克思主义大众化的相关概念及意义研究

关于马克思主义大众化内涵和本质的研究，学界以“大众化”为着眼点，从质的规定性和量的规定性（曾令辉，2008）、泛指和特指（刘建军，2008）、时间和空间（杨鲜兰，2008）、过程和结果（邱柏生，2008）、本质属性和要求（陈方刘，2008）；（骆郁廷，2008）等不同层面来探讨马克思主义大众化的内涵和本质。学者们普遍认为，马克思主义大众化是用马克思主义教育人民，使之成为人民群众接受、认同和信仰并自觉付诸实践的价值体系的过程。景丽萍等（2016）则指出，马克思主义大众化必然涉及“如何化”和“谁来化”两个基本问题，这是一项需要以战略眼光进行策划、一以贯之地加以推动的工程，如此，方能奏效。在马克思主义大众化的必要性和可能性研究中，孟献丽等（2013）指出，实践需要是马克思主义大众化的决定性动因；刘大维等（2014）也有相似观点，他认为推进当代中国马克思主义大众化是依据国内外时代环境和客观需求；王伟光（2020）认为大众化是马克思主义人民性这一根本属性的具体体现；何毅亭（2021）从理论本质、实践品格和崇高追求上探寻马克思主义大众化的必要性；商志晓（2013）从人民群众是否需要马克思主义以及存在问题、解决方式等方面探讨其可能性；邹国振（2012）基于精细加工可能性模型的视角，对大众接受马克思主义大众化传播的机理进行探析。

(二)关于马克思主义大众化的历史实践及经验研究

学术界主要从两个维度对马克思主义大众化的历史实践及其经验展开系统的研究。一是从纵向的历史分期的角度进行研究，探究“五四”时期（范丹卉，2009）；（罗会德，2009）（石瑛，2013）、井冈山时期（马福运，2011）、中央苏区时期（张强清等，2012）；（郝建华等，2014）、十年内战时期（郝婉露，2014）、延安时期（朱海，2011）；（李祥兴，2014）；（刘志明，2020）、新民主主义革命时期（毕朝文，2014）、中华人民共和国成立初期（房雪，2010）（刘长军等，2016）；（李祥兴，

2019);(武月琴,2019);(樊荣,2020);(胡艺华、杜敏,2021)、改革开放以来(孙熙国,2008)(罗会德,2008)、新媒体和网络化时代(张达,2013);(谭可可,2013)等不同历史时期推进马克思主义大众化的实践;二是从横向的经典作家、党史人物角度进行研究,学界主要围绕马克思、恩格斯等经典作家(王永贵等,2011)(李爱华,2012)(李海星,2013);(杨柠聪,2020),李大钊、瞿秋白、李达、艾思奇、贺龙等中国早期马克思主义者(方小年,2008);(丁俊萍,2014),毛泽东、邓小平、江泽民、胡锦涛等党和国家领导人(陈运普,2011);(于伟峰,2011);(李冬梅,2013)(杨全海,2013)三个层面的历史人物对推进马克思主义大众化的实践和经验进行研究。其中,对毛泽东的关注最为瞩目,学者们从毛泽东推进马克思主义大众化等多个方面展开研究,包括了背景、内容、措施、贡献等多个维度。

(三)关于马克思主义大众化的路径研究

路径研究是当前诸多议题之中最为引人注目的部分,研究成果颇多。一般路径研究中,赵勇(2008)从理论建构、引导方向、制度安排、传播方式、话语方式等五方面进行研究。邱柏生(2008)从教育宣传、心理影响、制度规约和政策影响等方面对当代中国马克思主义大众化的主要路径进行研究。孙熙国(2009)认为应从“知、成、行”三个维度推进马克思主义之“道”。郝立新(2020)关注人民性问题,认为这是大众化的基础与依据。孙慧娟(2018)提出了优化建构环境问题,认为应该通过完善宣教渠道来构建农村马克思主义大众化话语体系以及提升基层党组织与党员的理论水平。还有学者从软环境的角度探讨大众化的路径——改善社会风气(唐伟锋,2014);依托中华优秀传统文化,推进当代马克思主义大众化(孟献丽等,2013);以民生关怀作为马克思主义理论大众化的切入点(周蕴蓉,2013);提出群众至上是马克思主义大众化的内生动力(蔡娟,2013)。也有学者注意到了新媒体在马克思主义大众化中的价值(高奇、陈明琨,2019);(胡继冬,2020)等。还有学者从不同场域来研究马克思主义大众化,主要体现在城市社区(俞世兰,2012)(郭俊敏,2013)、农村(下面详述)、高校(陈洁,2009)(张雷声,2010)、民族地区(唐曼莲,2010);(张书军等,2014)等几个场域展开研究。

(四)关于农村马克思主义大众化的研究

从2009年开始,农村场域的马克思主义大众化成为广大学者关注的研究对象。总体观之,相关的学术成果主要是以论文形式呈现的,从“中国知识资源总库”中能检索到120多篇论文,研究主要集中在制约性因素分析和对策研究两个层面。(1)制约性因素分析:詹学德(2010)从思想文化层面分析制约性因素;张红云(2011)、陈斌(2012)、胡雪萍(2011)从个案调研中分析现实困境;彭恩胜(2011)从农民群体社会地位的底层性、农民群体的“知识贫困”性、农民群体宗教信仰的普遍性、农村党支部和农民党员的“贫血化”、农村干部表率作用的负面性、农村马克思主义宣传的断层性等层面揭示影响农村马克思主义大众化的主要因素;孙慧娟(2018)从城乡经济社会发展的不平衡、农村社会多元化思潮的冲击以及农村宣教力量的薄弱三个维度分析了阻碍马克思主义大众化在农村地区推进的因素。(2)对策研究:张红云(2011)、陈斌(2012)、胡雪萍(2011)从个案分析中得出推进农村马克思主义大众化的现实路径,仲逸智(2011)关注马克思主义大众化价值的共享与实现,林岩(2014)重视农民价值主体地位,还有学者将视角转向了农村基层党组织(钟小林等,2013;郭艳英,2013;戚杰强,2013)和大学生村官(杨帅,2013)的作用。阮晓菁(2016)指出在农村社会推进马克思主义大众化的历史经验主要有:科学理论指导和正确实践高度统一、准确解读经典著作与坚持不懈做好理论通俗化工作相结合、有组织地系统学习与灵活多样的生动宣讲相结合、领导人带头学理论讲理论与专家学者推动形成合力等方面。个别学者还使用传播学相关理论开展研究。

(五)关于“场域—惯习”视角的研究

“场域”“惯习”概念是法国社会学家皮埃尔·布迪厄(Pierre Bourdieu)在实践社会学中用于分析社会关系网络中人的行为的两个核心概念,通过阐释“场域”“惯习”和“资本”等概念的基本内涵及其内在联系,构建“场域—惯习”理论视角下农村当代中国马克思主义大众化的体系框架,不仅具有深厚的理论基础,还具有独特的方法论意义。纵观学界研究现状,越来越多的学者在分析社会现实问题尤其是农村发展与农民意识问题时,采用了“场域—惯习”这一视角。

在学术著作方面,主要包括《布迪厄的社会理论》(高宣扬,2004)、《社会福利场域的惯习》(毕天云,2004)、《权力的文化逻辑》(朱国华,2017)等。在学术论文方面,学者们不仅将“场域—惯习”运用于不同类型的研究——基础与应用研究、定性与定量研究等,而且运用于不同的学科门类,尤其是社会学研究领域。比如，对于社区口译（任文、徐寒，2013）、中国公共政策（崔思宁，2017）、劳动参与的性别化机制（邱幼云，2017）等问题都有较为深入的研究。在宏观研究中，杨威、刘宇（2017）以社会主义核心价值观的培育和践行为视角研究了当代家风“场域—惯习”的运作逻辑，指出当代家风场域的构建是将社会主义核心价值观融入日常生活中，是使之落细、落小和落实的有效途径。王树生（2007）指出“场域—惯习”揭示了隐藏在社会现象之下的资本再生成和权力争夺，能够指导研究者改变不合理的现实。解玉喜（2007）指出，“场域—惯习”实现了认识论上反方法论主义与反唯理论主义两方面的重大革新。黄红东（2010）认为场域—惯习包含了两个层面的辩证统一——主观与客观、整体与个体。在个案研究中，杨发祥（2007）以河北定州为例，以农民消费结构的转型问题为研究对象，探究了农村场域这一硬约束因素和农民惯习这一软约束因素在其中发挥的重要作用。

此外，“场域—惯习”这一研究视角还被学者大量运用于除了社会学之外的其他学科门类之中。例如，在新闻界，有学者运用该视角研究新闻生产（王敏，2018）和新闻场域的历史建构（张志安，2010）问题。在教育学界，有学者研究了中国外语教学（郭维、富冬青，2013）、新疆少数民族地区毕业生就业问题（蔡文伯、徐玮嘉，2016）、青年教师工程技术能力培养（李志峰、梅雄杰，2017）、高校教师职业生涯发展（阮成武，2019）、中产阶级子弟在精英大学中的生存图示（刘祎莹，2018）等问题在文化资本、场域、惯习之间的相互作用逻辑。

总体来看，上述研究成果，对于进一步深化农村当代中国马克思主义大众化问题的研究提供了许多相关理论支撑和方法论启示，是本书研究的起点和重要的理论基础。但上述研究也存在诸多缺憾：首先，研究缺少有效的理论工具和分析框架，使研究呈现盲目性，缺少普适性；其次，缺乏整体性的眼光及对过程的关注，即关注现状较多，关注变迁历程较少，尤其缺乏将近代农村社会变迁与马克思主义的传播有机结合的整体性研究；最后，现有研究或从宏观层面展开，或在微观层面进行剖析，时常呈现出宏观与微观、客观与主观研究的断裂和分化。因而，要进一步拓展和深化关于农村当代中国马克思主义大众化的研究，必须寻求方法上的突破和研究视角的转换。唯此，农村当代中国马克思主义大众化的生动实践方能实现全方位的呈现，从而帮助我们认识其本质意义、把握其基本规律、发现其中面临的诸多困境，并在此基础上提出有效的对策。

作为一个方兴未艾的研究课题，农村当代中国马克思主义大众化的研究必将不断深入，对农村当代中国马克思主义大众化的路径研究也将会更加系统和完善，具体表现为：一是加强对农村当代中国马克思主义大众化文本的解读、阐释和研究，在理论基础与传播内容方面为农村马克思主义大众化助力；二是对农村当代中国马克思主义大众化的内在规律和农村文化、农民心理等问题不断探索，在现实操作性方面为农村马克思主义大众化助力；三是开展关于路径方面的研究，在可行性的解决方案方面为农村马克思主义大众化助力。

三、研究目标、研究思路与研究方法

（一）研究目标

推进农村当代中国马克思主义大众化，不仅仅是一种主流意识形态的形塑活动，而且是一种惯习的培育和养成活动。本书从布迪厄的“场域—惯习”理论出发，以农村场域的当代中国马克思主义大众化为研究对象，力求厘清农村场域、农民惯习等具体研究对象在当代中国马克思主义大众化实践中的内在关系和行为逻辑，搭建一个较为科学的分析框架，科学地解释农村当代中国马克思主义大众化进程中遇到的种种问题，并寻求一个有效的解决方案。

（二）研究思路

本书以布迪厄的“场域—惯习”理论为研究视角，以农村社会为研究场域，以农村的场域、资本、惯习及其互动关系为切入点，构建农村当代中国马克思主义大众化分析框架，应用该分析框架，科学揭示农村场域、农民惯习、农民资本与当代中国马克思主义大众化的互动逻辑，由此来观照农村当代中国马克思主义大众化的现状，明晰其问题所在，并在此基础上提出可行性的路径建构。

（三）研究方法

1.跨学科研究法。在遵循马克思主义理论学科的基本立场、观点和方法基础上，以社会学理论的相关知识为研究工具，形成本书的研究框架和写作思路，为农村当代中国马克思主义大众化的深化研究提供理论基础。

2.实证研究法。通过使用无结构访谈、局内局外观察等方法，深入观察和全面把握当代中国马克思主义在农村场域的传播状况，进一步明晰当代中国马克思主义在不同地区、不同类型、不同发展程度的农村的传播现状和路径。

3.系统分析法。农村当代中国马克思主义大众化是一项复杂的系统工程，本书将从农村场域、农民惯习、农村制度等不同层面进行系统分析与研究，并着重着眼于各要素间的互动与交融，在此基础上构建一个科学、规范的分析框架。

四、研究价值

（一）学术价值

有助于丰富和拓展农村当代中国马克思主义大众化研究的方法和视角。本书力图在以往研究成果的基础上，基于“场域－惯习”视角，从微观、中观与宏观相结合的层面分析农村场域、惯习、资本等因素的相互作用和转化，不仅有助于科学研判当代中国马克思主义大众化与农村场域、农民惯习、农村政策间的互动关系，展现农村当代中国马克思主义大众化的动态过程，而且还能够跳出传统的抽象理论研究，在动态中把握农村马克思主义大众化的内在机理和规律，为有效地推进农村当代中国马克思主义大众化提供一个新的研究方法和视角。

（二）实践价值

本书遵循理论与实践相统一的原则，将农村马克思主义大众化的研究置于农村社会的历史变迁之中，对于解决处于社会转型期的农村所面临的诸多问题具有方向性的指导意义，对于提高农民的思想政治素质、进一步强化主流意识形态在广大农村地区的主导性地位、切实有效地保障当前乡村振兴宏伟战略的有序推进等都有重要的现实意义。

第一章　农村当代中国马克思主义大众化的理论概述

“没有革命的理论，就不会有革命的运动。”[①]诚如斯言，理论向来是行动的向导，科学理论的指引是行动正确的必要保证。学术研究亦是如此，在明晰基本概念和范畴的基础上，搭建研究的理论架构，是我们研究得以正确且顺利推进的前提。

第一节　农村当代中国马克思主义大众化的相关概念

“没有理论，革命派别就会失去生存的权利，而且不可避免地迟早注定要在政治上遭到破产。”[②]毫无疑问，作为一种客观实践活动，农村当代中国马克思主义大众化必然是在一定的理论指导下开展并且取得了一系列实际效果。而“当代中国马克思主义大众化”这个概念，是研究对象最直接和最基本的单位。做好这个概念的解读，是推进农村当代中国马克思主义大众化的逻辑起点和理论前提。

对“当中国马克思主义大众化”这一概念进行学理解读，至少要深刻阐明其中蕴含的两个核心子概念，一是何谓“当代中国马克思主义”，二是何谓“大众化”，只有彻底厘清这两个子概念的科学含义，我们才能更完整、更准确、更深刻地理解和把握“当代中国马克思主义大众化”的内涵。

一、“当代中国马克思主义”的概念解读

何为“当代中国马克思主义”？究竟应该从何种意义上理解这一概念？要回答这一最基本的问题，我们首先要回溯到“马克思主义”这个基本概念。

---

① 《列宁全集》第 2 卷，人民出版社 2013 年版，第 445 页。

② 《列宁全集》第 6 卷，人民出版社 2013 年版，第 367 页。

（一）马克思主义

马克思主义作为人类文明精华的最集中体现，作为一种系统完备、逻辑严谨、内容丰富、博大精深的思想体系，是我们认识世界和改造世界的强大思想武器。毋庸置疑，它涵盖的范围是极为广泛的，包括了与我们人类生活相关的诸多领域。同时，马克思主义还实现了实践基础上的革命性和科学性的统一，实现了人类思想史上的巨大变革。理解“马克思主义”的科学概念，一般可以从最为普遍的狭义和广义两个层面加以剖析。从前者来看，它是由马克思主义哲学、马克思主义政治经济学、科学社会主义共同组成的，指向的是马克思、恩格斯创立的基本理论、基本观点和学说的体系。从后者观之，它不仅包括马克思、恩格斯的观点和学说的体系，也包括列宁、斯大林、毛泽东、邓小平、江泽民、胡锦涛、习近平等国际国内马克思主义者的不断继承与发展的理论体系。需要注意的是，这种继承与发展，既不是照抄照搬，也不是另起炉灶，而是在传承马克思主义基本原理的基础上，结合不同时代、不同国度的历史条件、文化传统对其进行创新发展。因此，对于“马克思主义”的理解，我们可以作出如下界定：马克思主义是在基本内核（辩证唯物主义和历史唯物主义）、基本框架（马克思主义的基本理论和基本观点）和重要支撑（马克思主义经典作家针对一定时代、一定环境的具体情况作出的科学结论以及重大论断）基础上，运用于本国实际，并与时代特征、民族特色、人民需要紧密结合，形成的一个富有开放性、发展性的系统、科学的思想理论体系。

（二）当代中国马克思主义

当代中国马克思主义是在改革开放这一伟大觉醒和伟大革命中孕育、发展与建构起来的。它经历了一个不断变化发展的过程，实现了“走中国式的现代化道路”——“走自己的道路，建设有中国特色社会主义”——“中国特色社会主义道路”的变迁，在此实践中孕育了当代中国马克思主义的不断发展与完善，实现了从“建设有中国特色社会主义的理论”到“中国特色社会主义理论体系”再到“中国特色社会主义道路、理论、制度、文化”的发展，展现了当代中国马克思主义从开篇到不断续写新篇章的理论样态演进历程。在实践与理论不断与时俱进的宏大图景中，我们可以看到，当代中国马克思主义核心要义始终围绕着中国特色社会主义展开。由此，我们可以这样界定“当代中国马克思主义”：它是改革开放以来中国共产党人结合中国实践要求与时代发展，在总结实践经验的基础上不断进行的理论创新成果；是中国共产党人立足社会主义初级阶段的基本国情，在推进中国特色社会主义的伟大实践之中，准确把握和回应不同的时代课题，把马克思主义和中华优秀传统文化相结合，进行艰辛的理论与实践探索而取得的伟大成就。简而言之，“当代中国马克思主义”这个概念是有特定意蕴的，它指向的是马克思主义中国化的最新理论成果——中国特色社会主义理论体系。这一中国化马克思主义的新样态，是在改革开放以来40多年的实践探索中逐步形成和发展的，因而将其称为“当代中国马克思主义”。必须指出的是，随着新时代的不断发展和中华民族伟大复兴实践的深入推进，中国特色社会主义理论体系将不断进一步丰富、发展。“文化大革命”结束之后，站在十字路口的中国面临着向何处去的历史抉择。以邓小平同志为主要代表的中国共产党人解放思想、实事求是，深刻反思与全面总结正反两方面的建设经验和教训，立足于社会主义初级阶段基本国情，准确把握时代主题的转换，于历史转折的关键时期发出“走自己的路，建设有中国特色的社会主义”的时代最强音，在建设有中国特色社会主义的伟大实践中，创造性地回答了“什么是社会主义，怎样建设社会主义”这一基本理论问题，把握了社会主义建设规律，并在此基础上逐步形成了中国特色社会主义理论体系的第一大理论成果——邓小平理论。党的十三届四中全会后，时代给以江泽民同志为主要代表的中国共产党人提出的基本问题，就是要解决好“建设什么样的党，怎样建设党”的问题，在回应这一问题的过程中，中国共产党人依然高举起中国特色社会主义的伟大旗帜，在把握共产党执政规律的基础上，形成了“三个代表”重要思想，同时也把当代中国马克思主义成功推进到新的世纪。站在新的历史起点上，以胡锦涛同志为主要代表的中国共产党人不忘初心，接续在理论创新的道路上进行探索，对于我国发展进程中出现的新情况、新问题进行深刻的剖析，对于“实现什么样的发展，怎样发展”的时代课题作出了有效的回应和创造性回答。作为理论创新成果的科学发展观，深化了我们党对人类社会发展规律的认识，在新的起点上把当代中国马克思主义向前推进。进入新时代，以习近平同志为核心的党中央，牢牢把握新时代我国社会主要矛盾的转化，孜孜以求地进行新的理论探索，对于“新时代坚持和发展什么样的中国特色社会主义，怎样坚持和发展中国特色社会主义”的时代课题，进行了强有力的回应和解答。作为最新理论创新成果的习近平新时代中国特色社会主义思想，加深了对三大规律——共产党执政规律、社会主义建设规律和人类社会发展规律的认识与理解，当代中国马克思主义自此进入到一个全新的发展之中。总之，当代中国马克思主义即是中国特色社会主义理论体系，是我们党在社会主义初级阶段，在建设中国特色社会主义的伟大实践中所形成的一切理论创新成果的统称。其内容主要包括邓小平理论、“三个代表”重要思想、科学发展观、习近平新时代中国特色社会主义思想四大理论成果，这是我们推进农村当代中国马克思主义大众化过程时要“化”的内容。

二、大众化的概念解析

本研究的另一个核心概念是“大众化”。知己知彼，方可精准施策。如何理解和定位大众化，是我们能否精准推进农村当代中国马克思主义大众化的症结之所在。

（一）大众

大众作为本书的研究主体，从命题本身来说，就是当代中国马克思主义大众化的对象。“大众”从其现代含义上来看，它既延续了传统意义上的大多数，同时又富有浓郁的现代色彩，被理解为民众。由此，大众是和精英相对立的，是涵盖普通民众的群体，在数量和层次上有一定的涵盖性。马克思、恩格斯曾经以“人民大众”来指称“无产阶级”①，列宁对大众这一群体作了细致的划分：工人大众、农民大众、厂主大众、地主大众等。② 毛泽东在领导中国革命的实践中，对于大众有了更为清晰的定位：“一切被帝国主义、封建主义、官僚资本主义所压迫、损害或限制的人们”③，一切“革命阶级”称之为“人民大众”④。由此来看，“大众”的概念往往具有阶级性，是不同阶级联合的重要依据，由此，“在‘马克思主义之大众化’语境中的‘大众’，其指向就非常明确，强调对马克思主义的认同，对中国特色社会主义建设事业具有价

---

① 参见《马克思恩格斯选集》第 1 卷，人民出版社 1995 年版，第 95 页。

② 参见《列宁选集》第 1 卷，人民出版社 1995 年版，第 27 页。

③ 《毛泽东选集》第 4 卷，人民出版社 1991 年版，第 1287 页。

④ 《毛泽东选集》第 2 卷，人民出版社 1991 年版，第 696 页。

值认同性的‘公民’”[①]。伴随着改革开放和现代化进程的推进，“大众”的概念和涵盖更为广泛和明确，“大众”是指中国特色社会主义事业的建设者，在具体指向上涵盖工人、农民、知识分子、军人等，其共性就是：拥护祖国统一和民族团结，坚守中国特色社会主义道路，致力于建设社会主义现代化强国。

（二）大众化

何为大众化？从概念定义来看，《辞海》一书中将其等同于“群众化”[②]这个概念，《现代汉语词典》一书则强调它指向的是“变得跟广大群众一致，适合广大群众需要”[③]。从概念使用来看，我们国内文艺界在20世纪二三十年代的时候，在文艺大众化问题上将此概念率先加以使用，即“这种新民主主义的文化是大众的……它应为全民族中百分之九十以上的工农劳苦民众服务，并逐渐成为他们的文化”[④]。毛泽东又在1940年发表的《新民主主义论》中对文化大众化的含义作了初步阐述，认为“现在许多人在提倡民族化、科学化、大众化了，这很好。但是‘化’者，彻头彻尾彻里彻外之谓也”[⑤]。“许多同志爱说‘大众化’，但是什么叫作大众化呢？就是我们的文艺工作者的思想感情和工农兵大众的思想感情打成一片。”[⑥]由此，可以看出，毛泽东同志从文艺工作和宣传思想工作的层面来解读“大众化”的概念，对大众化的对象、大众化的标准和大众化的要求等进行了科学解读，这对我们理解和运用“大众化”这一概念提供了重要指引。

基于此，我们认为，理解“大众化”的关键在于对“化”的理解和把握。一方面，从动词的角度把“化”理解为动态的过程。最先将其理解为普及化，后来衍生得出的是通俗化和生活化，无论是从普及化、通俗化还是生活化来解释大众化，都仅仅是手段和方式不同而已，其本质都是用“化”的方式来实现

① 冯刚主编：《高校马克思主义大众化研究报告（2009）》，光明日报出版社2009年版，第27页。

② 参见夏征农、陈至立：《辞海》（普及本），上海辞书出版社1999年版，第1793页。

③ 中国社会科学院语言研究所词典编辑室编：《现代汉语词典》（修订本），商务印书馆1996年版，第239页。

④ 《毛泽东选集》第2卷，人民出版社1991年版，第708页。

⑤ 《毛泽东选集》第3卷，人民出版社1991年版，第841页。

⑥ 《毛泽东选集》第3卷，人民出版社1991年版，第851页。

马克思主义与大众的有机结合。另一方面，把"化"理解为目标和结果，作为状态的"化"可由浅及深分为四个层次：一是认知层面的"化"，即当代中国马克思主义能够走进大众，为大众所了解、熟知；二是认同层面的"化"，即大众在情感、态度和行为上支持与认同当代中国马克思主义；三是实践层面的"化"，达到用当代中国马克思主义武装大众的目的，成为大众的行为准则，并指导大众的实践；四是大众化的终极形态，即信仰层面的"化"，使当代中国马克思主义成为大众日常生活的一部分，外化为日常生活的常态，最终上升为信仰。本研究借助"场域—惯习"视角，对农村当代中国马克思主义大众化的界定是一个动态渐进的过程，将大众化理解为一个不断"化"大众的过程，其最终的目标或终点是走向"化"的终极状态，即：使农民认知、认同、信仰当代中国马克思主义并将其外化为自身行为习惯的一部分。

三、当代中国马克思主义大众化的内涵与特征

"当代中国马克思主义大众化"是本研究的核心关键词和重要范畴，是本研究得以展开的重要逻辑牵引，唯有界定清楚其内涵与特征，才能为研究的开展提供坚实基础。

（一）当代中国马克思主义大众化的内涵

在对两个基础概念——"当代中国马克思主义""大众化"解读的基础上，我们就不难理解二者结合的概念——"当代中国马克思主义大众化"，在这里我们可以从狭义和广义两个角度来界定当代中国马克思主义大众化的内涵。从狭义上讲，当代中国马克思主义大众化的本质和指向就是实现中国特色社会主义理论体系尤其是习近平新时代中国特色社会主义思想的大众化，且以中国特色社会主义理论体系尤其是习近平新时代中国特色社会主义思想"化"大众的实践过程。从广义上讲，我们还需要从当代中国马克思主义的理论渊源与构成这个角度加以进一步考察，它实质上有着更丰富的构成，即马克思主义、毛泽东思想、中国特色社会主义理论体系的大众化，体现在当代中国马克思主义大众化的伟大实践之中。这两种含义不仅有利于我们把握推进当代中国马克思主义大众化的重点，而且还有助于我们系统全面地把握推进当代中国马克思主义大众化的整体。由此来看，对当代中国马克思主义大众化的两种解读都有其价值和必要性。

值得注意的是，当代中国马克思主义的内涵和外延随着中国特色社会

主义实践的深入推进，也会呈现出不断丰富、发展的趋势，从这个意义上来讲，当代中国马克思主义大众化的内涵也非固定不变，我们应将其放入实践和时代的动态演进中去理解和认识，在与实践的同频共振中经历一个不断更新和演进的过程，其内容也必然会随着实践和时代的发展而实现理论创新的丰富与发展。这一特点也要求我们对当代中国马克思主义大众化进行界定时，不能仅仅局限于静态的理论表达，而应将其放入中国特色社会主义的实践中，动态调整和不断充实当代中国马克思主义的新理论、新表述，并将其进行实践转化。这一过程不是将理论具体化的单向化过程，而是在理论内化的同时也包含其外化的过程，即大众理解、认同、运用当代中国马克思主义进行各种具体的实践活动，也就是说，它是一个双向化的过程。因此，它不仅仅是一种"化"大众的过程与机制，同时也是大众掌握科学理论与方法的目的与结果。

因而，对当代中国马克思主义大众化的理解就不能仅仅局限于某一层面，这一实践活动体现于过程与结果的统一。首先，作为过程的当代中国马克思主义大众化是一个由浅入深、由抽象到具体、由被少数人掌握到被大多数人掌握的渐进动态发展历程，这一过程不仅包含当代中国马克思主义普及化，而且包括当代中国马克思主义的通俗化和生活化，即当代中国马克思主义由神圣殿堂走入普通百姓的生活的实践过程。其次，作为结果的当代中国马克思主义大众化把当代中国马克思主义大众化看成一种状态，这种状态同样也分为认知、认同、信仰、实践四个层次，即大众知晓当代中国马克思主义的初级状态、大众认同当代中国马克思主义的中级状态、大众信仰当代中国马克思主义的目的状态和大众运用当代中国马克思主义的终级状态。

实际上，简单理解，所谓"马克思主义大众化"就是用"简单质朴的语言讲清楚，用群众喜闻乐见的方式说明白"①马克思主义。当代中国马克思主义大众化亦是如此，就是用当代中国马克思主义来武装全党、教育人民，是一个强化大众自主意识和主体精神并通过这种强化提高广大人民群众的理论自觉和理论自信的过程，是一个使他们能够在错综复杂的各种理论思潮和观念中选择和接受既适合自身发展又能够促进自己国家、民族和全体人

---

① 习近平：《关于建设马克思主义学习型政党的几点学习体会和认识》，《学习时报》2010年9月19日。

类共同得到发展的过程。①

（二）当代中国马克思主义大众化的特征

对于当代中国马克思主义大众化的特征，学界将民族化、时代化概括为其重要特征。换句话说，就是它要体现中国特色、民族特色、时代特点，正如习近平总书记所指出的：“不忘本来才能开辟未来，善于继承才能更好创新。”②我们在当代中国马克思主义大众化的过程中要对中华优秀传统文化进行创造性转化、创新性发展，使当代中国马克思主义有更为丰厚的中华优秀传统文化滋养，实现马克思主义与中华优秀传统文化的有机融合；同时还要紧跟时代步伐，顺应时代呼唤，解决时代课题，不断推进实践发展和理论创新。我们认为当代中国马克思主义大众化除了具备以上两种特征外，还具有实践性、长期性、复杂性和生活化四个特点。

1.实践性

大众化本身属于实践的范畴，而且马克思主义也具有实践性的品格，二者共同决定了当代中国马克思主义大众化的实践性特色。这就意味着我们要推进当代中国马克思主义大众化，不仅是理论诉求和历史使命，更是一种现实需求。实践是马克思主义哲学首要的和基本的观点，是马克思主义的本质使然。实践既是理论创新的源泉，也是理论创新的动力，更是理论能否大众化及其具体程度的关键性要素。“马克思主义的实践本性决定了马克思主义只有，而且必须通过人民群众，通过人民群众的社会实践，以‘大众化’的方式出场并不断开辟道路，才能体现其真理性价值，达成其革命性目的，实现其与时俱进的要求。”③当代中国马克思主义大众化注重关注现实、关注实践，从实践中创新，同时还强调用实践来检验成果，这些从不同层面都突出了当代中国马克思主义大众化的实践特色。

2.长期性

实践无止境，理论无终结，理论的大众化同样是没有终点的。在中国特色社会主义如火如荼推进的今天，与这种实践相伴随的当代中国马克思主

---

① 参见皮家胜：《推动当代中国马克思主义大众化的几点思考》，《马克思主义与现实》2008 年第 6 期。

② 中共中央宣传部：《习近平总书记系列重要讲话读本》，人民出版社 2014 年版，第 100 页。

③ 崔耀中：《中国马克思主义大众化研究》，中国人民大学出版社 2013 年版，第 8 页。

义理论形态也不断发展。因而，当代中国马克思主义大众化也必须随之不断发展，当代中国马克思主义大众化与中国特色社会主义实践可以说是密不可分、相伴而生的关系。一方面，前者与时俱进地重塑着后者的实践主体，始终为实践事业的不断推进提供有力的理论支撑；另一方面，后者为前者提供最为现实的依据和最为新鲜的材料。正是由于当代中国马克思主义的不断变迁与完善，其大众化也就成为一项具有长期性的事业。

3.复杂性

当代中国马克思主义大众化的过程是不断与旧思想、旧传统以及各种非马克思主义、反马克思主义的博弈和斗争的过程，其中既有正面的激烈冲撞，也存在潜在的渗透和颠覆；既有来自国内种种势力的阻挠，也有来自国际的文化侵略和政治渗透；既有来自传统的制约，也有来自现代的冲击。这种错综复杂的局面和严峻的挑战形势，致使当代中国马克思主义大众化的发展历程注定是一条布满荆棘的崎岖之路，也使得推进当代中国马克思主义大众化具有鲜明的复杂性特征。

4.生活化

大众日常生活看似普通平常，但实际上却构成了当代中国马克思主义大众化的重要场域，在其不断推进过程中扮演着关键性的角色。此种判断的得出，是由当代中国马克思主义大众化的过程性本身决定的，当代中国马克思主义只有走入普通大众的生活之中，才能实现与大众思想观念和实践行动的互动，并最终从观念和行动上切实践行当代中国马克思主义。唯有对大众生活进行足够的关照，对其生活关切予以充分的考量，切实满足大众的利益诉求、贴近大众的话语，当代中国马克思主义才能真正走入大众的生活世界，进而建构起扎根于大众日常生活的当代中国马克思主义信仰谱系；唯有此，才能真正实现当代中国马克思主义的大众化。换言之，生活化意味着当代中国马克思主义作为全党全国人民集体智慧的结晶，承载着满足人民美好生活需要、实现社会协调运转与国家有序和谐的思想指引，而脱离了生活的当代中国马克思主义大众化便成为无源之水、无本之木，因而，生活化是当代中国马克思主义大众化的重要特征之一。

四、农村当代中国马克思主义大众化

所谓“农村当代中国马克思主义大众化”，就是将当代中国马克思主义大众化的场域限定在农村社会，将当代中国马克思主义大众化的对象界定为农民群体，使当代中国马克思主义走进农村社会、走入农民群体的日常生活，使当代中国马克思主义成为引领农民思维模式、价值观念和日常生活实践的科学指南。这一概念本身也内含着两个层面：一方面是指当代中国马克思主义在农村社会的大众化，即当代中国马克思主义在农村社会广泛传播，被广大农民所认知、理解和接受，并内化为农民的思想之源；另一方面意味着当代中国马克思主义的理论体系能够被广大农民科学地运用于生产、生活实践和社会交往活动之中，与其日常生活紧密结合，成为农民的行动之基。

农村当代中国马克思主义大众化具有其特定的场域性和特殊的群体性，因而，推进当代中国马克思主义大众化的要求也具有自身的特点：它在经费方面要求更多的投入，理论队伍方面要求更高的水平，方式方法方面需要更加全面多样；它在运用上更加强调潜移默化，即“春风化雨，润物无声”；它在具体推进过程中强调多重的考量，包括客观层面的物质条件与主观层面的传统文化；它在特征特性上突出通俗性、人民性、实践性，强调宏阔的理论与日常的实践有效的结合，通过农民日常生活与当代中国马克思主义的有机结合，将当代中国马克思主义的精神本质逐步外化到农村社会建设和发展的实践之中。

第二节　农村当代中国马克思主义大众化的理论依据

“农村当代中国马克思主义大众化”这一命题的提出，不是空穴来风，也不是无源之水，而是有着深厚的理论支撑。理论转化为物质力量的思想、“灌输论”、人的本质和人的全面发展理论共同支撑了这项伟大的事业，为其搭建起最为坚实的理论之基。

一、理论转化为物质力量的思想

马克思主义认为意识形态是一种具有相对独立性的、有阶级属性的社会意识形态，属于思想上层建筑，其能否保持旺盛生命力，关键在于是否关注现实以及可否转化为现实。正所谓“理论只要说服人，就能掌握群众；而理论只要彻底，就能说服人。所谓彻底，就是抓住事物的根本。但是，人的根本就是人本身”①。毛泽东在《人的正确思想是从哪里来的？》一文中也指出：“人们的社会存在，决定人们的思想。而代表先进阶级的正确思想，一旦被群众掌握，就会变成改造社会、改造世界的物质力量。”②理论的价值在于它能够转化为物质力量，真正发挥改变世界的作用，但其前提是能够使理论为大众所理解和掌握，才能转化为指导群众运动的理论根据和激发群众斗争的内在精神力量。

马克思主义诞生170多年来的实践证明，马克思主义这一理论武器一经人民群众掌握，就会焕发出真理的光芒，继而转化为改造世界的强大物质力量。准确领会、深刻把握、全面运用、深刻贯彻这一科学的理论，无论是在农村当代中国马克思主义大众化的推进方面，还是厚植全党全国各族人民共同奋斗的思想基础、凝聚中国力量方面，都具有深刻的理论意义和重大的现实意义。而推进农村当代中国马克思主义大众化，就是解决理论为农民所掌握并转变为“物质力量”的实践过程。要将当代中国马克思主义转化为广大农村建设社会主义的物质力量，就要把当代中国马克思主义这一理论形态转化为农民易于接受的样态，在话语体系、传播方式、传播途径、传播内容等方面贴近农民生活实际，从而实现农民对当代中国马克思主义认知、理解和信仰，进而实现农民将信仰外化为其在政治、经济、文化、社会、生态文明等各领域中的具体行动和实践，即在科学理论的指导下，有效地开展实践活动，在利用自然、遵循规律的基础上合理有效地改造社会，发挥主观能动性并构建美好生活。

二、“灌输论”

“灌输论”是马克思主义思想政治教育理论的有机组成部分，是无产阶级政党开展思想理论教育活动的根本理论遵循，是推进农村当代中国马克思主义大众化的重要理论依据和方法论指南。基于马克思、恩格斯、考茨基等无产阶级理论家的“灌输论”观点，列宁对此进行了系统的阐述，并形成了科学完备的理论体系。他认为：“阶级政治意识只能从外面灌输给工人，即只能从经济斗争外面，从工人同厂主的关系范围外面灌输给工人。”③也就是

---

① 《马克思恩格斯选集》第1卷，人民出版社1995年版，第9页。

② 《毛泽东文集》第8卷，人民出版社1999年版，第320页。

③ 《列宁全集》第6卷，人民出版社2013年版，第76页。

说，马克思主义理论不会自发地为人民所掌握，而是需要借助教育的手段，通过特定的人群——觉悟的革命知识分子和无产阶级先进分子才能实现。

“灌输论”思想是推进农村当代中国马克思主义大众化的重要理论依据和实践指南。因而，从此种意义上来讲，要顺利推进当代中国马克思主义在农村社会的大众化，就必须将当代中国马克思主义“灌输”到广大农民的头脑中，进而外化于其实践。同时，“灌输论”思想也为推进农村当代中国马克思主义大众化提供了方法和路径指引。要实现有效“灌输”，必须做到前提科学、过程科学、方法科学。第一，前提科学，包括三个方面：一是灌输的理论本身必须是经得起实践检验的科学理论；二是该理论的呈现形式、内容选取、话语选择等必须是农民所需要的、熟悉的、乐于接受的；三是分清必须灌输的理论与非必须灌输的理论之间的界限。第二，过程科学，即灌输过程必须遵循农民的思想形成发展规律、认知规律以及理论教育规律，加大灌输过程的情感投入。第三，方法科学，即必须采取多种、灵活的方法作为支撑，善于利用中国话语讲好中国故事，推进当代中国马克思主义融入农民的日常生活，在广大农村落地生根。

三、人的本质和人的全面发展理论

在马克思主义诞生以前，东西方思想先贤虽然对人的本质进行了大量的探索，但对于“人的本质”依然未能作出科学、合理的认识和定位。马克思主义诞生之后，在社会实践的基础上，以唯物辩证的科学思维深入考察人的社会性活动，对人的本质问题提出了最为科学的论断——“一切社会关系的总和”。当然，这一认识经历了一个逐步转变的过程，从《1844年经济学哲学手稿》中马克思从人类本质出发来界定人，认为只有从事自由自觉的生产劳动即生命活动的人才是真正的人，到《关于费尔巴哈的提纲》中，马克思明确认识到人是处于现实生活中的人，人的本质在其现实性上是一切社会关系的总和，再到《德意志意识形态》中马克思恩格斯真正摆脱在思辨的天国而去设想人的逻辑，提出处在现实中的、可以通过经验观察到的、在一定条件下处于发展过程中的人。至此，马克思得出关于人的本质的正确论断，即人的本质在其现实性上是一切社会关系的总和。

唯物史观重新界定了人民群众的历史地位，并对其在人类社会发展中的地位进行了具有划时代意义的判断——人民群众是社会历史的主体，是历史的创造者。“任何解放都是使人的世界即各种关系回归于人自身。”①由此来看，人类社会的问题归根结底就在于如何通过改变各种交错复杂的社会关系，回归人的本质，以实现改变世界、促进人的自由而全面发展的目的。因而，马克思主义是为人民大众谋解放、求发展的学说体系，具有人民性和大众性的鲜明特点。因此，人民大众是当代中国马克思主义的受益者、接受者、践行者以及其进一步丰富发展完善的继承者。“人本化”的理论可以说为当代中国马克思主义的“大众化”提供了充分的可能性和现实性。农民群体是中国人口之中规模最大的一个群体，如果脱离这一占人口绝大多数的群体来探讨农村当代中国马克思主义大众化的问题，势必会为其蒙上一层虚伪的面纱，既不现实也不可能。与此同时，马克思主义也会成为空洞的、无用的理论，根本不可能找到其作用发挥的空间。以人的全面发展为前提、核心与归宿的当代中国马克思主义，具有鲜明的以人民为中心的价值取向，聚焦老百姓的美好生活需要是当代中国马克思主义的实践使命。从这个角度讲，只有切实推进农村当代中国马克思主义大众化，才能使农民真正理解和领会马克思主义人民性的理论真谛，进而为其实现自由而全面的发展提供思想指引。

第三节　农村当代中国马克思主义大众化的方法论基础

农村当代中国马克思主义大众化的推进，离不开科学的、正确的方法论的指导。从其方法论构成上来看，我们可以将其划分为两个方面的内容：一是辩证唯物主义和历史唯物主义，它为其有效推进提供了科学的世界观和方法论方面的有力指导；二是中华优秀传统文化，它成了其有效推进的重要的价值取向和思维方式。

一、辩证唯物主义和历史唯物主义的科学世界观与方法论

辩证唯物主义和历史唯物主义是马克思主义的世界观与方法论，也是马克思主义的核心内容，内含着马克思主义的科学性。这一科学的世界观与方法论，成为推进农村当代中国马克思主义大众化的重要方法论指引。

① 《马克思恩格斯文集》第1卷，人民出版社2009年版，第46页。

辩证唯物主义是在批判继承黑格尔辩证法的“合理内核”和费尔巴哈唯物主义的“基本内核”的基础上创立的，实现了唯物主义和辩证法的有机统一，由唯物论、辩证法和认识论三部分构成，其中包括：想问题办事情要从物质与意识的辩证关系入手，坚持一切从实际出发；承认矛盾无时不有、无处不在，坚持用对立统一、联系、发展、全面的观点看问题，做到具体问题具体分析，坚持实事求是等观点和方法。以社会发展的一般规律为研究对象的历史唯物主义，为人们提供了正确认识社会现象和社会历史发展规律的基本立场、基本观点和基本方法，其中包括社会存在决定社会意识、社会基本矛盾运动、社会发展动力系统等。中国革命、建设、改革的实践充分证明，辩证唯物主义和历史唯物主义具有科学性和人民性。是以，我们必须在工作中深刻吸纳其中的智慧滋养，坚持从客观实际出发制定政策、推动工作，坚持“一切为了人民，为了人民的一切”。

今天，中国特色社会主义已经进入新时代。但是需要指出的是，这一新的历史方位仍在社会主义初级阶段的语境之中，是社会主义初级阶段历史长河中一个新的发展阶段，而我国社会主要矛盾在这一新的历史方位中也必然发生变化，人民日益增长的美好生活需要和不平衡不充分的发展之间的矛盾已然成为新时代的主要矛盾。这一矛盾具有普遍性的指导价值。具体到本书所要分析的农村场域，广大农民实际上对美好生活的需要也在逐渐多样化，其中不仅仅是物质文化的传统的需要，也有民主、法治、公平、正义等需要。与此同时，个体农民的经济状况、政治素养、受教育程度、思维方式、生活方式等均呈现出较大的差异性，农民的思想、认识发展水平呈现出较大的不平衡性，在农村当代中国马克思主义大众化过程中必须充分认识这些复杂变化及矛盾，宣传教育要做到分众分层、有的放矢。如此，才能在大众化的实践中更好地坚持和运用辩证唯物主义和历史唯物主义，增强辩证思维、战略思维、底线思维、创新思维和历史思维能力，努力提高农村当代中国马克思主义大众化的实践本领。

二、中华优秀传统文化的价值取向和思维方式

马克思主义作为一种外来文化，要在中国落地生根，融入大众的日常生活，除了中国社会发展对其有特定的理论需要之外，一个不可忽视的重要原因便是其在思维方式、价值追求等方面与中华优秀传统文化存在着某种天然的契合之处。换言之，中华优秀传统文化是马克思主义扎根中国大地的

重要土壤和文化滋养。

马克思主义在中国的广泛传播和被广大群众接受是从“五四”新文化运动时期开始的，十月革命的一声炮响给我们送来了马克思主义。对于中国人在“五四”运动时期选择了马克思主义，一个很重要的因素便是中华优秀传统文化与马克思主义在文化层面的耦合。中华优秀传统文化是中华民族的根和魂，其在马克思主义中国化的历史进程中发挥着重要的作用。其对宇宙运行、社会运转和人生本质等重大问题的探讨实现了二者的价值融通，开放包容、兼收并蓄的特点为广大人民群众接受马克思主义提供了可能，而其中所蕴含的独立自主、自强不息的民族精神更是成了农村当代中国马克思主义大众化的文化支撑。

马克思主义大众化不仅是一个实践范畴，还是一个历史范畴，宣传普及工作必须注重从中华优秀传统文化中汲取民族智慧，以农民自己的传统文化、民俗文化为底色。中华优秀传统文化源远流长、博大精深，体现着中华民族特有的文化气派与民族气质，是当代中国马克思主义赖以生存、发展与壮大的文化基础所在。农村现存的很多优秀传统文化，是推动农村当代中国马克思主义大众化所不可或缺的重要文化载体，如家国情怀、荣辱观、勤俭思想、贵和思想等。因而，推动农村当代中国马克思主义大众化，要充分运用好中华优秀传统文化的丰厚资源，深入挖掘马克思主义同中华优秀传统文化在价值取向、思维方式等众多方面的契合之处，以具有鲜明中国作风和中国气派的中华优秀传统文化为发展壮大的丰厚土壤，从而帮助农民更深刻、更透彻地理解当代中国马克思主义的理论真谛，进而真正实现“大众化”的价值诉求。

第四节　农村当代中国马克思主义大众化的学理分析

推进农村当代中国马克思主义大众化是一项宏大的理论和实践工程，具有庞大的运行体系和路径指向，是一个完整而系统的运行体系。在这一体系中的时空、内容、主体、媒介、受众五要素都有其特定的规定性和相互制约性，是推进农村当代中国马克思主义大众化、形成农村当代中国马克思主义大众化运行机制的基本条件。对这五个要素的准确定位和科学把握，是农村当代中国马克思主义大众化研究不断推进的基础所在。

一、农村当代中国马克思主义大众化的时空分析

从马克思主义的时空观出发,我们可以这样认为:时间和空间的存在决定了物质运动的形式。因而,“场域—惯习”视角下的农村当代中国马克思主义大众化分析必须厘清特定的时空环境。

(一)农村当代中国马克思主义大众化时间分析

从时间上看,大众化的“化”代表时间维度上的渐进过程,指向的是马克思主义的时代性问题。从这个角度分析,当代中国马克思主义大众化具有明确的对象指向,即它强调的是中国特色社会主义理论体系的大众化。从起点上说,党的十一届三中全会具有起点性意义。因为这次全会重新确立了实事求是的思想路线,实现了党的工作重心的转移,吹响了改革开放的时代号角,催生了当代中国马克思主义。以邓小平为主要代表的中国共产党人凭着一股逢山开路、遇水架桥的闯劲,凭着一股滴水穿石的韧劲,顺应时代要求和人民期待,以巨大的政治和理论勇气推进改革,在改革实践中成功开辟中国特色社会主义道路,形成中国特色社会主义理论体系,中国特色社会主义理论体系大众化的命题随之诞生。

自党的十七大明确提出“中国特色社会主义理论体系”这个概念以来,始终将十一届三中全会作为这一理论体系的历史起点。党的十七大同时提出开展中国特色社会主义理论体系宣传普及运动,推动当代中国马克思主义大众化的任务。因此,本书提及的“当代中国马克思主义大众化”这个概念,它的历史语境可以界定为十一届三中全会至今的一段历史时期。这一历史时期具有丰富的时代意义,是中国社会发展的新时期,中国在这一时期也经历了前所未有的经济发展和社会转型。在全球化的大背景下,这一时期的中国在思想文化和意识形态领域经历了复杂的变化和严峻的考验。

(二)农村当代中国马克思主义大众化空间分析

中国农村是当代中国马克思主义大众化在空间上的界定。从一般意义上来说,农村是一种包含物质家园与精神归处双重意蕴的客观的社会环境。在这种客观的社会环境之中,具有一定的自然环境——特定的地理位置与特殊的生态面貌,具有一定的产业支撑——以第一产业这个农民生存和发

展基础的产业为主导。

从中国农村的基本特征来看，它正在逐渐淡化“乡土社会”模式之下“熟人社会”的传统封闭性特质，在改革开放的号角下，在现代化要素激荡的洪流中，逐渐摆脱传统的习惯惰性，在与时代的共舞中表现出愈加鲜明的开放性趋向。从当代中国农村来看，其现代化色彩更加鲜明——经济上的产业链与现代化技术、政治上的自治组织等等，都在改变其外部的客观环境及内部的思想观念。在传统与现代交织中，广大农村地区呈现出变革与保守共存的特殊样态。

当前，随着改革开放的深入、市场经济的发展和现代文明的渗透，农村正经历着从以自然经济为基础、体现农业文明的传统社会向以市场经济为基础、体现工业文明的现代社会的转型，传统因素与现代因素此消彼长，这种转型犹如一把“双刃剑”，其中既有机遇，也有挑战。在这一系列转型中，农村政治、经济、文化、社会和生态环境都发生了深刻变化。农村场域并非自己生成，而总是由当时的制度和社会大环境形塑而成，农村场域的结构内生于当时的政治经济生态环境，且随着环境的变化而变迁，这就是农村场域的动态性。对于处于转型期农村场域的分析乃是我们进行研究工作的现实起点。

二、农村当代中国马克思主义大众化的客体分析

所谓客体，便是农村当代中国马克思主义大众化的内容，而这一内容不仅仅是指其文本的内容体系，还包含在此基础上建构的话语体系与价值体系。

（一）农村当代中国马克思主义大众化的内容体系

党的十七大报告使用了“中国特色社会主义理论体系”这一科学命题，从历史演进脉络上讲，“中国特色社会主义理论体系”是中国共产党人在推进中国特色社会主义的实践中所形成的马克思主义中国化最新理论成果的统称。从内容上讲，中国特色社会主义理论体系是包括邓小平理论、“三个代表”重要思想、科学发展观、习近平新时代中国特色社会主义思想在内的科学理论体系。中国特色社会主义理论体系是在准确判断世界和中国发展大势的基础上形成和发展起来的，是在马克思主义同中国实际第二次结合形成的中国化的马克思主义，是马克思主义中国化第二次历史性飞跃的产

物。它之所以能够在伟大的历史进程中显现出巨大的理论魅力，根本原因就在于它与我国基本国情相结合，与时代发展同进步，与人民群众共命运，始终坚持解放思想、实事求是、与时俱进、求真务实的精髓，在新的历史条件下系统回答了我们面临的时代课题，形成了一个系统的、科学的理论体系。

苏联解体、东欧剧变的主要原因在于马克思主义与本国国情相脱离、与时代发展相脱离、与人民群众相脱离，导致其指导思想上的教条主义、理论僵化和官僚化。正反两方面经验告诉我们，农村当代中国马克思主义大众化的内容体系必须坚持实事求是、与时俱进，植根于中国特色社会主义的伟大实践，只有融入农村、融入农民日常生活，才能保证广大农民在把握科学规律、运用科学方法的基础上，进行多个层面的创新，并运用创新的理论成果指导实践，助力中华民族伟大复兴梦的实现。

（二）农村当代中国马克思主义大众化的话语体系

正如列宁所言：“最高限度的马克思主义＝最高限度的通俗化。”[①]大众化是马克思主义的本质要求，而如何实现大众化，一个很重要的考量标准便是通俗化，而话语体系则是通俗化的重要载体。正是在此意义上，我们强调当代中国马克思主义大众化的话语体系必须符合农民的认知水平、满足农民的理论期待、响应农民的价值诉求，以生动活泼、通俗易懂等为农民喜闻乐见的话语体系加以呈现。

党的十八大以来，以习近平同志为核心的党中央，在推进马克思主义大众化方面有诸多探索和范例，尤其是习近平总书记的讲话，形成了一套具有鲜明中国特色、中国风范的话语体系，这一话语体系既接地气，又深入人心，为我们在农村地区进行此项工作作出了典范。例如，“打铁还需自身硬”“撸起袖子加油干”“幸福都是奋斗出来的”“老虎要露头就打，苍蝇乱飞也要拍”等。这些揭示深刻道理的话语，既高瞻远瞩又深接地气，极其容易被广大民众尤其是科学文化素养相对较低的农民所理解和接纳，我们在推进农村当代中国马克思主义大众化的进程中要充分吸收、借鉴。

（三）农村当代中国马克思主义大众化的价值体系

农村当代中国马克思主义大众化，归根结底就是要用当代中国马克思

---

① 《列宁全集》第 36 卷，人民出版社 1959 年版，第 468 页。

主义占领广大农民的思想阵地。思想的阵地如何占领？归根到底还是要着眼于广大农民的利益问题，也就是首先要聚焦农民的民生问题。唯有与广大农民的实际生活和切实利益联系起来，他们才会切实感受到当代中国马克思主义的魅力所在，从而提高主动学习理论的积极性。农民最看重实际问题的解决，空洞的理论、抽象的说教很难真正对农民产生吸引力，更谈不上进行思想教化、占领思想阵地的问题。我们必须以解决农民的各种现实问题为农村马克思主义大众化的突破口。具体分析，我们可以发现农民生活虽然关涉多个方面，但它们具有不同的排序。其中，最为基础和首要的是农民的物质生活，在此基础上还要满足他们的民主参与、休闲娱乐、教育医疗等美好生活需要，把农民的就业、社会保障、子女教育、住房、社会治安等基本民生问题解决好，让他们切切实实地感受到中国特色社会主义的优越性。唯此，才能真正使当代中国马克思主义在广大农民心中扎根。

毋庸置疑，以人民为中心、关注民生、保障人民利益是当代中国马克思主义不断发展完善的一条主线。纵观当代中国马克思主义的理论构成，从邓小平理论到“三个代表”重要思想再到科学发展观都紧紧围绕人民这个中心，始终把人民利益放在首位。进入新时代以来，以习近平同志为核心的党中央以昂扬的斗志和坚定的信心，始终把人民对美好生活的向往作为奋斗目标，回应人民关切的问题，满足人民的需要，以人民为中心，致力于全体中国人民的共同富裕，奏响了改善民生的时代最强音。习近平新时代中国特色社会主义思想把实现人民对美好生活的向往、全体人民共同富裕作为重要内容，这是对社会主义本质理论的继承与创新，从根本上彰显了当代中国马克思主义深厚的人本色彩与鲜明的人文关怀，构成了农村当代中国马克思主义大众化最为根本的价值遵循。

三、农村当代中国马克思主义大众化的主体分析

农村当代中国马克思主义大众化的主体具有多元化、交互性的特点。一直以来，学界通常把马克思主义理论工作者、农村基层党员干部作为推进农村当代中国马克思主义大众化的主要动力主体，但在“半熟人”社会的农村，另一关键群体——农村精英群体或农村的意见领袖——理应得到更为广泛的关注。他们具有双重身份，既是当代中国马克思主义的受众，又承担着在农村传播当代中国马克思主义的重任。这些传播主体的素质、理论素养、业务能力、道德水平的高低，直接决定了当代中国马克思主义在农村大

众化的水平和层次。

（一）马克思主义理论工作者

马克思主义理论工作者不仅是推进农村当代中国马克思主义大众化的传播主体，而且也是这一工作体制机制不断得以创新的关键性动力因素。从作用发挥上来说，他们实际上扮演着引导性角色。这种角色地位的得来，是两方面因素共同作用的结果。一方面，理论是人们对客观规律的认识，是系统化的理性知识。也就是说，只有首先经过马克思主义理论工作者的加工、处理、创作这些环节，当代中国马克思主义才能实现由政治形态、理论形态、制度形态到大众形态的转变，形成广大农民乐于接受的大众形态，深入农民生活，被农民所接受和认同。另一方面，理论联系实际是中国共产党自成立以来的优良作风。对于广大的马克思主义理论工作者而言，其加工、处理、创作、宣传这些工作最终能否取得成效，取决于其是否科学运用调查研究的方法，是否深入广大农村基层地区、走进乡村、感受农民生活、了解农村的实际状况，以及与农民坦诚地沟通、交流；取决于其能否真正懂农村、懂农民。因此，“从实践中来，到实践中去”就成为农村当代中国马克思主义大众化的一条重要原则。广大马克思主义理论工作者，也必须面向实践、服务人民，以此为自身不可回避的任务，承担起农村当代中国马克思主义大众化推进这一使命，创作出面向农民大众的当代中国马克思主义的丰富多样的作品，形成一套符合广大农民的当代中国马克思主义话语体系。

（二）农村基层党员干部

农村基层党组织建设是党的全部工作和战斗力的基础，广大农村基层党员干部辛勤工作在农业发展、农村建设、农民富裕的第一线，是乡村振兴事业的带头人、主心骨，是贯彻执行党在农村的路线、方针、政策的核心主体，在推进农村当代中国马克思主义大众化的过程中起着引领作用。因而，农村基层党员干部作为推进农村当代中国马克思主义大众化的领导者和组织者，其工作作风、言谈举止、工作绩效等对于村民具有重要的带头和示范作用。领导干部的作风是反映党群关系的“晴雨表”，农村基层干部的形象，不是装扮出的外表，而是一个政党内在素质的综合展现，群众的眼睛是雪亮的，他们对基层党风廉政建设十分看重，甚至将党员干部形象外化为对当代中国马克思主义的判断、认知，是当代中国马克思主义进入农村的重要参照系。一方面，农村基层党员干部的决策、工作方法、工作态度，直接影响农村当代中国马克思主义大众化的全局；另一方面，农村基层党员干部的作风及表现，间接影响农民对当代中国马克思主义的态度和认知。进入新时代以来，随着基层党风廉政建设的扎实推进，农村基层党风民风社风明显好转，党心民心进一步凝聚，这对于农民正确认知当代中国马克思主义提供了良好的环境。然而，党内脱离群众的现象依然存在，官僚主义、形式主义、享乐主义和腐败现象仍暗流涌动，此种失范行为不仅恶劣地影响了党和政府的公信力，而且还不利于在农民深层次的思想观念领域建立起广泛的认同，从而使他们对当代中国马克思主义产生漠视甚至抵制情绪。这是新时代探索推进农村当代中国马克思主义大众化的过程中必须持续关注、保持警惕的重要方面，因而也成为深入推进大众化的重要着力点。

（三）农村精英群体

考察农村，不能不考察农村精英。农村精英群体是推动完善我国乡村治理体系、助力实施乡村振兴战略的重要支撑力量，所谓精英群体，就是农村中掌握优势资源的人群，除了以农村党支部书记和村委会主任为代表的村干部外，农村精英群体还包括具备较高文化视野和工作能力、在农民中具有较高声望并在一定程度上积极参与农村政治、经济、文化、社会等方面工作的村民。因为掌握优势资源，而在村务决策和村庄生活中，农村精英群体具有较一般村民更大的影响力。因而，在大众化的要素中也可将其称为“意见领袖”。“意见领袖”一词来源于保罗·F.拉扎斯菲尔德及伊莱休·卡茨(Elihu Katz)的“两级传播”理论①。“意见领袖”能在传统媒体发声，实现对现实国情的理性把握、平和表达，他们经常为他人提供信息、观点或建议，也能进一步提升个人的影响力。因为其熟知当地的社会、文化和人际环境，“意见领袖”的行为能够得到农民认可，以其人格魅力对农民的思想和行为产生隐性影响。因而，我们将之称为推进农村当代中国马克思主义大众化的中枢，起到中转和二次加工当代中国马克思主义的作用。他们在日常生产生活实践中所表现出的态度和感情倾向，将对建构农村当代中国马克思主义大众化的舆情氛围发挥引导作用，因而直接影响身边农民对当代中国马克思主义的态度和感情。他们对当代中国马克思主义内容体系、话语体

① 参见韩庆光：《传播学教程》，中国人民大学出版社1999年版，第196页。

系和价值体系所进行的二次加工失真与否，将在更具体的意义上决定着农民能否接受到真正的当代中国马克思主义。农村精英并不必然都是农村的大人物，但由于其作为半熟人社会中的一员，分布在农村社会的各个群体和阶层中，是一般村民熟悉和信赖的人，其意见和观点才更具说服力和影响力。因而，这一群体对推进农村当代中国马克思主义大众化颇具影响，是一种不可忽视的作用因素。

这里需要指出的是，上述主体皆具有一种交互性的特征。换句话说，上述乡土主体既是大众化的主体，同时也是大众化的受众，在大众化的进程中呈现出身份的二重性，后面的受众分析即是基于此的定位。

四、农村当代中国马克思主义大众化的媒介分析

受制于农村客观经济环境的发展状况、农民生产生活方式的特殊性和农民自身科技素养等综合因素，农村当代中国马克思主义大众化的媒介仍主要依赖于传统的传播媒介和传播方式，而网络等新兴传播媒介在推进农村当代中国马克思主义大众化过程中的作用尚未得到有效发挥，其在农村的实际运作有待进一步挖掘与整合。但，伴随着乡村经济的快速发展与乡村社会的现代转型，依托于网络的信息化传播方式势必呈现出蓬勃之势，尤其是社交媒体时代的到来，新生代农民必将深入其中，这将会深刻改变未来农村当代中国马克思主义大众化的媒介格局。

(一)传统媒体与新兴媒体的协同推进

1.创新传统媒体

传统媒体是借助书籍报刊、广播通信、电视、收音机等传统媒体向大众进行信息传播、影响大众主观意见的大众传播方式，虽有综合传播声、图、动画的技术设备，但在时间和空间上仍具有鲜明的局限性。而对于广大农民群体而言，传统媒体优势很多，比如，队伍更加专业，财力更加雄厚，品牌更具美誉度，等等，所以在农村的权威性和可信度依旧较高，这是其信息真实有效的最佳保证，导致传统媒体在农村场域无法于短期内完全为新兴媒体所取代。因此，当下和今后较长一段时间内，当代中国马克思主义的传播和农村当代中国马克思主义大众化的深入开展仍然要以传统媒体为主要载体。另一方面，面对新兴媒体的崛起以及网络诸多优势的挑战，传统媒体的劣势更加凸显，必须因时而变，积极应对挑战。此外，网络媒体作为一把双

刃剑，对传统媒体带来诸多挑战的同时也提供了全新的机遇。为此，传统媒体一方面必须找准定位，为农民提供最权威、最真实、最有价值的信息，坚持党性原则，正确引导舆论方向，以多样化的栏目最大限度地传播当代中国马克思主义，发挥其在农村舆论场域“中流砥柱”的作用；另一方面，应主动积极利用网络优势来改进自身，创新发展思路，不断改进采写方式，扩展传播渠道，展现新优势，抢占主阵地，出版一系列具有吸引力和感染力的成果，真正发挥媒体领头羊的作用。

2.发展新兴媒体

随着农村经济的发展，现代信息技术也逐步向农村普及，“媒介作为一股解放的力量，打破距离和孤立地藩篱，把人们从传统送到现代社会中”①。新兴媒体是在新的技术支撑体系下出现的媒体形态，主要基于数字技术，借助计算机网络、无线通信网、手机和电脑等新媒体，从而对大众进行信息文化传播。与传统媒体相比，新媒体内容丰富，具有资源优势、时效优势、互动优势与高度的参与感，极大地化解了时空局限的问题，因而，成为农村当代中国马克思主义大众化媒介的有力补充。新兴媒体的出现推动了社会舆论的多元化，其中尤其要提到的是以抖音、快手等为代表的自媒体。它们的大量出现，不断突破传统媒体的专业禁地，进入它们垄断的区域。在人人皆有麦克风的这样一个时代，每个人随时随地都可能成为传播主体。由此，意识形态领域也开始乱象丛生。毫无疑问，如果当代中国马克思主义不去农村场域占领主流意识形态的主导地位，那么这一思想阵地势必会被非马克思主义、反马克思主义思潮占领。面对如此形势，必须对新兴媒体进行有效的扶持、引导与管理，创建一批面向农民的当代中国马克思主义类网站，夯实思想引领的网上阵地，实现非传统传播形式与传统传播形式的有机整合，才能牢牢把握农村意识形态工作主动权、主导权，使当代中国马克思主义的内容体系和价值指向借助新兴媒体更广泛地渗透于农民日常生活中。

（二）人际传播与组织传播相互交织

人际传播是一种面对面的传播，具有互动性好、反馈及时、自由度高等优点，成为推动农村当代中国马克思主义大众化的重要途径。随着农村精

---

①　[美]韦尔伯·施拉姆：《大众传播媒介与社会发展》，金燕宁译，华夏出版社 1990 年版，第 134 页。

英群体在农村场域的日益壮大，村民间的聊天、串门这种人际传播方式愈发彰显其重要性，此种人际传播大多没有具体的内容、没有明确的主题，却是农村各类“意见领袖”向一般村民邻里谈及当代中国马克思主义、国家惠农利农方针政策、村民自治等内容的重要时机。由此，在推进农村当代中国马克思主义大众化的过程中必须重视意见领袖在其中的重要作用，通过有效的举措开展具备马克思主义理论素养的农村意见领袖的培养工作，引导舆论方向。一般农村都有一个或多个自发形成的人际传播的“舆论场”，即农村许多人能够形成共同意见的时空环境，比如村行政中心或是广场，或是商店、小卖部的门口空地或是部分农民家中。这种舆论传播形式为农民所钟爱，实践效果十分明显。能否充分利用这一传播渠道，影响着当代中国马克思主义能否真正深入农民，为农民所接受、认同。当前，推进农村当代中国马克思主义大众化必须着力培育宣传当代中国马克思主义的“舆论场”，如图书馆、阅览室等，营造传播当代中国马克思主义的良好氛围，使广大农民群众在“春风细雨”中将其吸纳。

组织传播，就是农村社会各组织之间及组织内部的信息传播形式。在广大农村地区，组织传播主要靠基层干部的层层传达来实现，组织传播是农村当代中国马克思主义大众化的关键渠道。改革开放以后，“乡政村治”成为农村最基本的社会组织方式，在农村自治组织中，基层政府主要以权力为媒介与农民产生互动，各项农村政策、信息层层过滤推进，这种传播带有明显的政治性，主要是“党内—党外”“上级—下级”的传播模式。这种传播模式具有自身的优点，即传播目的明晰，便于加强对意识形态、社会舆论的控制和引导，有利于巩固马克思主义在农村场域的思想主导地位，但基层政府如果过多干预和过分指导，强行灌输致使干群关系紧张，导致农民的反感和质疑。因此，基层干部必须加强与农民的沟通，给予农民一定的话语权，才能发挥基层政权的社会舆论引导能力，保持传播的畅通。另外，要充分发挥农业合作社、村落组织、科研机构等民间组织的组织传播作用，这是基层政权组织传播方式的重要补充。推进农村当代中国马克思主义大众化必须充分发挥民间组织的重要作用，为广大农民提供一个开放的学习当代中国马克思主义的平台。

（三）农村文化惠民工程的快速推进

中国特色社会主义进入新时代，我国社会生产力发展水平获得极大提高，综合国力已经达到世界领先地位。然而，伴随发展进程的日益推进，我国发展不平衡、不充分的问题也日益凸显，这是实现人民日益增长的美好生活需要的主要瓶颈，这一点在农村尤为突出。因而，在农村，通过大力实施农村文化惠民工程，着力解决农村精神文明相对落后于物质文明的发展困境，充分满足农民美好生活需要，成为推动农村当代中国马克思主义大众化的应为之举。农村文化惠民工程虽然由政府主导，但直接受益者还是农民群众，如文化部实施的"两馆一站一室"（县级图书馆、文化馆；乡镇综合文化站和农村文化活动室）项目，国家新闻出版广电总局实施的广播电视"村村通"工程，中宣部、文化部等实施的"文化三下乡"（送电影、送戏、送书下乡）等都取得了良好的传播效果，为当代中国马克思主义在农村宣传普及注入生机活力。借助此类文化工程，可以实现当代中国马克思主义在农村的普及性传播，使当代中国马克思主义在农民生活中走深走实。

充分利用文化工程推进农村当代中国马克思主义大众化，一方面，可以广泛开展文明村镇、文明集市、文明庭院、文明户等群众性精神文明创建活动，引导农民自觉摒弃旧思想、旧习俗，积极参与到先进文化建设的队伍中去，在文化工程中逐步引导农民学习当代中国马克思主义；另一方面，可以开展形式多样的知识下乡、技能下乡等形式的专题宣讲，举办丰富多彩、主题鲜明的农村文艺汇演，通过诗歌、快板、歌曲、舞蹈等各种文艺节目形式，吸引村民的热情参与，使农民在家门口、在娱乐中理解、认知当代中国马克思主义。

五、农村当代中国马克思主义大众化的受众分析

毋庸置疑，农民是农村当代中国马克思主义大众化的受众，但随着改革开放40多年经济的快速发展，农民开始走向分层，由单一的农业劳动者逐步分化为各种不同阶层。因而，推进农村当代中国马克思主义大众化也开始日益复杂化与层次化，这也是在大众化的实践中所必须考虑到的特点和趋势。

（一）村干部与党员

马克思指出："环境正是由人来改变的，而教育者本人一定是受教育

的。”[①]毛泽东也强调，教育者必须先受教育，“因为他们是教育者，是当先生的，他们就有一个先受教育的任务。在这个社会制度大变动的时期，尤其要先受教育”[②]。因而，在当代中国马克思主义大众化过程中，村干部与党员具有双重身份，他们既是传播者，也是受众，他们唯有先接受马克思主义理论教育，并更新、丰富、扩展自己的知识体系，强化服务意识，树立奉献精神，才能在农村当代中国马克思主义大众化过程中有不令而行的示范效应，胜任农村当代中国马克思主义大众化中组织者与传播者的工作任务，履行好传播职责，这是扎根基层的每一位村干部和农村党员的义务和责任。当然，村干部与党员在向农民宣讲当代中国马克思主义的同时，也需要不断反思自己的教育行为，联系农村、农民实际，接受再教育。所谓农村当代中国马克思思主义大众化，从传播学层面来说，其实是一个传播主体与传播受众相互学习、共同进步的过程，只有加强农村基层村干部等传播主体的教育力度，在村“两委”中形成良好的学习氛围，当代中国马克思主义才能在农村场域生根发芽，释放出更有说服力的真理力量。

（二）传统农民

从受众层面来理解，农村当代中国马克思主义大众化可以看作是当代中国马克思主义与农民的互动过程。这一过程内含着两个方面：一方面，要使当代中国马克思主义掌握农民，使之成为农民的坚定信仰、行为准则和价值向导；另一方面，要充分发挥农民在推动农村当代中国马克思主义大众化进程中的主体作用，使农民成为当代中国马克思主义的倡导者、宣传者、传播者。早在五四新文化运动时期，李大钊就指出：“我们中国是一个农国，大多数的劳工阶级就是那些农民。他们若是不解放，就是我们国民全体不解放；他们的苦痛，就是我们国民全体的苦痛；他们的愚暗，就是我们国民全体的愚暗；他们生活的利病，就是我们政治全体的利病。”[③]想要切实有效地推进农村当代中国马克思主义大众化，必须对农民群体具有深入的了解，正如马克思所说：“我们的叙述方法自然要取决于对象本身的性质。”[④]农民是一

---

① 《马克思恩格斯选集》第 1 卷，人民出版社 2012 年版，第 138 页。

② 《毛泽东文集》第 7 卷，人民出版社 1999 年版，第 270～271 页。

③ 《李大钊全集》第 2 卷，人民出版社 2006 年版，第 304～305 页。

④ 《马克思恩格斯全集》第 2 卷，人民出版社 1957 年版，第 7 页。

个特殊的群体，是长期从事农业生产的劳动者，根植于土地，靠农业谋生。从社会地位来看，受到城乡二元体制及多方面的影响，农民整体处于社会分层的金字塔底层。改革开放和现代化的推进虽然极大地降低了农民在人口之中的比例，但截至2017年年末，我国乡村人口占全国总人口的41.48%，农民仍是一个庞大的群体。小农意识是对传统农民的精确概括，随着经济社会的发展，农民身上的小农意识正逐步淡化，但小农意识却未从农民身上完全消除：传统的封建迷信思想、宗法家族意识等观念仍然在场；农民的受教育程度有所提高，但整体文化素质仍然偏低；随着农村当代中国马克思主义大众化的推进，农民的价值观也发生了传统——现代的交叠。虽然具有现代性色彩的平等、民主、自由、竞争、公平意识在广大农民头脑中不断生根发芽，并逐渐强化，但具有传统意味的小农意识、保守本性等仍然在思想最深层影响着他们。这些传统因素严重制约着农村当代中国马克思主义大众化的进程。总而言之，改革开放以来农民的文化水平和生活水平都有所提高，农民的思维方式、思想道德、价值观念、生活方式等正经历着多元化的冲击，思想上的迷茫和信仰的缺失现象较为严重；拜金主义、享乐主义、极端个人主义等腐朽观念夹裹在市场经济的浪潮中，正汹涌奔向富裕起来的农民；此外，还存在盲从和跟风等心理。农民群体思想呈现着保守与革新的典型二重性，这一特征既蕴含着有利于深入推进农村当代中国马克思主义大众化的因子，也暗藏着制约农村当代中国马克思主义大众化的因素。

（三）农民工

“农民工”是备受关注的集体称谓，标志着农民群体的一种裂变。随着非农产业的发展和社会流动性的增强，许多农民走出家庭、离开土地，开始从事非农生产活动，这一部分群体就是农民工。从户籍身份来看，农民工依然是农民；从职业来看，农民工是从事非农生产的劳动者；从社会属性来看，农民工依旧属于农村场域；从文化来看，农民工总体的文化水平是参差不齐的。2016年，全国农民工月均收入3275元，远低于城镇居民人均可支配收入，福利救助相对于城市居民而言亦存在较大差距。通过查阅相关数据，我们不难发现，近年来农民工总量规模一直较大，但也呈现出增速放缓，甚至减少的情况。这一变化说明，相当一部分农民工已选择返乡就业、创业，这就为乡村振兴提供了强有力的人才支撑，这些进城“见过世面”的农民工将为乡村发展带来新面貌。同时,我们也应该注意到,农民工的社会地位低,这除了受到现实状况的影响外,也受到城乡二元结构等体制因素的影响。相对于其他产业工人来说,农民工的文化水平、收入水平、社会地位都比较低,仅高于城市的无业流动人员,且从事的职业大多是“脏、累、险、苦”的工作,工作强度大,且业余生活枯燥乏味,很少参与到文化活动和政治活动中,是城市中的透明人,也是乡村的陌生人,处于当代中国马克思主义教育的断档区。随着我国经济社会的快速发展和城镇化建设的推进,农民工市民化的比重也会随之增加。重视对农民工开展当代中国马克思主义教育,可以有效地提高农民工的综合素质,不仅有助于拓宽农民工自身的发展前景,为其融入城市提供思想保障,而且还有利于提升城市的精神文明建设,为推动城乡协同发展提供不竭的精神动力。

(四)农村青年学生

农村青年学生不但是整个农村场域中最具生机和活力、最具创造性的群体,而且还是学习和践行当代中国马克思主义的重要群体。但由于经济、社会等条件的限制,农村教育资源相对落后,农村青少年受教育程度普遍不高,多为初中学历,其中不乏辍学打工者。伴随着市场经济的深入,“读书无用论”在农村青年学生中出现抬头之势,且受到落后观念影响,农村青年学生受教育的权利难以得到有效保障。在此影响下,一些消极落后的社会思潮必然会弱化农村青年学生对主流意识形态的认同,使其陷入主体性选择的困惑中,出现价值观迷茫、道德观困惑、道德行为失范等问题,从而制约当代中国马克思主义在农村青年学生中的传播。此外,农村的发展需要熟悉该地区的人才,但是农村青年学生接受教育后为了自身发展往往会选择留在城市,凡能力出众的大学生鲜有返乡建设者,这又进一步加剧了城乡差距,严重制约农村人力资源的可持续发展,阻碍着当代中国马克思主义在农村的传播。只有增强农村青年学生的主人翁意识,鼓励农村走出去的大学生返乡工作、学以致用,反哺农村,才能带动农村场域经济和文化发展,为新时代推进农村当代中国马克思主义大众化注入强有力的人才资源。

伴随着经济社会的快速发展,农村、农民、农业也在剧烈的变动之中,这种变化本身也推动着当代中国马克思主义大众化诸要素的深刻变动,唯有在动态的变迁中,才能全面观察、精准推进农村当代中国马克思主义大众化,这也是我们探寻新的分析架构的动因和初衷。

第二章 “场域—惯习”视角引入与分析框架的建构

布迪厄的“场域—惯习”理论侧重于从关系的视角分析社会问题，把马克思关于人的本质的判断进一步客体化和具体化，反对主客二元对立，提出场域和惯习的“双重存在观”，为我们提供了一种运用关系思维方式去分析社会现实问题的解释框架。将布迪厄“场域—惯习”理论运用于农村当代中国马克思主义大众化的分析过程，能够有效破除主观主义和客观主义的局限，通过对场域、惯习和资本及其内在关系的阐释，为农村当代中国马克思主义大众化研究构建一个贯穿微观、中观和宏观的动态分析框架，有助于全方位、多角度地进行相关问题和可行路径的解构与建构，为本研究的深入推进探寻一种有效的分析框架，不仅有助于推进农村当代马克思主义大众化研究的理论创新，而且还有利于强化农村当代中国马克思主义大众化实践的精准性。

第一节 “场域—惯习”视角的引入

“场域”“惯习”概念是法国社会学家皮埃尔·布迪厄在实践社会学中的两个核心概念，“场域—惯习”理论是布迪厄用来分析受特定位置影响的特定群体或个人的实践所建立的一种实践理论。以“场域—惯习”视角为切入点，对“场域”“惯习”概念及其关系展开分析，不仅能够有效地规避以往研究中个人与社会之间非此即彼的选择，还可以有效地将行动者(agent)[①]和社会结构的双向能动性结合起来，从而使研究更加贴近现实。因而，将“场

① 布迪厄认为社会科学的真正对象并非个体，但这并不意味着个人不存在，在场域中，他们“以行动者(agent)……的方式存在着”，而不是“生物性的个体、行为人(actor)或主体”。他与一些新马克思主义者运用这一概念主要是为了区别于意识哲学的相关范畴，与唯意志论划清界限。(参见[法]布尔迪厄、[美]华康德:《实践与反思——反思社会学导引》，李猛、李康译，人民出版社2004年版，第146页)

域—惯习”视角引入农村当代中国马克思主义大众化的研究，通过基础理论的规范研究，为本研究搭建起坚实的理论基础，同时使其获得重要的方法论意义。

一、“场域—惯习”理论的内涵

“场域—惯习”理论是皮埃尔·布迪厄和华康德在《实践与反思——反思社会学导引》一书中提出来的，是布迪厄社会学理论的重要组成部分。由于战后法国思想家们需要能够直接用于批判现实的行动哲学而非传统的抽象哲学，马克思主义主张理论与实践相结合，强调解释世界的目的在于改变世界，是指导人们改变现存世界的行动指南，所以马克思主义哲学无疑成为当时哲学家们思考社会现实问题的理论基础。布迪厄的“场域—惯习”理论是对马克思主义实践观的继承和发展，布迪厄反对机械的结构主义和目的论视角的个人主义，认为在实践理论研究过程中需要完成两项工作——不同社会实践之中隐藏的最深社会结构究竟是什么以及何种机制和逻辑确保了这些结构的再生或者转化。布迪厄的贡献在于：“用场域来代替结构主义的宏观社会结构，而用惯习来代替个体心理主义的主观意志。”①这就使他将关系思维渗透到整个社会实践活动的全过程，指出社会中个体事件行为的发生受到主、客观两方面因素的共同影响，社会世界是由具有相对自主性的社会小世界构成的，社会小世界是自身具有逻辑性和必然性的客观关系空间，由此提出“场域”“惯习”等概念。基于“场域—惯习”视角，从“中观”层面分析农村场域、惯习、资本等因素的相互作用和转化，可以更清晰地观察当代中国马克思主义大众化与农村政治、经济、文化、社会、生态等子场域以及农民惯习、农村政策之间的互动关系，展现农村当代中国马克思主义大众化的动态图景，从而突破以往研究的单一性及静态片面性，为农村当代中国马克思主义大众化研究提供一个新的研究方法和视角。

二、“场域—惯习”的理论分析

（一）“场域”的概念

“场域”（field）是布迪厄“场域—惯习”理论的核心概念，也是其从事社会

---

① 黄红东：《“场域—惯习”论：农民心理文化研究的新工具》，《经济与社会发展》2010年第7期。

学研究的重要分析单位，在其社会学理论的语境中，场域具有特定的意涵。它既可以理解为社会关系的空间——一个人们围绕着某一参与对象而形成的社会圈，也可以理解为权力的分配场或者说是竞技场。这个竞技场由一定的社会关系型构而成，是一个独立运行、有着自身运作逻辑且边界清晰的空间。具体来说，场域是一个相对独立的社会空间，不能将其简单地理解为一个单纯的地域空间或势力范围，其内部蕴含着其自身逻辑和规则；场域是一个关系网络，这种关系是独立于个人意识和意志的客观存在，但又与个人所处的位置及其所掌握的资本密切相关；场域是一个动态开放的系统，它具有生成性和发展变迁性，其内部不是静态存在的，而是各种力量竞争、博弈的动态存在，在这种动态的较量中推动场域不断变迁；同时各场域间的联系是复杂的，整个社会世界由各种不同的场域构成，各场域间不是孤立存在的，而是依据一定的纽带彼此联系存在，场域的界限只能通过经验研究才能确定，但这一界限并非固定不变的。总之，场域是一种以“关系”为核心的流动的社会空间，这一空间有其自身运行的规则和逻辑，空间内的各种力量按照这一特定逻辑变动；场域服从于某些社会规则，但是与社会规则不具有完全一致性，场域思维就是从特定领域中存在的客观关系入手去分析事物发展运动趋势的一种思维方式和分析方法。

（二）“惯习”的概念

对场域的解读离不开对场域中行动者惯习的分析，如果说“场域”的概念着重描述行动者行为的外在规则与逻辑，那么“惯习”则侧重于描述由行动者自身的行动逻辑和主观偏好建构的主观结构。“惯习”是布迪厄“场域—惯习”理论的又一重要概念。在其解读中，虽然将“场域”定位于一种客观的社会空间，但身处其中的行动者却有着丰富的主观性情系统——也就是惯习。由此来看，他将“惯习”定义为一种社会化了的主观性，是一个持久的、可转移的秉性系统，也就是说，惯习是个体所处的客观环境内化于自身的一种主观表现；“惯习”内生于场域之中，由其决定，受其影响，在特定“场域”之中，往往蕴含着特定的“惯习”。在这种解读之下，我们可以看到，“惯习”不是一个独立的存在，它依附于特定的“场域”，是特定“场域”在一定历史阶段生成的产物，因而其具有相对稳定性，但这种相对稳定性并不是永恒不变的，也并非仅仅是一种被动存在，在某种社会条件下，它可以生成自身话语及实践。因而，我们还可以把“惯习”理解为一种结构，这种结构既是型塑的结果，又体现着形塑的过程。

惯习是人们借助过去的经验继而指导自身实践认知活动的一种感知、判断和行为系统。惯习来自客观社会结构，是一种社会化了的主观性。同时，惯习不仅仅可以是集体的，而且也可以是个人的，因为它是在人们的实践活动中逐渐形成的，有一个长期积累的过程。一般而言，人们在实践活动中所总结的经验就会内化为人的意识，并在以后的实践中指导个人和群体的行动，成为人们社会活动、生产生活方式、行为策略和精神意志的生成机制；惯习是一个持久的、可转移的禀性系统，即惯习是个体将所处的客观环境内化于自身的一种主观表现，而这种禀性系统是行为者将其生存的客观条件和社会经历以无意识的方式内化于自身的，这种禀性会深深烙印在行动者身上，并倾向于抗拒变化，但也会随着行动者的生产生活实践发生或多或少的改变，体现出持久性和可转移性。惯习不是习惯，它包括了个人的知识和对世界的理解，它是一种人们后天所获得的各种生成性图式的系统，它是“深刻地存在于性情倾向系统中的、作为一种技艺存在的生成性（即使不是说创造性的）能力”①。惯习乃是历史不断积淀的结果，但它不是封闭保守的，而是具有开放性的一个性情倾向系统。一定场域的惯习稳定而持久，但并非永久不变，因为惯习会随着人们在场域中占据的位置或性质的发展变化而相应地发生变迁。在不同的场域之中，人们往往具有不同的惯习。与之同理，在相近或相同场域之中生活的人们，在惯习上也必然会存在相近或相同之处。事实上，除了具备稳定性、继承性的特质，惯习同时具有实践性。也就是说，当场域结构和惯习之间的矛盾凸显出来时，人们可以通过发挥惯习的能动性作用并根据不同的经验不断强化或调整自己的结构，进而建构和活跃场域。总之，惯习是行动者主观性情系统的彰显，既是行动者源于自身所处场域的主观化体现，又是其将外在客观性社会结构深层内化的结果，呈现出主观与客观、个人与社会双向互动的过程。

三、“场域”与“惯习”的关系

布迪厄认为，“场域”与“惯习”紧密相连，相互依附，是社会现实的双重存在，也是社会世界的历史产物。二者的关系主要体现在以下方面：第一，

---

① ［法］布尔迪厄、［美］华康德：《反思社会学导引》，李猛、李康译，商务印书馆 2015 年版，第 152 页。

二者是相互交织在一起的，互相依存，不可能脱离彼此，都是社会世界存在方式的反映，存在着一种相互规制、相互建构而又相互适应的关系。第二，二者相互成就彼此。前者为后者提供条件，后者则为前者的建构助力。场域是一个个社会小世界，有经济、政治、文化、社会、生态等诸多类型的区分。惯习作为一种社会化了的主观性，与场域有着千丝万缕的联系，客观性的场域和主观性的惯习之间存在着一种通过实践而联通的制约和建构的关系。一方面，惯习扎根于场域，由其形塑，惯习是对特定场域客观结构的主观体现；另一方面，场域本身是一个冷冰冰的世界，是惯习赋予了其意义，使其成为一个充满意义而又有价值、有温度的世界。当然，在理解这种制约与建构的关系时，一定要清楚，首先要有制约关系的建立，而且在场域塑造惯习结构的基础上，才有惯习对场域的建构。第三，场域与惯习在动态的社会世界中又会呈现出两种状态：一是二者在实践的变动中相互契合，此时的惯习正在实践中，它遭遇了形塑其结构的场域，惯习这时感觉不到来自场域的任何阻碍，犹如鱼儿畅游在水中一般，轻松自在；二是二者在实践中相互冲突，二者都在动态的变动之中，放在历史长河之中，这种变动可能存在这某种滞后或者不同步，这时就会产生一种新的制约与建构关系。因此，特定的场域具有与其相契合的特定惯习。当场域与惯习契合时，场域处于稳定状态；当场域与惯习不契合时，就会产生阻碍其发展的作用，造成水土不服。因此，惯习只有在其产生的场域之中，方能使自身的作用得以有效的发挥。

需要特别指出的是：第一，特定的惯习生成于特定的场域，具有特定场域的特征，所以从二者的关系和地位来看，场域在其中更具有决定性和根本性的作用。第二，对二者关系的理解和界定要将其放到历史和实践的动态演进中去看待，因为这二者都是历史性的存在，都是在实践中的形塑与建构。

在看待场域与惯习的关系时，我们不得不注意存续于场域之中的另外一个重要概念，那便是“资本”。资本是一种累积的劳动，它以物质化形式或者身体化形式存在，是场域中实实在在的力量，依托于场域存在；它既是行动者斗争的武器，也是行动者相互之间争夺的对象，其价值只有在特定的场域当中才能得以发挥。场域的变化取决于资本的数量和结构，行动者的目的在于争夺和累积资本。场域由此成了一个争夺的空间，在这种争夺中场域也会随之发生变化。布迪厄认为场域中行动者之间存在的斗争冲突与竞争，取决于行动者的地位、能力及其采取斗争的方法，而这一切都与行动者所拥有的各种资本密切相关。

基于“场域—惯习”视角，将当代中国马克思主义大众化置于农村场域中，力求厘清农村场域、惯习、资本等具体因素在农村当代中国马克思主义大众化实践中的内在关系和行为逻辑，有助于将当代中国马克思主义大众化与农村社会变迁结合起来进行研究，能够揭示农村当代中国马克思主义大众化的客观规律，并将农村当代中国马克思主义大众化研究引向深入。

第二节 分析框架的建构

基于“场域—惯习”的视角，分析农村当代中国马克思主义大众化，我们就需要将当代中国马克思主义置身于农村场域的变迁、农民惯习的形塑和资本争夺的变动之中，在动态的实践变动中探寻其融入的可行路径。

一、“场域—惯习”在大众化中的互动机制

农村当代中国马克思主义大众化与场域、惯习的互动机制体现在两个方面，一方面，农村场域生成当代中国马克思主义大众化所需要的社会结构，决定着大众化顺利推进的社会基础；另一方面，农民惯习生成当代中国马克思主义大众化的主观性情系统，是推进农村当代中国马克思主义大众化的内生动力。

（一）社会基础：农村场域生成农村当代中国马克思主义大众化的社会结构

农村当代中国马克思主义大众化就是将这一实践活动定位于农村场域，这一场域的社会结构决定着当代中国马克思主义大众化的社会基础是否坚实。这一场域的社会结构是由独特的运行规则、各种力量（即资本）和行动者共同支配的。当代中国马克思主义在农村场域的入场取决于其与农村场域规则的匹配度，以及农村场域内部各种资本的争夺、行动者的偏好等，也就是说，农村场域决定着大众化的主、客观条件。

1.农村场域生成大众化的客观条件

从客观层面来看，农村场域的运行规则和资本决定着当代中国马克思主义大众化的客观条件。鉴于农村场域的复杂性和广泛性，为增强研究的针对性和有效性，现将农村场域细分为五大子场域——经济场域、政治场域、文化场域、社会场域、生态场域。这五大子场域共同建构了整个农村场

域，每个场域都有其独特的运行逻辑和资本构成，在当代中国马克思主义大众化中的作用也各有侧重。经济场域的运行逻辑主要体现为效率与公平的均衡建构，经济制度、经济体制、分配制度、生产方式等均是活跃于其中的力量，在这些力量的互动中建构了大众化的物质基础；政治场域的运行逻辑主要体现为民主与法治的均衡建构，民主制度、治理理念、治理方式、政治体制等是活跃于其中的力量，在这些力量的互动中建构了大众化的政治基础；文化场域的运行逻辑主要体现为个性与共性的均衡建构，古今中外不同文化是活跃于其中的力量，在这些力量的互动中建构了大众化的文化基础；社会场域的运行逻辑主要体现为和谐与安全的均衡建构，民生政策、社会治理等是活跃于其中的力量，在这些力量的互动中建构了大众化的社会基础；生态场域的运行逻辑主要体现为美丽与绿色的均衡建构，生态政策、制度是活跃于其中的力量，在这些力量的互动中建构了大众化的生态基础。

2.农村场域形塑大众化的主观条件

广大农民群众的生产生活和社会交往实践，在根本上是由农村场域决定的。与之相应的是，广大农民的惯习也被打上了特定农村场域的烙印，反映着不同农村场域的发展状况，在一定意义上也影响着农民对待大众化的态度、动机、内在偏好以及参与方式。因此，在农村当代中国马克思主义大众化的过程中，我们不应忽视农村场域及其子场域的特征构成和发展变迁，其决定着农民对待当代中国马克思主义的态度、偏好及行为选择。

总之，农村场域构成系统之中五大子场域各自扮演着重要角色，它们在不同的层面上推动了农村当代中国马克思主义大众化，并且一般遵循着这样的逻辑：场域有着其特定的经济条件和社会条件，在这些条件的基础上生成了农村场域的社会结构，当代中国马克思主义只有融入这一社会结构才能实现其大众化。当然，当代中国马克思主义作为一种力量介入农村场域时，也会发挥其特定的价值，在与场域内其他力量互动的过程中推动场域变迁和更替。

(二)内在动力：农民惯习生成农村当代中国马克思主义大众化的主观性情系统

农民作为农村场域的行动者，其主观性情系统——立场、态度、偏好和行动逻辑，均取决于农村场域。由农村场域形塑的农民惯习是农村当代中国马克思主义大众化的主观因素，深深地烙上了农村场域的印记，决定着农民主观性情系统，所以农民对待当代中国马克思主义的态度和行动取决于农村场域，对惯习的考察必须回归到场域之中。同时，农村场域的独特性也塑造着农民不同于其他群体的性情系统。

当然，我们还需要注意到，农民惯习在农村场域中并非是一种被动存在。存在于农村场域的农民惯习使其成为一个有意义、有价值的社会空间，离开了惯习，当代中国马克思主义进入的便是一个客观的社会空间，没有实际价值和意义；同时，需要特别指出的是，惯习又在实践中引领各种力量变化，而各种力量变动的实践则会生成新的场域与社会结构。由此来看，农民惯习既生成于农村场域，同时又作用于农村场域。

通过以上分析，我们可以看出，当代中国马克思主义融入农村场域的实践是一个多要素、多力量全方位参与的动态演进过程。

二、“场域—惯习”在农村当代中国马克思主义大众化中的互动架构

根据布迪厄的“场域—惯习”理论，通过对农村场域、资本、惯习的分析，可以把新旧文化的博弈置于宏观、中观、微观的角度下加以阐释。基于“场域—惯习”视角的农村当代中国马克思主义大众化分析框架如图 2-1 所示：

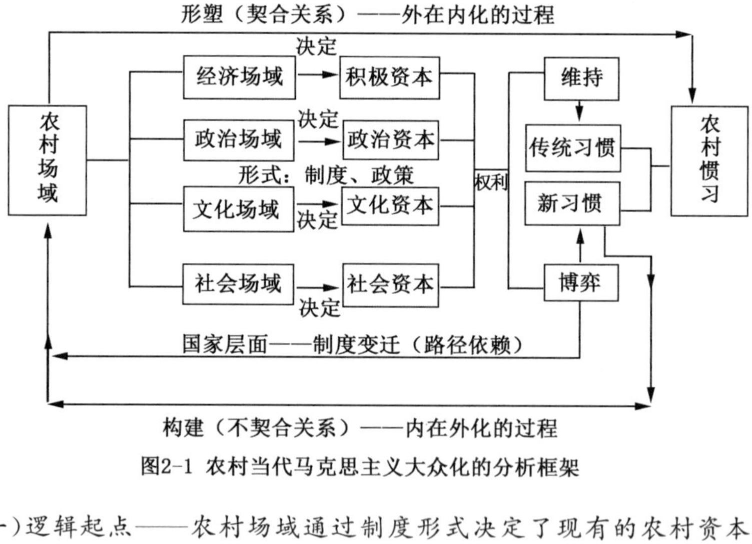

图2-1 农村当代马克思主义大众化的分析框架

（一）逻辑起点——农村场域通过制度形式决定了现有的农村资本格局

资本理论是布迪厄哲学思想的集中体现，前面已经对“资本”这一概念进行了分析，我们也已经明确了资本是农村场域变迁的重要推动力量。农村场域（包括经济、政治、文化、社会等子场域）通过制度形式决定了农村的资本分配格局，包括政治资本、经济资本、文化资本、社会资本等。农民对资

本的追逐使得场域充满竞争与意义，农村资本格局不是单一、静态的，而是充满着不断的争夺与斗争的多元动态格局。布迪厄对资本的划分旨在说明相对独立而又相互依附的经济、政治、文化、社会、生态场域再生产的机制，即农村资本的再分配格局。

党的十九大后，新修订的党章总纲指出："跨入新世纪，我国进入全面建设小康社会、加快推进社会主义现代化的新的发展阶段。必须按照中国特色社会主义事业'五位一体'总体布局，全面统筹推进经济建设、政治建设、文化建设、社会建设、生态文明建设。"①农村场域的资本分配格局具有不同于城市的特殊性，当代中国马克思主义是一个综合的领域，资本类型多元多样，资本格局变化重构机制复杂，涉及多方面的资本。其一，农村场域的形成源于传统的农业生产方式，农村经济场域决定农村经济资本，在农村场域中最具权力优势，农村土地资本的分配方式与格局在很大程度上亦左右城乡经济发展一体化进程。其二，农村政治场域决定农村政治资本，其中包括权力场域，"布尔迪厄所谓的权力场域，是一种元场域，不同于其他一般的场域，因为在这个空间中，体现的是不同类型的资本之间的力量关系"②。其三，农村文化场域决定农村文化资本，中华优秀传统文化的传承与弘扬、人类文明优秀成果的吸收与借鉴、非马克思主义思潮的回应与遏制等力量是农村文化场域的体现，也决定着农村文化场域的变迁方向。其四，农村社会场域决定农村社会资本，为加快农业现代化进程，涉及农村社会民生领域的制度变化日益影响农村社会治理资本格局，并对原有的农村场域形成冲击与整合。其五，农村生态场域决定农村生态资本，美丽乡村建设的重要意义正在于提高了农村的生态文明，美丽乡村不仅指农村的绿色发展，而且还包括农村场域内生态制度的制定和农村生态资本的稳定。

（二）动态逻辑建构——现有资本格局的均衡与分化

推进农村当代中国马克思主义大众化不仅是一种文化现象，更是一种农民惯习的不断生成与定型的过程。惯习的形塑，对于把场域建构成一个充满意义的世界是有极大作用的。面对新时代农村场域的变迁和制度的重

---

① 《中国共产党章程》，人民出版社 2017 年版，第 89 页。

② ［法］皮埃尔·布尔迪厄：《科学的社会用途——写给科学场的临床社会学》，刘成富、张艳译，南京大学出版社 2005 年版，第 12 页。

构，农村场域的资本格局可以分为均衡和分化两类，农民作为农村场域的主要行动者对现有格局的态度和行动据此也分为两类：一是满意—维持，二是不满意—博弈。

1.资本格局均衡：场域与惯习间如鱼得水的契合关系

在场域与惯习之间达成契合时，二者的关系会呈现出"如鱼得水"的最佳状态——由社会加以组织和建构的行动者惯习始终维系并体现着场域结构。正如布迪厄所言："社会现实是双重存在的，既在事物中，也在心智中；既在场域中，也在惯习中；既在行动者之外，又在行动者之内。而当惯习遭遇了产生它的那个社会世界时，正像是'如鱼得水'，得心应手：它感觉不到世间的阻力与重负，理所当然地把世界看成是属于自己的世界。"①在这种具有契合性特质的、"如鱼得水"的场域中，惯习就会感到轻松自在，其与场域实现了有机统一的状态。当农村场域现有的资本格局与当代中国马克思主义处于均衡关系时，农民选择维持现有场域，那么当代中国马克思主义就自然而然内化为农民传统惯习，且此种惯习具有持续、稳定性。这时场域与惯习之间是彼此连接的水乳交融的状态，也就是一种如鱼得水的契合关系。

2.资本格局分化：场域与惯习间水土不服的博弈关系

场域内部是充满竞争的。场域的类型、形式有所差别，惯习同样也会呈现出各自的不同。正如前文所指出的，场域与惯习往往是匹配的，不同场域有着契合自身特质的惯习。当代中国马克思主义在农村的现实境遇，是一个复杂的力量场，是各种力量为争夺和融入农村场域的互动与博弈的行动。当社会发生变迁时，场域结构也会发生变化，当在传统农村场域中形成的惯习进入现代农村场域时，此时新旧文化的资本格局是分化的，一般农民惯习的变化往往落后于农村场域结构的变化，农民会固守原有的惯习，即惯习有它特有的惯性，也就是特有的滞后现象。"惯习和场域之间并不吻合。在这些情况里，除非你考虑到惯习和它特有的惯性，特有的滞后现象(hysteresis)，否则其中的行为就不可理解。"②农村场域与农民惯习之间的矛盾显现出来，农民难以接受当代中国马克思主义，选择维持现有场域和资本

---

① [法]布尔迪厄、[美]华康德：《反思社会学导引》，李猛、李康译，商务印书馆2015年版，第159页。

② [法]布尔迪厄、[美]华康德：《反思社会学导引》，李猛、李康译，商务印书馆2015年版，第162页。

格局的传统惯习。如果不结合农村场域的实际情况，就将当代中国马克思主义照搬到农村，就会造成“水土不服”的状况，产生各种不合拍的情况，因而引发新旧文化的博弈过程。场域与惯习间水土不服的博弈关系必然引起农村经济环境、权力系统、传统文化及农民心理、思想、思维习惯等对当代中国马克思主义的冲击和排斥，且此种博弈是难以避免的。

农民选择博弈的现有场域和资本格局会带来两种调整：其一，布迪厄认为，每个场域中都有自身的规则与制度，这些规则逻辑与社会制度有着许多共通之处，博弈过程导致资本占有变化，这个过程实质上就是国家层面主导制度变迁和现代化的过程，进而重构场域，至此循环初始过程。其二，博弈过程导致资本占有变化后，农民在当代中国马克思主义指导下生成新惯习，进而建构新场域，这个过程实质上是价值层面外化的过程，至此循环初始过程。简而言之，两种新旧文化的博弈过程，改变了资本占有关系，生成了新惯习，即当代中国马克思主义在农村得到普及和认同，在当代中国马克思主义指导下这种新惯习建构了符合当代中国马克思主义要求的新场域，此种博弈也是形塑、均衡惯习的过程。

三、“场域—惯习”引入大众化的价值指向

布迪厄的“场域—惯习”理论突破了“照相式”的静态研究，具有重要的方法论意义，既屏蔽了方法论上的个体主义，也避免了方法论上的整体主义，而是建构了方法论上的关系主义，以关系的互动来进行动态研究，这启发我们从一个全新的角度去思考农村当代中国马克思主义大众化问题。

（一）有利于实现对农村当代中国马克思大众化的整体性分析

在布迪厄看来，一个个场域，乃是一个个具有相对独立性的社会。它们勾连起了宏观社会与微观社会，成为二者之间的中介。借助于场域这一工具，能够以崭新的视角更深刻地洞察社会和个人的实际。“场域—惯习”将客观场域与主观性的人类惯习沟通起来，是一种消解主客二元对立的尝试。“场域—惯习”有助于在研究中避免国家、社会、农民的断裂和宏观、中观、微观层面的断裂，能够把农村变迁中的新旧文化置于整体的位置，展现当代中国马克思主义的魅力，凸显农民在农村当代中国马克思主义大众化过程中的主体地位。坚持整体性的分析思路，将当代中国马克思主义大众化置于

农村场域中进行分析，从资本争夺的过程分析当代中国马克思主义大众化的路径选择，克服了以往研究中宏观与微观的脱节，有利于构建一个科学规范的农村当代中国马克思主义大众化研究体系。

农业、农村、农民问题关系党和国家事业发展全局，在社会主义革命、建设和改革的各个历史时期，“三农”问题始终是我们党关注的重要问题。并且，我们党在马克思主义中国化的理论创新成果指导下，创造了一个又一个彪炳史册的人间奇迹。我们在研究农村当代中国马克思主义大众化的过程中，从“场域—惯习”视角深入探讨在农村场域推进农村当代中国马克思主义大众化的过程中所面临的诸多问题与可能遇到的诸多机遇，揭示其背后运行的逻辑机理，形成有效的推进策略，从宏观的国家政策制度层面、中观的农村社会发展层面以及微观的农民惯习层面形塑农村当代中国马克思主义大众化的理论创新，能够进一步明晰当代中国马克思主义在农村大众化的价值。把当代中国马克思主义大众化置于农村场域内，这样一方面可以避免“宏观主义者”的只顾宏观、忽视微观的“宏大叙事”，另一方面可以克服“微观主义者”的只顾微观、忽视宏观的“只见树木、不见森林”的片面性错误，实现社会和个人的整体化、系统性分析。

（二）有利于实现对农村当代中国马克思主义大众化的动态性分析

布迪厄指出：“根据场域概念进行思考就是从关系的角度进行思考。”① 惯习作为持久的性情倾向系统，是场域的产物，已形成的惯习必然同样烙刻上了场域所具备的一些特征。因此，我们认为场域为惯习提供存在的空间，而惯习又是动态多元的，能够反过来维持场域，一旦场域发生变化，场域中的惯习自然会失去效力。“场域—惯习”理论内在包含着内在性外化和外在性内化的双向互动的实践过程，这种互动关系可以在布迪厄的社会实践理论分析中得到合理解释。因此，布迪厄的“场域—惯习”理论具有非常重要的方法论意义，在对待农村当代中国马克思主义大众化问题时，我们既要重视农村场域的客观结构，又要关注农民的主观惯习以及两者的关系，借助农村场域与农民惯习之间的双向互动，促使农村当代中国马克思主义大众化

① ［法］布尔迪厄、［美］华康德：《反思社会学导引》，李猛、李康译，商务印书馆2015年版，第121页。

成为协调推进农村场域发展、形塑农民新惯习的有力支撑。

“场域—惯习”理论对认识农村当代中国马克思主义大众化问题提供了一个新的研究视角，该理论主张的“双重存在观”即主观客观性和客观主观性交互作用，有助于我们辩证地理解实践活动和社会现象。农村当代中国马克思主义大众化不仅是一个从现存的理论到既定大众的单向传播过程，而且还是从农民出发反观理论、检验理论、创新理论的反馈过程，基于“场域—惯习”进行分析，可以跳出传统的静态研究，在动态的形塑与建构中探寻当代中国马克思主义在农村场域的入场逻辑。首先，结合改革开放前后两段历史，通过当代中国马克思主义在农村境遇的分析，客观、准确把握农民认知、理解、认同和实践当代中国马克思主义的渠道、动因和内在机理。其次，基于“场域—惯习”理论，对当代中国马克思主义在农村所面临的冲击和排斥进行系统分析。最后，提出推进农村当代中国马克思主义大众化的思考和建议，揭示农村当代中国马克思主义大众化在不同农村子场域中路径选择与惯习培育之间的规律，进而为农村当代中国马克思主义大众化提供实践性的思考，这种动态性分析，可以最大限度地呈现马克思主义在农村场域动态图景，探寻蕴含其中的变迁逻辑和行为偏好，增强农村马克思主义大众化研究的精准化和科学化。

（三）有利于推进农村场域转型与发展

布迪厄研究的成功之处就在于他创立了自己的一套研究工具，其中就包括场域、惯习和资本的理论与实践，布迪厄认为社会是由一定的生产关系和社会关系构成的，是人们交互活动的产物，实践理论研究的任务就是解释在不同的社会实践中那些深层的社会结构。农村场域是一个由经济、政治、文化等子场域构成的社会空间，作为社会有机体的组成部分，有着特定的运行逻辑，各种力量充斥其中。场域之间具有差异性，农村场域是一个“相对独立的空间”，具有自身的特殊性，其最显著的特点就是在中国城乡二元模式下，农村场域的资源配置规则、资本博弈环境与策略方式不同于城市，在农村场域推进当代中国马克思主义大众化时，可以借鉴其他场域的先进经验，但不能完全效仿。基于“场域—惯习”视角，把农村社会这一空间场域内的当代中国马克思主义大众化作为研究对象，对于更细致、更有针对性地探讨当代中国马克思主义大众化的对策，拓展当代中国马克思主义大众化的研究空间，把马克思主义大众化研究导向精细化和深入化具有重要意义。

乡村振兴战略的实现要求农村场域的根本性变革和转型。解决三农问题、统筹城乡发展已经成为全党工作的重中之重。改革开放以来,随着农村社会的深刻转型,中国农村发展面临一系列问题,深入推进农村当代中国马克思主义大众化是认识和解决农村场域和社会转型的一个重要着力点,为探索农村场域社会转型的机遇、困境和出路,提供了一个可贵的参照样本。基于"场域—惯习"的研究视角,应对挑战,化解难题,建构与当代中国马克思主义相耦合的农村经济、政治、文化等子场域,成为当前农村地区当代中国马克思主义大众化不可回避的基本问题。"场域—惯习"理论的引入不仅具有重要的理论意义和学术价值,而且还可避免以往研究中对农村场域的忽视,研究和探索推进农村当代中国马克思主义大众化的经验教训、现实境遇、传播规律、推进路径,对于解决处于社会转型期的农村所面临的诸多问题、保障社会主义新农村建设和乡村振兴战略的推进具有方向性的指导意义。

（四）有利于提高农民思想政治素质

布迪厄的"场域—惯习"理论为我们提供了关系性思维方法,农民只有从惯习的角度出发,才能找到自己的位置。农民是农村场域中主要的行动主体,是农村场域的基本单元,如果当代中国马克思主义没有走进农村场域,没有使广大农民群众掌握马克思主义,无论如何也谈不上大众化,只能算是小众化。"'场域—惯习'论的'双重存在'观有助于理解农民传统心智难以改变的深层原因。布迪厄认为,社会世界是'双重存在'的,任何社会领域都不是纯粹物质性的,也不是纯粹精神性的世界。任何行动者都既受客观物质结构的制约,也受主观心智的影响。"①农民的传统价值观念、思维方式和行为特征,都是中国几千年自然经济和传统文化相结合的共同产物,是客观场域与主观惯习在漫长的岁月中不断交互作用的结果。所以,我们要完成农村当代中国马克思主义大众化的艰巨任务,不仅要对农村客观场域的变迁保持充分的关注,而且对农民个体传统惯习也不可忽视。

---

① 黄红东:《"场域—惯习"论:农民心理文化研究的新工具》,《经济与社会发展》2010 年第 7 期。

在广大农村地区建构当代中国马克思主义这一科学信仰，不是把这一思想强制性地灌输给农民，也不是纯粹的理论宣讲，而应该向农民推广一种科学的世界观和方法论，即马克思主义世界观和方法论，使农民能够实事求是地、科学地面对、分析和解决问题，全面而深入地理解当代中国马克思主义的真正内涵，在乡村振兴中积极发挥建设者的作用，并使自身潜能得到充分发挥，最终实现个体发展与社会发展的统一。人们的心理结构和思想活动是由社会环境和社会氛围决定的，我国目前正处于社会转型期、改革攻坚期和社会矛盾凸显期，思想文化领域呈现出多元多样多变的发展趋势，马克思主义在意识形态领域的指导地位受到一定挑战。这一严峻现象在农村也有一定的显现。在这种意识形态领域论争相当激烈的大背景下，当代中国马克思主义大众化对于巩固社会主义主流意识形态的主导地位、提高农民的思想政治素质、实现农民传统惯习的现代转化具有重要意义。为此，我们必须通过农村当代中国马克思主义的宣传与教育，找到农民在各种思想差异和利益矛盾上最广泛的价值认同和价值共识，才能有效避免利益格局调整带来的农民意识混乱与对立。

综上所述，布迪厄的“场域—惯习”理论对于拓宽马克思主义大众化研究视角、开拓研究者的视野与思路、促进学科间的融合发展等具有重要意义。该理论在推进农村当代中国马克思主义大众化的过程中无疑具有极大的理论价值和指导意义，为了更好地在广大农民群众之中宣传、普及当代中国马克思主义，达成农村当代中国马克思主义大众化的良好效果，借助布迪厄的“场域—惯习”理论开展研究不失为一次全新的尝试。

第三节 “场域—惯习”视角引入大众化的战略意义

基于“场域—惯习”的分析框架，可以发现农村当代中国马克思主义大众化涉及农村社会的方方面面，对于重塑农民惯习、实现乡村振兴、巩固主流意识形态、巩固中国共产党的执政地位和社会主义现代化强国的建设等都具有重大意义，而在丰厚的历史积淀、良好的政策支持和强烈的现实需要的支撑之下,这一具有重大战略意义的实践活动得以可能。

一、"场域—惯习"视角引入大众化的必要性

农村当代中国马克思主义大众化具有多重的必要性,对此,我们可以从以下几个层面进行分析:

(一)重塑农民惯习的内在要求

处于社会转型期的农民,在惯习上存在着"新旧并存"的二重境遇,且受传统封建思想的影响,一些落后甚至愚昧的思想、道德、思维方式等仍制约着农民的现代转型,城乡二元的体制更是加剧了这一境遇。而急速发展的农村场域又迫切需要农民惯习的同步,农民惯习的"觉醒"就迫在眉睫。而当代中国马克思主义在农村场域的入场,便可以有效地引导农民,从根本上重塑农民惯习。事实上,唯有引导在新时代背景下树立起科学的、规范的惯习,才能为农村当代中国马克思主义大众化建构起深厚的思想之基,使当代中国马克思主义为广大农民群众所理解、认同、践行,为全面建设社会主义现代化国家提供强大的精神动力和有力的思想引领。

推进农村当代中国马克思主义大众化,最为基础的目标就是重塑农民惯习。也就是说,我们不仅要把广大农民之中那些落后的、不符合社会主义现代化强国建设需要的惯习进行根除,而且还需要在社会主义新农村的场域之中形成一整套能够指导农民生产生活实践的行为准则,从而夯实社会主义现代化建设需要的惯习。通过具体分析,可以发现,农村当代中国马克思主义大众化具有重要意义。第一,有益于加深广大农民对党和国家重大事业的把握与理解,强化他们对中国特色社会主义伟大事业的有效认知,明晰自身在其中扮演的主体性角色,在精神层面实现自身传统小农意识向现代公民意识的变迁。第二,有益于培育农民积极的现代惯习。当代中国马克思主义能够以其科学的价值体系引导农民形成科学的价值观念与行动。正如毛泽东所言:"严重的问题是教育农民。"①因此,在广大农村地区推进当代中国马克思主义大众化,改变农民惯习乃是其中应有之义。

---

① 《毛泽东选集》第4卷,人民出版社1991年版,第1477页。

(二)实现乡村振兴的内在要求

我们党要实现第二个百年奋斗目标,可以说难点在农村,突破点也在农村。乡村振兴战略是习近平关于三农问题的一系列重要论述的思想结晶,2017年中央农村工作会议提出实施乡村振兴战略,并明确了其具体要求。具体而言,实施乡村振兴战略,首先要为农村的发展繁荣创设一个稳定和谐的发展环境。当前,中国农村正经历着从传统社会向现代社会、从农业社会向工业社会、从封闭社会向开放社会的激烈转型,农民的物质生活日益丰富,而文化的转型也在悄无声息地开展。只有增强农民责任意识,目标明确,思想统一,凝心聚力,行动一致,乡村振兴战略才能顺利推进。因此,能否用当代中国马克思主义引领农村社会思潮,全面提升广大农民群众包括思想、文化、政治素质在内的各方面素质,成为影响当前乡村振兴与国家进步的关键性、现实性问题。

改革开放以来,农村社会生产力获得极大解放和发展,如火如荼的社会主义新农村建设,特别是新时代以来实施的乡村振兴战略的有力施行,可以说为推进农村当代中国马克思主义大众化提供了有利条件。但在农村社会的转型和深刻变革中,也存在部分农村基层党组织涣散、利益主体分化、贫富差距拉大、农民精神文化生活匮乏、单一等各种深层次的矛盾。对此,我们不能回避。具体而言,一方面,广大农村地区文化社会事业发展依然滞后,农村公共文化服务体系建设还很薄弱,农民的思想文化水平偏低,广大农民对马克思主义知之甚微;另一方面,城乡二元结构仍然存在,成为农村场域难以深层次推进当代中国马克思主义大众化的现实阻碍。与城市相比,在农村推进当代中国马克思主义大众化还任重道远,需要克服种种阻碍农村场域稳定发展的各种桎梏。这既是当前农民思想政治教育的重要课题和现实任务,也是关系到乡村振兴战略的宏伟目标能否得以贯彻落实的重要因素。

(三)巩固国家主流意识形态的必然选择

亚里士多德在《政治学》中指出:“一种政体如果要达到长治久安的目

的，必须使全邦各部分的人民都能够参加并且抱着让它存在和延续的意愿。”①这种意愿在今天尤为强烈，因为当今的中国日益走近世界舞台中心，正以迅速发展的势头在全球化进程中产生重大影响，中国道路、中国制度、中国模式、中国方案日益成为西方关注的焦点，中国的国际形象和国际地位得到了前所未有的提升，世界各国对中国的认同度和赞誉度也越来越高，但即便如此，遏制中国的现象还屡屡存在，在世界正经历百年未有之大变局的今天，中国面临着更为严峻的意识形态斗争和挑战；与此同时，我国的发展正处于全面深化改革的关键时期，矛盾交织、利益多元，凝聚共识的压力日益突出，尤其是网络等新媒体的快速发展更加剧了话语权的争夺，等等。这些都是我们必须要回应的。在如此严峻的形势之下，我们要有强烈的阵地意识，在农民人口占绝大多数的中国，农民、农村无疑是意识形态斗争的主要对象，在这场伟大斗争中起着至关重要的作用，其思想状况、信仰状况如何，对斗争是成是败具有决定性的影响。是以，农村当代中国马克思主义大众化的有效推进是国家意识形态建设的应有之义，只有坚持以发展中的当代中国马克思主义为指导，才能与农村场域出现的各种错误思想做斗争，确保当代中国马克思主义在意识形态领域的主导地位。唯有此，才能将当代中国马克思主义内化为农民自觉的价值信仰和精神追求，真正融入其精神血脉，不断发挥出引领中华民族走向伟大复兴的精神力量。

（四）提升中国共产党长期执政能力的必然要求

在新时代的历史方位下推进农村当代中国马克思主义大众化来源于党密切联系群众的优良传统。当前农村场域与农民惯习遭遇的诸多问题与挑战，都在不断要求我们党及时有效地采取恰切的方式予以回应与解决。事实上，这是对党的长期执政的能力提出的新的要求，同时也对党进一步巩固长期执政地位提出了严峻的挑战。在此挑战面前，面对经济领域全球化与逆全球化、农村场域转型的时代背景，面对农民惯习在上述多元性因素影响下出现的剧烈变迁情形，农村当代中国马克思主义大众化作为一项战略工程，无疑可以深化广大农民对当代中国马克思主义的认识和理解，增强农民的政治素养和参与意识，强化农民的政治认同，为中国共产党的长期执政凝

---

① ［古希腊］亚里士多德：《政治学》，吴寿彭译，商务印书馆 1996 年版，第 88 页。

聚最大共识、争取最大支持。同时，当代中国马克思主义走入农民的日常生活，可以有效地指导农民生产生活实践，为增加农民收入、满足农民对美好生活的需要提供强有力的思想武器。这一实践结果也能彰显中国共产党的执政能力和执政水平，使农民更加坚定地拥护中国共产党的领导。

（五）建设社会主义现代化强国的必然要求

我国是一个农耕文明非常悠久的国家。这样一种历史传统在促成我国农业根基稳固这一优势的同时，也为我国这样一个农业人口占绝大多数的国家推进现代化建设带来了不少难题。在中国共产党迎来百年华诞之际，我们在全面建成小康社会的基础上，开启了社会主义现代化强国的新征程。而要实现这一伟大目标，显然需要付出艰辛的努力，需要调动全体人民参与建设的积极性。这就意味着在此过程中，我们必须对占人口绝大多数的农民予以充分关注，必须对广大农村地区予以充分重视，毕竟“没有农业农村的现代化，就没有国家的现代化”①。“三农”问题关乎我们这个奋斗目标的全局。为此，我们必须从战略全局考量，采取行之有效的措施加以应对。正是在此意义上，我们强调推进农村当代中国马克思主义大众化。

二、“场域—惯习”视角引入大众化的可能性

在历史与现实的双重维度中，探讨农村当代中国马克思主义大众化何以可能，我们可以清晰地看到，农村当代中国马克思主义大众化的历史探索为当前工作的开展提供了许多有益的借鉴，乡村振兴战略在此项工作开展过程中起到了助推器的作用，农民对美好生活的需要则成为保证农民与当代中国马克思主义达成融通的关键所在。这就为推进农村当代中国马克思主义大众化提供了丰厚的历史、现实和政策支撑。

（一）历史积淀：农村马克思主义大众化的历史实践提供宝贵经验

自我们党创立以来，就始终重视马克思主义和农民之间的关系建构问题，强调在广大农村地区推进马克思主义的大众化。马克思主义作为党和国家的指导思想，不是抽象的思想体系，而是具有伟大实践指导意义的思想

① 《中共中央国务院关于实施乡村振兴战略的意见》，《人民日报》2018 年 2 月 5 日。

武器。只有真正走入农民日常生活,才能在其生产生活的实践中发挥指导价值。

在新民主主义革命时期,我们党就非常重视农村马克思主义大众化问题。并且通过相关工作的有效开展,极大地提高了广大农民的阶级觉悟,广泛动员广大农民积极参与革命。这一时期的马克思主义大众化形式多样,方法灵活,主要以扫除文盲和提升农民政治和文化素养为引领,探索了冬学、识字班、农民运动讲习所等大众化的形式,切合农民生活和革命运动实际,取得了较好的实践效果。伴随新民主主义革命的胜利与中华人民共和国的成立,在历史任务的更替中,党开始重新定位农村、农民在社会主义建设中的作用,致力于达成农民与马克思主义新的紧密联系。一是开展广泛的宣传教育活动。宣传内容主要围绕马克思主义经典作家观点著述、马克思主义中国化理论成果、党的路线方针政策,旨在强化组织力量,夯实社会主义现代化建设的思想之基。二是开展农村思想文化建设。对于传统的封建迷信思想、不科学的宗教观点及伦理观念进行有效的清理,以免广大农民为这些错误腐朽的思想所误导。虽然这些工作在具体推进过程中,因为认知理解上的偏差出现了失误,阻滞了农村马克思主义大众化的进程,但是改革开放以后,相关工作重新确立了正确的思路、原则和方法,得以行进在正确的轨道上,愈发呈现出蓬勃发展的良好景象。上述工作的开展,为我们今后推进农村当代中国马克思主义大众化积累了许许多宝贵的借鉴。第一,初步形成了农村马克思主义大众化的话语体系和内容体系。中国共产党在推进农村马克思主义大众化的百年历史中,深刻把握了农民的心理特征、文化传统、认知偏好和行为选择等,逐步建构了一套适合农民认知水平、认知规律的大众化内容体系,在与农民的深度互动中也具备了一套适用于农民、具有鲜明乡村风格的话语体系。第二,生成了一整套至今仍行之有效的的方针政策。这些方针政策的构成是多样的,既有土地革命时期多种宣传方式相配合的方针——文字宣传、口头宣传和形象宣传要打组合拳;又有改革开放新时期和新时代的多场域协调推进的典型尝试。这些有益的探索,都为我们提供了重要的方法论借鉴,尤其是一些规律的揭示和体制机制的建构对于推进农村当代中国马克思主义大众化可谓助益良多。

（二）政策支持：脱贫攻坚与乡村振兴战略

1.精准扶贫，打赢脱贫攻坚战

在中国共产党的百年历史中，始终有一条清晰的主线，那就是以人民为中心，让老百姓过上美好生活，这是一代代中国共产党人矢志不渝的奋斗目标。如何实现精准脱贫、全面建成小康社会、全面建设社会主义现代化强国更是以习近平同志为核心的党中央关注的焦点，也是我国在社会转型期着力提高农民生活质量、加快农村经济社会发展进程的重大战略。改革开放以来，随着我国大力推进扶贫开发，农村贫困人口大幅减少，广大农民收入水平稳步提高，最低生活保障制度全面建立，已经形成了一条具有鲜明中国特色的扶贫开发之路，为促进我国总体布局的建设起到了非常关键的作用。

让农村贫困人口与全国人民一道进入全面小康社会，这是我们党的庄严承诺。十八大以来，我们党高度重视农村贫困人口脱贫工作，实现精准扶贫与脱贫工作并举，并且探索出了一系列新的扶贫开发战略与路径，从而形成了扶贫开发工作的新局面。精准扶贫工程既是农村当代中国马克思主义大众化实践的应有之义，也关乎社会主义和谐社会的构建，意义重大。每年超过 1000 万人口的脱贫速度，让中国再次刷新了历史。2018 年中央一号文件瞄准弄虚作假、搞数字脱贫问题，将 2018 年确定为脱贫攻坚作风建设年，并且采取了一系列行之有效的措施。这些措施聚焦作风问题，通过责任制的全面落实、评估考核的严厉实施、虚假脱贫的严肃查处等，集中解决脱贫问题，使脱贫工作真正得到人们的认可。习近平总书记在全国脱贫攻坚总结表彰大会上宣布我国脱贫攻坚战取得了全面胜利，并对脱贫攻坚工作作出重大总结：我们实现了现行标准下 9899 万农村贫困人口全部脱贫，832 个贫困县全部摘帽，12.8 万个贫困村全部出列，绝对贫困得以全面消除，这样的扶贫成绩单进一步彰显了中国共产党的初心、使命、政治优势和中国特色社会主义制度优势，在推进农村当代中国马克思主义大众化中发挥了凝心聚力的关键作用。

2.乡村振兴战略的提出与实施

从我国整体发展来看，近年来虽然城市化进程不断加速，但受制于传统的城乡二元结构的长期桎梏，城市与农村之间在发展水平、发展程度上仍然差距比较明显。尽管国家近年来高度重视三农问题，广大农村地区在政策利好的背景下有了显著发展，迈向了一个新的发展阶段，但是仍然存在不少问题。这些问题既关涉农业经济、农村治理，也关乎农民精神文化建设等诸多方面，在不同农村有着不同方式、不同程度的呈现。为了应对上述问题，切实保障农民美好生活的实现，党的十九大作出了“农业农村农民问题是关系国计民生的根本性问题”①的判断，在此基础上提出乡村振兴战略。

乡村振兴战略的提出，为当代中国马克思主义在农村场域大众化提供了重要的战略支撑。一方面，乡村振兴战略是当代中国马克思主义的有机构成部分，充分彰显了我们党对三农问题的总体布局，其有效推进必然会深化广大农民对国家大政方针的理解，强化他们的“四个意识”，提高他们对当代中国马克思主义的认同，从而厚植农村当代中国马克思主义大众化的思想之基。另一方面，乡村振兴战略旨在全方位地改善广大农村地区的发展面貌、切实有效地促进农民的全面发展。这一战略的有效推进，能够使广大农民更加直观地感受到当代中国马克思主义的优越性，加深对这一思想先进性、人民性、科学性、实践性等诸多特性的认识，从而夯实农村当代马克思主义的制度之基。

（三）现实可能：广大农民对先进文化和美好生活的热切期盼

1.广大农民对先进文化的热切期盼

随着经济发展和对外开放不断深入，农村近年来生产力得以快速提升，广大农民的物质生活水平得到极大提高，与之相伴随的广大农民在精神文化层面的需求也日益增长。伴随着思想的解放、生产方式和思维方式的转变以及审美情趣的变迁，生于民间、长于民间的“草根文化”逐渐在广大农民的精神生活中占据重要位置。不可否认，这样一种乡土气息浓厚的文化的出现，不但是中国社会文明进步的一个注脚，而且也是当今多元文化蓬勃发展的必然结果。但是“草根文化”没有经过主流意识形态的疏导和规范，精华与糟粕往往是共存的。其中，精华的部分会对社会主义先进文化起到补充的有益作用，但糟粕的部分对先进文化主导地位的冲击与破坏作用同样值得我们警惕。“草根文化”的出现，反映出农民的文化热情，表明农民期待

① 习近平：《决胜全面建成小康社会　夺取新时代中国特色社会主义伟大胜利——在中国共产党第十九次全国代表大会上的报告》，人民出版社 2017 年版，第 32 页。

通过更大的平台来丰富自身的文化生活，当代中国马克思主义这一科学理论正好迎合了农民对先进文化的热切期盼，这种期盼推动着农民对当代中国马克思主义的学习热情和探索追求，当代中国马克思主义与农民对先进文化的热切期盼形成一种互需关系，这种需求为农村当代中国马克思主义大众化提供了群众基础和内在的推动力，也为当代中国马克思主义在农村的大众化提供了内生动力。

2.广大农民对美好生活的需要

在中国革命、建设、改革的实践中，我们可以清晰地看到，农民这一历史主体实际上蕴藏着极为巨大的发展潜力和极为突出的首创精神。因此，他们并不是当代中国马克思主义的被动接受者，而是大众化实践中的积极行动者，推动着农村场域内部各种力量的变动，从而以一种建构者的身份来推动农村场域的变迁；与此同时，在大众化的实践中，不断丰富着当代中国马克思主义的新内容。特别是在新时代农村蓬勃发展的今天，农民获得了更为广阔的发展空间、更为多样的政策支持、更为广泛的发展机遇，无论是物质生活水平还是精神生活水平，都有了质的提高。他们的需要更加多层次，他们的生活方式更为多样化，他们渴求更大的舞台，希望通过城市生活来加速个人的发展，更加充分地实现自身价值。

因此，广大农民对美好生活的需要，具有现实客观的意义。这些需要，在现实可能性上为农村场域推进当代中国马克思主义大众化提供了支撑。当代中国马克思主义就是一门能够让老百姓过上美好生活的科学理论，其价值追求就在于实现人民对美好生活的期待。理论愿景与现实追求的耦合，必然可以从内在动力层面深刻激发广大农民自觉主动接触、学习、践行当代中国马克思主义。与此同时，广大农民对美好生活的需要，作为一种具有现实推动力的需要，能够有效促使广大农民积极主动地践行当代中国马克思主义。通过与农民的生产生活实践及其需要进行紧密互动，当代中国马克思主义得以融会贯通于农民追求自身全面发展的全过程，也就实现了当代中国马克思主义在农村场域深入人心的目标。因此，广大农民对美好生活的需要必然是农村当代中国马克思主义大众化实践得以顺利开展的重要条件。

第三章 “场域—惯习”视角下农村马克思主义大众化的历史图景

“以史为镜，可以知兴替。”(《旧唐书·魏徵传》)历史不仅为现实的路径选择提供引以为戒的失败教训，而且还为当前实践的具体实施呈现出可供参考的建构思路。基于“场域—惯习”理论，借助“双重存在”观，从马克思主义大众化的角度系统梳理并总结新民主主义革命时期、中华人民共和国及改革开放新时期、新时代四个历史时期农村场域的变迁，同时也从农村场域变迁的角度思考马克思主义大众化进入我国农村场域何以可能，继而在深入挖掘农村场域变迁与马克思主义大众化的深层互动关系的基础上，着力深刻揭示农村场域变迁过程中影响马克思主义大众化的客观规律和内在机理。

农村场域变迁决定了农村马克思主义大众化的客观因素。以农村马克思主义大众化发展历程为主线进行考察，能够发现这一历程经历了四个阶段：第一个阶段为“入场与尝试”期，即以大革命为起点、以中华人民共和国国成立为终点的历史时期(1924～1949 年)，而党推进农村马克思主义大众化的基本任务在于通过改造农村场域的形式，实现马克思主义在农村的“入场”。其中，作为涉及农村马克思主义大众化的组织问题，大革命为农村场域内马克思主义大众化主体的组织化提供了可能；土地革命战争涉及农村马克思主义大众化的动力问题，即如何更广泛地动员农民加入农民武装、参与农民暴动的问题，这一问题的解决为农村马克思主义大众化实践的系统化提供可能；抗日战争同样涉及农村马克思主义大众化的动力问题，从狭义的角度上看则是解决在抗日战争时期如何广泛发动农民参加抗日战争的问题；而解放战争时期，党又面临着农村马克思主义大众化的模式问题，即如何通过分析判断和归纳总结，形成一套完整而系统的农村马克思主义大众化的一般方法的问题，这一问题同样也是关乎如何在农村经济场域解决农村马克思主义大众化参与主体、如何在农村政治场域解决大众化领导主体以及如何在农村文化场域贯彻大众化根本原则的问题。第二个阶段为“探索与反思”期，即以中华人民共和国成立为起点，以十一届三中全会为终点的历史时期(1949～1978年)，而这一阶段党的基本任务在于实现马克思主义大众化在农村场域的转型，将革命条件下农村马克思主义大众化的旧模式转化为适应社会主义建设条件的农村马克思主义大众化的新模式。第三个阶段为“开拓与发展”期，即改革开放以来的新时期(1978～2012年)，这一阶段党的基本任务是进一步深化农村场域的变迁，使之不断将农村马克思主义大众化推向前进。第四个阶段为“深化与创新”期，即新时代以来(2012年至今)，这一阶段中国共产党实现了农村五个子场域的全面协调推进，在乡村振兴战略与精准扶贫政策的加持之下，农村场域变迁进入到加速期，同时带动农村马克思主义大众化向纵深发展。

任何一个场域都蕴含着变动不居的力量对比，因此场域必然拥有永恒的变迁性。农村场域亦是在不断地变动之中，这一变动的内在逻辑和机制也规制了马克思主义在农村场域大众化的内容、方式、范围和程度，所以在此基础上生成马克思主义大众化的社会建构，则是农村马克思主义大众化的先决条件。

第一节 入场与尝试：新民主主义革命时期农村马克思主义大众化的良好开端

近代中国农村面临着帝国主义入侵与农村传统秩序崩塌的局面，来势汹汹的内忧外患使中国逐步沦为半殖民地半封建社会的国家，帝国主义在经济上将中国视为获取资源及劳动力、倾销产品的附属国，在政治上将中国瓜分为殖民地，中国以极为被动、屈辱的面貌进入世界政治经济体系，不仅主权被严重侵犯、合法权益被剥夺，而且还背负着巨额赔款的重担，国家经济命脉也被列强所掌控。作为经济重负的承担者，农村受到了来自西方工业文明的冲击，其经济格局由资本主义国际市场和由帝国主义和官僚联合控制的城市所掌控，继而成为西方列强大肆掠夺农产品、转嫁自身危机、倾销其工业制成品的目标地区。正如毛泽东指出的，这一时期的农村饱受着来自"外国帝国主义和本国买办大资产阶级所统治的城市极野蛮地掠夺"①，富农与小地主在高度压榨中加速走向破产，广大中小自耕农生活贫困不堪而被迫出卖土地，而大地主、大官僚借机将土地大肆吞并，帝国主义以修铁路、开矿、修建教堂等名义掠夺土地，导致农村场域出现土地的恶性集中。落后的农业生产经营方式无法有效应对农村内忧外患的问题，农业生产严重下滑，农民持续承担着地主和乡绅的赋税压迫，同时受到地租、高利贷和商业资本的三重剥削，"昔日小康之家多堕于贫困破户，佃农则勤劳终岁不得一饱"②，农村场域的经济呈现衰退之势，并且越来越难以逆转。

在政治上，农村传统秩序和治理体系出现严重裂痕，国家行政管理的缺位和地方势力的越位导致农村的政治结构出现紊乱，农村陷入混乱的局面。由于清末新政废除了科举制，农村精英失去了走向仕途的路径，传统士绅势力被不断削弱，传统农村治理结构失去了连接上级官府与农民之间的桥梁，而一度被农村治理体系边缘化的土豪劣绅趁机掌控了农村场域的权力中心，"地方事业不操之于官，即操之于神；等而下之，又操之于地痞"③。他们以雄厚的个人财力或强大的武力实现对农村的控制。此外，列强与土豪劣绅的相互勾结，进一步激化了农村场域的民族矛盾与阶级矛盾。

此外，与城市中蓬勃发展的"除旧布新"的景象不同，农村的文化改革陷于"旧习难除、新知难布"的迟滞状态。新式学堂的兴办不仅缺乏必要的资金支持，而且其教学形式、内容及教育风格脱离了农民的价值取向及生活习惯，引发了广大农民的不信任乃至极力拒斥，农民仍维持着对传统私塾教育的肯定，这一矛盾导致代表西方新文化的新式学堂与代表封建旧文化的传统私塾共同构成了农村文化场域的二元模式。但由于科举制的废除，农村教育在实际发展过程中不断走向式微，"一百个农民里头，不过有五六个人能识字；至于受过普通教育的人，则不过一个两个罢了"④。教育水平与文化建设的落后意味着农民无法依靠自身力量找到破除困境的合理路径。

农民与土豪劣绅之间的尖锐矛盾，整个农村场域与帝国主义、封建主义

---

① 《毛泽东选集》第1卷，人民出版社1991年版，第336页。

② 《富顺县志》，四川大学出版社1993年版，第302页。

③ 闻钧天：《中国保甲制度》，商务印书馆1935年版，第365页。

④ 杨开道：《我国农村生活衰落的原因和解决的办法》，《东方杂志》第24卷第16号(1927年8月25日)，第5页。

及官僚资本主义所掌控的城市场域之间的尖锐矛盾构成了新民主主义革命时期推进农村马克思主义大众化的现实动因，使农村马克思主义大众化的发生及推进具有历史必然性和可行性。正如毛泽东所言：“无论什么事有一种‘理论’，而没有一种‘运动’继起，是不能实现出来的。”[①]“农民问题不在现在的革命运动中得到相当的解决，农民不会拥护这个革命。”[②]中华人民共和国成立前，以毛泽东同志为核心的党中央第一代领导集体以阶级斗争和土地革命问题为重点，一方面积极回应农民对获取土地、变革社会的急迫需要，满足农民的物质诉求、政治诉求和精神文化诉求，以便广泛调动农民参与农村马克思主义大众化的积极性，动员农民参与战争；而另一方面，则尝试把农村马克思主义大众化与中国革命实际、农民自身需要进行初步结合，并贯穿于大革命、土地革命、抗日战争及解放战争全过程，使农村场域的变迁为马克思主义大众化提供必要的物质前提、政治保障和精神动力，不仅为农村马克思主义大众化主体的组织化、实践的系统化提供可能，而且深入考察了农民参与农村马克思主义大众化过程的积极性与主动性，在此基础上，农村马克思主义大众化的模式得到基本确立和初步发展，继而真正实现了马克思主义大众化在农村场域的顺利入场。

一、大革命时期入场主体的组织化

在中国共产党成立初期，马克思主义大众化以广大先进知识分子和工人为主体，主要在城市中进行，但农民作为全国人口的绝大多数，其在革命中的地位和作用已经开始作为一个值得研究和思考的问题，走进了中国共产党和广大先进知识分子的视野之中。

最早系统阐释农民问题的文献便是发表在《共产党》刊物上的《告中国的农民》，运用马克思主义观点，对农村阶级状况及农民在革命中作用进行了系统阐释，在此基础上还分析了农民受到的压迫以及农村土地的集中化趋势，并指出解决一切问题最终的出路在于共产主义，是中国共产党最早论述农民问题、向农民发出号召的文献。随后，中共二大讨论通过了《中国共

---

① 中共中央文献研究室、中共湖南省委编：《毛泽东早期文稿》，湖南人民出版社 1990 年版，第 517 页。

② 《毛泽东文集》第 1 卷，人民出版社 1993 年版，第 37 页。

产党第二次全国代表大会宣言》，不仅明确指出了反帝反封建的革命纲领，而且还鲜明提出“大量的贫苦农民能和工人握手革命，那时可以保证中国革命的成功”①，并把农民划分为农民地主、小农、佃户和农业雇工。但是这种划分没有看清农村中的地主阶级与农民阶级之间的区别及矛盾，虽提出了更改土地税则以减轻农民负担，但没有明确农民真正的诉求。而1923年“二七”惨案的发生不仅撕破了吴佩孚企图分裂工人的阴谋，充分暴露出帝国主义与封建军阀对工人阶级的武装压迫，而且还迫使中国共产党人重新思考敌我力量对比，并开始寻找联合新的革命同盟军的道路。1923年6月，中共三大讨论通过了《农民问题决议案》，指出中国共产党有必要“结合小农佃户及雇工以反抗牵〔宰〕制中国的帝国主义者，打倒军阀及贪官污吏，反抗地痞劣绅，以保护农民之利益而促进国民革命运动之必要。”②这是中国共产党自成立以来通过的第一个有关农民问题的会议文件，但由于当时的实践重点在于国共合作，因此这一决议在一定程度上被忽视。1924年5月，通过了《农民兵士间的工作问题决议案》，明确提出了以宣传口号、画片和出版物为主要载体向农民进行宣传教育的方法，同时也规定了激发农民参与革命的具体要求。1925年，中共四大通过了《对于农民运动之决议案》，对农民在中国革命中发挥的作用给予了高度认可，总结了党在向农民进行宣传时的错误，并对如何教育农民的问题提出了新方案，尤其对党发动农民参与革命的重要性作出阐释：“由原始的，自然的农民反抗之可能而引入自觉组织的经济和政治争斗，是中国共产党的责任。”③这些探索都为党初步考虑农民问题奠定了基础。

这一时期的中国共产党试图解决农民参与农村马克思主义大众化的组织化问题，同时，也对农民在革命中的地位和作用以及在农村开展马克思主义大众化的必要性进行了逐步深入的分析。尽管可能在对马克思主义的理解和认识、对中国农民实际状况的分析和判断等方面存在欠缺，但大革命时

---

① 上海革命历史博物馆筹备处编：《上海革命史资料与研究》第2辑，上海古籍出版社2002年版，第563页。

② 中央档案馆编：《中共中央文件选集》第1册，中共中央党校出版社1989年版，第151页。

③ 中央档案馆编：《中共中央文件选集》第1册，中共中央党校出版社1989年版，第359页。

期的中国共产党通过组织农民协会、开办农民讲习所等方式确实把农民调动起来了，而且逐步改变了以往农民以血缘和地缘关系为核心的交往特征，切实实现了农村场域内马克思主义大众化主体的组织化。

（一）通过组织农民协会推进农村马克思主义大众化主体的组织化

"清末新政"时期建立农会的趋势已初见端倪，但在清政府的控制之下，农会不过是由地方士绅掌控的官方组织，主要用于管理农业生产事务，严格遵从清政府的决策指令而漠视农民诉求。由于不满土豪劣绅的肆意妄为，佃农组织的农民暴动和反抗斗争此起彼伏，浙江萧山衙前农民协会、广东海丰赤山农民协会及湖南衡山岳北农工会的先后成立及其随后开展的农民运动，成为党领导中国农民运动的开山之举。在组织农民协会的过程中，党对农民进行了以马克思主义为指导、以动员农民参与革命为核心内容的启蒙教育，在这种启蒙教育的熏陶下，农民不仅从理论层面开始接受马克思主义，而且还能通过积极确认其马克思主义基本立场而投身于声势浩大的农民运动之中，继而从实践层面有力地巩固了农村马克思主义大众化主体的组织化。

1921 年，浙江萧山衙前农民协会由上海共产主义小组成员沈定一等人成立，开创了中国近现代史上第一个农民新型组织。沈定一等人极为重视农民革命意识的觉醒，创办了衙前农村小学，不仅免费招收农民子弟入学，而且还开设成人班，并亲自起草了《衙前农村小学校宣言》，指出私有制不仅无情地用经济制度压迫无产阶级，而且还剥夺了无产者受教育的机会。后来此文发表在《新青年》杂志上①，被时人赞誉为实现了"学校的社会化和社会的学校化"②。除此之外，还兴办龙泉阅书报社。马克思与恩格斯的著作、《新青年》、《劳动与妇女》以及《星旗评论》等传播新思想的报纸期刊，均供农民免费借阅，以激发农民的学习意识和热情，发动农民积极参与革命。此外，沈定一、宣中华与徐白民等人还陆续在坎山、塘头等地进行社会调查，并以演讲为主要方式向农民讲解城市运动状况，发动农民就抗租抗税问题与

---

① 当时《衙前农村小学校宣言》与《衙前农民协会宣言》《农民协会章程》共同发表在《新青年》第九卷第四号（1921 年 8 月 1 日）附录。

② 《衙前农民运动论文选编》，中共党史出版社 2002 年版，第 133 页。

地主阶级进行坚决斗争。在沈定一等人的努力之下，衙前农民协会于1921年9月27日成立，在全体农民的支持之下，制定了《衙前农民协会宣言》《农民协会章程》；此后，萧山、绍兴和上虞等地涌现了82个建有农民协会的农村。11月，衙前农民协会联合会正式成立，并立即组织农民积极开展以抗租抗息为核心的反封建斗争，提出“三折还租”的决定，取消了“车脚费”，得到了农民的极力拥护。虽然衙前农民运动最终因遭到地主豪绅的血腥镇压而以失败告终，但农民协会这一具有鲜明阶级色彩的以马克思主义为指导的农民组织得到农民青睐，农村场域混乱不堪的秩序和治理结构在短期内得到了一定程度的治理。除此之外，农民协会还力图破除农民迷信落后的传统惯习，积极向农民传播科学思想，揭示封建旧礼教对人精神的压迫，提倡解放妇女、扫除文盲，形塑了农民以革命意识和科学民主精神为核心的新惯习。

在衙前农民协会成立后不久，彭湃于1922年5月返回家乡海丰从事农民运动，以讲演的方式开始在龙山庙向农民宣传马克思主义，为农民分析地主阶级的压迫，结合农民受剥削的历史，阐述农民发动革命的意义，号召农民广泛地组织起来以进行减租减息的斗争。农会最初包括彭湃在内只有6人，他们不但继续深入农村进行宣传马克思主义的工作，而且开始以维护农民实际利益为突破口加深农民对农民协会的信任，如阻止农民彼此夺取对方耕地，并责令农民将已夺取的土地悉数归还；若发现地主对农会成员加租加息则对其严重处罚，若地主不接受处罚则号召农民不为地主耕作从而使土地撂荒；而对于失去土地的农民，农会会安排其与其他成员合耕或为其介绍其他工作；所有的村内争端，必须首先上报农会，由农会处置。由于农民协会的强力措施在农村场域发挥了极大的作用，农会日渐获得了广大农民的信任，一个多月后发展至30多人，1922年10月农民协会的规模已达500余人。至1923年元旦海丰总农会成立时，入会的农民已达2万户，管辖人口约为10万人，遍及平岗、青湖、河口及旧墟等地。农会在向农民传播马克思主义的基础上，还充分研究了海丰周边农村场域的现状和特征，不仅领导农民开展减租减息的经济斗争，而且还充分调动农民开展反对封建政权的政治斗争，通过初步满足农民对土地的需求以及对医疗卫生和教育文化的需要，有效保障了农民的权益，激发了农民入会的积极性，同时也抑制了封建政权的活动，达到了整改农村场域中社会秩序的效果，而且也使农民领袖在同步开展理论宣传和农民运动的过程中逐渐丢弃了封建保守的旧惯习，革命民主精神得到激发，并开始讲究必要的斗争策略，实现了对马克思主义的初步运用。

此外，20世纪20年代湖南省第一个农民协会岳北农工会的成立及随后开展的农民运动也有力地推进了农村马克思主义大众化。早在1922年，湖南安源路矿、水口山铅锌矿的工人运动就极为活跃，并在罢工事件中取得了胜利。为充分调动农民、组织农民运动，以毛泽东为首的中共湘区委员会选派优秀干部代表刘东轩、谢怀德深入岳北，到农民家中宣传矿山工人的革命斗争，讲述农民遭受地主劣绅欺压的现实情况，得到了农民的广泛认同，并迅速提升了对建立农民组织的需要。岳北农工会于1923年9月成立，以“打倒土豪劣绅”“实行减租减息”为口号，并立即开展减租斗争及反对地主阶级外运粮食的运动。与衙前农民协会、海丰农民协会不同的是，岳北农工会除了在政治上打击欺压农民的土豪劣绅，在经济上实行减租减息以外，还极为重视农村文化场域的全面整治。首先派遣宣讲员到村内讲解农民参与反帝反封建斗争的必要性，创办了农民夜校，为农民普及革命知识，激发其阶级意识，甚至发展13名农民成为团员，成立了粤北团支部。其次创办了新民剧社，以文明戏的文艺形式向农民传播革命思想。再次，竭力改造农民的恶劣惯习，不仅禁止农民赌博和吸食鸦片，而且还大力提倡妇女解放，实行男女平等。最后，对农村的宗教派别进行了清理，不仅开展了破除迷信的“打菩萨”斗争，而且还驱逐洋教士、破坏基督教福音堂。虽然岳北农工会受到时任湖南省省长赵恒惕的血腥镇压而惨遭失败，但仍为培养农民的革命精神、将农民从封建旧惯习中解放出来奠定了实践基础，也为农民运动队伍建设奠定了组织基础。

农民协会的建立和农民运动的开展为农村马克思主义大众化主体的组织化提供了可能，表明农村场域的秩序已经出现新势力的萌芽，通过农民协会可以初步把以血缘家庭为核心单位的农民组织起来学习马克思主义，共同抗击封建势力、官僚资本主义及帝国主义。至1926年6月30日，共有981442名农民积极响应党的号召，加入了农民协会，而全国各级农民协会总数则达到了5353个，其中广东、广西、河南和湖北四省已成立省农民协会①，

① 参见《第一次国内革命战争时期的农民运动资料》，人民出版社1983年版，第65页。

农民的组织化程度日益提升，同时，作为“农民运动发展的结果，农民的文化程度迅速地提高了”①。中国共产党领导下的农民协会积极深入农村宣传马克思主义、分析革命问题，为马克思主义大众化进入农村场域奠定了必要的组织基础，是大革命时期推进农村马克思主义大众化的重要实践之一。

(二)通过开办农民讲习所推进农村马克思主义大众化主体的组织化

为了培养领导农民运动的骨干，进一步推动农村马克思主义大众化主体的组织化，继而巩固农民协会的发展成果，中央执行委员会第39次会议于1924年6月30日讨论通过彭湃提出的开办农民讲习所的建议，以作为培养农民运动骨干、向更多农民宣传马克思主义、唤醒农民阶级意识的重要途径。

第一届农民讲习所开办于1924年7月3日，由彭湃担任讲习所主任，学生一般是经过五四运动洗礼且有志前往农村，能够接受党纲领，参加过工会组织运动的人。学生在校期间一方面要接受理论课程的学习，不仅涉及中国民族革命史、中国秘密社会简史及政治报告等有益于推进革命的基础知识，而且还要学习农民运动理论、农民运动现状、农村教育、农民协会与自卫军组织法等有关农民运动的理论。另一方面还要接受与农民运动和革命相关的实践培训，不但包括演讲、集会、辩论会、唱歌、图画等宣传技能训练，而且还应积极参与军事训练，包括队列训练、侦察术、刺枪术、防御术、射击演习及散兵伪装训练等项目，并应当在周日完成农民运动见习，向农民宣传革命理论。

在第一届农民讲习所的学生毕业十天以后，为进一步适应农民运动的需要，第二届农民讲习所于1924年8月21日开办，并增加了招生名额，招收学生主要为农民、工人或经由农民协会推荐之人，凸显了对学生参与农民运动的决心及深入农村的能力的重视。由于教学规划在实施中出现了问题，且发生了扣械事件，因此，讲习所决定第二届学生优先进行军事训练，以便及时改组为农民自卫军。九月中旬在孙中山前往韶关时，农民自卫军曾两度赶赴韶关担任宣传工作，孙中山特意集合农工团发表演说，强调“宣传比

① 《毛泽东选集》第1卷，人民出版社1991年版，第40页。

武力更为重要,以力服人者一时,以主义服人者始能永久”①。因此,农民自卫军开始以分队为基本单位对韶关附近的农村进行调查,详细了解了村内农民的生活状况,并辅之以在集市上分发传单、进行演讲的方式在村内进行宣传工作,主要向农民讲述农民协会以及农民自卫军的优势。返回省属继续训练后,讲习所停止对农民自卫军的军事训练,转而重视政治宣传,在历经双十节屠杀后迁往黄埔军校再度进行军事训练,毕业后大多数人都被立即派遣至各县,继续担任农民运动特派员的工作。

第三届农民运动讲习所于 1925 年 1 月 1 日开办。经过对第一、二届农民运动讲习所实践经验的总结,“凡在军事训练用心之人,现在即为农民运动最努力的人”②。因此,以阮啸仙为主任的第三届农讲所不仅把目光放在了当前的农民运动中,而且还希望以此届学生为农民武装做充分准备。首先,在对学生进行军事训练的同时,注重对军事知识的讲解,其次组织各级农民协会讨论各村农民问题。此外还设计讨论会、技击团及新闻社等部门。经过全方位培养和训练,学生不仅能够清晰地认识到中国社会的演进过程、制度特征、革命发生缘由及未来革命趋势,而且还能明确阶级的意义,学到了深入普通农民之中进行宣传的方法。而对毕业生的去向也做了更加明确的划分,针对不同学生的优势分别派遣至各乡农民自卫军、农民协会做军事助教和见习宣传员。

由于滇系军阀杨希闵和桂系军阀刘振寰在广州发动叛乱,于 1925 年 5 月 1 日开学的第四届农民运动讲习所仅在开学一个月后就分派学生迅速投入到农民运动中,指导农民工作的开展。

到了 1925 年 9 月 14 日,第五届农民运动讲习所已开始招收来自全国各省的学生,以彭湃担任主任,教员有毛泽东、彭湃、罗绮园、阮啸仙等人。首先,讲习所组织并带领学生积极参加农民协会成立大会、参观石井兵工厂,还开展了俄国十月革命成功八周年纪念活动,并分派学生为农民讲解十月革命发生的背景、经过及重要意义。其次,讲习所组织学生到周边农村进行演说,讨论阶级斗争问题、国民革命的领导者问题、农民解放的途径以及如何看待国民党等问题。

---

① 《第一次国内革命战争时期的农民运动资料》,人民出版社 1983 年版,第 86～87 页。

② 《第一次国内革命战争时期的农民运动资料》,人民出版社 1983 年版,第 97 页。

1926 年 5 月 3 日开办的第六届农民运动讲习所由毛泽东担任所长，他充分总结并运用了前五届农民运动讲习所的经验，尤为重视对农民、农村问题的深入研究，以提高学生的思想政治觉悟、建立农民武装队伍为目标，以理论与实践相结合为基本原则，以启发教学法为基本方法，进一步推动了讲习所办学方式的发展。在理论学习方面，一方面注重学生的课堂学习，由毛泽东讲解农民问题、农村教育等主要课程，周恩来讲解军事理论与农民运动，彭湃讲授中国各地农民运动及农民协会现状，陈启修讲解苏俄情况等，而另一方面由萧楚女担任专职教员，负责对学生的课外理论研究进行指导，包括分析探讨《中国农民问题研究》《列宁与农民》《资本制度浅说》和《苏俄之农业政策》等 30 多种书籍。而在实践训练方面，成立了 13 个农民、农村问题研究会，提出 36 个调查题目，涉及农民各阶层人口数量及阶层结构、减租减息运动、农村妇女地位、农民观念、农村组织等不同角度，继而组织学生到农村参与实习活动，并最终编写了《农民问题丛刊》，收录了农讲所各位老师的讲课材料、学生调查研究报告以及国内外研究农民问题的专家学者的科研成果，由毛泽东为这一丛刊撰写了序言——《国民革命与农民运动》。这套丛刊不仅阐述了中国农民、农村问题以及党的相关政策法规，而且还总结归纳了农民协会建设和农民运动开展的状况、经验和方法，而更重要的是，这套丛刊极力宣传革命思想，为发动和组织更多农民加入农民协会、投身农民运动提供了理论指导。

随着革命政府从广州迁往武汉，为对抗国民党反动派破坏工农运动的猖獗活动、巩固农民运动成果，毛泽东提议将湘鄂赣三地的农民运动讲习所进行扩展。因此，中央农民运动讲习所于 1927 年 3 月 7 日在武昌开学，其培养目标、培养方案、教学方法及组织队伍基本与广州的农民运动讲习所一致，学生规模与师资队伍都进行了扩展，由恽代英、瞿秋白、彭湃、方志敏、李汉俊、李达等一批优秀的马克思主义者、无产阶级革命家为学生讲授课程，而毛泽东对授课内容也作了有针对性地选择，特别突出对《中国社会各阶级的分析》和《湖南农民运动考察报告》的讲授。

虽然农民运动讲习所最初以国民党的名义开办，但中国共产党人在其中发挥了主要作用，不仅主要承担教员和行政人员的职责，而且还在广东省各级农民协会负责指挥农民运动。此外，派遣至各农会与农民一同开展农协工作的学生，也多是党员、团员及进步青年。正如毛泽东所指出的："红军每到一地，群众冷冷清清，经过宣传之后，才慢慢地起来。”[①]开办农民运动讲习所是充分调整农村社会场域、推动农村马克思主义大众化走向组织化和专业化的重要举措，这一举措不仅使更多的农民开始拥有接受党的理论教育、实践教育和马克思主义洗礼的机会，拥有觉醒的阶级意识和革命意识，而且在马克思主义的指导下有效开展农民运动，为充分推动马克思主义由理论学习向农民运动的转化提供了组织基础，有效地推进了农村马克思主义大众化主体的组织化，为在大革命及土地革命战争时期有效开展反帝反封建的农村游击战奠定了思想基础、组织基础和实践积淀。但这一时期农村马克思主义大众化存在的关键问题，在于没有深刻认识到开展农民运动在中国革命中的重要地位及农民运动领导权的问题，同时，马克思主义大众化的内容以及推动农民参与马克思主义大众化的工作方法还存在一定程度的偏差。

二、土地革命时期：实践尝试的系统化

第一次国共合作的破裂和大革命的失败，使中国共产党开始重新思考革命力量的来源及革命道路的正确走向。经过大革命时期轰轰烈烈的农民运动，农民这一阶级所蕴含的强大革命力量，无疑再次进入他们的视野，开始成为中国共产党和广大知识分子研究和讨论的中心。在土地革命战争时期，开展土地革命和建立农民政权是同一过程的两个方面，主要涉及农村经济场域和政治场域的核心问题，恰是这一时期农民最关注的根本利益问题，二者彼此推进、相互影响。土地问题的彻底解决呼吁新型农村政权的建立，而农村政权的建立则必须要以重视农民土地问题为前提，二者的内在联系必然推进农村场域的持续变迁。无论是开展土地革命还是建立农民政权，都要求党把农村马克思主义大众化作为一项系统化工程，才能从农民的物质、精神和政治诉求三个方面充分调动农民积极性，建立农民对党的信任、对革命道路与最终目标的认同，由此才能在最大程度上汇聚革命力量。

这一时期中国共产党着重思考农村马克思主义大众化的动力问题，即如何更广泛地动员农民加入农民武装、参与农民暴动的问题，在开展农民暴动的过程中围绕夺取农村政权这一核心问题，协同推进农村经济、政治和文

---

① 《毛泽东选集》第1卷，人民出版社1991年版，第78页。

化场域的变迁，不仅通过赋予农民物质利益的方式为推进农村马克思主义大众化实践的系统化提供物质前提，而且还通过加强对农民的思想教育为推进农村马克思主义大众化提供思想起点。此外，在领导农民暴动、建立革命根据地的过程中，和谐干群关系的建构成为推动农民参与农村马克思主义大众化的重要桥梁。这一过程，一方面将马克思主义的精神实质具象化，使农民获得初步接触、认识和认可马克思主义的途径；另一方面激发农民参与农村马克思主义大众化的积极性，强化了农民对中国共产党和革命道路的认同，使农村马克思主义大众化实践的系统化由此成为可能。

（一）赋予农民经济利益为农村马克思主义大众化实践的系统化提供物质前提

经过大革命时期农民运动的训练，少数农民已经清晰地意识到私有制对自身的剥削，成为农民运动的骨干，并希望找到解决土地问题的可行途径，而多数农民对中国国情、中国革命和中国共产党的认识还处于有待加深的阶段。在土地革命战争时期，党以赋予农民物质利益为前提，通过解决农民普遍关注的土地问题的形式，一方面有效地激发了农民参与农村马克思主义大众化的意识和行动，另一方面也为大众化的顺利推进提供了必要的物质前提。

1927 年 7 月 20 日，中国共产党针对当前农民运动的经验和问题进行了策略上的规划，发布了《中央通告农字第九号》，指出土地革命作为中国革命发展的新阶段“需要一个无产阶级领导的工农小资产阶级的民主政权和工农武装”①，开始强调建立农村政权以开展土地革命的极端重要性。8 月 3 日，中共中央发布了《中央关于湘鄂粤赣四省农民秋收暴动大纲》，在肯定建立革命政权正确方向的基础上对农村暴动策略进行了详细的规划。8 月 7 日，中央在汉口召开紧急会议，总结党过去的指导错误在于对“这些问题没有布尔塞维克的马克思主义的了解”②，并随后发表了《最近农民斗争的议决案》，提出了党领导农民运动的策略。8 月 7 日，党在八七会议上指出要针对不同阶层的农民实施不同的政策，使小私有者保持中立，并没收大中地主的

---

① 中央档案馆编：《中共中央文件选集》第 3 册，中共中央党校出版社 1989 年版，第 215 页。

② 中央档案馆编：《中共中央文件选集》第 3 册，中共中央党校出版社 1989 年版，第 256 页。

土地，将之分给无地或少地的农民。为了使农民清晰明确地了解党的政策，会议还讨论通过了“‘耕者有其田’这一极通俗的口号”，使之“足以引起农民革命运动”①。11 月 28 日，通过了《中国共产党土地问题党纲草案》，该《草案》不仅指明了贫农、小农、中农与富农的区别，还指出了“共产党要赞助农民去根本消灭这一种陈腐恶化的土地制度”②，还一再强调中国共产党不仅应当努力组织苦力和贫雇农，而且还应当吸引中农，以便采用最“民众式”的阶级斗争从而成立全国的苏维埃政府。中国共产党对这些问题的探讨，初步形成了土地革命时期农村马克思主义大众化的群众基础。另一方面，在秋收起义失败后，毛泽东开辟了党的第一个农村革命根据地，即井冈山革命根据地，开启了漫长的农村调查研究之路。1928 年 6 月，中国共产党第六次全国代表大会召开，讨论通过了《土地问题决议案》和《农民问题决议案》，分析了农村的阶级情况，指出土地革命的主要敌人在于豪绅地主。12 月，中国共产党人经过对农村调查实践及土地斗争经验的总结，颁布了自建党以来第一部土地法——《井冈山土地法》，提出了土地分配标准与土地税的征收标准，以“分配农民个别耕种”为主体，辅之以“农民共同耕种”和“苏维埃政府组织模范农场耕种”③，不仅正式提出彻底废除封建土地所有制，农村土地所有权归属苏维埃政府，而且还保护农民耕种土地以维持生存的权利，极大地提高了农民参与革命的积极性。而 1929 年 4 月，《兴国土地法》又在六大两个决议案的基础上进行调整，毛泽东认为“没收一切土地平均分配”改为“没收公共土地及地主阶级土地平均分配”的做法更加符合农民的实际需要，但这一修改引发了赣西南党内关于土地政策的分歧。为了进一步促进赣南和闽西等地区革命斗争的开展，毛泽东 1930 年在赣西南农村地区进行走访调查，先后完成了《寻乌调查》《兴国调查》《东塘等处调查》及《木口村调查》等 8 篇调查研究报告，真正了解到了赣南和闽西等地区农村经济、政治的发展现状，缓和了党内关于赣西南土地政策的分歧，使相当一部分农民得到

① 中共中央文献研究室、中央档案馆编:《建党以来重要文献选编》第 4 册，中央文献出版社 2011 年版，第 443 页。

② 中央档案馆编:《中共中央文件选集》第 3 册，中共中央党校出版社 1989 年版，第 501 页。

③ 中共中央文献研究室、中央档案馆编:《建党以来重要文献选编》第 5 册，中央文献出版社 2011 年版，第 814 页。

了切实的利益。到1930年年底、1931年春，党在土地革命中的路线基本形成，“得到土地革命利益的雇农贫农及中农”①也加入革命，进一步充实并壮大了红军的队伍。

赋予农民物质利益是党在土地革命战争时期这一特殊时代背景下为推进农村马克思主义大众化所作出的历史选择。土地所有权及土地分配问题既涉及农民最核心的物质利益，也触及对农民千百年来封建惯习的撼动。调整土地政策不仅是符合农村场域革命现状的必然要求，而且也是充分调动农民积极性、改造农民旧惯习的必然要求。党在《中华苏维埃共和国土地法令》中明确指出，这些土地政策必须充分尊重农民意愿，虽然在实际实施的过程中，农民产生了恐富情绪，平均主义意识涌现，但正如党于1931年2月8日在《中共苏区中央局通告第九号》中所讲，只有点燃农民对土地所有权的热情，才能使革命走向深入。在我们党已经培养相当一批农运干部的情况下，广泛生活于农村场域的普通农民依然缺乏阶级觉醒，他们参与革命的意识必然来自分得土地所能带来的切实物质利益。正是由于党不仅理解到了这一举措的政治与经济意义，还深刻地感悟到其对农民本身所产生的精神意义，才由此成功地推进了农村马克思主义大众化，带领农民建立起了工农民主政权，并实现了农村场域的基本平衡。

（二）加强农民思想教育为农村马克思主义大众化实践的系统化提供思想基础

正如毛泽东此前已有的分析：“中国有百分之九十未受文化教育的人民，这个里面，最大多数是农民。”②要克服农民在革命进程中所展现出的历史惯性，真正推进农村马克思主义大众化，就必须在农村场域内坚持以提升农民的思想觉悟作为起点，激发农民的革命精神与阶级意识，促使农民对马克思主义初步建立起系统化的认识，为农村马克思主义大众化实践的系统化提供思想起点。

首先，提升农民的思想觉悟需要依托较为固定的教育模式，而在革命根据地建立以后，中国共产党先后成立工农小学、农民夜校、“列宁小学”及规

---

① 中共中央文献研究室、中央档案馆编：《建党以来重要文献选编》第8册，中央文献出版社2011年版，第488页。

② 《毛泽东选集》第1卷，人民出版社1991年版，第39页。

模迥异的识字班、识字组，以便对农民开展文化扫盲活动，在对农民普及文化教育、传播文化知识的过程中提高农民的文化素质和政治素养。1929 年 6 月 25 日党公布了《宣传工作决议案》，明确指出“党必须将宣传教育工作，视为党的基本工作之一”①。毛泽东率领红四军进驻新泉，在了解到当地工农妇女的文化教育现状后，于 1929 年 7 月在张家祠开办了中央苏区第一所工农妇女夜校，由当地组织干部编写教材或直接翻印《红军识字课本》，由乡干部轮流对农民进行识字教学、政治思想及军事思想的传播，到年底已有 100 多位学员，随后连南区各村庄先后举办了 18 所夜校，共发展了 700 多位学员。10 月，毛泽东随中共闽西特委转移到福建省上杭县时创办了平民小学，并为此地农民编写教材。1933 年 11 月，毛泽东来到长冈乡和才溪乡进行调查，考察了两村内的列宁小学、日学、夜校、识字班、俱乐部和读报团的开办情况，其中长冈乡入学儿童“占全乡学龄儿童总数百分之六十五”，而“全乡十六岁至四十五岁的青年壮年共四百一十三人，大多数进了夜学”②，并号召各乡向长冈乡的文化教育工作学习。而在 1934 年 1 月的第二次全国工农兵苏维埃代表大会上，毛泽东提出教育农民的总方针“在于以共产主义的精神来教育广大的劳苦民众，在于使文化教育为革命战争与阶级斗争服务，在于使教育与劳动联系起来，在于使广大中国民众都成为享受文明幸福的人”③，充分反映出党已经在马克思主义的指导下逐步找到了农村马克思主义大众化道路。

其次，农民生活习性的特殊性要求党需要开拓具有灵活性的农村马克思主义大众化方式。第一，作为对学校、识字班和读报团的有力补充，各村组织建立了扫盲协会，在各村庄路口或各个检查站站点设置识字牌，由专人教授站岗人员，再由站岗人员灵活地向路过的农民进行教学。第二，党极为重视标语、传单、板报、演讲和报刊在农民教育中发挥的作用，“传单、布告、宣言等宣传文件，旧的应加以审查，新的应从速起草。宣传品分布的适当有

---

① 中央档案馆编：《中共中央文件选集》第 5 册，中共中央党校出版社 1990 年版，第 249 页。

② 中共中央文献研究室编：《毛泽东农村调查文集》，人民出版社 1982 年版，第 317～318 页。

③ 人民教育出版社编：《毛泽东同志论教育工作》，人民教育出版社 1985 年版，第 15 页。

效，应是宣传队技术问题的重要一项”[①]。值得一提的是，在古田会议后，由于毛泽东发现了红军的壁报宣传工作的滞后性，便要求政治部宣传科负责开办新的壁报，其内容不仅要涉及国内外政治现状，而且还要涉及游击地区的群众斗争现状及红军工作情况，而这便是创办《时事简报》的历史契机。第三，结合本地农民喜闻乐见的文化娱乐活动，利用庙会和集会等农村场域的传统活动，以秧歌、说书和唱戏为文化艺术载体，结合革命斗争中涌现的先进事迹，为当地农民宣传科技知识和时事政治，为当地文化教育事业的发展、农民的思想教育和精神改造增添革命色彩，同时也为农村场域接纳马克思主义、营造农村马克思主义大众化的氛围提供了文化基础。

（三）建构和谐干群关系为农村马克思主义大众化实践的系统化提供政治保障

农村马克思主义大众化在土地革命战争时期党的各项工作中占有重要地位，而推进农村马克思主义大众化要以和谐干群关系的建构为政治保障。和谐的干群关系调整了农村场域制度运作的模式，决定着农村马克思主义大众化的组织方式和实施成效，因此也决定着农村马克思主义大众化实践的系统化程度。

早在 1927 年 9 月，毛泽东带领起义部队到达江西三湾村时，便注意到军队中出现的组织和思想问题。因此，就革命目标、革命道路、军民关系和民主制度等问题，对部队进行政治、思想和组织上的整顿，建立了工农革命军第一军第一师第一团，去除了农民传统的散漫作风和旧式军队的不良作风。1928 年 1 月，中共中央针对党内的组织工作问题，发布了《中央通告第三十二号》，认为党组织工作方法的陈旧在一定程度上危害了农村马克思主义大众化，“一般党员甚至大部分负责同志对于新的政策不能透彻了解，党的宣传品不但不能深入党外群众中去，而且不能普遍到党内的群众”[②]，并指出改组党部、培养新干部的方法。1929 年 6 月，《组织问题决议案》强调，为了使农村马克思主义大众化顺利推行，“要加紧对于干部的训练”[③]。12 月 28 日，

---

① 《毛泽东文集》第 1 卷，人民出版社 1993 年版，第 100 页。

② 中央档案馆编：《中共中央文件选集》第 4 册，中共中央党校出版社 1989 年版，第 77 页。

③ 中央档案馆编：《中共中央文件选集》第 5 册，中共中央党校出版社 1990 年版，第 237 页。

古田会议通过的《中国共产党红军第四军第九次代表大会决议案》，不仅对党内马克思主义的宣传工作提出了新的要求，而且明确指出应当对马克思主义宣传队进行有计划的训练，以便更多地争取农民的力量。1930年5月，毛泽东发表了《反对本本主义》一文，号召根据地和农村的干部“迈开你的两脚，到你的工作范围的各部分各地方去走走”[①]，提出了正确处理干群关系的重要举措——调查研究。1931年2月，中国工农红军总政治部成立，随后制定的《连指导员工作须知》《红军士兵会章程》及《政治委员工作须知》等文件，都为密切党群联系、开展马克思主义的宣传工作提供了有效的方法指导。尽管这一时期党内出现的王明“左”倾教条主义对农村马克思主义大众化产生了极其严重的危害，各农民革命根据地的马克思主义大众化进程也遭受了前所未有的挫折，但党适时地总结并纠正了错误，终于再度恢复了农村马克思主义大众化的正确道路。

土地革命时期的农村场域变迁关系着农村马克思主义大众化实践的系统化何以可能，也就是如何通过农村场域变迁，全面提升农民参与马克思主义大众化的动力问题。中国共产党一度鲜明地指出：“我们是要教育农民，领导农民，而不是要随着农民意识的发展。”[②]赋予农民经济利益、加强农民思想教育和建构和谐干群关系能够进一步深化农村马克思主义大众化主体的组织化，即加速凝聚并训练广大农民，使之成为中国共产党领导下的革命势力的重要组成部分。此外，这一时期的举措意味着党开始跳出“只在思想舆论领域宣传和灌输马克思主义”的思维定式，对农村马克思主义大众化推进路径的思考更加深入，为推进农村马克思主义大众化实践的系统化提供了物质前提、思想起点和政治保障。

三、抗日战争时期：实践尝试的动力激发

“九一八”事变爆发后，中日矛盾迅速激化，而1937年7月7日卢沟桥事变的爆发意味着抗日战争的全面爆发，中国革命转入以抗击日本侵略者为核心任务的时期，国共矛盾在这一时期退居次要位置。正如毛泽东指出：

---

① 《毛泽东选集》第1卷，人民出版社1991年版，第110页。

② 中央档案馆编：《中共中央文件选集》第5册，中共中央党校出版社1990年版，第365页。

"农民——这是中国军队的来源。士兵就是穿起军服的农民,他们是日本侵略者的死敌。"①敌我势力的悬殊和抗日救国的紧迫性促使中国共产党把农村马克思主义大众化的中心任务也转移到如何广泛发动农民的问题上来,以便争取绝大多数农民的力量参加抗日战争。

这一时期中国共产党仍意在解决农村马克思主义大众化的动力问题,从广义的角度来看,仍然是解决在战争状态下调动农民积极性参与农村马克思主义大众化的问题,从狭义的角度上看则是解决在抗日战争时期广泛发动农民参加抗日战争的问题。农村马克思主义大众化的成效决定着农民是否能够成为抗日军队的基本力量,是否会构成党战胜日本侵略者的群众基础,是关系党和国家生死存亡的重中之重。因此,中国共产党以争取抗战胜利为农村马克思主义大众化的短期目标,围绕动员农民参与抗战的问题推进农村经济、政治和文化场域的变迁,将重点放在组织农民发展生产、开展政治宣传及推进农村冬学运动的开展等方面,将这一时期的农村场域变迁的方向、目标和道路与农村马克思主义大众化相呼应,使农村经济、政治与文化建设分别为激发农民在马克思主义大众化过程中的参与动力提供实践基础,指明根本方向,并输送精神动力。

(一)农村经济建设为激发农民的参与动力提供实践基础

毛泽东在土地革命战争时期就已经深刻认识到动员农民进行经济建设是革命战争发展的必然要求,同样也是调动农民抗战积极性的必然要求。因此,号召农民广泛参与农村经济建设必然成为农村马克思主义大众化一项极为重要的任务。通过实施减租减息的土地政策和开展大生产运动的方式推进农村经济场域的变迁,实际上将农村马克思主义大众化进程融入了农村经济政策的变更过程和农民发展生产的实践过程,使农村经济建设为激发农民在马克思主义大众化过程中的参与动力提供实践基础。

首先,中国共产党通过实施"农民减租减息,地主交租交息"的土地政策,将农村马克思主义大众化进程融入了农村经济政策的更替过程,从而有效地提升了农民的生产积极性,成功地发动农民广泛参与农村经济建设。中国共产党在1935年已经认识到土地革命战争时期的土地政策不再适合当

① 《毛泽东选集》第3卷,人民出版社1991年版,第1078页。

前的政治形势，依次改变了对待富农、小地主的策略，并在1936年7月发布的《中央关于土地政策的指示》中强调，更改土地政策的必要性不仅仅在于反抗压迫，更应该致力于动员革命，从而促使各抗日根据地开始调整土地政策。1937年2月，中国共产党在致国民党的信件中已明确提到了停止没收地主土地的政策，而洛川会议的召开使《抗日救国十大纲领》得以通过，正式提出了减租减息的政策。毛泽东在1941年为《农村调查》写跋时，将党的农村政策第一次归结为“既要求地主减租减息又规定农民部分地交租交息的两重性的政策”①。

在这一段时期内，部分抗日根据地的减租减息运动取得了重要进展：晋察冀边区依据“二五减租”和“一分减息”的原则，1940年已减租12900余石；至1941年，晋冀鲁豫边区减租17730余石；晋绥边区也已减租17760石，而地主富农的土地占有量也下降到26.5%。② 但有一些地区的农村存在着执行不力的状况。为了纠正土地政策执行过程中的“左”倾和右倾现象，1942年《关于抗日根据地土地政策的决定》和《中共中央关于抗日根据地土地政策决定的附件》公布，指出在扶助农民且承认地主、富农也有抗日要求的情况下，应当既实行减租减息又实行交租交息的政策，以便形成农村统一战线，尤其指出必须“在农民群众中明确的解释党的政策……使他们不限制于眼前的狭隘的利益……必须劝告农民，在实行减租减息与保障农民的人权、政权、地权、财权之后，同时实行交租交息与保障地主的人权、政权、地权、财权”③。而各村也逐渐加大对土地政策的宣传，“工作团挨家挨户访问农民，和农民谈话，了解情况，调查研究……在群众酝酿成熟的基础上，召集全村农民大会，讨论和决定有关问题，选举农会筹备会”④。除此之外，还积极组织农民加入减租会、租户会、减租保地会等组织，积极抵御来自反动势力和自然灾害的两面夹攻，为了检查土地政策的实施情况，部分根据地还设置了农抗会检查团，以有效推进减租和农民动员工作。此后各抗日根据地进一

---

① 《毛泽东选集》第3卷，人民出版社1991年版，第793页。

② 参见龚古今、唐培吉主编：《中国抗日战争史稿》上册，湖北人民出版社1983年版，第153页。

③ 中央档案馆编：《中共中央文件选集》第13册，中共中央党校出版社1991年版，第285页。

④ 《刘少奇选集》上卷，人民出版社1981年版，第235页。

步推行减租减息运动，如苏中区在一定程度上“克服了农民恐惧和畏首畏尾的心理……不但假减租的现象已大为减少，而且许多农民已敢于自动的要求减租退租了”①，至 1942 年 9 月已实际减租 27236.4 石，涉及 32648 户农民和 865641.4 亩土地。虽然就全国范围来看，土地政策的实践收效仍存在差异，甚至还有部分地主在减租后编造借口夺地，使有的农民“把减的租又退还地主，有的明知租重，也不敢要求减租”②，同时要求各根据地发起查减运动后，减租减息与交租交息政策逐渐推行得更加普遍，根据地的经济发展也得到了一定程度的恢复。

“农民减租减息、地主交租交息”的土地政策缓和了农村经济场域内农民与地主间的阶级矛盾，而“领导群众在经济上继续上升，才会使得群众觉悟程度进一步提高，在实际生活里更深刻地体验到跟着共产党走……是有好处的”③，有利于生成农民在农村马克思主义大众化进程中的参与动力。在土地政策的实施过程中，中国共产党一方面切实维护了农民的经济利益，使土地、粮食作物和生产工具能够在农民群体中得到共享，另一方面带领农民建立相应的组织机构，以便推动土地政策在农村经济场域的贯彻落实，为激发农民在农村马克思主义大众化过程中的参与动力提供了必要的实践基础。

其次，中国共产党通过开展大生产运动发动农民广泛参与农村经济建设，使农村马克思主义大众化进程融入了农民发展生产的实践过程。早在 1939 年初，毛泽东就适时提出“自己动手，丰衣足食”④的口号，2 月 2 日又在延安党政军生产动员大会上进一步提出了“自己动手，自力更生，艰苦奋斗，克服困难”⑤的号召，而陕甘宁边区也已在 4 月 10 日连续通过了《陕甘宁边

---

① 《中国的土地改革》编辑部、中国社会科学院经济研究所现代经济史组编：《中国土地改革史料选编》，解放军国防大学出版社 1988 年版，第 101 页。

② 《中国的土地改革》编辑部、中国社会科学院经济研究所现代经济史组编：《中国土地改革史料选编》，解放军国防大学出版社 1988 年版，第 213 页。

③ 谢忠厚、张圣洁主编：《冀鲁豫边区群众运动资料选编》，河北人民出版社 1992 年版，第 601 页。

④ 张树军、史言主编：《中国共产党八十年重大事件实录》上册，湖南人民出版社 2001 年版，第 238 页。

⑤ 龚古今、唐培吉主编：《中国抗日战争史稿》上册，湖北人民出版社 1983 年版，第 162 页。

区人民生产奖励条例》等一系列的规定，这成为陕甘宁边区初步开展生产运动的重要标志。

但自1940年起，日本的野蛮进攻，国民党发动的第一次、第二次反共高潮和严重的自然灾害，沉重地打击了农村经济场域，使抗日根据地承受着巨大的经济困难。为了能够更好地适应战争形势发展的需要、改善农村困苦的经济环境，各抗日根据地一方面组织农民开展军民大生产运动，另一方面表扬和奖励生产劳动模范，从而在一定程度上缓解了经济困难的局面，同时也调动了农民生产劳动的积极性。晋察冀边区在1940年发起春耕运动，并在春耕结束后评选出了“模范专区一个，模范县5个，模范区20个，模范村40个，评出劳动英雄90名，特等劳动英雄10名，并分别给予耕畜、农具、现金及精神奖励”①。陕甘宁边区在1941年开展的“五一”劳动竞赛中表彰了274位劳动模范，于1942年表彰了农民吴满有，并将其作为榜样在农民群体中进行宣传，如：《解放日报》于4月30日刊登了社论《边区农民向吴满有看齐》和人物通讯《模范英雄吴满有是怎样发现的》。各抗日根据地也纷纷涌现各类模范互助组织，如淳耀县白源村变工队、安塞县马家沟变工队和同宜耀后殿子村的扎工队等，这些农民互助组织将全村劳动力汇聚起来，开启了边区农村劳动互助合作发展的新方向。此外，陕甘宁边区自1941年起，依次在南泥湾、槐树庄和大风川等地开展了以农业为主的大生产运动，尤其是八路军第三五九旅所在的南泥湾，至1942年“开荒种地2.68万亩，收细粮3050余石，粮食自给率达到96.3%，经费自给率达到90.2%”②。1943年7月陕甘宁边区发布了《关于召开劳动英雄、模范工作者大会及生产展览大会的决定》，“总人数450名，其中与农业相关的农民和农村干部人数最多，占了90个名额，占总人数的20%”③，为在农村经济场域深入开展大生产运动奠定了群众基础。至1944年，陕甘宁边区耕种面积达83万亩，产粮9万石，晋冀鲁豫边区的太行区开荒335886亩，全区增产粮食30万石；而整个抗日战争时

---

① 黄文主、赵振军主编：《抗日根据地军民大生产运动》，军事谊文出版社1993年版，第113页。

② 黄文主、赵振军主编：《抗日根据地军民大生产运动》，军事谊文出版社1993年版，第83页。

③ 赵诤、杨睿等：《农民教育思想研究（1921～1949）》，电子科技大学出版社2014年版，第157页。

期,晋察冀边区通过开荒、修滩、造井等举措,使耕地面积扩展至 2137433 亩,粮食每年增产百万石以上。[①]

大生产运动有力地促进了农业生产力的发展,推动了农村经济场域的变迁,使农民缺乏生产生活物资的问题也得到了有效解决,是党探索全面抗战策略的有机组成部分,同时也是抗日战争时期农村马克思主义大众化的构成要素,促使农民在参与马克思主义大众化的过程中发挥积极作用。首先,大生产运动赋予了农民精神荣耀和生产生活所必需的的物质基础,以实践的方式加深了农民对党及其经济政策的认同,继而加深了对马克思主义的认同,提升了参与农村马克思主义大众化的积极性。正如恩格斯指出:"人们首先必须吃、喝、住、穿,然后才能从事政治、科学、艺术、宗教等等。"[②]大生产运动提升了农民的生产生活条件,改善了农民的生活状况,促使农民自发改进生产技术、自愿组织农村合作社,是对党的经济政策的积极响应,暗含着农民对党的经济政策的理解和认同,能从经济政策的角度加深对马克思主义的理解。其次,大生产运动不仅推动了农村经济场域的变迁,而且还能促使农民在农村经济场域的变迁中深化对马克思主义的认识,以首创性精神自发地推进农村马克思主义大众化进程。毛泽东基于列宁的合作社理论,结合这一时期农民互助合作的生产经验,第一次系统地提出了中国农民的发展出路问题,随后农民在掌握党的理论和政策的基础上自发地推进了实践的创新。1942 年 12 月,毛泽东在《抗日时期的经济问题和财政问题》的报告中,对陕甘宁边区大生产运动的经验作了总结,并提出了抗日根据地发展经济的总方针。而 1943 年 11 月 29 日,毛泽东在中共中央招待陕甘宁边区劳动英雄的大会上,不仅高度赞扬劳动英雄和模范生产者在生产中所发挥的领袖作用,而且还提出克服农民穷苦状况的唯一办法在于进一步实现集体化,即广泛组织列宁所提出的"集体互助的农业生产合作社",并指出"这种集体互助的办法是群众自己发明出来的"[③]。最后,大生产运动开拓了榜样示范、评奖评优等途径,极大地激发了农民群众参与经济生产的积极性,并为激发农民在农村马克思主义大众化过程中的参与动力提供了可资

① 参见龚古今、唐培吉主编:《中国抗日战争史稿》下册,湖北人民出版社 1984 年版,第 180 页。

② 《马克思恩格斯选集》第 3 卷,人民出版社 2012 年版,第 1002 页。

③ 《毛泽东选集》第 3 卷,人民出版社 1991 年版,第 932 页。

借鉴的实践经验。

(二)农村政治建设为激发农民的参与动力指明根本方向

调动农民的抗战积极性是抗日战争时期党推进农村马克思主义大众化的核心任务之一,深刻体现了这一时期农村政治场域发展重心的变化。这一时期中国共产党通过对农民进行时政、革命理论及党的各项政策的宣传、教育和灌输,领导农民开展相当程度的民主政治实践,以实现理论的普及、初步运用和转化,使农村马克思主义大众化进程融入了农村政治场域的政治氛围和民主政治实践的发展进程,不仅拓宽了提升农民政治参与意识和阶级觉悟的途径,也深化了农民对党和马克思主义的认知,缩减了农民与马克思主义的隔阂,进而有力地激发农民在农村马克思主义大众化过程中的参与动力。

首先,中国共产党对农民广泛开展了关于时政、革命理论及党的各项政策的宣传、教育和灌输活动,通过营造政治氛围的方式激发了农民在马克思主义大众化过程中的参与动力。在抗战前期,中国共产党主要向农民宣传帝国主义的恶劣行径,由此宣传反帝斗争的必要性。1931 年 10 月,中国共产党在《反帝大同盟章程》中指出要向农民努力“宣传帝国主义的残暴与罪恶,提高群众反帝国主义的热情,领导一切反帝国主义的斗争”[①]。这一时期各地宣传活动的实际进展出现了成效上的差异,如:1932 年 5 月,江西苏区的工作总结报告指出,农民已经对反帝同盟组织拥有一定程度的了解,但对帝国主义本质的认识不明确,由此也难以准确把握反帝任务。而福建则把推动农民加入红军作为主要政治宣传任务,并已通过党团组织和村内其他各类群众组织,实施了有计划、有组织的政治动员和政策宣传,“造成扩大红军的热烈空气……连老人、小儿、妇女都热烈地动员起来了”[②]。

在以第二次国共合作为基础的抗日民族统一战线形成以后,中国共产党的宣传活动的重心转变为反对消极的投降妥协,坚持全面而彻底的抗战。六届六中全会上,毛泽东正式提出要“以新鲜活泼的、为中国老百姓所喜闻

① 江西省档案馆、中共江西省委党校党史教研室选编:《中央革命根据地史料选编》(下),江西人民出版社 1982 年版,第 734 页。

② 江西省档案馆、中共江西省委党校党史教研室选编:《中央革命根据地史料选编》(上),江西人民出版社 1982 年版,第 504 页。

乐见的中国作风和中国气派”①应用马克思主义，使得农村马克思主义大众化进程在理论及实践创新方面也实现了新的飞跃。各抗日革命根据地都积极“动员报纸，刊物，学校，宣传团体，文化艺术团体，军队政治机关，民众团体，及其他一切可能力量”②，不仅直接去农民家里向农民宣传时事，分析边区的工作报告和党的政策，讲解思想斗争的紧迫性和必要性，普及抗战知识，而且还就上述内容广泛开展墙报、游艺和讲演工作，“在乡村里经常可以看见背着犁耙的农友，拉着耕牛的小娃娃在土窑前静悄悄地倾听报告”③。1941 年 7 月，中共中央宣传部发布了抗日根据地群众鼓动工作的指示，指出“应该使党的全部政策和政府施政纲领，经过各种具体的鼓动工作变成群众的实际工作”④。此外，各边区在农村积极成立了抗敌后援会、农民救国会等农民组织，落实抗日部队及抗日军人家属优待政策，并组织修筑国防工事，使马克思主义和党的政策融入农村政治场域的政治氛围，并成为指导农村政治场域变迁的精神力量，有助于激发农民在马克思主义大众化过程中的参与动力。

其次，中国共产党坚决维护农民的选举权和被选举权，带领农民积极开展民主选举活动，有助于通过推进民主政治实践的方式激发农民在马克思主义大众化过程中的参与动力。1931 年 11 月，中国共产党对中央革命根据地现状进行了总结，认为“农村落后的散漫的小生产经济生活反映到党内来，形成党内落后的散漫的生活与手工业工作方式”⑤，党内多数领导机关不健全，仍然缺乏贫雇农在内的无产阶级基础。为了使党在政治上和组织上充分争取农民，中共中央执行委员会通过了《中华苏维埃共和国的选举细则》，用法律赋予农民选举权和被选举权。随后，各根据地广泛召开群众动员大会，积极组织宣传队向农民开展形式多样的宣传，使农民对民主选举拥

① 《毛泽东选集》第 3 卷，人民出版社 1991 年版，第 844 页。

② 中央档案馆编：《中共中央文件选集》第 11 册，中共中央党校出版社 1991 年版，第 605 页。

③ 中央教育科学研究所编：《老解放区教育资料（二）抗日战争时期》（下），教育科学出版社 1986 年版，第 11 页。

④ 中央档案馆编：《中共中央文件选集》第 13 册，中共中央党校出版社 1991 年版，第 161～162 页。

⑤ 江西省档案馆、中共江西省委党校党史教研室选编：《中央革命根据地史料选编》上册，江西人民出版社 1982 年版，第 638 页。

有更为清晰的认识。1937 年 7 月，陕甘宁边区尝试在农村进行普选运动，“百分之七十以上的选民参加了普选，通过民主选举，普遍建立了乡、区、县各级抗日民主政府”[①]。1940 年，中国共产党在工农民主政权中实行“三三制”，增加了农民代表的数量，农民的选举权进一步得到了保证。

而在“三三制”的引领下，边区政府为进一步维护农民的选举权和被选举权拓展了更多实践方案：第一，各乡乡长按时召开群众大会，就乡政府及本乡下设的各行政村的组织机构、人员职责和工作制度等方面向农民作工作报告，允许农民当场讨论和评价；第二，以行政村为基本单位，动员农民参与乡市参议员候选人的选举，保证本村推荐的候选人能够为全村选民所了解。第三，通过开办选举训练班的形式，为农民讲解选举的重要性、边区民主政治的发展现状以及选举新条例的具体解释，使相当一部分农民及时把握了民主选举的新程序和新要求。此外，完成训练的农民也被组织起来并派遣至各地，协助其他地区的民主选举活动。第四，包括《边区群众报》《解放日报》和《救亡报》等在内的各边区报纸纷纷开设选举专栏，每日报道选举信息，而相应的刊物《选举通讯》也在边区内广泛发行，及时公开发表了农民参与民主选举的记录。

经过中国共产党领导农民参与民主选举的不懈努力，1941 年晋察冀边区“百分之七十五到九十的公民参加了选举”[②]，有效地推动了农村政治场域的民主制度建设。正如毛泽东指出的：“民主政治是发动全民族一切生动力量的推进机，有了这种制度，全国人民的抗日积极性将会不可计量地发动起来，成为取之不尽用之不竭的深厚渊源。”[③]这一民主制度建设的推进，不仅维护了农民的民主权益，还深化了农民对中国共产党和马克思主义的认知，更重要的是，通过民主政治实践的带动，有效地缩减了农民与马克思主义的隔阂，极大地激发了农民在农村马克思主义大众化过程中的参与动力。

---

① 龚古今、唐培吉主编：《中国抗日战争史稿》上册，湖北人民出版社 1983 年版，第 153 页。

② 山西大学晋冀鲁豫边区史研究组编：《晋冀鲁豫边区史料选编》第 1 辑，山西大学晋冀鲁豫边区史研究组 1980 年版，第 296 页。

③ 中央档案馆编：《中共中央文件选集》第 11 册，中共中央党校出版社 1991 年版，第 611 页。

（三）农村文化建设为激发农民的参与动力提供精神支撑

为适应抗日战争的需要，农村文化场域将推进国防教育、争取抗战胜利作为核心任务，以兴办冬学为主要途径，并用农民群众喜闻乐见的文艺形式改造农村文化场域的旧文化，再次掀起了农村文化场域扫盲运动的高潮。这一时期农村文化场域的发展目标与农村马克思主义大众化的短期目标高度契合，农村文化场域变迁充分融入农村马克思主义大众化进程之中，而农村马克思主义大众化也融入农村的文教活动之中，正因为如此，马克思主义大众化的方式和途径成为推动农村文化场域变迁的方式和途径。通过二者的有机统一，满足农民的精神文化需要，使农村文化建设为激发农民在农村马克思主义大众化过程中的参与动力提供精神支撑。

首先，以农民为对象的冬学运动在农村文化场域得到了逐步推广，使农村马克思主义大众化充分融入农村教育事业的发展之中。1937 年 10 月 13 日，中央教育部下达了《关于冬学的通令》，指出冬学不仅是战争时期利用冬季空闲集中教育农民的重要途径，而且还是在农村文化场域普及教育、消灭文盲的机会，要求各乡或村积极参与冬学。这一通令使陕甘宁边区成为开展冬学的先锋。1938 年 1 月 10 日，晋察冀边区在河北阜平召开了第一次军政民代表大会，会上通过的《文化教育决议案》使晋察冀边区也投入到冬学运动之中。4 月 11 日，陕甘宁边区国防教育会第一次代表大会在延安召开，毛泽东在会上强调抗战教育的重要性，提倡各抗日根据地都应开展抗战国防教育。由此，全国各抗日根据地都开始了以推进农村场域抗战国防教育为目标的冬学运动。

冬学一般以政治和国语为主要科目，加上军事演练、时政讨论、珠算、唱歌与绘画等辅助科目，充分结合文化、政治和军事三个方面的训练，不仅涉及抗战知识、党的政策及纲领的宣传普及，而且还包括科学文化知识的传播。因此冬学不是孤立地教农民读书识字，而是通过开展文化教育提升农民对党和革命的信心，使农民充分参与农村马克思主义大众化进程中。基于战时特殊情况，冬学一般采用三种形式：第一，正规的学校教育。这类冬学师资力量较为雄厚，硬件设施和教育制度都较为完备，其教学效果在三种冬学形式中通常也是最好的。第二，普通的民校教育。这类冬学比起正规教育式的冬学略有逊色，但也能够基本完成中央规定的教学任务。第三，流动的小组教育。此类冬学在农村最为普遍和广泛，一般不固定上课场所，灵活性较高，“他们没有固定的上课时间、地点，完全与民兵教育、勤务活动结合起来，有时也突入敌占区向群众开展宣传。”[①]此种模式一方面贴合农民日常生活特征，尤其兼顾了农村妇女家庭事务繁重的特点，另一方面则与学校教员、边区宣传队甚至自卫军形成了密切联系，协助扩展村内的动员、宣传和教育工作。而在一些发展状况较差的农村，冬学运动也与组织冬季生产、医疗卫生知识科普进行了结合。为了检验和考察农民的受教育状况，陕甘宁边区教育厅适时开展了识字突击运动，并要求设立民教馆和阅报室，除“协助消灭文盲的工作外，并须领导识字组，督促进行识字工作；同时要按时经常进行出墙报，报告时事，主持讲演会，群众娱乐等工作”[②]。

抗日战争期间轰轰烈烈的冬学运动对农村场域变迁产生了极大的推动作用。1939 年初，陕甘宁边区已成立 606 处冬学，共有学员 7276 名。[③] 而 1940 年晋冀豫区则已建立 1801 处冬学，入学人数 73000 余人。[④] 虽然在推行冬学运动的过程中党内存在“左”倾和右倾机会主义错误，但在 1941 年延安整风的带动下，广大农民基本上都接受了相当程度的国防教育，如晋察冀边区 1942 年开展地雷战时，涌现出许多受过地雷训练班教育的农民；而冀中区开展地道战时，同样出现了一批接受过“地下建设”训练班的农民[⑤]，在地道战中发挥了不可磨灭的作用。至抗日战争结束，冬学这一推动政治教育和文化教育有机结合的教育形式几乎遍布华北、华中、西北等各抗日根据地，成为农村马克思主义大众化融入农村文化场域变迁的主要途径，而农村文化场域的变迁又加深了农民对马克思主义的理解，为进一步激发和维持农民参与农村马克思主义大众化的动力提供了有力的精神支撑。

---

① 上海教育出版社编：《老解放区教育工作回忆录》，上海教育出版社 1979 年版，第 102 页。

② 中央教育科学研究所编：《老解放区教育资料（二）抗日战争时期》（下），教育科学出版社 1986 年版，第 35 页。

③ 参见中央教育科学研究所编：《老解放区教育资料（二）抗日战争时期》（下），教育科学出版社 1986 年版，第 22 页。

④ 参见中央教育科学研究所编：《老解放区教育资料（二）抗日战争时期》（下），教育科学出版社 1986 年版，第 185 页。

⑤ 参见教育科学研究所筹备处编：《老解放区教育资料选编》，人民教育出版社 1959 年版，第 157 页。

其次，通过农民群众喜闻乐见的文艺形式改造农村文化场域，使农村马克思主义大众化充分融入农村文艺工作的开展之中。1937年7月，毛泽东在《反对日本进攻的方针、办法和前途》中提出改造农村文化场域的途径："新闻纸、出版事业、电影、戏剧、文艺，一切使合于国防的利益。"①党内由此开始在文艺领域加强对农民的国防教育。但由于知识分子存在着方法上的教条主义和工作作风上的形式主义等问题，代表新民主主义文化的农村新文艺并未很好地兴起。为了推进对农村文化场域的改造，一方面，中国共产党开始更加注重推进农村文艺形式的新发展。1940年3月，中共中央发布了《关于抗日民主地区的国民教育的指示》，强调农村的戏剧歌咏活动应当得到发展，"但应注意于戏剧歌咏的通俗化，大众化，民族化，地方化，特别注意于利用旧形式，改造旧形式"②，使农村文化场域也开始注重农村传统旧文化的转化问题。中共中央宣传部在1941年7月公布的《关于抗日根据地群众鼓动工作的指示》中进一步指出，乡村歌谣、戏剧、图画、说书等农民喜闻乐见的文艺形式应当成为动员农民参与战争和经济建设事业的重要方式。另一方面，中国共产党也开始重视农村文艺工作者的工作方式与作风问题。1941年5月发起的整风运动开始整治知识分子的浮躁作风，而1942年毛泽东主持召开了延安文艺座谈会，进一步批评了文艺工作者与农民相分离的错误做法，并对大众化进行了极为通俗的解读，"就是我们的文艺工作者的思想感情和工农兵大众的思想感情打成一片。而要打成一片，就应当认真学习群众的语言"③。随后，农村的文艺工作逐渐与农村文化场域的实际相联系，文艺工作者也开始更多地关注农民、走近农民，如延安文艺工作者组织了大量秧歌队下乡的活动，以宣传生产劳动、军民关系、自卫防奸和敌后斗争为主要内容的"斗争秧歌"广受农民欢迎，同时也涌现出了一批像刘志仁、杜芝栋等人民的群众艺术家，对改造农村的旧秧歌产生了深刻影响。④随着冬学运动的广泛开展，农民对精神文化的需求也不断提高。临近春节

① 《毛泽东选集》第2卷，人民出版社1991年版，第348页。

② 李德芳、李辽宁等主编：《中国共产党思想政治教育史料选编》，武汉大学出版社2009年版，第111页。

③ 《毛泽东选集》第3卷，人民出版社1991年版，第851页。

④ 参见教育科学研究所筹备处编：《老解放区教育资料选编》，人民教育出版社1959年版，第47页。

时，冬学的教员和学员还会自发组成春节文娱队，为当地农民唱戏、扭秧歌，“诸如荡湖船、打花鼓、挑花篮、唱凤凰、说莲花落……宣传国内外时事，宣传抗战的胜利、根据地建设的成就和各项中心工作”①，使农民在真情洋溢的氛围中接触马克思主义。

抗日战争时期是新民主主义文化与农村封建文化残余并存的典型时期，尤其是在封建的旧经济和旧政治在农村场域的绝对统治已经逐渐被打破的状况下，旧文化仍顽固地占据着农民的思想，农村文化场域还存在大量封建文化的残余。正如陕甘宁边区所反思与总结的那样：“我们所继承的遗产太痛苦了，人民对于新文化的要求毕竟还不如对新政治、新经济那样热心（他们对旧文化也没有对旧政治、旧经济那样的仇恨。相反地，还留得有千丝万缕的联系）。”②封建文化牢牢扎根农村严重阻碍了农村场域的进步，已经成为禁锢农村场域的思想枷锁。因此，对封建旧文化作出必要的清理并为农村文化场域添加新民主主义文化的要素是抗日战争时期推进农村马克思主义大众化的必然选择，这一举措能够打破封建旧文化对农村文化场域的统治，使广大农民自愿靠拢、接受并认同新民主主义文化，从而激发并维持农民在农村马克思主义大众化过程中的参与动力，为推进农村马克思主义大众化奠定必要的思想基础。

四、解放战争时期：实践模式的形成

抗日战争的胜利意味着中国革命进入新阶段。从国际角度来看，在以美苏两极对立为主导的世界经济政治格局的影响下，国际矛盾逐渐演变为资本主义阵营与社会主义阵营之间的矛盾。从国内角度来看，中国共产党与国民党分别代表了不同的阶级利益和两条截然相反的道路，成为决定中国前途命运的政治力量。而美国对中国采取了扶蒋反共的政策，致使蒋介石集团不顾人民群众的呼声，打着“和平建国”的旗号发起内战。这一时期的中国共产党人一方面延续了抗日战争时期的探索与总结，不断对党内各种错误思潮进行清算，要求党内外必须“严格区别蒋介石主义与孙中山主

① 上海教育出版社编：《老解放区教育工作回忆录》，上海教育出版社1979年版，第103页。

② 教育科学研究所筹备处编：《老解放区教育资料选编》，人民教育出版社1959年版，第42页。

义，区别新三民主义与旧三民主义，区别三民主义与共产主义”①，另一方面则深刻地认识到中国革命实际上就是农民革命的问题，争取人民拥护很大程度上就意味着争取农民的拥护。因此，要彻底结束战争状态、实现国内和平，其根基在于解决农民问题，而要真正解决农民问题，农村马克思主义大众化就必然成为重要一环。

解放战争时期中国共产党面临着农村马克思主义大众化的模式问题，即如何在解放战争时期初步形成一套完整而系统的农村马克思主义大众化的路径建构的问题，同样也是如何在农村经济场域解决农村马克思主义大众化参与主体、如何在农村政治场域解决大众化领导主体以及如何在农村文化场域贯彻大众化根本原则的问题。“如何教育、引导并发挥农民在中国革命中的主力军作用，是中国共产党建立牢固的群众基础，广泛赢得劳动人民拥护，在解放战争中实现以弱取胜的关键。”②为了将动员农民参与农村马克思主义大众化转化为农民自觉参与农村马克思主义大众化，中国共产党在农村经济场域继续推进土地改革，以适应革命发展的需要和农民改善生活条件的迫切需求，将整党运动作为改善农村政治场域的重点，并将开展阶级教育作为农村文化场域的主要任务，回应了这一时期农村马克思主义大众化的新任务，为农村马克思主义大众化模式的基本形成提供可能。同时，这一时期的实践，也为中华人民共和国成立后中国共产党对农村马克思主义大众化模式的探索提供了宝贵经验，奠定了群众基础。

（一）土地改革为农村马克思主义大众化参与主体的基本形成提供可能

解放战争时期中国共产党密切关注农民对土地的渴望，在农村经济场域发起土地改革运动，继续探寻解决农村土地问题的途径，逐步落实“耕者有其田”的土地政策，不仅为农村马克思主义大众化模式的基本形成提供必要的物质基础，并在改造农村经济场域的实践中推进了农村马克思主义大众化工作方法的完善，而且还充分改进了大革命时期以来中国共产党以满足农民物质需要为突破口，激发农民参与农村马克思主义大众化积极性的

---

① 李德芳、李辽宁等主编：《中国共产党思想政治教育史料选编》，武汉大学出版社 2009 年版，第 125 页。

② 赵诤、杨睿等：《农民教育思想研究（1921～1949）》，电子科技大学出版社 2014 年版，第 206 页。

方式，进一步加深了中国共产党人对调动农民积极性这一问题的理解，基本解决了农村马克思主义大众化参与主体的问题。这一时期土地政策的推行共分为三个阶段：

第一，继续维持减租减息政策的阶段。1945年8月以后，减租减息运动在农村持续发展，农民的生产热情持续增加，“占农村中人口百分之九十以上的农民，如今在经济上都得到发展或获得发展的充足条件了”[①]，但毛泽东强调为了战胜国民党，应当继续在农村推进减租和生产两大事业，“减租和生产是保卫解放区的两件大事”，因此党在抗日战争结束初期的土地政策“仍然是减租而不是没收土地”[②]。11月27日中共中央发布《关于抓紧进行减租运动和生产运动的指示》，12月又发布了《关于1946年解放区工作方针的指示》，均一再强调在新解放区推进减租减息、发展生产的重要性。但反奸清算运动与减租减息政策已经不能满足农民对解决土地问题的迫切需要，部分地区的农民已经组织了多起反对地主的斗争，甚至开始直接从地主手中夺取土地。为了回应农民的需要、有计划地领导农民开展同地主的斗争，必须开始对农村经济场域的土地政策进行调整。

第二，由减租减息向“耕者有其田”的政策过渡阶段。中共中央于1946年5月4日发出《关于土地问题的指示》(史称《五四指示》)，一方面提出了“从地主手中获得土地，实现‘耕者有其田’”[③]的政策，另一方面也指出为了满足农民要求，同时兼顾清算运动与减租运动在农村的深入发展，党将“对土地政策作重要的改变，但不是全部改变，因为并没有全部废止减租政策”[④]。5月13日，中共中央发布了《关于暂不宣传改变土地政策的指示》，指出为避免激起反动派和地主的警惕性，农民的土地要求和土地改革的行动暂时不能宣传，各大报纸宣传的重点应该还在减租减息的群众斗争中。耕者有其田是农民反对地主阶级的阶级斗争的重要一步，不能把耕者有其田

① 《中国的土地改革》编辑部、中国社会科学院经济研究所现代经济史组编：《中国土地改革史料选编》，解放军国防大学出版社1988年版，第227页。

② 《毛泽东选集》第4卷，人民出版社1991年版，第1173页。

③ 《中国的土地改革》编辑部、中国社会科学院经济研究所现代经济史组编：《中国土地改革史料选编》，解放军国防大学出版社1988年版，第248页。

④ 《中国的土地改革》编辑部、中国社会科学院经济研究所现代经济史组编：《中国土地改革史料选编》，解放军国防大学出版社1988年版，第250页。

的政策和1942年的减租减息政策进行历史割断。恰好由于这一过渡阶段的存在，农村的经济获得了一定程度的发展，更多农民的经济利益也得到了保障，“农民从地主手里收回了土地，每人得到二亩至二亩多地，使贫苦农民真正从经济上翻过身来”①，从而促使农民更为积极地自发参与到斗争之中。但这一时期“平均分配土地的‘拉平’思想，是极自然地在广大雇贫农中生长起来”②，在各边区经济发展状况不同、土地与人口分布情况也不相同的状况下，如何避免土地政策的调整出现简单化、一刀切的错误倾向，成为党在农村经济场域进一步推进农民主动参与斗争必然要解决的问题。

第三，全面实施“耕者有其田”政策、开展土地改革运动的阶段。1947年7月到9月，刘少奇在西柏坡主持召开全国土地会议，并在总结报告中指出“五四指示”作为土地政策的转变“是正确的，但是转变得还不彻底”；会上通过的《中国土地法大纲》明确指出“废除封建性及半封建性剥削的土地制度，实行耕者有其田的土地制度”③。随后，陕甘宁边区、东北解放区、晋察冀边区和晋冀鲁豫边区以“依靠贫农，巩固地联合中农，消灭地主阶级和旧式富农的封建的和半封建的剥削制度”④为基本方针，先后公布了对《大纲》的具体实施方案和补充办法。至1949年，各地区的土改工作都取得了显著成绩，如：晋绥地区的老区与半老区近一半的农民获得了土地，基本满足了农民的土地需要，在土改过程中征收的大批封建底材与封建浮财，如粮食、牲口、金银和农具等，都为广大农民所使用，基本解决了当地贫农极度缺乏生产资料的问题，“过去在解放区农村中所残留的地主阶级的某些特权与习惯的、传统的势力以及地主在农民面前的威风、架子等，都一扫而光了”⑤。而冀中区也使近39万户无地少地的农民分得土地148万余亩，“平均15户分1牲口，

① 《中国的土地改革》编辑部、中国社会科学院经济研究所现代经济史组编：《中国土地改革史料选编》，解放军国防大学出版社1988年版，第293页。

② 《中国的土地改革》编辑部、中国社会科学院经济研究所现代经济史组编：《中国土地改革史料选编》，解放军国防大学出版社1988年版，第276页。

③ 中央档案馆编：《中共中央文件选集》第16册，中共中央党校出版社1992年版，第547页。

④ 《毛泽东选集》第4卷，人民出版社1991年版，第1250页。

⑤ 《中国的土地改革》编辑部、中国社会科学院经济研究所现代经济史组编：《中国土地改革史料选编》，解放军国防大学出版社1988年版，第519页。

17户得1大车,每户平均添农具2.3件,添衣服2.5件”①。

党在农村经济场域发起土地改革运动,逐步实施“耕者有其田”的土地政策,一方面,为鼓励农民自觉参与农村马克思主义大众化提供了物质条件,这一时期提出的《中国土地法大纲》明确提出了反封建的任务,真正满足了贫雇农对土地的迫切需求,不仅使农民切实分得了土地,而且还使农民获得了农具、牲口等生产资料,进一步把农民组织起来,提高了农村经济场域的生产力,为鼓励农民自觉参与农村马克思主义大众化奠定了社会经济基础。其次,土改运动和“耕者有其田”改变了农村经济场域的经济关系,充分完善了大革命时期以来党以满足农民物质需要为突破口,激发农民参与农村马克思主义大众化积极性的方式。这一系列举措使多数农民从地主的剥削压迫中彻底解放出来,拉近了农民与中国共产党之间的距离,并巩固了工农联盟。正如毛泽东所言:“如果我们能够普遍地彻底地解决土地问题,我们就获得了足以战胜一切敌人的最基本条件。”②虽然在各地农村推进土改的实践过程中出现了“左”倾错误,但党始终力求以最快速度解决农村经济场域的混乱,以实现农民对安定生活的需要,为中国共产党充分发动农民参与反对蒋介石集团的战争提供了强大的群众基础,也进一步加深了中国共产党人对调动农民积极性这一问题的理解,基本解决了农村马克思主义大众化参与主体的问题。

(二)整党运动为农村马克思主义大众化领导主体的基本形成提供可能

抗日战争时期与解放战争时期,中国共产党的队伍迅速发展壮大,与此同时,党内混入了一些投机分子,导致中国共产党在农村基层方面出现了愈发严重的组织不纯、思想不纯和作风不纯的问题。此外,在全面实施“耕者有其田”政策、开展土地改革运动的过程中,各地都在阶级划分问题上出现了不同程度的“左”倾错误。因此,毛泽东鲜明指出:“解决这个党内不纯的问题,整编党的队伍,使党能够和最广大的劳动群众完全站在一个方向,并领导他们前进,是解决土地问题和支援长期战争的一个决定性的环节。”③在

---

① 《中国的土地改革》编辑部、中国社会科学院经济研究所现代经济史组编:《中国土地改革史料选编》,解放军国防大学出版社1988年版,第596页。

② 李维汉:《回忆与研究》,中共党史资料出版社1986年版,第600页。

③ 《毛泽东选集》第4卷,人民出版社1991年版,第1253页。

农村政治场域发起整党运动，不仅提升了农民对党的理解，而且为农民加深对农村马克思主义大众化的认同提供了政治保障，还涉及中国共产党对农民的组织及领导作用的发挥和农村基层党组织的建设问题，有助于加强农村马克思主义大众化领导主体的自身建设和发展。

1947 年春，刘少奇调查了晋绥区的土地改革状况和基层党组织的发展状况，并于 4 月 22 日写了《关于彻底解决土地问题给晋绥同志的一封信》，指出了土改运动的分散化和基层党组织工作不力的问题。7 月 27 日，中共中央对刘少奇在全国土地会议中的重大议题作了指示，要求会议讨论"在实行土地改革过程中如何改造党政及群众组织与工作"①的问题，而在全国土地会议上，刘少奇则指出党内不纯与官僚主义两大问题是导致土地改革不彻底的重要原因，并正式把"思想打通，组织整顿，纪律制裁"②作为整党的关键方法。由此，中国共产党开始结合土地改革，在农村政治场域正式发起普遍的整党运动。

在整党运动初期，各解放区农村基层党组织的整党和建党采取由点到面、自上而下的方式进行，先由各中央局、分局结合本解放区的具体实情召开土地会议，学习《中国土地法大纲》和刘少奇的报告并传达全国土地会议精神，明确整党运动的原因、目标和方法，再由各解放区的农村基层党组织具体实施。整党运动的主要内容涉及基层党组织在推进本地区土地改革时所产生的工作作风问题及农村党员干部的思想和生活问题，一方面注重发扬党内民主，积极开展批评与自我批评，另一方面则在土地改革运动与整党运动的过程中对干部进行调动。经过整党运动的初步开展，许多农民由"不敢起来……怕中央军来，怕八路军站不长"转变为"敢起来了，敢斗争敢要地，对我已有进一步的认识……对胜利的信心大大提高了"③。然而在整党运动走向高潮时，各解放区不同程度上出现了"混淆地富分子和地富家庭出身的界限，混淆腐化堕落分子、蜕化变质分子与犯错误干部的界限，混淆犯

① 中央档案馆编:《中共中央文件选集》第 16 册，中共中央党校出版社 1992 年版，第 494 页。

② 《刘少奇选集》上卷，人民出版社 1981 年版，第 390 页。

③ 《中国的土地改革》编辑部、中国社会科学院经济研究所现代经济史组编:《中国土地改革史料选编》，解放军国防大学出版社 1988 年版，第 435～436 页。

阶级立场错误与官僚主义作风的界限”[①]的“左”倾错误，部分地区的农村还出现了消极对待土地改革的右倾错误。

为了解决整党运动和土改运动出现的错误倾向，党通过各分局的实践经验，不断对这一问题进行理论和政策的探讨。1947 年 12 月 25～28 日，党在陕北杨家沟召开会议，毛泽东在会上强调，整党运动应当和平分土地的决定一同实施。在具体实践的过程中，部分地区要么把农村基层党组织的原有干部全部调离本县，要么只依靠贫农团和新农会进行土改，而把农村基层党组织排除在土改工作之外，在土改工作屡屡受挫后才再度恢复党支部的组织活动，通过组织活动的有序开展，开始打破农村基层党组织与农民之间的隔阂，如晋绥分局纠正了将无剥削或轻微剥削的劳动者划为地主富农、将地主富农分子在土改运动中处死的错误，使晋绥地区农村呈现出“贫农团、新农会、区村人民代表会议，以及由于土地改革工作和整党工作所造成的农村中面目一新的气象”[②]；而河北省平山县则开创了邀请党外群众参与党的会议的方法，以审查党员干部并整顿农村基层党组织，因而成为落实整党工作的典型案例。此外，针对确定地主富农斗争对象的“左”倾错误，中共中央工委于 1947 年 12 月发布了《关于纠正划分阶级上“左”倾错误的指示》，要求必须在坚持贫雇农利益及贫农团领导地位的情况下，避免对中农采取冒险政策。1948 年 2 月 11 日，中共中央公布了由毛泽东起草的《关于纠正土地改革宣传中的“左”倾错误的指示》，指出“孤立地宣传所谓贫雇农打江山坐江山”的贫雇农路线是一种“违背马克思列宁主义原则立场和完全脱离中央路线的”原则性错误。[③] 2 月 22 日和 23 日，周恩来分别起草了《老区半老区的土地改革与整党工作》和《关于土改和整党问题给阜平中央局的电报》，批评了阜平中央局不加区别地停止一切地富出身的党员的做法，赞扬了平山县整党审干的办法，从而进一步指出，有些地区已经较为彻底地进行了土改工作，为了整治部分党员干部利用其政治地位，侵占土改运动胜利果实的状况，农村基层党组织一方面应该积极推动党外群众参与党内会议，使农村基层党组织能够及时收到群众意见，另一方面，则应当主动从群众中培养积极

---

① 南开大学马列主义教研室中共党史教研组编：《中国共产党的整党与整风》，山东人民出版社 1984 年版，第 57 页。

② 《毛泽东选集》第 4 卷，人民出版社 1991 年版，第 1306 页。

③ 参见《毛泽东选集》第 4 卷，人民出版社 1991 年版，第 1281 页。

分子，使其加入农村基层党组织，“如此，既整顿了党的队伍，又整顿了群众的队伍，建立起党内外的民主生活，将极大地提高党的威信”①。经过这一阶段的理论探索和政策调整，各分局已经逐渐意识到“整党重点，在思想教育，治病救人，决不能是简单的组织撤换。否则，会造成干部与群众中的波动混乱”②。

自 1948 年 5 月起，依据中共中央的正确指示，各解放区开始全面推进整党运动在农村政治场域的开展。25 日，毛泽东起草了《一九四八年的土地改革工作和整党工作》，要求各中央局、各分局依照正确政策实行整党，按照正确标准划分阶级成分，而前往农村的上级工作团必须与农村基层党组织共同领导当地的土改工作。根据中共中央的指示，各解放区开始全面开展整党运动。多数地区都整治了受到地主富农操纵的“欺压群众、自私自利、严重脱离群众，形成宗派小集团的坏支部”以及“一般党员中包庇地富、假公济私、仗势欺人、作威作福的坏分子”③，清洗了混进党内的投机分子，批评并处分了农村基层党组织中的官僚主义、形式主义、命令主义及贪污腐败分子，纠正了土改运动中部分农村基层党组织及领导干部忽视中央政策、脱离群众和侵吞土改果实的恶劣作风。

解放战争时期在农村政治场域全面推进整党运动为农村马克思主义大众化领导主体的基本形成提供可能。首先，整党运动为提升农民对党的理解、提升农民的政治觉悟营造了热烈的政治氛围，“广大农民群众，进一步亲身体验到毛主席、共产党是他们的救星，自然而然把自己的利益与毛主席、共产党所领导的人民战争集合起来”④，由此使得农村马克思主义大众化领导主体的阶级基础得到巩固。其次，整党运动进一步完善了农村基层党组织的建设，改进了领导干部和一般党员在农民问题上的政治观点和工作作风，有助于改善农村马克思主义大众化领导主体的工作方法。农民在反抗

① 《周恩来选集》上卷，人民出版社 1980 年版，第 295 页。

② 《中国的土地改革》编辑部、中国社会科学院经济研究所现代经济史组编：《中国土地改革史料选编》，解放军国防大学出版社 1988 年版，第 501 页。

③ 《中国的土地改革》编辑部、中国社会科学院经济研究所现代经济史组编：《中国土地改革史料选编》，解放军国防大学出版社 1988 年版，第 579 页。

④ 《中国的土地改革》编辑部、中国社会科学院经济研究所现代经济史组编：《中国土地改革史料选编》，解放军国防大学出版社 1988 年版，第 580～581 页。

地主富农时常会引发群体性事件，但部分农村党员干部不仅没有用无产阶级思想引导农民，反而将暴力行为视为发动农民、推行土改的办法，甚至在整党过程中“把无产阶级思想与农民思想混同起来，把农民翻身教育，代替了全部共产主义教育”①，不仅造成了农民群众的恐慌不安，而且还阻碍了农村马克思主义大众化的开展。但经过组织、思想和作风的整顿，农村基层党组织不纯的问题和农村党员干部在土改运动中暴露出的思想不纯、作风不纯的问题基本得到了解决，促进了中国共产党和农民群众的团结，有助于充分发动农民贯彻执行党的方针路线，为中国共产党探索农村马克思主义大众化的正确方法积累了经验。

（三）阶级教育为农村马克思主义大众化根本原则的基本形成提供可能

为进一步在农村场域推进土地改革、开展整党运动，农村文化场域也开始对广大农民开展相应的阶级教育，通过加强农村场域宣传工作、完善农村场域教育教学、推进农村场域文艺创造并带领农民发起文艺运动的方式，提升了农民参与革命的积极性和主动性，为土地改革、整党运动的开展和解放战争的胜利提供了强大的精神动力。在农村文化场域开展阶级教育是对土地改革、整党运动和解放战争的积极响应与配合，进一步证实了大革命以来中国共产党推进农村马克思主义大众化的基本认识是正确的，表明农村马克思主义大众化并非只是简单灌输意识形态的过程，而必须要以维护农民的经济、政治利益为突破口，使农村马克思主义大众化能够实现改善农民生存状况与本阶段根本任务的有机统一，由此基本解决了农村马克思主义大众化根本原则的问题。

从抗战时期的国防教育到解放战争时期的阶级教育的转化经历了短暂的过渡期。早在抗日战争还未结束之时，中国共产党就明确提出要提高农民的革命思想和觉悟，“这就是以马列主义教育农民，是新的启蒙教育，也就是阶级教育”②。随后，中共中央宣传部公布的《关于进行阶级教育问题的通知》指出，为了对抗国民党反动派发起的宣传战，各地都应进行反对国民党

① 中央档案馆、河北省社会科学院编:《晋察冀解放区历史文献选编(1945～1949)》，中国档案出版社 1998 年版，第 545 页。

② 《刘少奇选集》上卷，人民出版社 1981 年版，第 237 页。

反动派的阶级教育，但在当时，抗日国防教育仍然是对农民进行教育的主要内容。1944 年 10 月，毛泽东在陕甘宁边区文教工作者会议上指出，要“反对群众脑子里的敌人”①，当群众在客观上有革命的需要，要及时通过宣传教育增强多数群众的觉悟。在 1945 年 8 月的延安干部会议上，毛泽东发表了关于《抗日战争胜利后的时局和我们的方针》的演讲，再次鲜明地提出，抗日战争胜利后党宣传教育工作的重点在于提升人民的觉悟，通过宣传使人民客观、准确地认清形势，坚定信心。鉴于国民党反动派充分利用国内的宣传机构宣传内战，推进阶级教育以压倒反动宣传就逐渐成为解放战争时期农村文化场域的中心工作。

首先，中国共产党始终重视通过加强农村场域宣传工作的方式对农民进行阶级教育。为了打击国民党反动派、推进重庆谈判，1945 年 9 月 29 日《关于目前宣传方针问题的通知》发布，明确提出宣传教育的方向：“继续要求国民党真正实行民主，批评其违反民主的各种措施”②，反对进攻解放区并屠杀人民。但这一宣传方针在实施过程中出现了问题：一方面，在广播及报纸中对国民党进攻解放区的集中报道，加剧了农民害怕斗争的心理，引起了农民群众的恐慌，反而鼓舞了国民党反动派的士气；另一方面，忽视了抗日战争时期遗留的敌伪分子的存在，使其有机会联合地主在农村散布“变天”谣言，农民既不敢加入共产党也不愿意大胆地开展与地主阶级的斗争。针对这一问题，中共中央宣传部于 12 月 10 日在《关于广播、报纸、宣传方法问题给各中央局各区党委电》中，提出了广播的集中报道和报纸的综合报道相结合的方法，而在内容上，不仅要继续报道国民党的进攻情况，而且还要刊登中国共产党人与国民党反动派作战的胜利消息，以便打破广大农民对时局的恐慌。在签订《双十协定》后，中国共产党也始终保持清醒的头脑，要求各地区及时将《解放日报》社论与蒋介石的演说进行汇编，形成宣传材料并大量宣传。但部分地方报纸在进行实际宣传时仍出现了片面报道的问题，“报纸上整天只看见解放区挨打退守，大后方特务横行，民主势力受打击的

① 《毛泽东选集》第 3 卷，人民出版社 1991 年版，第 1011 页。

② 中共中央宣传部办公厅、中央档案馆编研部编：《中国共产党宣传工作文献选编(1937～1949)》，学习出版社 1996 年版，第 592 页。

消息，因而谣言纷起……连基本群众也问八路军能否站得住”①，农民对中国共产党的态度发生明显的疏远。

中共中央宣传部针对各地方宣传工作者的工作方法的问题，于1946年3月8日通过了《关于广播、报纸和宣传方针的通知》，强调地方要制定符合本地区具体情况的宣传政策。在“五四指示”公布后，中共中央为了与农村的土改运动相配合，于5月13日发布了《关于暂不宣传改变土地政策的指示》，强调“应当尽量揭露汉奸、恶霸、豪绅的罪恶，申诉农民的冤苦”②，同时还应把类似白毛女的故事、农民诉苦大会中的典型案例加以核对、整理和发表，加深农民对反奸清算运动和土改运动的认识。

但随着土改和整党运动的不断深入，各地农村的宣传工作在不同程度上出现了片面强调开展农村运动而忽略中央政策的“左”倾错误，过度宣传“运动等于一切”“运动高于一切”“运动解决一切”“运动就是教育”“没有大乱，我们的手就放不开”③，使农民对土改运动和整党运动的认识产生了误区，有些地区的农村甚至忽视了宣传工作的开展，如大别山地区把分管宣传工作的干部“分散去进行土改工作，以致失去或减少了他们的作用”，而“在宣传内容上，一般地只注意土改宣传，而忽视了党的各方面正确政策的宣传”④。1948年2月，中共中央公布了《纠正土地改革宣传中的“左”倾错误》，认为各地区在整党问题上应当既反忽视成分又反唯成分论，在土改问题上应当既反观望不前又反急性病。在批评华东局的宣传工作存在无纪律状态后，中共中央随即通过了《关于宣传工作中请示与报告制度的规定》，要求各地应把每期党报样刊上交审查，新宣传言论应及时请示。除了加强对宣传机关、专业宣传人员、报纸刊物的管理和对宣传制度的完善，中国共产党一方面积极发动并组织解放军部队对驻地农民进行宣传，发动干部战士写信

---

① 中共中央宣传部办公厅、中央档案馆编研部编：《中国共产党宣传工作文献选编(1937～1949)》，学习出版社1996年版，第619页。

② 《中国的土地改革》编辑部、中国社会科学院经济研究所现代经济史组编：《中国土地改革史料选编》，解放军国防大学出版社1988年版，第251页。

③ 《中国的土地改革》编辑部、中国社会科学院经济研究所现代经济史组编：《中国土地改革史料选编》，解放军国防大学出版社1988年版，第492页。

④ 《中国的土地改革》编辑部、中国社会科学院经济研究所现代经济史组编：《中国土地改革史料选编》，解放军国防大学出版社1988年版，第507页。

向自己的亲属宣传解释土改政策[①]，另一方面以“摸心事”“以苦引苦”和“打动最痛处”的方法积极鼓励农民挖苦根、诉苦水，帮助农民算剥削账，从而认清地主的狰狞面目。经过对农村地区的宣传工作进行反复整改，农民“深切认识到地主占有土地乃是巧取豪夺，地主向农民收粮交租纯属剥削，只有废除盘根错节的封建、半封建的土地制度，农民才能从奴隶翻身做主人”[②]，党的政策、方针也基本能够被广大农民及时把握，分田、发展生产和反对地主的各项运动在农村场域得到越来越多农民的支持。

其次，中国共产党始终重视通过完善农村场域教育教学的方式对农民进行阶级教育。在开展土改和整党运动的过程中，农民教育持续蓬勃发展，主要面对农村的广大儿童、青壮年和妇女，以增强觉悟、支援前线和生产备荒为阶级教育的核心任务，遵循教学目标与党的中心工作相结合、教育方式与生产劳动相结合、教学内容与当地情况及农民需要相结合的基本原则，通过冬学讨论会、农民代表会、“农民大学”和“农民自训班”等灵活多样的形式广泛开展对农民的思想教育，培养农民成为新的积极分子，各地区也针对本地区农村的发展状况推出了因地制宜的农村教育教学办法。晋察冀边区对新旧解放区分散的农村环境进行研究并提出了“民办公助”的教育政策，主张根据各地实际情况采取灵活、多样的办学形式，除了兼顾全日、半日、夜校和午校等传统办学方式以外，还主张“采用分组教学、巡回制、家庭识字、捎条带字等方式”[③]，既包括集体授课制，也充分考虑到了个别教育对农民的影响力，对于农村私塾则采取积极团结和改造的方针，将其逐步转化为普通小学或使之与本村小学合并，力求打破封建奴化教育。山东的农村教育更加强调理论联系实际的教学方法，指出农村教育应当积极响应土改、发展生产和反对国民党反动派的中心工作，并要求“教师多联系本地区的实际情况，多根据学生本身的经验，把书本知识或理论和本地情况及学生的旧经验结

① 参见黄世虎主编:《中国共产党思想政治教育史简论》，河海大学出版社 2016 年版，第 85 页。

② 黄世虎主编:《中国共产党思想政治教育史简论》，河海大学出版社 2016 年版，第 85 页。

③ 中央档案馆、河北省社会科学院等编:《晋察冀解放区历史文献选编(1945～1949)》，中国档案出版社 1998 年版，第 111 页。

合起来”[①]，联系本村土改状况、收集本村的具体材料对学生进行教育。虽然农村教育曾出现过政治教育与文化教育相割裂、政治教育取代文化教育甚至“左”倾思想占领文化教育的问题，但各解放区都能及时对农村教学状况进行反思，积极推进关于革命战争的教育，广泛发动农民反美、反蒋并支援前线，从而为推进土改运动和反蒋运动提供了有力支持。

最后，中国共产党始终重视通过推进农村场域文艺创造、带领农民发起文艺运动的方式对农民进行阶级教育。自 1942 年的延安文艺座谈会后，各解放区农村文艺的发展都开始注重与农民群众相结合，这一原则贯穿了整个解放战争时期的农村文化场域。第一，新文艺作品的内容不仅涵盖了抗日战争时期党带领人民取得的伟大胜利、减租减息运动和大生产运动取得的成就及涌现的英雄模范事迹的赞颂，而且还充分反映了解放战争时期解放区进行的反美、反蒋战争，表达农民群众对巩固和平与民主的渴望，反对一切封建色彩和封建内容，使农村文艺的发展能够“为爱国主义的自卫战争服务”[②]，如晋绥地区对音乐作品的创作结合了“对敌斗争、练兵、生产、民兵、劳模运动等内容……还吸收民间新流行的曲子，对其新词加以修改，给予积极因素使其推广”[③]。第二，在文艺作品的形式上，各地区对戏剧、歌曲与美术等各种产生于封建时代的民间艺术形式都加以认真的调查研究和改造，将梆子、说书、旧秧歌、耍高跷和跑旱船等传统文艺形式加以改造，去除了旧文艺形式的封建色彩，并且创造出了农民能够接受的话剧、新秧歌等新的文艺形式。第三，对于文艺工作的开展，中国共产党积极鼓励农村知识分子、文艺工作者与农民共同进行文艺创作，即使部分农村知识分子克服自身仍旧存在的封建落后思想，也使文艺工作者克服在文艺创作中脱离农民群众的弊端。

此外，在察觉到农民精神文化需要不断提高的情况下，各地区领导农民发起了墙头诗运动、秧歌运动和戏剧运动等文艺运动。在土改运动发展较好的盐阜区，农民自发创作了数板、歌谣、小调和墙头诗，内容涉及生产、民

---

① 教育科学研究所筹备处编：《老解放区教育资料选编》，人民教育出版社 1959 年版，第 194 页。

② 胡采主编：《中国解放区文学书系　文学运动・理论编》第 1 卷，重庆出版社 1992 年版，第 31 页。

③ 胡采主编：《中国解放区文学书系　文学运动・理论编》第 1 卷，重庆出版社 1992 年版，第 762 页。

兵、卫生、反迷信等不同题材，有些甚至被识字的农民自发写上村镇墙头。自1946年起，经过3000多名报纸通讯员和七八百名工农通讯员的带领，盐阜区逐步成立了墙头诗研究会和墙头诗小组，农民创作的墙头诗普遍上墙，部分时事墙头诗被报纸刊登，甚至一度替代了较为抽象的标语、口号，成为向农民宣传党的方针政策、培养农民阶级觉悟的有效途径，弥补了抗日战争时期村内宣传工作的不足，有力地推进了盐阜区阶级教育的开展。而东北地区则在1947年春节后发起了轰轰烈烈的新秧歌运动，东北秧歌、二人转和新戏剧都得到了充分发展，村内干部不仅积极领导农民参与文艺创作和演出，还“吸取民间艺人参加文工团，研究二人转中的演唱和舞蹈形式”①，充分挖掘集体智慧从而创作出了《光荣灯》《全家光荣》和《干活好》等优秀剧目。在1946～1949年期间，《白毛女》演出600余次，《血泪仇》和《一朵红花》200余次，《全家光荣》等戏剧也演出100余次，真正推动新戏剧和新秧歌深入农村，为东北地区广大农村顺利推进土地改革运动和解放战争提供了强大的精神动力。

解放战争时期在农村文化场域开展阶级教育，为农村马克思主义大众化根本原则的基本形成提供了可能。第一，这一举措使党成功地在农村文化场域的变迁中推进了马克思主义的传播，这一成功实践也启示我们：尊重农村、农民的实际是有效推进马克思主义大众的基本前提。在解放战争时期，中国共产党人将农村文化场域变迁与农村马克思主义大众化融入了阶级教育，始终使农村文化场域变迁的实践与农村马克思主义大众化进程交相呼应，在明确农村文化场域的变迁必须以农村经济场域的变迁为物质基础、以农村政治场域的变迁为政治保障的基础上，进一步明确了农村马克思主义大众化也必须以农村经济场域的变迁为物质基础、以农村政治场域的变迁为政治保障，才有走进农村场域的可能，唯有遵循农村现存的客观条件，才能为将来改造农村的客观条件提供可能。第二，这一举措延续并逐步拓展了党与农民在农村文化场域所从事的改造和建设实践，验证并揭示了农村马克思主义大众化必须以重视农民诉求为实践的突破口。解放战争时期农村马克思主义大众化进程就是在农村文化场域开展阶级教育的过程，

① 胡采主编：《中国解放区文学书系　文学运动·理论编》第1卷，重庆出版社1992年版，第561页。

而阶级教育的开展是对农村场域推进土地改革、开展整党运动的积极回应，“使农民了解了土地改革是农民实现经济政治彻底解放的必由之路”[①]，这表明农村马克思主义大众化不仅仅是意识形态在农村场域的简单灌输，而且还是科学的理论结晶被普遍化、通俗化后得到农民认同并被农民熟知和践行的过程。唯有密切结合农民维护自身物质利益、政治权利和满足精神文化需要的实践，以满足农民的物质文化诉求、实现农民的全面发展为最终目标，马克思主义才能有被农民接受、认可和践行的可能。农村马克思主义大众化不仅来自农民推动实践发展的需要，是农民实践需要的产物，而且还引领农民实践，成为引领农民推动未来实践发展的指针，其本质无法脱离农民实践而独立存在，因此必然具有鲜明的实践性特征。

第二节 探索与反思：中华人民共和国成立后农村马克思主义大众化的推进

解放战争于1949年在大陆范围取得了伟大胜利，结束了帝国主义、封建主义和官僚资本主义长时间压榨、盘剥和奴役广大农民群体的历史，建立起了独立、统一、民主的新中国，使中国由争取独立与解放的战争状态进入了巩固社会主义制度和开展社会主义建设的和平时期。但刚刚成立的中华人民共和国不仅仍然面临着国民党反动派及帝国主义残余对社会主义事业的破坏，而且还面临着水旱灾害造成的大面积灾荒，农作物产量和家畜都急剧下降，各地区农村都不同程度地受到经济发展不平稳、政治管理缺位、社会秩序不安定的困扰，旧的社会经济结构亟待调整。

为了巩固新生政权并促使社会主义事业的快速、稳定前进与发展，这一时期的农村场域在中国共产党的领导下开始试图解决遗留的复杂难题，农村马克思主义大众化在原有革命模式的基础上，虽取得了一定的成就，但也同样面临着模式转型的问题，即如何调整农村马克思主义大众化在新民主主义革命时期的模式，使之能够适应社会主义革命和建设的新任务、新道路

---

① 黄世虎主编：《中国共产党思想政治教育史简论》，河海大学出版社2016年版，第85页。

与新要求，而在恢复国民经济、完成三大改造、全面建设社会主义等艰巨任务的考验之下，农村场域变迁与农村马克思主义大众化都在不断寻找更加适合党情国情世情的道路。在此背景下，农村场域的变迁道路无疑将会成为开展农村马克思主义大众化的前提和基石，其变迁的过程和结果引导并产生农村马克思主义大众化的基本内容和具体方式，因而决定了农村马克思主义大众化切实可行的实现路径。

一、新中国成立初期农村马克思主义大众化的深入推进

自中华人民共和国成立至三大改造基本完成是巩固社会主义制度、初步开展社会主义建设的过渡时期，这一时期农村场域百废待兴，农村马克思主义大众化缺乏基本的物质文化条件，短时间很难在农村场域有较快发展。毛泽东曾鲜明指出在这一时期开展农村马克思主义大众化具有艰巨性，因为"反映旧制度的旧思想的残余，总是长期地留在人们的头脑里，不愿意轻易地退走的"，加强社会主义教育、宣扬社会主义精神"必须根据农民的生活经验，很具体地很细致地去做，不能采用粗暴的态度和简单的方法"①。

开展农村马克思主义大众化必须考虑农民生产生活实践所依赖的物质文化条件，而农村场域能够提供的物质文化条件以及农村场域资源分布带来的限制决定了农村马克思主义大众化的深度和广度。因此，全方位地推进农村场域的变迁成为农村马克思主义大众化深入开展的先决条件。如何继续促成土地改革、解放农村生产力成为中国共产党人促进农村经济场域变迁的首要任务，强化党自身建设、巩固党的执政地位成为推动农村政治场域变迁的首要任务，继续推进文化扫盲和改造农民思想则成为文化场域变迁的重点，而农村经济、政治与文化场域的变迁有力地推进了农村马克思主义大众化进程，不仅为其提供了新的推进动力，而且还提供了强大的根本保证以及可靠的发展土壤。

（一）农村经济场域的改革为农村马克思主义大众化提供新动力

中华人民共和国成立后，约有三分之一的老解放区人口已经通过土地改革分得了土地，但仍有近三分之二的新解放区农业人口持续受到封建土

① 《毛泽东文集》第6卷，人民出版社1999年版，第450页。

地制度的困扰，而这是造成农业生产力落后、农民生活贫穷的根源，同时也削弱了农民参与农村马克思主义大众化的动力，基本生活保障匮乏，致使农民缺少参与农村马克思主义大众化的物质基础。继续在新解放区实行土地改革、推进农村合作化进程，不仅是尽快恢复农业生产和完成新民主主义革命遗留任务的必然要求，而且还为中华人民共和国成立初期农村马克思主义大众化提供了新动力。

中华人民共和国成立前夕，中国人民政治协商会议第一届全体会议通过了《中国人民政治协商会议共同纲领》，明确提出“有步骤地将封建半封建的土地所有制改变为农民的土地所有制”①，并要求广泛调动农民并组织农民团体，通过打击土匪恶霸、推行减租减息并分配土地，实现耕者有其田，从而为土地改革的实行，明确了基本步骤和最终目标。为进一步制定新土地法，中共中央于 1950 年 3 月向各地广发电报，征求关于土地改革阶段、富农政策及土地分配方法等问题的意见。而中共中央经过对土地改革现状的总结和研究，得知广泛开展运动的农村能够有效地改造乡政权，“农民积极分子已大批产生……农民群众的觉悟水平已经很快地提高”②。1950 年 6 月 14 日，刘少奇在政协第一届全国委员会第二次会议中作了关于土地改革问题的主题报告，报告中指出了土地改革的方法和土地改革的总路线，尤其强调了在农村中广泛宣传和讲解政策的重要意义。6 月 30 日，中央公布施行了《中华人民共和国土地改革法》，实现了土地改革的法律化，充分保障了各阶层农民的合理权益。随后政务院依次公布了《农民协会组织通则》和《关于划分农村阶级成分的决定》，各地区农村也根据自身情况制定了具体政策并开始对农民宣传讲解土地改革的相关规定，土地改革工作队“深入到农户特别是贫雇农家中访贫问苦、扎根串联，与他们同吃同住同劳动，启发他们倒苦水、挖穷根，帮助他们算……地主的剥削账和农民的翻身账”③，有力地发动农民参与土地改革，新解放区的农民被组织在农会中，甚至部分农村还建立起了民兵组织。就在农民不断被组织起来的过程中，农村合作化运动逐渐成为推进农村经济场域变迁的另一个重大举措。

---

① 中共中央文献研究室编：《建国以来重要文献选编》第 1 册，中央文献出版社 1992 年版，第 2 页。

② 《刘少奇选集》下卷，人民出版社 1985 年版，第 29 页。

③ 张神根编著：《中国农村建设 60 年》，辽宁人民出版社 2009 年版，第 6 页。

早在抗日战争时期，以毛泽东为核心的中国共产党的第一代中央领导集体就已在理论上探讨过将农民组织起来、建立合作社的重要性，并在部分抗日根据地尝试建立了初级形式的合作社，但当时建立的合作社“还只能是建立在农民个体经济基础上的（农民私有财产基础上的）集体的互助的劳动组织”①。而中华人民共和国成立后，伴随着土地改革在农村的迅速发展，农业合作社得到了蓬勃发展，农民的组织化程度也得以提升。至1950年，全国共有互助组250余万个，1951年则发展为460余万个，其中，华北、东北、陕西及山东等老解放区还试办了129个农业生产合作社。② 1951年12月，《关于农业生产互助合作的决议（草案）》发布，不仅阐明了农民生产积极性的两个方面在于个体经济和劳动互助，而且还根据新、老解放区的现状简要说明了简单的劳动互助、常年互助组与农业生产合作社各自的特点，并进一步指出了开展互助合作运动的具体方针和根本目标，强调唯有真正实现劳动生产率的提高、农作物和粮食的增产及农民收入的增加，农业合作社才能扎实推进。

这一方针一经公布就得到了全国农民的支持和欢迎，并于1953年12月转为正式决议。一时间，不仅农业生产互助组的规模进一步扩大，愿意加入的农民人数持续增加，而且还促使相当一部分互助组转化为农业生产合作社。在党和各地政府的领导与宣传下，“1952年全国组织起来的农户，已占全国总农户的41.77%，共有互助组830多万个，农业生产合作社3663个”③。1953年春，新中国的土地改革基本完成，全国有3亿多无地少地的农民无偿获得了约7亿亩土地并免除了每年向地主缴纳的约700亿斤粮食。④但在这一过程中，各地农村也不同程度地出现了急躁冒进、严重的强迫和命令倾向，以“宁多勿少，宁大勿小”“越多越好，越大越好”的错误观点为指导，片面追求合作社的数量和更高形式，盲目追求公共财产，不仅引起了农民思

---

① 中共中央文献研究室编：《建党以来重要文献选编（1921～1949）》第22册，中央文献出版社2011年版，第174页。

② 参见苏星、杨秋宝编：《新中国经济史资料选编》，中共中央党校出版社2000年版，第176页。

③ 苏星、杨秋宝编：《新中国经济史资料选编》，中共中央党校出版社2000年版，第177页。

④ 参见胡绳主编：《中国共产党的七十年》，中共党史出版社1991年版，第245页。

想的混乱，而且还打击了农民的生产积极性。3月，《关于缩减农业增产和互助合作发展的五年计划数字给各大区的指示》发布，要求各地农村整改“左”倾冒进的错误倾向，随后又连续下达了《关于春耕生产给各级党委的指示》《关于布置农村工作应照顾小农经济特点的指示》及《关于解决区乡工作中“五多”问题的指示》等一系列指示。至6月初，这一错误倾向基本得到了纠正。

6月15日，毛泽东在中央政治局扩大会议上，首次较为完整地明确了党在过渡时期的总路线和总任务，农业合作化成为实现对农业进行社会主义改造的重要途径，它“是自然地不勉强地吸引农民走向社会主义的过渡形式”[①]。农业生产合作社在自身不断壮大与完善的过程中，有组织地、有计划地安排农业生产任务，以集体劳动和统一经营克服个体农民生产的盲目性，充分发挥了集体生产、集中经营的优越性，如1953年山西省已有2242个农业生产合作社，其“粮食作物的平均单位面积产量，比1952年提高了28%，超过当地一般常年互助组21%，超过当地个体农民38%”[②]。虽然1954年再次发生了急躁冒进的现象，但“停、缩、发”方针的执行及各类指示的下达，及时纠正了农村的错误发展方向，在一定程度上缓和了农村的紧张氛围。1956年12月，全国共有合作社76万个，其中高级社54万个，而入社农户达到11783万户，占全国农户的96.3%，而参与高级社的农民高达87.8%。[③]至此，对农业的社会主义改造基本完成。

从深化土地改革到推进农村合作化，不仅是引导农民走近并知晓马克思主义的过程，同样也是为农村马克思主义大众化的产生提供新动力、新能源的过程。中华人民共和国成立初期农村经济场域的变迁证明，经济要素能够、也必然要作为农村马克思主义大众化的推进动力。这不仅是因为土地象征着农民最迫切的生存需要，而生存需要的满足有助于农民自发产生对马克思主义的认同，从而激发农民对学习马克思主义、主动参与农村马克思主义大众化的积极性，而且还因为这一根本性变迁能够生成相应的生产

---

① 中共中央文献研究室编：《建国以来重要文献选编》第4册，中央文献出版社1993年版，第666页。

② 苏星、杨秋宝编：《新中国经济史资料选编》，中共中央党校出版社2000年版，第183页。

③ 参见中华人民共和国国家统计局编：《我国的国民经济建设和人民生活》，中国统计出版社1958年版，第183页。

关系，“使个体农民和加入了互助组的农民在他们进到农业的完全社会主义的经济制度的时候不感到突然，而是事先有了精神的和物质的准备的，因而能够避免由于突然变化所可能引起的种种损失”①。农民在参与合作社的过程中以切身体会了解了马克思主义的本质和内涵，并在参与生产实践的过程中进一步践行马克思主义。此外，马克思主义与错误思想的抗争也有助于促使农民践行马克思主义。在错误思想的引导下，贫农与上中农产生了尖锐的矛盾，有些上中农认为“合作化是富养穷、强养弱”，是“拉太平”②，而在马克思主义的指导下，中农一改过去的偏激，能够认可并贯彻执行党的土地制度和农业发展政策。依靠贫农、团结中农的阶级路线稳定了中农的情绪，同时说服了贫农，农民也在推进农村合作化的过程中逐渐明确了合作社在聚集资源、提供组织保障等方面发挥的积极作用，能够激发农民主动推进土地改革和农村合作化运动的积极性，因而为农村马克思主义大众化进程产生了新动力。

（二）农村政治场域的巩固为农村马克思主义大众化提供根本政治保证

中国共产党的地位在中华人民共和国成立以后发生了根本变化，作为执政党，中国共产党人面临着来自农村政治场域的新形势、新挑战和新任务，如何提升广大农民群众的政治觉悟，在农村政治场域巩固党的领导，是这一时期党推进农村马克思主义大众化的重点。在农村政治场域完善基层组织建设、强化对农村党员干部的思想建设，不仅是新民主主义革命时期党推进农村马克思主义大众化的有力举措，而且在中华人民共和国成立初期，这一系列举措同样有助于从组织建设、思想建设的方面推进农村马克思主义大众化，能够以党性、党风教育巩固农村政治场域的发展，保证农村马克思主义大众化拥有总揽全局的领导主体，能够遵循科学的实践指南，因而，使之为农村马克思主义大众化进程的推进提供了根本的政治保证。

首先，完善农村基层党组织建设是巩固农村政治场域的首要任务，建立起了农民参与农村马克思主义大众化进程的政治组织，造就了带领农民群

① 中共中央文献研究室编：《建国以来重要文献选编》第4册，中央文献出版社1993年版，第666页。

② 中华人民共和国国家农业委员会办公厅编：《农业集体化重要文件汇编（1949～1957）》上册，中共中央党校出版社1981年版，第653页。

众参与农村马克思主义大众化进程的政治领导核心。截至1949年下半年，在全国326.5337万名地方党员中，农民出身占83%，而在20万个支部中，农村支部占79.8%。[①] 大多数基层党组织和党员干部在农民中能够继续保持良好作风，但也有部分基层党组织和党员干部出现脱离群众、官僚主义、形式主义等问题，甚至存在违法乱纪现象。为了避免官僚主义和骄傲自满情绪的滋生，保证土改工作的顺利进行，中共中央于1950年4月19日发布了《关于在报纸刊物上展开批评和自我批评的决定》，要求农民群众“以促进和巩固国家建设事业为目的”，提出“有原则性有建设性的、与人为善的批评”[②]，并于5月1日公布了《关于在全党全军开展整风运动的指示》，要求整顿全党作风和干部作风，21日则公布了《关于发展和巩固党的组织的指示》，指出无论是新区农村还是老区农村，这一阶段的主要工作“不是继续发展，而是如何加强党的教育和调整党的组织问题”[③]，由此拉开了全面整治农村基层党组织的序幕。1951年3月28日至4月9日，在党的第一次全国组织工作会议上，刘少奇强调“要经过教育与组织上的整理，保持我们党的纯洁性，继续提高我们党的质量和战斗力”[④]来加强基层党组织建设。此外，会上还采取讨论的方式发布了《关于整顿党的基层组织的决议》和《关于发展新党员的决议》，要求在整党整干的过程中发扬积极分子的积极性，改正消极分子的错误和缺点，并将坏分子清除出党。此后，随着“三反”运动的逐步开展，农村基层党组织的整顿工作开始与之相结合。1952年2月，中共中央发布了《关于“三反”运动和整党运动结合进行的指示》，指出“三反”运动是更加现实、更为深刻有力的整党运动，“整党工作必须与‘三反’运动相结合”[⑤]，强调党的组织建设不仅重在清除贪污腐化分子、撤销官僚主义者的领导职

① 参见朱汉国、谢春涛等主编：《中国共产党建设史》，四川人民出版社1991年版，第260页。

② 中共中央文献研究室编：《建国以来重要文献选编》第1册，中央文献出版社1992年版，第191页。

③ 中共中央文献研究室编：《建国以来重要文献选编》第1册，中央文献出版社1992年版，第243页。

④ 中共中央文献研究室编：《建国以来重要文献选编》第2册，中央文献出版社1992年版，第153页。

⑤ 中共中央文献研究室编：《建国以来重要文献选编》第3册，中央文献出版社1992年版，第64页。

务，而且还要坚决提拔德才兼备的优秀分子到领导岗位，以便克服资产阶级思想对党的侵蚀。“到 1952 年冬季以前，共抽调和训练了整党干部约 10 万人，组成工作组，在 12000 个农村支部进行了试验”①，各地农村都及时总结了整党的经验，纠正了过去“只讲主义、忽视实际”的教条主义方法、“只讲运动、忽视主义”的经验主义方法和命令主义作风。到 1954 年春，农村整党工作基本结束，农村党员干部的政治觉悟、理论水平和工作作风得到了基本改进，而且更令人欣慰的是农村基层党组织的凝聚力和战斗力都得到了显著增强与提升，广大农民对农村马克思主义大众化的认同也明显得到了提高。

其次，积极在农村政治场域宣传党的思想及政策，加强对农民，尤其是农村党员干部的思想建设成为我们党越来越关注的重要问题，培养了农民参与农村马克思主义大众化进程的政治觉悟和政治素养。1950 年 10 月 26 日，中共中央发布了《关于在全国进行时事宣传的指示》，以反对美国扩大侵朝及直接侵略台湾为重点，要求消除党员、群众的恐美心理，正确认识当前形势，并对宣传的基本内容作出详细说明。这一时期的宣传工作明显还带有新民主主义革命时期宣传工作的时效性特征，缺乏一定的系统性。

但到 1951 年年初，中共中央针对宣传工作的这种失误和懈怠的工作作风，公布了《关于在全党建立对人民群众的宣传网的决定》，要求各地建立并逐步推广宣传员和报告员制度，并指出各级党组织应积极领导宣传员和报告员，使其在农民群体中能够用通俗的形式传播党的方针、政策、时事等。这一规定有效地协助了农村党组织明确本村开展宣传的主要内容和工作方法。2 月 25 日公布的《关于健全各级宣传机构和加强党的宣传教育工作的指示》明确规定：除了要对党员干部进行共产主义教育，还应当使党员经常向农民宣传党的理论、政策等。3 月，中共中央公布了《关于加强理论教育的决定的通知》和《关于加强理论教育的决定（草案）》，指出当前农村理论教育存在的问题：农村党员干部不仅没有帮助和指导农民进行日常生活，而且还使党内“在学习问题上存在着忽视理论的经验主义的危险倾向”②，只有实现群众宣传工作、宣传网建设和整党教育工作的相互配合、相互推动，才能解

① 卢先福、龚永爱主编：《农村基层党建历程》，湖南师范大学出版社 2011 年版，第 180 页。

② 中共中央文献研究室编：《建国以来重要文献选编》第 2 册，中央文献出版社 1992 年版，第 122～123 页。

决马克思主义理论学习的问题。

而针对组织农民参与劳动互助和生产合作过程中的错误思想，12 月 15 日公布的《关于农业生产互助合作的决议（草案）》中强调党组织应加强对互助组和农业生产合作社内部的政治工作，通过经常的政治教育，提升农民觉悟并激发农民生产积极性。为进一步推动互助合作的发展，中共中央委员会在 1953 年 4 月公布了《关于 1953～1954 年干部理论教育的指示》，对党员干部的理论教育又提出了明确要求。而在 12 月公布的《关于发展农业生产合作社的决议》中则强调，广大农村党员干部在照顾团结单干农民的同时也要教育单干农民，引导他们走向社会主义和共产主义。但在纠正急躁冒进思想的过程中，为了尽快响应缩减合作社数量、提升合作社质量的号召，部分农村干部的宣传工作及对普通农民的思想教育工作发生偏差，有些农村干部“不去正确宣传互助合作政策，只是简单地宣布‘停办’‘退社’，甚至不适当地宣传什么‘确保私有（财产）’‘提倡雇工自由’，给群众灌输许多新的糊涂观念”①。在对这一阶段的教育宣传工作进行总结的过程中，中国共产党逐步意识到对农村干部进行关于总路线的宣传教育，不仅能够避免农村干部水平不齐的现象、巩固党的领导，而且还有助于加速合作化、推进农业社会主义改造事业向前发展。1954 年 5 月，中共中央农村工作部在第二次全国农村工作会议上作了报告，强调广大农村要善于总结经验，结合自身实际与特点，在“实际学习”的开展下培养出优秀干部和办社人才，使办好合作社成为全党经验，继而使社会主义能够战胜在资本主义，继而在农村政治场域取得彻底的胜利。

经过对农村基层党组织建设和广大农村党员干部思想建设的不断完善，农村普遍深入地纠正了错误的思想倾向和工作作风，农村政治场域的凝聚力和向心力显著提升，农村马克思主义大众化的领导主体也得到一定程度的发展壮大。一方面，通过农村基层党组织建设和广大农村党员干部思想建设，及时阻止了错误思想在农村党员中的传播，在加强广大农村党员干部党性修养的同时，坚定了对马克思主义的信仰，纠正了错误的实践方法和工作作风，处于领导地位的农村党员干部也能够真正让农民信服，逐步成为

---

① 中共中央文献研究室编：《建国以来重要文献选编》第 4 册，中央文献出版社 1993 年版，第 422 页。

农村马克思主义大众化进程中有力的领导力量；另一方面，明确了农村基层党组织建设的方向，确保其思想工作和组织工作始终坚持正确方向，使农村基层党组织成为维护农民权益的坚实后盾，成为农村马克思主义大众化进程中强大的组织基础。此外，"在农村社会主义与资本主义两条道路的尖锐斗争中，社会主义已经开始取得了优势，走社会主义道路已经成为农村舆论的中心"[①]，极大地巩固了党在农村政治场域的领导地位，并为农村马克思主义大众化引导了政治舆论、营造了政治氛围。

（三）农村文化场域的发展为农村马克思主义大众化提供可靠发展土壤

提升农民群体的文化素养、推动农村文化场域与马克思主义相结合是中华人民共和国成立以来，中国共产党在农村进行文化工作的重中之重，也是对早期农民讲习所、冬学运动的延续和发展。正如列宁指出的："从前我们是把重心放在而且也应该放在政治斗争、革命、夺取政权等等方面，而现在重心改变了，转到和平的'文化'组织工作上去了。"[②]在农村文化场域大规模开展文化教育活动，不仅是推进农村合作化和满足农民精神文化需要的必然选择，同时也提升了农民自身的文化素养，并为 20 世纪 50 年代推进农村马克思主义大众化提供了一定程度的文化积淀。

1949 年 12 月 5 日，教育部通过了《关于开展一九四九年冬学工作的指示》，强调冬学文化教育的主要内容为识字，辅以卫生常识教育和春节文艺娱乐活动的准备，主要教材为《共同纲领》，常设组织为识字组、读报组等，在条件较好的冬学结束后还可以将其"转变为经常的农民半日学校、农民夜校或小学"[③]。由此，广大农村再度开始了轰轰烈烈的冬学运动，约有 1200 余万老区农民加入冬学，冬学结束后转入民校坚持学习的农民也足有 300 万人。[④] 为了适应农民大规模入学的状况，将农民学校转入正规化、常态化，第一次全国工农教育会议于 1950 年 9 月 20～29 日在北京召开，这意味着农民教育首次成为一项重大国家议题。会议强调因地因时制宜的教育目标，对

---

① 苏星、杨秋宝编：《新中国经济史资料选编》，中共中央党校出版社 2000 年版，第 180 页。

② 《列宁选集》第 4 卷，人民出版社 2012 年版，第 773 页。

③ 教育部工农教育司编：《工农教育文献汇编(农民教育)》，人民出版社 1979 年版，第 2 页。

④ 参见中共中央文献研究室编：《建国以来重要文献选编》第 1 册，中央文献出版社 1992 年版，第 431 页。

教育对象分层、分地和分形式地开展教育。12 月 14 日，政务院公布《关于举办工农速成中学和工农干部文化补习学校的指示》，要求提高领导干部的文化水平以适应社会主义建设事业发展的需要。21 日，教育部公布了《关于开展农民业余教育的指示》，对农民群众文化教育的基本方式、师资力量、教辅教材及经费来源问题作了简要说明，规定初级班（组）主要学习识字和算术，高级班（组）主要学习国语、算术和常识，在坚持集中与分散相互统一的基础上“使这种季节性的业余学习，逐步转变为常年业余学习……并应尽量与农民的生产互助组织与文娱组织互相结合”①。1951 年 2 月，教育部通过了《工农速成中学暂行实施办法》和《工农干部文化补习学校暂行实施办法》，标志着农民文化教育正式走上制度化、规范化道路。随后，在冬学结束之际，教育部公布了《关于冬学转为常年农民业余学校的指示》，要求确定冬学转民校的条件、具体要求、工作步骤与工作方法，同时也要反对形式主义或保守消极的办学思想。在党的正确领导下，至 1951 年，转入农民业余初等学校的农民达 1100 万余人，扫除文盲 137.5 万人。

但随后推行农民文化教育的过程中出现了急躁冒进的现象，部分农村缺乏实事求是的精神，忽视了对本地区农村主客观条件的研究，机械地运用速成识字法，只管数量、不管质量，不仅使一些高级班（组）走向解散，而且还造成了严重的“掉队”“夹生”和“回生”问题。1952 年 10 月，中共中央转批了教育部党组的综合报告，计划在五年之内使“工农速成初等学校在校学生达到 10 万余人，毕业 11 万人……农民业余初等学校学生达到 2400 万人，毕业 5000 万人”②，对入学人数及毕业人数作出具体要求，对农民学校的办学质量提出了要求。1953 年 4 月，教育部发布了《关于整顿工农业余学校高级班与中学班问题的通知》，指出各地应当基于“政府领导、依靠群众团体、联合各有关方面”的原则开办工农业余学校，整顿并严格控制高级班与中学班的发展。11 月 24 日，《关于扫盲标准、毕业考试等暂行办法的通知》公布，对扫盲工作进行了详细规定，明确了扫盲标准、毕业考试内容等。1953 年 12 月，教育部与扫除文盲工作委员会公布了《关于一九五三年冬学工作的指示》，指

① 何东昌主编：《中华人民共和国重要教育文献（1949～1975）》，海南出版社 1998 年版，第 70 页。

② 何东昌主编：《中华人民共和国重要教育文献（1949～1975）》，海南出版社 1998 年版，第 173 页。

出扫除青年和壮年农民中的文盲和半文盲应成为农村文化教育的重心，但由于农民生产、生活和学习的状况不同，不能机械地使用速成识字法，而应该灵活选择合适的教法。经过党对农民学校办学经验的总结和对错误方向的纠正，1953 年共有 1200 余万名农民进入常年民校，1900 余万名农民进入冬学学习，并有 309 万人通过了考试[①]，真正摆脱了文盲状态。为了密切结合农村互助合作运动、适应农业生产发展的需要，随着三大改造在农村场域的进程越发加快，冬学和其他文化教育活动也越发重视对过渡时期总路线的宣传及对农业互助合作政策的学习，而以 1956 年 3 月《关于扫除文盲的决定》的公布为标志，国家第一次把扫盲作为事关国家发展的重大举措，农村文化场域的扫盲运动也随之走向高潮。

正如列宁鲜明指出：“在一个文盲的国家里是不能建成共产主义社会的。”[②]通过在农村文化场域大规模开展文化教育活动，更多的农民不仅能够简单地识字，而且还大体能够自主阅读最通俗的书报，并进行常用便条和收据写作，逐步积累起了参与农村马克思主义大众化所必要的文化素养，为农民理解马克思主义的主要内容奠定基础。此外，这一时期文化教育活动的大规模开展，有助于提高农民的文化水平，使农民逐步适应并积极参与改造农村文化场域的任务，能够推动农村旧文化的改造与转化，从而为推进农村马克思主义大众化进程提供了可靠的发展土壤和文化积淀。

二、社会主义建设时期农村马克思主义大众化曲折前行

社会主义建设和探索时期是指三大改造完成至“文革”结束的历史时期，这一时期农村经济场域经历了“大跃进”和人民公社化运动，建立了人民公社制度，一定程度上降低了农村马克思主义大众化的推进动力，而政治场域和文化场域不同程度地受到“反右派”斗争、“四清”运动和“文化大革命”的严重影响，非马克思主义的社会思潮和错误价值观一度在农村中广泛传播，带有封建迷信色彩的旧思想和带有泛政治化色彩的活动，也不同程度地在农村场域中涌现，使农村马克思主义大众化进程几乎陷于停滞，不仅使农

① 参见何东昌主编：《中华人民共和国重要教育文献(1949～1975)》，海南出版社 1998 年版，第 424 页。

② 《列宁选集》第 4 卷，人民出版社 2012 年版，第 294 页。

村马克思主义大众化偏离了此前的正确方向，而且还引发了广大农民对马克思主义的认同障碍。当然，我们也应该看到，虽然这一时期的错误使农村马克思主义大众化进程遭受了严重挫折，但实质上也对农村马克思主义大众化进行了有益的探求，都是中国共产党在独立探索农村马克思主义大众化的过程中获得的宝贵财富。

（一）农村经济场域的急于求成阻碍了农村马克思主义大众化的实践进展

在“三大改造”完成以后，为了寻找适合中国国情的社会主义建设道路，党把更多的注意力集中在经济建设和生产力发展等方面，尤其强调了加强农业发展的重要性，但在实践过程中缺乏对社会主义建设规律和经济发展规律的细致研究，导致农村经济场域出现了急于求成的问题。正如刘少奇在中共第八届全国代表大会第二次会议上所言：生产力的跃进能够“刺激社会主义生产关系的改进和人们思想的前进”①。这一时期生产力发展过程中出现的急躁冒进和主观主义的错误思想不仅导致农民急于向共产主义过渡从而引发经济建设中的失误，而且还进一步将这些错误渗透到农村马克思主义大众化进程中，使农村马克思主义大众化越发狭隘化、理想化和过于政治化，从而使这一进程逐步偏离了正确的发展道路。

1956 年 9 月，中共八大召开，明确了“既反保守又反冒进即在综合平衡中稳步前进的经济建设方针”②，并要求继续发展高质量的合作社，鼓励农村在发展合作社经营的基础上，发展以社员单独经营的副业。但在随后的实践中，各地农村都出现了不同程度的发展过快的特征，引发了农民的“退社”现象。为了实现第一个五年计划的任务，同时为第二个五年计划奠定基础，《关于一九五七年开展增产节约运动的通知》于 1957 年 2 月发布，其中指出，发展农业生产合作社“是顺利推行各种农业增产措施以增加农业生产的决定性的环节”③，应当协调农民与合作社的关系，实施并完善社员代表大会制度，以便提高农民进一步开办更高质量的合作社、参与生产的积极性。9 月

① 中共中央文献研究室编：《建国以来重要文献选编》第 11 册，中央文献出版社 1995 年版，第 296 页。

② 胡绳主编：《中国共产党的七十年》，中共党史出版社 1991 年版，第 299 页。

③ 中共中央文献研究室编：《建国以来重要文献选编》第 10 册，中央文献出版社 1994 年版，第 36～37 页。

14 日,中共中央又连续发布了《关于整顿农业生产合作社的指示》《关于做好农业合作社生产管理工作的指示》和《在农业合作社内部贯彻执行互利政策的指示》,进一步强调了合作社在生产管理方面的重要作用,针对社队分工问题提出了“包工、包产、包财务”的“三包制度”以及“超产奖励,减产扣分”的奖惩办法。此外,还强调了合作化实现后,贫农与中农间的互利政策的重点在于经过合理的生产分工及分配后恰当调节其收入问题,实际上针对农民“退社”的现象提出了有针对性的措施。随后中共八届三中全会通过了《农业发展纲要四十条(修正草案)》,“大跃进”的纲领就此形成。经过对农业合作社的整顿和管理,至 1957 年底粮食产量达到 3700 亿斤,农业和农副业总产值达到 603.5 亿元。① 生产力的逐步发展在一定程度上推动全国上下产生了进一步发展农业生产合作社的愿望,为了更好地组织农民发展农业,中共中央于 1958 年 3 月公布了《关于把小型的农业合作社适当地合并为大社的意见》,指出“在有条件的地方,把小型的农业合作社有计划地适当地合并为大型的合作社是必要的”②。5 月 5 日,中共八大二次会议确立了“鼓足干劲,力争上游,多快好省地建设社会主义的总路线”③,鼓舞了全国办大型社的信心,但这一时期急躁冒进的情绪再次占据了农民的生产实践,农村经济场域发展的偏差越来越严重。

8 月 28 日,中共中央在《关于一九五九年计划和第二个五年计划问题的决定》中要求农业接下来的五年里实现半机械化和机械化,并要求有条件的农村基本实现电气化,29 日又公布了《关于在农村建立人民公社问题的决议》,认为“很可能不久就会在全国范围内出现一个发展人民公社的高潮,且有不可阻挡之势”④,要求各地农村准备串联小社,使小社并大社、大社转为人民公社。在高指标、瞎指挥、虚报风、浮夸风、“共产风”的错误引导下,各地农村都急迫地提出农业“大跃进”的目标并对中共中央所制定的指标与计

---

① 参见中共中央文献研究室编:《建国以来重要文献选编》第 11 册,中央文献出版社 1995 年版,第 99 页。

② 中共中央文献研究室编:《建国以来重要文献选编》第 11 册,中央文献出版社 1995 年版,第 209 页。

③ 中共中央文献研究室编:《建国以来重要文献选编》第 11 册,中央文献出版社 1995 年版,第 296～297 页。

④ 中共中央文献研究室编:《建国以来重要文献选编》第 11 册,中央文献出版社 1995 年版,第 446 页。

划进行了修改。人民公社遵循着工农业并举的方针，要求工农商学兵和农林牧副渔的综合发展，并力求实现"组织军事化、行动战斗化、生活集体化"，在分配制度上实行工资制和粮食供给制，在短短几个月时间内得到了农民群众的极大响应，至1958年年底已建立起26000多个人民公社，"参加公社的有一亿两千多万户，已经占全国各民族农户总数的百分之九十九以上"①。这一系列举措实际上把第二个五年计划中所规定的"完成我国社会主义建设、向共产主义过渡创造条件"作为基本目标开始付诸实施，显然脱离了我国社会主义经济建设现状和农村发展现状，违背了社会主义建设规律和经济发展规律；而从实践进程上来看，人民公社化运动作为一次深刻的尝试，其发展进程过快、具体工作过于粗糙，"大多数情况下，召开一次全体社员大会，宣布人民公社成立，然后就把早已写好的人民公社牌子挂起来，人民公社就成立了"②。这些错误的出现导致人民公社内部逐渐出现了越来越严重的经济问题，加之自然灾害对农业区的破坏，农业总产值在1959～1961年连续三年下降，粮食总产量连续两年以15%左右的比例大幅度下降，农民生活水平急剧下降，有些饥荒状况严重的农村，农民每人每天所消费的粮食在半斤以下。③ 为了消除这一危机所带来的负面影响，中共中央及时总结人民公社在实践进程中所暴露出的问题，在1960年11月下发的《关于人民公社当前政策问题的紧急指示信》中，要求各地农村暂时停止从基本队有制向基本社有制的过渡，并在1961年6月颁布了《农村人民公社工作条例(修正草案)》，正式确立了农村人民公社的根本制度和基本核算单位。但随着"四清"运动的开展以及自1964年起"农业学大寨"运动的逐步推进，经济上的急于求成，再次在全国农村蔓延，加上1966年后"文化大革命"的冲击及"四人帮"所鼓吹的"唯生产力论"的负面影响，农业生产再次遭到严重挫折，在周恩来、邓小平等中央领导的带领和广大农村干部及农民群众的共同努力下，到"文革"结束之时，兴修水利、坚持生产等各项工作仍有效开展，粮食产量的增加最终基本保持稳定的状态。

---

① 中共中央文献研究室编:《建国以来重要文献选编》第11册，中央文献出版社1995年版，第598页。

② 安贞元:《人民公社化运动研究》，中央文献出版社2003年版，第168页。

③ 参见李德彬编:《中华人民共和国经济史简编(1949～1985)》，湖南人民出版社1987年版，第332页。

无论是农业合作社还是人民公社，都成为农民心中社会主义和共产主义社会的鲜明象征，社会主义制度所拥有的“团结全体人民发展生产”的巨大力量是促使农民自发孕育共产主义精神、继而自觉接受并认可农村马克思主义大众化的物质基础。正如毛泽东在1958年的感叹：“从来也没有看见人民群众像现在这样精神振奋，斗志昂扬，意气风发。”[①]由于农民经历了农村经济场域的变迁并验证了社会主义制度的巨大优越性，对生产力迅速发展、社会迅速变革的渴望愈发强烈，由此诞生了学习、理解和践行马克思主义的极度渴求，农村马克思主义大众化成为理所应当的日常诉求，广大农民群众自觉主动地将马克思主义融入其生产、生活和交往实践中，其共产主义精神和政治觉悟在这一时期得到蓬勃发展。

但1958年以来，中国共产党带领全国人民对适合中国实际情况的经济建设道路的探索并非一帆风顺而是频遭考验。由于“人们在不断地改造自然界的斗争中，不断地改造社会和改造人们自己”[②]，而这一时期农村经济场域的发展愈发忽视经济发展的客观规律，逐步向畸形的方向发展，急躁冒进和主观主义的情绪不断增长，这种纯粹而急切的愿望，严重阻碍了农村马克思主义大众化的推进。大多数农民在这一时期普遍地把共产主义社会作为理想寄托，把人民公社制度作为实现共产主义的必然之路，却忽视了作为根本物质条件的生产力发展现状。因此，在发展农村经济、提高农业生产力的过程中不自觉地受到急躁冒进和主观主义的激进思想的影响，把农村马克思主义大众化逐渐狭隘化、理想化和过于政治化，高指标、瞎指挥和浮夸风也逐渐成为这一时期农村马克思主义大众化的鲜明特征，并在推进农村经济场域变迁的过程中使农村马克思主义大众化偏离正轨，并使其在短时间内异变为农业社会主义和空想社会主义在农村场域的泛滥，虽然参与大众化主体的广度上取得了显著成就，但对马克思主义的理解与认识还停留在文本层面，未能将马克思主义与生产、生活实践相结合。

---

① 中共中央文献研究室编：《建国以来重要文献选编》第11册，中央文献出版社1995年版，第274页。

② 中共中央文献研究室编：《建国以来重要文献选编》第11册，中央文献出版社1995年版，第296页。

(二)农村政治场域的矛盾误判干扰了农村马克思主义大众化的发展方向

农村政治场域在社会主义建设和探索时期同样面临此起彼伏的困难与问题,为了完善农村基层干部的工作、巩固农村治理组织,党在实践经验匮乏和思想基础薄弱的双重夹击之下,在工作过程中愈加倾向于照搬套用过去开展阶级斗争的经验。对农村所面临的主要矛盾进行了错误判断,不仅把农村马克思主义大众化推向畸形的发展道路,而且还为农村政治场域内错误思想的传播提供了活动土壤,甚至还使之扭曲成为一种带有泛政治化色彩的群众运动。这是在探索具有中国特色的社会主义道路的过程中走入歧途的结果,同时也鲜明地展现了马克思主义作为意识形态所蕴含的强大凝聚力、号召力和影响力。

由于高级农业生产合作社发展速度过快,部分农民的利益遭受了侵犯,一些地区的农村还引发了退社风波,经过 1956 年末对广东省退社问题处理意见的分析,中共中央认为合作社的政治工作较为薄弱、农村干部也存在着不良作风,农村马克思主义大众化进展缓慢。为了巩固农业合作社制度、解决农村干部的工作问题,中共中央于 1957 年 2 月和 3 月依次发布了《关于今后干部工作方法的通知》和《关于民主办社几个事项的通知》,以加强农业合作社干部与农民间的团结,提升农业合作社的凝聚力。随后,毛泽东作了题为《关于正确处理人民内部矛盾的问题》的重要讲话,区分了社会主义社会存在两类不同性质的矛盾,分别是敌我矛盾和人民内部矛盾,巩固社会主义制度主要是解决敌我矛盾的过程。后来,中共中央发出了整风运动的指示,要求党内外干部和群众提出合理的建议和批评,但由于极少数资产阶级右派分子的肆意进攻,农村地区也蔓延着紧张的政治氛围。毛泽东于 5 月中旬撰写了《事情正在起变化》一文,一场狂风暴雨式的反右派运动由此开展起来。

9 月,基于各地农村对合作社优越性、资本主义和社会主义两条道路等问题进行的辩论,中共中央发布了《关于整顿农业生产合作社的指示》,要求整顿农业合作社干部作风、调整社和队的组织,以便克服合作社过分集权的缺陷,改正农业合作社干部在工作方法、工作能力及思想水平方面的不足。而 1958 年 2 月,中共中央发布了《关于下放干部进行劳动锻炼的指示》,明确了和平的社会环境下有计划地组织干部参与农村的生产劳动是改造其思想和作风、提升其政治觉悟、完善其工作能力的根本措施,“这是目前政治战线、思想战线上的社会主义革命的一个重要组成部分，也是贯彻执行党的干部工作路线的一项重要制度”①。4月2日，中共中央再次发布整风指示，认为农村的整风应当密切结合生产，广泛开展鸣放辩论并张贴大字报，使农村党员团员、乡级干部以及合作社干部的个人思想能够在整风中得到鉴定。5月5日，中共八大二次会议强调党目前的任务是在整风运动的基础上正确处理人民内部矛盾，使“大鸣、大放、大辩论、大字报进行批评和自我批评的方法，成为改造思想和改进工作的经常的方法，并且应当每隔一段时间就进行一次全面的整风运动”②，这一结论认可了整风和反右派斗争扩大化的实践，并修改了八大一次会议的科学结论，成为“文革”时期中国共产党在农村政治场域开展阶级斗争时犯错的重要理论来源。不久之后，各地农村的整风运动和反右派斗争都走向结束，但在整风、反右派斗争和“大跃进”的影响下，“人民公社化”运动也具有鲜明的急躁冒进的特征，所形成的农村人民公社制度，成为社会主义政权在农村中的基本单位，为实现统一领导将“农村的人民公社和基层政权合而为一”③，实际上加剧了农村治理的隐患，部分农村干部仍然通过命令主义和独断专行的“家长式”工作作风管理公社，公社制度并没有完全融入民主原则，由此便加剧了干群间的隔阂，导致二者关系的紧张与疏离。1960年3月23日，中共中央严厉批评了官僚主义、贪污浪费、浮夸虚报的干部作风，并要求在农村中再次开展“三反”运动，一方面，要求加强对公社干部的政治教育，使之具有高度的共产主义觉悟并改善其工作作风，以便密切党与农民群众的联系；另一方面，则要求清除组织中的邪恶分子，保证各级组织的纯洁性。随后，在11月《关于农村人民公社当前政策问题的紧急指示信》中将公社的根本制度确立为以生产队为基础的三级所有制，提出“坚决依靠群众，大鸣大放，用领导和群众‘两头挤’的方法，用由上而下和由下而上相结合的方法，把农村三反贯彻到底，把整风整社搞深

① 中共中央文献研究室编：《建国以来重要文献选编》第10册，中央文献出版社1994年版，第194页。

② 中共中央文献研究室编：《建国以来重要文献选编》第10册，中央文献出版社1994年版，第316页。

③ 中共中央文献研究室编：《建国以来重要文献选编》第11册，中央文献出版社1995年版，第603页。

搞透”①。随着农村整风整社运动的普遍推进，农村政治场域的紧张氛围再一次被营造起来。1963 年 5 月《中共中央关于目前农村工作中若干问题的决定（草案）》发布，指出农村的阶级斗争形势严峻、矛盾尖锐，从此，农村的阶级斗争愈发走上激进的道路。

中共中央政治局于 1965 年初召开全国工作会议，将农村运动统称为“四清”，涵盖清政治、清经济、清组织、清思想四部分内容。而在“四清”还未结束之际，1966 年 5～8 月中央政治局依次通过了《中国共产党中央委员会通知》和《中共中央关于无产阶级文化大革命的决定》，虽然仍旧倡导以大鸣、大放、大字报和大辩论等为主要方式，但革命的对象和任务发生了变化。“文化大革命”破坏了农村原有的治理体系和权力结构，各农民阶层与农村干部之间的矛盾被错误地提升到阶级斗争的高度，农民愿意自发建立“革命组织”从事“革命活动”，使得这场革命在农村政治场域演变为一场无差别批判、打击干部和地主富农的革命，“过去受压制的、不得志的或者窥视着权力的农民为革命所振奋，他们成了革命的最积极的参与者；过去的掌权者突然成了革命的对象，他们的一言一行都受到革命的检验，不得不在革命群众面前作检查”②，戴高帽子、抄家、斗殴等各类激进的方法都成为农民最常用的“革命”手段。以 1976 年 10 月粉碎“四人帮”为标志，“文化大革命”至此结束，失序的农村治理状况和权力机构开始逐步走向修整和恢复。

这一时期农村政治场域经受了前所未有的巨大挫折，农村所面临的主要矛盾被错误地判断，严重干扰了农村马克思主义大众化正确的发展方向。首先，农村政治场域的变革造成了农村极为紧张的政治氛围，非黑即白、非此即彼的错误思想支配了农村政治场域的运行秩序，农村马克思主义大众化的发展道路愈发畸形，不仅成为纯粹的政治性活动，而且还为农村政治场域内错误思想的传播提供了活动土壤。“……以红色为标志，红宝书、红袖章、红徽章、红旗、红标语、红纸、红门板构成一片红色的海洋。红色令很多人恐惧，他们不知道哪一天革命会革到自己头上。……红色令造反派们兴奋、激动，‘怀揣红宝书’，他们就可以为所欲为了。”③农村政治场域在阶级斗

① 中共中央文献研究室编：《建国以来重要文献选编》第 13 册，中央文献出版社 1996 年版，第 674 页。

② 张乐天：《告别理想——人民公社制度研究》，上海人民出版社 2005 年版，第 129 页。

③ 张乐天：《告别理想——人民公社制度研究》，上海人民出版社 2005 年版，第 158 页。

争和“革命”的错误领导下日益走向极端，部分邪恶分子借助农村马克思主义大众化这一过程，打着认同和践行马克思主义的旗号，煽动农民将斗争的矛头指向农村干部、党员以及其他普通农民群众，实施唯心主义、无政府主义和极端个人主义的行为，将农村马克思主义大众化推向错误的发展道路。其次，在阶级斗争和“革命”的不断开展之下，“革命”和斗争越发成为农村政治场域的核心问题，农村马克思主义大众化被扭曲成为一种带有泛政治化色彩的群众运动。曾经作为农村马克思主义大众化重要载体的大字报，如今成为政治批判的媒介，“不管大字报的内容是实事求是的，还是捕风捉影的、极度夸张的甚至黑白颠倒的，大字报本身就是革命的，揭发行为本身就是备受赞赏的”①。大字报还以极度夸张的语言刻意营造政治斗争的氛围，进一步对马克思主义的核心观点和方法论造成曲解，非但没有提高农民的思想觉悟和政治素养，反而迫使农民用阶级斗争的观点看待一切问题，成为误导农民、煽动农民参与阶级斗争的方式。

（三）农村文化场域的方向偏离加剧了农村马克思主义大众化的认同问题

农村文化场域从推进文化教育到文化教育泛政治化的发展、蔓延的过程，实质上也是农村马克思主义大众化从正确走向偏颇的过程。这一时期农村文化场域的发展不仅在形式上时常受到命令主义、形式主义和急躁冒进的消极影响，而且在内容上也出现了文化教育与马克思主义大众化的模糊与混淆，使农村文化教育与农村马克思主义大众化合二为一，甚至出现了以马克思主义教育取代科学知识教育的错误倾向，农民凭现有的文化素养无法准确理解马克思主义，进而就难以实现对马克思主义的认同与信仰。

由于“三大改造”后期在农业建设方面出现的一些问题引起了农民的不满，中共中央于1956年12月发布了《关于当前农村工作的宣传通知》，指出为消除农民的疑虑并鼓舞农民继续发展生产，应当在农村开展深刻的口头宣传，要在“肯定成绩，宣传合作化的优越性，宣传今年农业生产的成就”②的基础上适当地批评农村工作中的缺点和错误，不仅可以鼓舞广大群众和干

① 张乐天：《告别理想——人民公社制度研究》，上海人民出版社2005年版，第135页。

② 李德芳、李辽宁等主编：《中国共产党思想政治教育史料选编》，武汉大学出版社2009年版，第256页。

部前进的信心，而且还能够使农民对目前产生的问题形成正确的理解，这一举措在一定程度上纠正了农村宣传工作中只批评错误的局限性，但又引发了文化教育工作的急躁冒进。1957年3月，教育部发布了《关于扫除文盲工作的通知》，要求各农村根据本地的实际适当修改扫除文盲规划，及时纠正扫除文盲工作中的任何消极保守态度和急躁冒进的做法。而1958年10月以后，“由于全民炼钢铁的运动和秋收秋翻地秋种运动中劳动力紧张，很多地方的农民业余学习陷于停顿……各地扫盲学员回生、复盲现象相当多”[①]，因此中央又加紧了农民教育工作的开展。

1959年5月，中共中央发布了《关于在农村中继续扫除文盲和巩固发展业余教育的通知》，掀起了农民教育工作的新高潮，但在实践过程中，农村的扫除文盲运动再次开始出现急躁冒进的倾向。为了控制形式主义和命令主义现象的进一步加剧，1961年11月13日，中共中央发布了《关于在农村进行社会主义教育的指示》，着重强调此次教育应当以口头宣传和教育为主，“绝对不许开斗争会、‘辩论’会，不许进行典型批判，也不要贴大字报”[②]。1962年9月，中共八大第十次全体会议召开并通过了《农村人民公社工作条例修正草案》，要求人民公社的党组织通过各种形式“宣传马克思列宁主义，宣传毛泽东思想，宣传党的社会主义建设总路线、大跃进和人民公社，进行社会主义、爱国主义的教育，集体主义的教育，工农联盟的教育和时事政策的教育”[③]。12月，教育部发出《关于农村业余教育工作的通知》，要求在完成基本的扫盲教育这一前提下，不仅应当对农民进行专业训练，将算账统计、农业机械及农林水利等农业生产所急需的专业知识和技能纳入教育的范围，而且还应当加强对农民的社会主义教育和爱国主义教育，以便充分发挥农民在农村建设中的积极作用。此后，以人民公社为组织基础和制度基础，农村马克思主义大众化开始与农村文化教育相互融合。据1963年3月教育部与各省市教育厅(局)共同开展的农民业余教育汇报会记载，业余学校基本分为

---

① 教育部工农教育司编：《工农教育文献汇编(农民教育)》，人民出版社1979年版，第97页。

② 李德芳、李辽宁等主编：《中国共产党思想政治教育史料选编》，武汉大学出版社2009年版，第285页。

③ 中共中央文献研究室编：《建国以来重要文献选编》第15册，中央文献出版社1997年版，第645～646页。

“以文化学习为主”“只进行政治学习”和“只进行技术学习”三类，至春节前共有582万名农民都已进入此三类学校进行学习，有些省甚至已经达到“队队办学”的程度，春节后参与复课的农民也基本都能维持在春节前人数的70%左右，有些农村人数还在不断增加。[①] 而“四清运动”和“文化大革命”的开展则使大规模动员起来的农民对马克思主义产生了误解和误用，“毛著被称为‘句句是真理’，‘字字闪金光’……著作和语录在任何时间、地点、场合都可以随意引用，成为包治一切的灵丹妙药，被赋予无所不能的力量，甚至说农民学毛著战胜了自然灾害取得丰收等荒谬性的结论”[②]，在农村文化场域错误发展方向的引导下，农村马克思主义大众化在世世代代坚守传统的农村引发巨大动荡，它试图以最为剧烈的革命的方式与农村文化传统进行决裂，本希望以马克思主义重塑农民的思想观念和道德情感，却在实践中产生了严重失误，对农民思想、行为的发展产生了巨大的政治压力，因此最终不过是一次失败的尝试。

虽然社会主义建设和探索时期农村文化场域的发展在一定程度上能够适应农民对文化科学知识的需要并巩固农村的社会主义阵地，理应有利于马克思主义大众化在农村场域的展开，但农村马克思主义却由于实践进程中存在的疏漏而被引入歧路，忽视了农民的自身素养及实践诉求，因而弱化了农民对马克思主义的认知问题。首先，这一时期的农村文化场域忽视了农民文化水平较低的现实，忽视了处于扫盲和知识普及阶段的农村文化场域不能也无法高要求、高标准地完成农村马克思主义大众化的实际情况，使农民对马克思主义产生思想认识上的混乱。据22个省、市、自治区在1965年初的不完全统计，共有2284余万农民参加了各类形式的业余学习，不仅涉及党员干部、知识分子、普通农民，而且还包括妇女儿童和病患残疾，似乎绝大多数的农民都能学习毛泽东著作，但实际上，广大农村只有大规模的动员和热烈的学习场景，农村马克思主义大众化还停留在浅层次、低水平的状态，“其形式意义大于内容意义，学习硬性要求成分居多，精神领会效果不佳

① 参见教育部工农教育司编：《工农教育文献汇编（农民教育）》，人民出版社1979年版，第113～114页。

② 储诚炜：《破解“三农”难题 农民教育发展研究》，光明日报出版社2013年版，第93页。

……活动逐渐走向形式主义和虚无主义的误区”[①]。其次，这一时期农村文化场域错误的发展方向，导致农村马克思主义大众化的异化。某些地区将文化教育与农村马克思主义大众化混为一谈，甚至以农村马克思主义大众化取代文化教育，在实际工作中已经开始出现文化教育泛政治化的问题，在推进农村马克思主义大众化的过程中逐步倒向形式主义，农民完全处于被动状态，其对于马克思主义的领会与思想的进步反而被束缚和阻碍，在无法切实体悟马克思主义核心要义的同时，也无法将马克思主义作为实践指南，反而成为滋生教条主义和个人崇拜的温床，导致农民对马克思主义的认知及其思想的发展方向都逐渐步入误区。

第三节 开拓与发展：改革开放新时期农村马克思主义大众化的进程

“文革”结束后，农村各项事业百废待兴，人民公社的分配制度和经营管理体制不适应农村生产力的发展状况，生产规划太过单一，农民生活条件的改善和农业生产力的发展较为缓慢。此外，农村场域还积累了许多政治问题和社会问题，城乡矛盾没有化解，“四人帮”的垮台没有根除农村场域的反革命帮派分子，反而导致部分地区再度发生动乱，而“由于‘文化大革命’玷污了党的形象、社会主义的形象，在一些人中产生了对毛泽东思想、对党的领导、对社会主义的怀疑乃至否定的情绪”[②]，农民迫切希望结束经济上、思想上和政治上的混乱局面，重新理解、掌握和践行马克思主义，而这一切在党的十一届三中全会召开后逐渐得到了实现。改革开放的大幕开启后，农村场域的全面改革也经过了一个由开创和探索不断走向深化的过程，不仅将农村马克思主义大众化进程引回正确的发展方向，而且还使这一进程能够紧跟时代和实践的发展步伐而不断自我完善，成为推动农村现代化建设的重要一环。

---

① 储诚炜：《破解“三农”难题 农民教育发展研究》，光明日报出版社 2013 年版，第 92 页。

② 胡绳主编：《中国共产党的七十年》，中共党史出版社 1991 年版，第 419 页。

1978年12月党的十一届三中全会至2012年11月党的十八大的召开是推动农村场域全面发展和农村马克思主义大众化的关键时期。自十一届三中全会后，农村场域迎来大发展、大变革的转折点，一系列改革开放的新政策陆续得到实施，农村场域的发展前景、发展走向和发展路径等问题也逐步开始解决，由此开启了农村全面改革的新进程，农村马克思主义大众化就此回到了正确的发展轨道，并不断跟随农村场域的变革而向前推进。

一、经济场域的变革为农村马克思主义大众化提供了必要的物质基础

20世纪70年代后期，本应作为社会主义现代化建设强劲之基的农业，却以国民经济最薄弱环节的状态呈现于世，甚至部分地区的农村已经无法维持简单的再生产，安徽、四川等多地开始秘密尝试实行包产到户的生产责任制，自上而下的改革迫在眉睫。党的十一届三中全会通过的《中共中央关于加快农业发展若干问题的决定(草案)》，要求认真贯彻执行按劳分配的社会主义分配原则，克服平均主义的错误倾向，鼓励发展多种经营和社队企业。而面对"包产到户""包干到户"的农业生产责任制是否属于资本主义道路的争论，1980年9月27日，《关于进一步加强和完善农业生产责任制的几个问题》发布，将"包产到户"写入中央文件，"包产到户"在调动农民生产积极性、发展多种经营等方面的重要作用，并指出贫困地区应当响应农民对包产到户的要求，经济发展较为稳定的地区则应继续以集体经济为主，强调在集体农业占压倒性优势的情况下，"在生产队领导下实行的包产到户是依存于社会主义经济，而不会脱离社会主义轨道的，没有什么复辟资本主义的危险"①，极大地鼓舞了广大农民群众的信心。据统计，到1980年秋季，全国实行"包产到户""包干到户"的生产队已占20%，到1981年则扩展到50%左右②，而从1982年至1984年，中共中央连续三年都以中央一号文件的形式积极引导"包产到户""包干到户"的农业生产责任制的发展，《关于1984年农村工作的通知》对农民的土地承包期作出了延长至15年以上的明确规定，这一系列举措使家庭联产承包责任制在全国得到了迅速推广，90%以上的生

---

① 中共中央文献研究室、国务院发展研究中心编：《新时期农业和农村工作重要文献选编》，中央文献出版社1992年版，第61页。

② 参见武力、郑有贵主编：《解决"三农"问题之路——中国共产党"三农"思想政策史》，中国经济出版社2004年版，第611页。

产队都实现了家庭承包经营。

与此同时，为改善农村商品流通问题，中共中央不断在统购统销制度内减少统购商品的种类，1978 年的《决定（草案）》已决定恢复农村经济场域的农贸市场，1982 年的中央一号文件对农村商品流通进行了更加细致的说明，指出农村“要以计划经济为主，市场调节为辅”，农产品的商品化进程就此展开。但随着 1984 年吉林、河南、安徽等地农产品滞销问题的愈发严重，中共中央于 1985 年 1 月 1 日发布了《关于进一步活跃农村经济的十项政策》，指出“除个别品种外，国家不再向农民下达农产品统购派购任务，按照不同情况，分别实行合同订购和市场收购”①。对统购统销制度的改革激励了多种经营方式的发展，农村集市贸易也再次起步，各地普遍恢复了定期集市、早晚集市及庙会等传统交易形式，至 1984 年，农村集市已增加至 50356 个，比 1978 年增加了 51.2%，“集市贸易成交额由 125 亿元增加至 382 亿元，增长 2 倍”②。此外，各地农村借由集市贸易的不断壮大而开始与城市逐步建立贸易往来，兴办了形式多样的商业组织，并逐步有计划地对原有的社队企业进行改造，使其向乡镇企业转化。1984 年的中央一号文件更是直接在号召各地兴办社队企业的基础上，鼓励农民个体积极兴办或联合兴办企业。3 月，中共中央转发了《关于开创社队企业新局面的报告》，并在通知中认可了乡镇企业在推动农业发展、实现农民共同富裕等方面的作用，明确了乡镇企业发展的总方针，促使乡镇企业在社办和队办的基础上，增加了户办与联户办的新发展层次。在农业生产力迅速发展、集市贸易越发繁荣和国家政策的有力支持之下，乡镇企业展现出蓬勃的生命力和竞争力，农村以第一产业为主的单一性产业结构得以打破，农村第二产业和第三产业获得初步发展，并走上了“异军突起”之路，成为国民经济的重要组成部分。1987 年，乡镇企业总产值高达 53.8%，首次超过农业总产值，涉及电力、煤炭、建材、机械、食品、纺织、造纸等各大领域。党的十四大正式确立了社会主义市场经济体制的改革目标，市场经济的快速发展则进一步推动了乡镇企业的迅速发展。至 1997 年，乡镇企业总数达到 2015 万个，从业人数达到 13050 万人，其增加值

① 中共中央文献研究室、国务院发展研究中心编：《新时期农业和农村工作重要文献选编》，中央文献出版社 1992 年版，第 327 页。

② 武力、郑有贵主编：《解决“三农”问题之路——中国共产党“三农”思想政策史》，中国经济出版社 2004 年版，第 630 页。

达20740亿元,在国内生产总值中占27.7%。[①]

农村经济场域的全面变革在社会主义市场经济深入发展的过程中得到不断推进,而农村改革也在家庭联产承包责任制实施中得以强化。党的十五届三中全会通过的《中共中央关于农业和农村工作若干重大问题的决定》,首次把“以公有制为主体、多种所有制经济共同发展的基本经济制度”作为基本经济制度确立起来了。随着第9个五年计划的顺利完成,我国进入全面建设小康社会的新发展阶段,2002年党的十六大要求广大农村地区“长期稳定并不断完善以家庭承包经营为基础、统分结合的双层经营体制”[②],加快推进农村城镇化进程,标志着农村改革进入以统筹城乡经济协调发展为目标的新阶段。而党的十六届五中全会提出的“社会主义新农村”和2006年的中共中央一号文件进一步深化了农村改革,则为巩固农业基础性地位进行了全面的战略部署。经过这一时期对农村经济场域的探索,中国特色农业现代化道路初步形成,“粮食产量实现‘九连增’……农民增收实现‘九连快’,农村贫困人口生存和温饱问题基本解决”[③]。

农村经济场域的变革有力地拉动了农业产值的提高和农民收入的增加,农民的生产生活条件也由此获得了提升和飞跃,因而也为农村马克思主义大众化提供了必要的物质基础。在农村生产力极为落后、农民极度贫困的状态下,物质资料在满足农民生活需要后优先投入再生产环节,农村马克思主义大众化受到有限的物质条件的限制,缺乏在农村充分开展的物质准备。但随着农业和农村工作新局面的开创,“特别是在一些商品经济发展较快的地区,农民解决了温饱问题并摆脱贫困之后,正在进一步向愚昧、落后宣战,向现代化的新生活迈进”[④],农村的物质条件越发丰富和多样,农村马克思主义大众化进程也得以不断推进和发展。

---

① 参见农业部产业政策与法规司编著:《中国农村50年》,中原农民出版社1999年版,第144～145页。

② 中共中央文献研究室编:《十六大以来重要文献选编》(上),中央文献出版社2005年版,第18页。

③ 中共中央文献研究室编:《十八大以来重要文献选编》(上),中央文献出版社2014年版,第93页。

④ 中共中央文献研究室、国务院发展研究中心编:《新时期农业和农村工作重要文献选编》,中央文献出版社1992年版,第422页。

二、政治场域的变革为农村马克思主义大众化指明了清晰的政治方向

党的十一届三中全会召开的伟大意义在于：实现了思想路线、政治路线及组织路线的拨乱反正，指明了社会主义建设和探索时期的教条主义和个人崇拜对社会发展和解放思想的巨大束缚，政社合一的人民公社制度由此也开始遭到质疑。特别是在家庭联产承包责任制得到普遍推行之后，这一制度则更加充分地暴露出无法兼顾政治职责和经济职责的局限性，走上了逐步消亡的过程。1982 年，中共中央在批转中央一号文件时特别指出“农村一部分社队基层组织涣散，甚至陷于瘫痪、半瘫痪状态，致使许多事情无人负责，不良现象在滋长蔓延”①，如何加强农村基层组织建设、完善农村治理体系成为紧急事项。随后，新宪法出台，对农村治理体制——“乡政村治”进行了法律层面的界定，这也意味着农民可依据法律对农村公共事务进行民主管理。

1983 年 1 月，中共中央在《当前农村经济政策的若干问题》中首次明确提出改革人民公社制度，提出“政社分设”的方法，要求社队在政社分设前仍需担负起行政职能，“在政社分设后，基层政权组织，依照宪法建立”②。此外，这一通知还规定：人民公社的基本核算单位（即生产队或大队）作为管理机构，必须依旧按照国家计划指导农村安排生产项目的任务，并为社员提供服务，而公社一级和非基本单位的地位及作用的转化需要依据各地实际情况与群众共同商定。这一规定实际上有利于逐渐剥离人民公社制度的政治职能，实现其与家庭联产承包责任制的结合。10 月 12 日，中共中央发布了《关于实行政社分开建立乡政府的通知》，指明当前的首要任务在于政社分开，建立乡政府，“要尽快改变党不管党、政不管政和政企不分的状况”③，自此农村政治场域正式开始了以一社一乡为主要模式的改革，即以乡镇政府代替原公社，以村代替原生产大队并加设村民委员会，以村民小组代替原生

---

① 中共中央文献研究室、国务院发展研究中心编：《新时期农业和农村工作重要文献选编》，中央文献出版社 1992 年版，第 114 页。

② 中共中央文献研究室、国务院发展研究中心编：《新时期农业和农村工作重要文献选编》，中央文献出版社 1992 年版，第 170～171 页。

③ 中共中央文献研究室、国务院发展研究中心编：《新时期农业和农村工作重要文献选编》，中央文献出版社 1992 年版，第 220 页。

产小队，部分地区的农村也存在着在原公社基础上设立区的状况，即实行大区小乡和大区中乡的改革模式，最终逐步在全国形成了“区—乡镇—村委会”的基本结构。至1985年6月，全国已建立起9.2万个乡镇人民政府、82万余个村民委员会，对人民公社制度的改造基本完成，标志着广大农村在机构设置上解决了党政不分和政社不分的问题。

但在治理农村的工作实践中，部分农村没有完全理顺党、政、企三者的关系，仍然存在着党政不分和政社不分的情况。1986年9月26日，中共中央公布了《关于加强农村基层政权建设工作的通知》，对乡党委和乡政府的职能、乡政府和乡经济组织的职责进行了区分，并要求农村政权加强自身建设，农村基层组织的职责由此得到了进一步明确。此外，农村基层民主建设也越发得到重视。1987年11月，六届全国人大常委会第二十三次会议发布了《中华人民共和国村民委员会组织法(试行)》，至此，村民自治作为一项治理实践真正实现了有法可依。此后，村民自治成为农村治理体系的重要组成部分，尤其在1988～1989年，全国共有1093个县级单位开展村委会选举试点，极大地推进了村民自治的制度化。此后，村民自治实践和民主选举范围不断扩大。1994年10月，中共中央召开的全国农村基层组织建设工作会议明确要求，农村需要不断完善以党组织为核心的基层组织建设；不久，《关于加强农村基层组织建设的通知》发布，对农村基层组织的领导班子建设和村民自治制度的完善提出新要求，强调村民自治示范活动应以村民选举制度、村民议事制度、村务公开制度和村规民约制度为重点，因而，推动了农村基层治理的规范化、程序化和制度化。至1997年年底，“全国60%以上的村庄都初步建立了村民自治制度，50%左右的村庄建立了村民代表会议制度”①。随着农村“费改税”的开展，乡镇机构改革开始以整改职能、人员调动和机构精简为主要内容，而2005年10月中共十六届五中全会作出的建设社会主义新农村的决定使乡镇政府的职能和运行方式再度发生转变，对农村村民自治制度的健全和完善成为中央和各地政府更加重要的任务，而受到历史文化因素和经济发展状况的影响，不同地区的农村村民自治开始呈现出多样化特征。

农村政治场域的变革为农村马克思主义大众化指明了清晰的政治方向，不

---

① 张神根：《中国农村建设60年》，辽宁人民出版社2009年版，第213页。

仅极大地纠正了过去农村工作中的错误倾向，而且还帮助广大农民澄清了重大历史实践的是非问题以及如何看待马克思主义的问题，使农村马克思主义大众化进程重新获得农民的信任和肯定，并使之在实践中返回正确的发展方向，标志着农村马克思主义大众化开始迎来与时俱进、开拓发展的新局面。

三、文化场域的变革为农村马克思主义大众化提供了强大的精神动力

进入改革开放新时期，农村经济在获得迅速发展的同时，也要求不断提升广大农民的精神文化需要，精神文明建设由此成为党重新思考的重大问题。直到1982年党的十二大的召开，社会主义精神文明的定义和社会主义精神文明建设的基本问题才得到了详细阐述。此后，农村的社会主义精神文明建设才走向正轨。1983年5月6日，中共中央发布了《关于加强和改革农村学校教育若干问题的通知》，指出改革农村学校教育、提高农村文化水平的重要性，不仅应逐渐在农村普及初等教育、发展职业技术教育，而且还要求高等学校为农村学校培养师资力量、提供技术服务。1986年4月12日，第六届全国人民代表大会第四次会议通过了《中华人民共和国义务教育法》，明确提出“农村建设发展规划必须包括相应的义务教务措施”①，对增加农村各类学校的办学资金问题进行了说明，极大地推动了农村科学文化教育的发展。11月，中共中央农村工作会议召开，对农村文化场域内存在的负面现象进行了剖析，指出农村确实出现了“封建迷信、买卖婚姻、大办婚事丧事以及赌博和经济犯罪等，甚至某些已经绝迹的丑恶现象又重新抬头”②，而解决这些问题的根本在于教育在农村的普及以及精神文化生活在农村的丰富，这样才能从根本上提升农民的文化素养。至1988年年底，全国共有1320个县普及了初等教育，农村适龄儿童的入学率上升至95%，约有60%的小学毕业生能够成功升入初中，而文盲占总人口的比例下降为20.6%。③同时，农村参与职业技术教育的学生占高中生人数的32.3%，比1978年上升

---

① 国家教育委员会政策法规司编：《十一届三中全会以来重要教育文献选编》，教育科学出版社1992年版，第236页。

② 中共中央文献研究室、国务院发展研究中心编：《新时期农业和农村工作重要文献选编》，中央文献出版社1992年版，第424页。

③ 参见国家教育委员会政策法规司编：《十一届三中全会以来重要教育文献选编》，教育科学出版社1992年版，第603页。

了29.6%,参与成人教育的学生达760万,部分商品经济较为发达的农村的赌博、打架斗殴、盗窃、封建迷信的现象有所减少。为了尽快使广大农民掌握先进科技,中共中央不断推进“星火”计划、“燎原”计划和“丰收”计划的实施,但农村教育与农村发展间的矛盾又开始呈现出新特征,从各类学校毕业的学生大多数不再从事农业相关的工作和研究,乡土人才流失问题严重。而农业生产第一线的绝大多数农民仍然处于文盲和半文盲状态,因此,现代科学技术的推广和应用仍然面临着农民文化素养低和本土人才流失的问题。

《关于进一步加强农业和农村工作的决定》的发布,部署实施科技、教育兴农的发展战略,不仅实现先进技术在农村的普及,使科技成果尽快转化为生产力,而且还应实现农村教育的改革,以扫盲和义务教育的普及为基础,“大力发展职业技术教育,办好农业广播电视及函授教育、农业中等专业学校和农业职业中学”①。同时,我们还可以看到,农村文化的转型和发展也受到了重视。在“科教兴国”战略的指导下,中宣部与农业部于1995年秋,依据中共中央指示,发布了《关于深入发展农村社会主义精神文明建设活动的若干意见》,提出了电影、戏剧下乡的办法,要求健全农村广播电视设施和群众文化工作网络建设,依法管理农村文化市场,从而减少农村文化场域中消极落后的元素,使原有农村文化转化为健康向上的先进文化。随后,中共十四届六中全会通过了《关于加强社会主义精神文明建设若干重要问题的决议》,对农村精神文明建设提出了新要求:“要以提高农民素质、奔小康和建设社会主义新农村为目标,开展创建文明村镇活动。”②1998年10月通过的《关于农业和农村工作若干重大问题的决定》,把农村精神文明建设放在农村改革和发展进程中更重要的位置,将其作为建设中国特色社会主义新农村的战略目标加以规划,为21世纪农村精神文明建设的开展作出了全面部署。中国共产党对农村精神文明建设的推进和新型农民的培育,在这一时期取得了较为理想的成果,不仅促进了农民生产技能的提高和农民素质的增强,而且还促使农村文化场域的文化体育活动更加丰富多彩和健康向上,

① 中央党校教务部编:《十一届三中全会以来党和国家重要文献选编(一)》(1978年12月至1992年9月),中共中央党校出版社1998年版,第314～315页。

② 中共中央文献研究室编:《十四大以来重要文献选编》(下),中央文献出版社2011年版,第147页。

农村文化特质得到了更替和发展,但在开展部分教育实践的过程中,仍然存在着无法满足农民就业需要、所学理论及技术很难与实践有机结合的问题。

农村文化场域的变革为农村马克思主义大众化提供丰富的文化资源和强大的精神动力。一方面,积极开展农村精神文明建设,推动了农村文化活动在内容和形式上的转化,使农村文化产业和文化事业得到了进一步发展,农村马克思主义大众化因此拥有了可供参考的实践经验以及可以借助的文艺资料,这为其充分与农村文化的充分融合奠定了基础;另一方面,精神文明建设在农村的深入发展,对于农民的综合素质起到了不断提升和锻炼的作用,使农民在农村变革的大时代得以实现自我发展与提升,从而激发农民参与农村马克思主义大众化的积极性与主动性。

四、社会场域的变革为农村马克思主义大众化铸造了开放的社会环境

中华人民共和国成立初期,为适应快速工业化的需要,国家曾有过一段时间允许农民自由迁移到城市,但这一政策不仅没有带来预想中工业效益的增加,反而使粮食供应出现问题。因此,自 1958 年《中华人民共和国户口登记条例》的颁布起,农村社会场域又恢复到封闭状态,城乡分割的二元体制也由此逐步形成。而十一届三中全会后,伴随着家庭联产承包责任制的全面开展,农民在温饱的基础上走向富裕,乡镇企业的快速发展又为农民走向富裕开辟了新路径,部分农村开始出现“离土不离乡,进厂不进城”的现象。1984 年,《国务院关于农民进入集镇落户问题的通知》发布,允许农民自理口粮进集镇落户,正式开启了农村社会场域变革的开端。据统计,1982 年,农村约有 3805 万非农就业人口,而在 1984～1988 年间,“全国累计转移农村劳动力 5566 万人,平均每年转移 1113 万人”①。在此之后,直到 1991 年,尽管乡镇企业由于整顿经济问题压缩了 1000 多万务工农民,但在社会主义市场经济不断深入发展的过程中,农村社会场域的开放性发展已经成为不可逆转的必然趋势。

在 1992 年邓小平南方谈话后,改革开放进程加速推进,东部沿海城市对劳动力的需求也快速上涨,农民走出村庄、走向城市务工越发成为新热潮。许多农民不仅离开了土地,不再从事农业,在城市生活的时间也越来越长,

① 王道勇:《中国农民工的未来》,云南教育出版社 2012 年版,第 8 页。

与城市的联系越发增强的同时，与农村的联系则逐渐削弱。如1993年，包括乡外县内的流动人口，全国共有来自农村的流动劳动力6200万人，其中跨省流动人数高达2200万人，比1989年流动人口总数增长了2.14倍。[①] 这一变化使农民阶层开始出现内部分化，职业农民与农民工在收入来源、生活方式、思想观念等方面的差异越发明显。为了保证农民能够尽快融入城市，2003年12月，中共中央公布了《关于促进农民增加收入若干政策的意见》，强调各地应改善农民进城就业环境，增加其外出务工收入。2005年12月《关于推进社会主义新农村建设的若干意见》则进一步强调保障务工农民的合法权益，“进一步清理和取消各种针对务工农民流动和进城就业的歧视性规定和不合理限制”[②]。而2006年1月31日，国务院公开的《关于解决农民工问题的若干意见》更是进一步指出农民工问题的解决是建设中国特色社会主义的战略任务，并对解决农民工工资问题、劳动管理问题、就业服务及培训、社会保障与公共服务等问题作出总体规划。在城乡二元结构尚未出现根本性突破的情况下，这一系列政策的推出和实施在一定程度上推动了城乡融合发展，进一步激励了农村开放性的发展。

农村社会场域的变迁过程实质上就是传统封闭社会向现代开放社会的转变过程，这不仅意味着部分农民现代性和市民特征的增强，对农村马克思主义大众化进程拥有更强的参与意识，还在一定程度上强化了农村场域的开放性与现代性，孕育着农民惯习的新变化，为农村马克思主义大众化在改革开放新时期深入农村场域创造了必要的社会环境条件。

五、生态场域的变革为农村马克思主义大众化开创了全新的关注领域

农村生态问题的提出始于党的十一届四中全会，会上形成了《关于加快农业发展若干问题的决定》，第一次关注和聚焦农村大量使用化肥、农药从而引发了环境污染的问题，但这一决定并没有使农村环境污染问题得到应有的重视，农业发展仍过渡依赖于农药、化肥，农村经济发展没有遵循生态环保道路，对农业资源尤其是土地、水等基础资源造成了相当程度的污染。1982年1月，中共中央批转了《全国农村工作会议纪要》，首次提出保护农业

① 参见王道勇：《中国农民工的未来》，云南教育出版社2012年版，第9页。

② 中共中央文献研究室编：《十六大以来重要文献选编》（下），中央文献出版社2011年版，第145页。

资源、防止农村生态进一步恶化的问题，要求各地“进一步搞好农业资源调查和农业区划这一基础工作，为合理开发、利用、保护农业自然资源、调整农业生产结构和布局提供科学依据”[①]。这一时期的农业生产过度使用农药、化肥，成为破坏农村生态的重要人为因素。据统计，1980 年全国农村化肥实际使用量达 5864.9 万吨，1985 年上涨为 7310.5 万吨，而到了 1990 年则增加为 10551.4 万吨，几乎比 1980 年多了一倍。此外，乡镇企业也基本忽视了农产品加工过程的污染物排放问题，再加上大多数农村缺乏应对风沙、水土流失等自然灾害的措施，致使农村生态环境问题越来越严重。

1993 年 11 月，中共中央印发了《九十年代中国农业发展纲要》，发起了农田水利建设、防护林体系建设和主要粮食产区的绿化工程，开始重视农业、农村发展的可持续性，而 1994 年 4 月的《关于一九九四年农业和农村工作的意见》在此基础上进一步展开，除了要推进重点水利工程和防护林工程，还要缩小农业综合开发的范围，将农业的集约发展与植树造林、综合治理相互结合。1996 年开始扩大农村地区的环保任务，“要坚持大中小并举、防涝抗旱并举、工程措施与生物措施并举”[②]。8 月 3 日，国务院发布了《关于环境保护若干问题的决定》，一方面要求乡镇企业提高其污染处理能力，减少污染物排放量，另一方面则提出发展生态农业，控制农业生产过程中农药、化肥及农膜等的使用对自然资源的污染和破坏，从而保证农村生态环境得到有效治理。而在 1998 年 1 月 24 日的《关于一九九八年农业和农村工作的意见》中则首次明确提出“要加强生态环境建设，尽快遏制生态环境恶化的趋势”[③]，但从总体上来看，这一时期农村地区生态环保措施的目的在于更好地开发并利用自然资源以增加农业生产力，因此，农村地区生态环境问题最终没有得到很好的缓解。

在科学发展观正式提出以后，党和国家把农村环境保护放在农村改革发展进程中更重要的位置。2005 年 12 月，国务院公布的《关于落实科学发展观加强环境保护的决定》进一步强调，社会主义新农村建设必须与农村生态环境保护结合起来，在实施农村小康环保行动计划的过程中积极解决农

---

① 中共中央文献研究室、国务院发展研究中心编：《新时期农业和农村工作重要文献选编》，中央文献出版社 1992 年版，第 125 页。

② 中共中央文献研究室编：《十四大以来重要文献选编》（中），中央文献出版社 2011 年版，第 603 页。

③ 中共中央文献研究室编：《十五大以来重要文献选编》（上），中央文献出版社 2011 年版，第 171 页。

村环境问题、创建生态农村。而自 2007 年 10 月，党的十七大报告正式提出建设生态文明的目标，并将其作为全面建设小康社会奋斗目标的新要求。这一重大战略安排，促使农村也开始正式把生态环境问题纳入农村发展规划的制定及实施过程，逐渐把生态文明建设与物质文明、精神文明及政治文明建设放在同等位置，在一定程度上改善了资源浪费和环境污染问题。

农村生态场域的变革是农村现代化进程的必然产物，表明人与自然和谐共生的发展理念以及发展模式的可持续性已经逐渐成为农村发展所关注的新方向，这就不仅要求农村马克思主义大众化在内容上更多地涉及农村生态文明建设，而且还对农村马克思主义大众化引领农村生态文明建设实践方面提出了新要求、新任务。

第四节　深化与创新：新时代农村场域变迁与马克思主义大众化的纵深发展

进入新时代以来，以习近平同志为核心的党中央聚焦“三农”问题，将其视为攸关国计民生的大事件，不断深化农村场域的变革，促使农村经济场域为农村马克思主义大众化提供更坚实的物质基础；政治场域和文化场域则分别为农村马克思主义大众化进程构筑了更牢固的政治保障和思想土壤；社会场域和生态场域为这一进程的推进提供了更为强劲的推动力。“统筹推进农村经济建设、政治建设、文化建设、社会建设、生态文明建设和党的建设……让农业成为有奔头的产业，让农民成为有吸引力的职业，让农村成为安居乐业的美丽家园。”①农村场域结构由此更为丰富和定型，农村马克思主义大众化实现了对农村子场域的全面覆盖，对农村场域的实践加以科学的引导和再造，指明农村场域继续迈进的方向，加快推进农业农村现代化、实现乡村振兴。

一、物质基础：农村经济场域聚焦现代大农业

改革开放的实施和开展为攻克农村经济发展的诸多困境和难题创造了

① 《中共中央国务院印发〈乡村振兴战略规划(2018～2022 年)〉》，《人民日报》2018 年 9 月 27 日。

条件，尤其是在经过四十多年不断深化与大胆突破之后，农村经济场域的改革也随即呈现出以建构现代化大农业为目标的新特点。现代化大农业不只是为了在一定程度上实现农林牧副渔的融合发展、提高农村社会资源利用率和生产效率，更重要的是为了构建由一、二、三产业相互融合而形成的现代农业体系，并在此基础上形成以农业为基础产业的完整的产业链条。随着现代化科学技术发展水平的进步，农业生产与经营的科技使用程度也明显提升，诸多农业科技资源被更加广泛且高效地挖掘和利用，农业发展也由此展开了与现代互联网信息技术相融合的新过程。除此之外，现代化大农业还必须在充分保证农户家庭经营的基础上，持续推进多种经营主体的发展和培育，不断通过各种新方式支持和鼓励小型农户与农业集团的密切联系及合作共赢，继而在巩固农村经济场域与城镇的互动关系的基础上形成以城乡一体化为最终目标的现代市场体系。这一体系的建构不仅及时补充和满足了国内市场对农产品的需求，还进一步开拓和扩展了农产品在海外的销售市场空间。至 2018 年，“农村产业融合发展示范园 100 家，启动创建现代农业产业园 62 个、农业产业强镇 254 个”[①]，各种资本开始流入农村，助力现代大农业的发展，此时的农村经济场域呈现出一片蓬勃之势。

建构现代化大农业并将其作为农村经济场域的发展目标，促使农村经济场域不仅充分保证农民享有多样化的基本生产生活资料，使农民拥有更广阔的生产、生活空间，为农民持续参与马克思主义大众化提供了现实可能，而且农村经济场域的迅速变迁既为大众化实践提供必需的物质资料，又为其确保各类设施的完备，从而为马克思主义在农村经济场域的进一步发展提供了更坚实的物质保障。

二、政治保障：农村政治场域构建治理新体系

实施基层群众自治制度是党和国家在广大农村地区完善社会治理的一项重要举措，尤其是随着基层乡村社会治理改革进程的不断加快，党对农村工作的方式方法以及相应的体制机制都得到了不断完善，在此条件下，党在农村场域的政治保障与组织基础也得到了进一步巩固。首先，必须坚持党在广大农村地区的核心领导地位，与此同时，逐步完善农村基层党组织的思

① 《关于 2018 年国民经济和社会发展计划执行情况与 2019 年国民经济和社会发展计划草案的报告》，《人民日报》2019 年 3 月 18 日。

想、组织、作风、能力等各方面的建设，并通过严格整顿基层党组织涣散问题和贪污腐败行为，提升党风廉政建设的实际效果，巩固党和农民群众的血肉联系。其次，不断推动农民的自治实践并积极践行治理重心的下移，努力构建一种自上而下的多元化农村治理结构，继续支持和鼓励新乡贤、各类农民组织和乡村宗族积极参与基层社会治理并发挥其独特作用，继而实现乡镇政府职能由支配性向服务型转化。最后，充分发挥农村文化传统特别是村规民约在乡村治理中的重大作用，加大力度推进法治下乡，普及法律知识，实现乡村治理的法治化，从而实现“以德治村”和“依法治村”在乡村治理中的统一，通过多主体、多形式治理，增强乡村治理的规范化与亲民性。这一乡村治理新模式的探索，有助于进一步巩固党对农村的领导并完善农村基层民主建设，能够促使农村政治场域的变迁与农村马克思主义大众化同向发力，并使政治体制机制的运行和民主实践作为必要准备来推动农民对马克思主义产生自觉认同，从而推动农村马克思主义大众化的顺利展开。

三、思想土壤：农村文化场域推进文化现代化

实施乡村振兴战略和推行城乡一体化使农民和农村的角色更加突出，农民文化生活和农村文化发展的状况受到高度重视，并将其作为重要内容纳入农村发展规划当中，乡村文化以鲜明的现代化新特征正在朝着发展社会主义先进文化的目标前进。第一，对传统乡俗文化的去除糟粕、合理继承和创新转化逐步深入，强化了农民对自觉革除和抵制陈规陋习的行为选择，文化的先进性被不断彰显，促进形成更优异的政治观念、伦理观念以及其他优秀乡俗精神文化。国家对于农村教育的经费投入不断增加，农民获得技能培训、职业教育和提升综合素质的渠道和途径更为专业、多样。第二，农民之间的沟通和农村文化的发展不再以本地为局限，而将更多的注意力转向本地文化对外的传播和推广，强调农村文化对社会主义主流文化的吸收和内化，实现传统乡俗文化与社会主义先进文化的融会贯通，推动农村文化建设着眼于满足本村农民的精神文化需求，使农村文化市场初步建立起来，借助村内文化机构和文化服务中心的现成条件为农民提供更多的公共文化产品。

农村文化现代化改变了农村的文化氛围，有力地引导乡俗文化的发展方向，传统乡俗文化中与社会主义现代化不相适宜的封建因素也在不断被剔除，改造传统农村文化中的落后观念，使之不断与社会主义先进文化相互

融合，借助农村文化的凝聚力提升农民参与农村马克思主义大众化的自觉性与主动性，从而促使文化认同和文化自信成为推进农村马克思主义大众化的思想基础，使农村优秀文化资源的聚集为农村马克思主义大众化构筑更为牢固的思想土壤。

四、秩序和谐：农村社会场域转向流动与开放

党的十八大以来，随着全面深化改革的进一步推行，农村社会只有加强对外交流和互动才能真正突破其既有的发展困局和窘境。就农民自身而言，需要农村社会在对外交流互动方面加大力度，希望进入城镇来提升自己的发展空间、获得广阔的发展机遇，以此来改善自身的生活条件、实现个人的价值，半开放的半熟人社会基本形成。第一，外出务工农民往往都怀揣着衣锦还乡、落叶归根的心理，农村仍然是他们的最终归宿和目的。因此，农村社会场域的边界感渐趋模糊，完全封闭性正在逐渐瓦解；同时，由于异质因子和多元化要素的涌入，也降低了地方的熟悉性。但是相应的农村与城镇的联系在进一步拉近，以习近平同志为核心的党中央提出创新农村人才引进机制，支持鼓励社会各界的优秀人士为农村发展贡献力量，不断完善和建设农村硬件基础设施，便利农村与城镇的联通。第二，农民对村内成员的熟悉度和信任度虽然呈现出下降的态势，对“熟悉技能”的把握和村内规则的明晰也在不断减弱，但是其对于农民增收渠道的拓宽、发展空间的增大和个人技能的综合提升都起到了积极作用，所以在尊重个人意愿的前提下，可以有序在城镇落户。在此需要特别强调的是，均质性在中国农村场域下并不具备，农村对外开放和人员流动的具体表现也受各种主客原因的影响，其特殊性相对明显。这一发展阶段是实现乡村振兴、城乡一体化和社会主义现代化建设的必然结果，在未来还会持续发展和深化。

在半开放的半熟人社会下，农村场域进一步与外部世界融合，以更具开放性的面貌接纳来自农村场域之外的新鲜事物和外来人员，其多元化、开放性特征正逐步瓦解农村场域的单一性和封闭性，为农村马克思主义大众化的深入开展，塑造更为和谐生动的社会秩序。

五、环境支撑：农村生态场域强调生产可持续

农民的生产生活都离不开农村生态场域，为捍卫这一农村和农民的立身之本，实现有效治理刻不容缓。进入新时代，农村生态场域发展的持续性

成果斐然、成就显著。第一,中共中央大力推行农村生态系统的保护及修复工程,设立生态保护区,为生态系统的自我修复减压。针对自然环境恶劣的地区,一方面治理生态环境、另一方面开展扶贫工作,为部分农民脱离恶劣环境、进行异地搬迁提供帮助。第二,对农村生态资源进行科学合理的规划,充分利用先进科学技术作为工具,在广大农村继续推行耕地轮作休耕制度的试点工作,降低生产过程中的面源污染和化肥农药污染,防微杜渐发展生态循环农业。2017 年我国“农作物耕种收综合机械化水平达到 67%”①。截至 2018 年,我国农村“畜禽粪污综合利用率达到 70%,全年高效节水灌溉面积超过 2000 万亩”②,农村开始逐步走向生态化,农民的生态意识显著增强,对农业生态环境的保护也明显改观。

农村生态场域的治理不仅更新了农村场域的实际面貌,使生态效益切实提高、农民的居住环境和生活质量明显改善,而且让农民在经济效益增收的情况下,还能享受其他社会效益,从而更加贴近农民的日常生产和生活。通过国家政策及相应的推广实践,加深农民对马克思主义的感性认知,促使农村马克思主义大众化受到更多农民的欢迎。

---

① 《我国农业科技进步贡献率达 57.5%》,《人民日报》2018 年 9 月 26 日。

② 郁静娴:《智能化绿色农业实现提质增效》,《人民日报》2019 年 3 月 29 日。

第四章　场域、惯习与农村马克思主义大众化的互动逻辑

“历史是一面镜子，从历史中，我们能够更好看清世界、参透生活、认识自己；历史也是一位智者，同历史对话，我们能够更好认识过去、把握当下、面向未来。”①我们唯有在农村当代中国马克思主义大众化的历史图景中，洞察农村场域变迁、农民惯习形塑与马克思主义大众化间的互动机理，才能探寻推进马克思主义大众化的规律、方法论指导与历史支撑。

在历史图景的呈现中，我们可以看到马克思主义大众化与农村场域变迁存在着双向互动的关系，有着内在的互动逻辑。一方面，农村马克思主义大众化旨在明确农村场域变迁的方向。从主题维度来看，农村马克思主义大众化促使农村场域的变迁由取得革命胜利转化为实现乡村振兴；从实践维度来看，农村马克思主义大众化促使农村场域逐步实现了从“以经济建设为中心”到“五位一体”的过渡；而从结构维度来看，农村马克思主义大众化逐步形成了思想到政策再到实践的相互连接，并以这种综合结构推动农村场域的变迁。另一方面，农村马克思主义大众化旨在为农村场域变迁提供基本遵循，使之以坚持马克思主义为核心思想，以坚持中国特色社会主义为根本道路，以坚持中国共产党的领导为领导力量，并把坚持以人民为中心的发展思想作为其基本原则。因此，农村马克思主义大众化这一进程不仅能够充分发挥稳定国家基本制度和保持社会平稳发展的意识形态功能，而且还能够自觉地从农民群众的实践中获取反馈，完成对自身的检验。

第一节　农村场域与马克思主义大众化的互动逻辑

马克思主义以其科学性、人民性、实践性和发展开放性成为全党全国人民的思想纲领和行动指南，指引着全党全国人民的实践方向。正如布迪厄

① 《习近平谈治国理政》第2卷，外文出版社2017年版，第251页。

指出:“行动者通过组织调动过去经历的实践,对以客观潜在性状态深藏在现存事物中的未来进行实践预期,实现了对直接现实的超越。”①农村马克思主义大众化的进程实际上就是马克思主义在农村场域的入场过程,使马克思主义嵌入到农村场域之中,成为农村场域变迁的思想牵引,从而不断推进农村场域变迁的过程。

一、马克思主义大众化意在指引农村场域变迁方向

农村场域变迁的进程不是农民自发进行变革的过程,而是党带领农民共同探索,不断调整农村制度、改善农村面貌的过程,农村马克思主义大众化则从主题、实践、结构三个维度,规制着农村场域变迁方向。

(一)主题维度:从取得革命胜利到实现乡村振兴的转化

自中国共产党成立至今,农村场域的变迁始终处于变动不居的状态,而在农村马克思主义大众化的影响下,农村场域的变迁成功地实现了由取得新民主主义革命胜利到建设社会主义新农村再到如今努力实现乡村振兴的转化,这一变迁轨迹表明,农村马克思主义大众化能够促使农村场域明确未来发展方向,使农村场域变迁的主题紧跟时代发展的步伐,成为社会主义现代化建设的重要组成部分。

新民主主义革命时期的农村马克思主义大众化是实现农村场域变迁的必要推动力。正如毛泽东在《新民主主义论》中所强调的农民在新民主主义革命中的作用一样,“中国的革命实质上是农民革命”②,在农民占全国人口80%的情况下,农村场域取得革命胜利实际上就为新民主主义革命的胜利打下了坚实基础,这不仅是适应中国国情的必然选择,而且还是走“农村包围城市,武装夺取政权”革命道路的必然结果,这也正是新民主主义革命时期马克思主义大众化最终把重点放在农村场域的重要原因。为了使农村场域明确把取得革命胜利作为自身变革的方向,农村马克思主义大众化的重点开始倾向于对农民开展阶级斗争教育和共产主义教育,“剖述帝国主义残暴压迫,宦商绅董名流学者之不足恃,与人民团结活动之有力量,亦很容易

---

① [法]布迪厄、[美]华康德:《实践与反思——反思社会学导引》,李猛、李康译,人民出版社2004年版,第183页。

② 《毛泽东选集》第2卷,人民出版社1991年版,第692页。

使农民知道怎样才可以救中国与救他人”①，形成积极斗争的政治氛围，以便农村场域能够为农民参与群众斗争做物质准备和思想准备，所采取的方式也一般以满足农民的物质需要为突破口，带有强烈的动员性和斗争性。

中华人民共和国成立后农村马克思主义大众化理应由战时模式走向和平模式，但由于国情的复杂、党对社会主义建设经验的不足以及党内急躁冒进情绪的再三出现，导致农村马克思主义大众化走向曲折，重提“以阶级斗争为纲”的任务，相应地，农村场域也因此走进发展误区，错误地把阶级斗争作为农村场域变迁的主题，脱离了以经济建设为中心的工作重点，使农村场域陷入混乱。自党的十一届三中全会后，农村马克思主义大众化才真正开始摆脱在和平时期采取战时模式所带来的负面影响，开始为农村场域对经济发展出路的初步探索和实践给予肯定和推广，农村场域变迁也由此摆脱战时模式的弊病，开始迈上社会主义现代化之路。为适应社会主义现代化建设的需要，明确农村发展主题，十六届五中全会正式提出了社会主义新农村建设的目标。社会主义新农村的建设也自然而然地成为农村马克思主义大众化的重要依托，成为农村场域变迁的主题并纳入当地经济和社会发展的总体规划，促使农村场域变迁的进程与国家的现代化进程同频共振。

在新农村建设的基础上，为实现农业、农村、农民的全面发展，2017 年 10 月 18 日，习近平总书记在党的十九大报告中提出乡村振兴战略。这一战略正是马克思主义社会发展理论在中国农村场域的新形态，也是习近平新时代中国特色社会主义思想的重要体现。乡村振兴自然也是新时代农村马克思主义大众化的重大任务，在这一战略的普及及应用之中，农村场域发展的主题——实现乡村振兴——也日益明晰。因而，农村马克思主义大众化在新时代推进农村场域变迁的过程中发挥了重要的指导作用。由此可知，农村马克思主义大众化贯穿于农村场域变迁的全过程，有助于明确农村场域变迁的主题，对于“促进农村物质文明和精神文明建设，巩固农村社会主义阵地，具有深远的意义”②。

---

① 李德芳、李辽宁等主编：《中国共产党思想政治教育史料选编》，武汉大学出版社 2009 年版，第 29 页。

② 中央党校教务部编：《十一届三中全会以来党和国家重要文献选编（一）》1978 年 12 月至1992 年 9 月，中共中央党校出版社 1998 年版，第 321 页。

（二）实践维度：从“以经济建设为中心”到“五位一体”的延展

农村马克思主义大众化通过其对农村场域变迁的指涉范围，进而指明农村场域变迁的方向。在新民主主义革命及探索社会主义建设道路的过程中，农村马克思主义大众化长期针对当前时局的紧迫任务、从服务中心工作的角度指导着改造农村场域的实践，其核心目标不在于全方位、多层次地推动农村场域的发展，而在于汇聚农村场域的多方力量，更好地为革命、建设服务。将时局分析作为农村马克思主义大众化的主要任务有助于短时期迅速提升农村场域的凝聚力，推动农村场域向特定方向迅速发展，有助于短期目标的完成。如抗日战争时期，农村马克思主义大众化完全服从于抗战的利益，为了动员农民参与抗战，农村马克思主义大众化聚焦于抗战教育，促使冬学及宣传工作的开展都成为政治动员和军事动员的途径，最大程度地集中了农民的力量，为抗日战争的胜利打下了坚实的群众基础。但不系统的方式在实践中有时也会因脱离农村实际情况，而导致农村场域的变迁最终发生偏离。例如，在土地革命初期，为了组织农民群众的武装暴动，农村马克思主义大众化旨在使广大农民了解阶级斗争理论、无产阶级与资产阶级的阶级矛盾、无产阶级的历史地位和历史使命，但这一倾向实际上导致农村场域的变迁在一定程度上脱离农民渴望分得土地的实际需求，致使“土地革命政纲执行的不坚决——各地农村党部，往往机械的认识一切农村工作是直接割据或武装暴动”[①]，最终也没有对土地革命的开展起到较好的推动作用。甚至在八大后，也曾因为过度宣传党的社会主义建设总路线而导致“大跃进”和人民公社化运动愈演愈烈。这种消极现象时有出现，不仅源于农村马克思主义大众化是否还受到战时模式的影响，更重要的是取决于农村马克思主义大众化的实践指向究竟以怎样的顶层设计为基石，在范围上拥有怎样的宽度。由于农村马克思主义大众化深受中国化马克思主义自身发展历程的影响，在党的十一届三中全会正式提出“以经济建设为中心”的科学论断以后，农村马克思主义大众化对农村场域变迁所产生的这种零散的、不系统的指导逐渐消失，其指涉范围也从“以经济建设为中心”逐步过渡到“五位一体”，从而在这一过程中逐步实现了对农村子场域的全面覆盖，有助于更加科学地引导着改造农村场域的实践，引领着农村场域发展的方向。

① 中央档案馆编：《中共中央文件选集》第4册，中共中央党校出版社1989年版，第514页。

自党的十一届三中全会提出把工作重心转移到经济方面的发展战略后，农村马克思主义大众化实际上也开始强调以经济建设为中心，以便把广大农民群众的思想“进一步统一到党的社会主义现代化建设的总路线上来，团结一心，艰苦创业”[①]，并在这一过程中逐步形成了对整个农村经济场域的关注，从肯定家庭联产承包责任制、支持农民开展“包产到户、包干到户”开始，逐渐扩展到土地承包、农副产品销售、农民增收、农业基础设施、农业科技、城乡关系、工农业关系等重大问题，有力地领导农村经济场域的变革，使农业总产值由1956年的508.4亿元飞速增长为1980年的1405.7亿元，而农民人均纯收入则由1956年的72.9元迅速增长为1980年的191.3元。[②]

在物质文明建设的实践中，以邓小平为代表的中国共产党人同时强调精神文明建设的重要性，并提出了“两手都要抓，两手都要硬”的发展战略。至此，农村马克思主义大众化的具体范围得到了进一步拓展，在关注农村经济场域的基础上逐步形成了对整个农村文化场域的关注，以解决农村教育问题为突破口，迅速推动了农村义务教育、成人教育、职业教育的发展，强化了农村文化场域对农业技术的培训及推广，极大地推动了农村传统风俗和传统观念的变革。

2002年11月，党的十六大召开，在物质文明与精神文明建设的基础上，又提出加强政治建设的目标和任务。至此，中国特色社会主义建设的总体布局实现了由两大布局到“三位一体”总体布局的转变，促使农村马克思主义大众化在关注农村经济场域、农村文化场域的基础上逐步形成了对整个农村政治场域的关注，试图以党的基本路线为核心，“重点放在教育党员坚定社会主义信念，带领群众自力更生、艰苦奋斗”，“特别要教育干部树立全心全意为人民服务的思想，改进思想作风和工作方法”[③]，有力地引导了村级组织建设工作、农村村民自治工作及农村思想政治教育工作的开展，联合党委与政府，把农村党支部建设作为重点，同时推进村民委员会、村合作经济组织等组织的配套建设，不仅有助于推动党对农村工作的不断完善，而且还

---

① 中共中央宣传部办公厅，中央档案馆编研部编：《中国共产党宣传工作文献选编(1957～1992)》，学习出版社1996年版，第565页。

② 参见国家统计局农村社会经济统计司编：《中国农村统计年鉴(1992)》，中国统计出版社1992年版，第24～27页。

③ 中共中央文献研究室编：《十三大以来重要文献选编》(中)，中央文献出版社2011年版，第691页。

进一步巩固和加强了农村的社会主义阵地。

2006年10月,十六届六中全会提出了构建社会主义和谐社会的战略任务,意味着社会主义和谐社会作为中国特色社会主义事业总体布局的一项重要内容得以正式确立,包括经济建设、政治建设、文化建设、社会建设在内的"四位一体"总体布局由此形成,农村马克思主义大众化的范围也由此扩展为农村经济场域、政治场域、文化场域和社会场域,有助于指导农村社会场域完善农村民生工程建设,推动农村扶贫工作、最低生活保障制度、合作医疗制度、公共产品和公共服务等问题的解决,在一定程度上有助于改善农村社会事业发展滞后的局面,推动城乡协调发展,并对保持农村安定有序、和谐发展的状态起到了重要作用。

2012年11月,党的十八大提出生态文明建设,并将其作为中国特色社会主义建设总体布局的一部分。至此,中国特色社会主义建设的总体布局在"四位一体"的基础上,发展为"五位一体"的总体布局,农村马克思主义大众化也把农村生态场域正式纳入规划范围,实现了对农村场域的全方位把握。依照"五位一体"的总体布局,农村马克思主义大众化开始正式推动农村生态场域的变迁,引导农村突出环境问题综合治理工作和农村人居环境综合整治工作的不断推进,农村生态环境得到了明显好转,农业生态服务能力也得到了进一步提升。正如2018年中央一号文件指出的,乡村振兴战略的实施必须"全面贯彻党的十九大精神,以习近平新时代中国特色社会主义思想为指导……统筹推进农村经济建设、政治建设、文化建设、社会建设、生态文明建设和党的建设"①,农村马克思主义大众化的全面指导对农村子场域的全面覆盖,能够更加科学地引导农村场域变迁的实践,助力于乡村振兴的实现。与此同时,农业农村现代化建设和乡村振兴本身也内含着农村马克思主义大众化的必然要求。

(三)结构维度:从思想到制度再到实践的链接

理论与生活的桥梁,将马克思主义的理论链接到农民的日常生活与农村的场域结构之中。由此来看,农村马克思主义大众化虽具有意识形态的功能,但是不能被泛政治化、教条化和公式化。正如列宁指出,如果认为"只

① 中共中央文献研究室编:《十八大以来重要文献选编》(上),中央文献出版社2014年版,第547页。

有通过纯粹马克思主义的教育这条出路，才能摆脱蒙昧状态，那就是最大的而且是最坏的错误”①。农村马克思主义大众化不仅仅是党的指导思想在农村场域的大众化，而是以党和国家的指导思想在农村场域的大众化为核心、以党和国家各项政策和制度在农村场域的实施行为中介、以具体实践在农村场域的开展为途径，三者相互连接形成了推动农村场域变迁的完整结构，从三个层次共同推动农村场域的变迁。

首先，农村马克思主义大众化必然要通过党和国家的指导思想在农村场域的大众化，从而引领农村场域变迁方向。正如 1961 年 11 月 13 日公布的《关于在农村进行社会主义教育的指示》中所指出的：“不断地用社会主义的思想教育农民……应当是我们一项经常工作。……没有这项工作，很多农民就会迷失方向，农村的社会主义事业就不可能顺利发展。”②我国建立社会主义制度以后，作为一个以马克思主义为指导的执政党，马克思主义必然成为社会主义中国的指导思想，因而，从指导思想的层面来看，农村马克思主义大众化无疑是把党和国家的指导思想通过宣传和教育的方式，继而转化为农村场域的公共准则和共同信仰，并最终在农村场域形成引导农村场域变迁的思想基础。以党的十八大以来农村扶贫工作的开展为例，习近平总书记始终强调“真扶贫，扶真贫”才是扶贫工作的根本所在，对扶贫工作发表了一系列讲话，作出了一系列指示，形成了包括精准扶贫思想在内的重要论述。而基于习近平总书记关于扶贫工作的重要论述在广大农村的宣传与传播，部分偏远、边疆、山区的农村因地制宜探索了易地搬迁的模式，不断通过“拔穷根”“挪穷窝”的方式积极开展稳定脱贫，通过建立健全一系列社会保障、救助体系，完善相关基础设施建设，提升搬迁村民在社区新址与信息化社会的融合度，实现真脱贫，搬出美好生活。而这一系列实践鲜明体现了扶贫的重点在于“精准”，必须真正铲断贫穷的根源，也是对习近平总书记关于扶贫工作重要论述的具体实施。由此来看，作为指导思想形态的马克思主义在农村场域的大众化不仅能够直接影响广大农民及农村干部的根本立场、根本观点和根本方法，继而从思想上影响广大农民及农村干部推动农村场域变迁的实践走向，而且还从理论上对农村场域的变迁进行规划、探索和

① 《列宁专题文集·论辩证唯物主义和历史唯物主义》，人民出版社 2009 年版，第 325 页。

② 李德芳、李辽宁主编：《中国共产党思想政治教育史料选编》，武汉大学出版社 2009 年版，第 286 页。

反思，决定着各项“三农”政策的实施及改革发展的具体实践在农村场域的开展，对农村场域变迁具有统领作用。

其次，农村马克思主义大众化需要通过党和国家各项政策和制度在农村场域的普遍实施，从而引领农村场域变迁方向。党在1990年12月颁布的《关于一九九一年农业和农村工作的通知》中明确指出“要在提高思想认识的基础上，建立健全规章制度，巩固思想教育的成果”①，表明农村马克思主义大众化需要以政策和制度在农村场域的普遍实施作为深入农村场域的中介，不仅能够有效整合农村场域的现有资源，在一定程度上弥补农村场域因社会历史因素和地理条件所带来的先天不足，而且还能完善甚至更改农村场域的现实构成，逐步摆脱农村场域在变迁过程中不时呈现的后天失调的状态。以家庭联产承包责任制的推行为例，自1980年9月中央公布《关于进一步加强和完善农业生产责任制的几个问题》起，肯定了家庭联产承包责任制的作用，并在农村场域迅速广泛推行，农民的生产积极性在极大程度上得到激励，农村工农业生产力实现了较大的发展。至1980年年底，农村社会总产值仅为2792.12亿元，农民人均年纯收入仅有200元，而在家庭联产承包责任制实施十年以后，农村社会总产值上升为16619亿元，农民人均年纯收入也迅速增长至600元以上。② 党和国家各项政策和制度作为制度形态的马克思主义，其在农村场域发挥的作用成为连接理论形态与实践形态的马克思主义的桥梁，对引领农村场域变迁起到不可或缺的推动作用。

最后，农村马克思主义大众化还意味着中国共产党在农村场域试行及推广各类意在解决“三农”问题的改革发展实践，从而引领农村场域变迁方向。农村马克思主义大众化的最终目标不仅在于使广大农民群众认识世界，而且还包括指导农民改造世界的实践。因此，更加科学地推动各类改革和发展实践在农村场域的开展是农村马克思主义大众化最终的落脚点。以“厕所革命”在农村生态场域的广泛开展为例，2014年，习近平总书记在江苏调研时提出：“解决好厕所问题在新农村建设中具有标志性意义。”③至此，“厕所革命”的命题正式在农村场域呈现，同时被作为新农村建设的重要任

① 中共中央文献研究室编：《十三大以来重要文献选编》(中)，中央文献出版社2011年版，第691页。

② 参见国家统计局农村社会经济统计司编：《中国农村统计年鉴(1991)》，中国统计出版社1991年版，第39页。

③ 《夯实中华民族伟大复兴的健康之基》，《人民日报》2017年10月14日。

务加以实施。随后，习近平总书记在考察延边朝鲜族自治州时，又将“厕所革命”的场域扩展到城市，拉开了“厕所革命”由城市和重点旅游景区向广大乡村推进的新帷幕。为保证“厕所革命”的有效推进，党中央印发了《全国城乡环境卫生整洁行动方案（2015～2020年）》，对“厕所革命”的目标做了明确定位：“到2020年，将农村卫生厕所普及率提高到85%”[①]的行动目标，号召全国建立健全“厕所革命”的领导、督办和统筹协调机制，探索开放共享和宣传机制。在党的号召和推广之下，各地逐渐把“厕所革命”的相关规划纳入当地政府工作报告。在长期不懈地努力之下，“厕所革命”已经“逐步从景区扩展到全域、从城市扩展到农村、从数量增加到质量提升、从厕所封闭管理到开放管理”[②]，极大地改善了农村生态场域的面貌，不仅促使乡村旅游景点得到了大力整治，而且还有效地推动了9200多家金牌农家乐和2万多家乡村旅游重点村的综合治理，实现了生态效益和经济效益的协同增长。作为实践形态的马克思主义，中国共产党在农村场域试行及推广的改革发展实践是对理论形态与制度形态的马克思主义的践行，对改造农村场域变迁的方向具有直接作用。

二、马克思主义大众化为农村场域变迁提供基本遵循

“每一个时代的理论思维，从而我们时代的理论思维，都是一种历史的产物，它在不同的时代具有完全不同的形式，同时具有完全不同的内容。”[③]扎根于农村场域的马克思主义亦是如此，伴随着农村场域的历史变迁，马克思主义也被赋予了鲜明的时代特征和鲜活的时代内容，但无论时代如何更替，农村马克思主义大众化始终为农村场域变迁提供基本遵循，不仅强调坚持把马克思主义作为引领农村场域变迁的思想核心，坚持把中国特色社会主义道路作为推进农村场域变迁的根本道路，而且还强调坚持把中国共产党的领导作为指导农村场域变迁的领导力量，坚持把以人民为中心的理念作为农村场域变迁的价值旨归。

---

① 潘俊强、柴秋实、刘洪超：《农村改厕　建好更要管好》，《人民日报》2016年8月8日。

② 习近平：《坚持不懈推进“厕所革命”　努力补齐影响群众生活品质短板》，《人民日报》2017年11月28日。

③ 《马克思恩格斯选集》第4卷，人民出版社1995年版，第284页。

（一）思想核心：坚持马克思主义

理念是实践的指南，思想是行动的先导。农村马克思主义大众化把马克思主义融入农村场域变迁的全过程，使马克思主义成为引领农村场域变迁的思想核心，成为广大农民和农村干部改造农村场域的思想引领和行动指南。如“三大改造”时期，党中央利用冬学向农民群众宣传国家在过渡时期的总路线和总任务，使多数农村更加积极地响应了互助合作运动的开展和国家的粮食政策，推动了农业技术的改进，并最终提高了粮食的产量，而部分地区的农村在冬学工作中片面追求参学人数和本地区的参学覆盖率，以致农村马克思主义大众化进程出现了浮于形式、不切实际的现象，引发了当地农民的不满，不仅阻碍了冬学工作的顺利开展，而且还妨碍了常年互助组与农业生产合作社的发展，没有解决农民增收问题。改革开放之后尤其是新时代以来，在实事求是思想路线的指引之下，马克思主义大众化扎实推进，中国共产党人始终坚持以马克思主义提升农民政治素养、武装农民头脑，尤其是将习近平新时代中国特色社会主义思想贯穿农民生产生活的全过程，这既是农村马克思主义大众化的必然要求，也是保证农村场域的变革能够顺利进行的首要条件。自 1921 年建党以来，百年的历史变迁，农村场域始终坚持马克思主义在思想领域的指导地位，才能保证农村场域始终把握正确的发展方向，拥有正确的发展道路和最终目标。

（二）根本道路：坚持中国特色社会主义道路

农村马克思主义大众化不仅为农村场域变迁提供了思想核心，而且还为农村场域提供了摆脱发展困境、实现全面发展的根本道路，即保证农村场域变迁的过程中，能够彻底告别过去被奴役、压迫和剥削的封建道路和殖民道路，始终坚定不移地沿着中国特色社会主义道路前进。封建制度下的农村是零散而封闭的，广大农民作为被统治阶级，受到地主阶级和官僚的剥削，无法从封建社会中找到实现自身全面发展以及农村全方位发展的正确道路。同样，资本主义的萌芽也没能帮助农村农业摆脱发展弊病，而在农村马克思主义大众化的指引下，农村场域的发展能够沿着中国特色社会主义道路前进，"按照产业兴旺、生态宜居、乡风文明、治理有效、生活富裕的总要求"①，推进农村建设与发展，使农村场域变迁能够走上"中国特色社会主义乡村振兴道路，让农业成为有奔头的产业，让农民成为有吸引力的职业，让农村成为安居乐业的美丽家园"②。历史和实践充分证明：唯有一以贯之地坚持中国特色社会主义道路，才能帮助农村场域实现农业农村现代化和亿万农民的共同富裕。而农村马克思主义大众化正是促使农村场域找到、坚持并发展这条道路的必然选择。

（三）领导力量：坚持中国共产党的领导

中国共产党是解决"三农"问题、推进农业农村现代化的最高领导力量，拥护党的领导是保证农村场域平稳运行和科学发展的重要保证，而增强农村场域对党的信任和拥护，离不开农村马克思主义大众化。推进农村马克思主义大众化的进程就是把中国共产党人的根本信仰转化为团结农村场域的思想基础的过程，就是增强农村场域对党的信任和拥护的过程，就是在农村场域坚持中国共产党领导的过程。农村马克思主义大众化不仅能够保持党和农民群众的密切联系，吸收提炼农民群众的集体智慧，将其升华为全党全国人民在建设社会主义现代化强国过程中的普遍共识，而且可以把全党的普遍共识以通俗化和生活化的方式进行本土转换，体现了农村场域的客观发展规律与党的意识形态的统一，展示了农民多元的现实诉求与党的根本目标在本质上的契合，有助于构筑并及时向农村场域传播党的形象，在马克思主义与农村场域的互动过程中提升党的理论创新能力和实践能力，完善农村基层党组织建设，健全党对农村场域的治理体系，从而在思想上和组织上加强党对农村场域的领导，确保中国共产党能够始终作为农村场域变迁的坚强领导力量。

（四）基本原则：坚持以人民为中心的发展思想

在中国共产党的百年历史中，我们可以清晰地看到一条主线，那就是以人民为中心，老百姓对美好生活的向往，是我们党一以贯之的奋斗目标。农

---

① 《中共中央国务院印发〈乡村振兴战略规划（2018～2022年）〉》，《人民日报》2018年9月27日。

② 《中共中央国务院关于实施乡村振兴战略的意见》，《人民日报》2018年2月5日。

村马克思主义大众化和农村场域变迁的本质在于使农村场域的客观条件更好地为全体农民的全面发展和共同富裕服务，在于满足农民对美好生活的向往，提升广大农民的获得感和幸福感。而农村马克思主义大众化以实现农民的全面发展为旨归，将以人民为中心的发展思想作为农村场域变迁的基本原则，坚持把满足广大农民群众对美好生活的向往作为推动农村场域变迁的出发点和落脚点，把惠农、富农、强农作为农村场域变迁的目标，通过农村场域的变迁，满足农民日益增长的美好生活需要，为维护和发展农民根本利益而付诸积极、充分的实践。因而，农村马克思主义大众化为农村场域变迁提供了基本原则，从农民普遍关注和反应强烈的现实利益问题中，明确农村场域变迁的重点和突破口，以实践先导功能的充分发挥，引领农村场域变迁的道路。在农村场域变迁的过程中坚持以人民为中心的发展思想，想农民之所想，急农民之所急，办农民之所盼，正是农村马克思主义大众化的最根本的价值旨归。

第二节　农民惯习与马克思主义大众化的互动逻辑

农村场域作为具有特定发展规律和客观条件的集合体，充分彰显了农村马克思主义大众化的现实性与实践性；而农民惯习作为一种"社会化了的主观性"[①]，能够把农村场域的社会特征内化为农民的内在秉性，体现的是农村马克思主义大众化的理想性与价值性，把农村马克思主义大众化由物质性、必然性的工具维度导向意识性、选择性的价值维度，为农村马克思主义大众化赋予了更为深刻的现实意义。从农民惯习的角度考察农村马克思主义大众化，能够区分不同类型的农民惯习对农村马克思主义大众化的偏好、态度和表现，深刻体现了农民惯习的历史性和相对性，同时，也彰显了农民惯习与农村马克思主义大众化之间的互动机制及趋向。因而，研究农村马克思主义大众化就不得不关注农民惯习之于其中的价值及逻辑。

首先，农民传统惯习与农村马克思主义大众化充满矛盾和张力，存在着博弈与改造关系。一方面，农民传统惯习在某种程度上会牵制马克思主义

① [法]布迪厄、[美]华康德：《实践与反思——反思社会学导引》，李猛、李康译，人民出版社2004年版，第170页。

大众化的实践：被统治者与变革者、小生产者与小私有者的二重性构成了农民的自我意识，深刻影响着农民对农村马克思主义大众化的立场；具有集体主义色彩的生活理想和平均主义色彩的社会理想作为农民的价值取向，影响着农民对农村马克思主义大众化的态度；而以传统道德为核心的思维模式和以经验为唯一标准的思维模式，则直接影响着农民在面对马克思主义时的行为选择。当然，农民传统惯习与农村马克思主义大众化之间除了具有这种博弈关系之外，还有更为积极的一种呈现，即农村马克思主义大众化也会对具有消极意义的农民传统惯习进行改造，但这种改造并不像农村马克思主义大众化对农村场域的改造那样清晰且迅速，其改造农民惯习的实践成效具有有限性，而这一改造过程具有长期性。此外，虽然改造农民惯习的实践具有复杂性，但改造结果通常呈现出鲜明的趋同性。

其次，农民现代惯习与农村马克思主义大众化之间还存在着一种如鱼得水的契合关系，这种契合关系的体现就是二者的生成与维持关系。一方面，农民现代惯习能够生成农村马克思主义大众化得以持续推进的内生动力；另一方面，农民现代惯习的不断发展也得益于马克思主义大众化的推进，农村马克思主义大众化对农民现代惯习的内在构成具有形塑作用。

一、博弈与改造：农民传统惯习与马克思主义大众化的互动关系

农民惯习始终来自农村场域发展的必然性，使之在实践中不断趋向于农村场域内在固有的发展倾向，但农民惯习作为对农村场域的主观反映，其发展历程具有一定的滞后性，并不能始终与农村场域的发展相呼应，这也正是农民在农村马克思主义大众化过程中仍旧表现出农民传统惯习的重要原因。农民传统惯习“作为过去产物的惯习，以实践的方式指涉蕴含在过去中的未来”[①]，即农民传统惯习对农村马克思主义大众化的博弈以及农村马克思主义大众化对农民传统惯习的形塑，这也是推进农村马克思主义大众化进程的重要方面，而这种博弈与改造关系的最终产生，来源于二者在同一历史进程中的双向互动。一方面，农民传统惯习通过农民的自我意识、价值取向和思维模式，影响着农村马克思主义大众化的实际成效；另一方面，农村马克思主义大众化力图去除农民传统惯习中的消极因素，但由于农民惯习

① ［法］布迪厄、［美］华康德：《实践与反思——反思社会学导引》，李猛、李康译，人民出版社2004年版，第183页。

作为一种客观关系在主观个体中的体现，具有相对独立性和稳定性。因此，农村马克思主义大众化对农民传统惯习的改造，通常表现为一种持续进行的隐性过程，必须从其成效的有限性、过程的长期性、实践的复杂性和结果的趋同性四个方面加以把握。

还需要注意的是，农民传统惯习在农村马克思主义大众化中并非仅仅扮演消极角色，其表现出来的秉性结构通常具有二重性，只不过其消极性在与农村马克思主义大众化的碰撞交锋中遭受巨大的冲击，成为显性的方面，这正是博弈关系的主要体现。但不容忽视的是，农民传统惯习中也存在着与农村马克思主义大众化相近甚至相似的秉性结构，构成了博弈关系的隐性方面，同样成为农民现代惯习的重要组成部分，并协同新惯习，共同推动了农村马克思主义大众化动力系统的生成，这将在“生成与维持”关系中得到体现。

（一）农民传统惯习影响农村马克思主义大众化的成效

农民传统惯习源自农村场域自身的变迁以及农民在农村场域下的各类实践。“思想、观念、意识的生产最初是直接与人们的物质活动，与人们的物质交往，与现实生活的语言交织在一起的。人们的想象、思维、精神交往在这里还是人们物质行动的直接产物。”①作为农村场域和农民实践的直接产物，农民传统惯习主要从自我意识、价值取向和思维模式三个方面深刻牵制着马克思主义大众化的进程，影响着农民对待马克思主义的态度和行为选择。而农村马克思主义大众化作为预先设定的外部力量，必定会对农民传统惯习产生冲击，对消极意义的农民传统惯习进行改造，使之走上必然消亡的道路。

1.立场的诞生：自我意识对农村马克思主义大众化的影响力

自我意识是农民性情倾向系统的核心层次，代表农民对自身生存价值、社会地位的认知，是农民形成完整的世界观、人生观和价值观的内在依据。但农民的自我意识并非清晰明确的单一层面，而是内在地包含着矛盾，带有鲜明的二重性。一方面，农民习惯于顺从，却又易于在社会结构发生巨变时成为主张变革社会结构、推动社会生产力发展的先驱者；另一方面，农民在阶级本质上既是小生产者又是小私有者，既有开放发展、创新变革的诉求，

---

① 《马克思恩格斯选集》第1卷，人民出版社2012年版，第151页。

又有安分守己、保守求稳的鲜明特征，这使农民在时代洪流中呈现出在保守与激进之间反复徘徊与动摇的状态，决定着农民对农村马克思主义大众化的立场，铸就了农民是否愿意接触、认知马克思主义，是否愿意参与农村马克思主义大众化的关键点所在。

(1)顺从与变革者的二重性

农民在传统的自我意识中表现出了顺从与变革者的二重性，而这种二重性的产生有着深刻的社会历史根源。中国经历了漫长的封建社会，长期实行以自给自足的小农经济为主的经济形态，与这种自然经济相对应的则是封建君主专制制度，虽然在漫长的发展历程中不乏重农主义占主导地位的时期，许多学派和改革家都主张帝王应该把推动农业生产力的发展作为振兴经济、齐家治国的首要任务，即“古先圣王之所以导其民者，先务于农”①，但这在封建制度下，最终演变成为封建统治者通过以农安民的方式实现国家稳定、巩固其统治地位的政治手段，而不是维护农民的根本利益、提升农民的社会地位的途径。因此，在2000多年的封建社会中，农民“始终处于社会的最低层，其经济地位不及地主、商人，政治地位不及封建贵族，文化地位不及士大夫”②，而这样的社会地位、生存方式直接导致农民的自我意识产生内在矛盾。

首先，在社会秩序平稳运行的状态下，农民习惯于顺从，对统治者表现出绝对的服从，并对官方意识形态表现出绝对的认可和接受。面对等级森严的社会体制和强调尊卑、主从关系的社会准则，农民安然接受并始终遵守，全盘接受以儒家文化为核心的正统文化和官方意识形态，并任由“三纲五常”和强调尊卑贵贱的社会秩序对自身的思想和行动进行限制和束缚，压抑自身合理的经济、政治和文化诉求，更不存在表达自身合理诉求、变革社会制度的行为，而是把统治阶级的要求当作义务和责任，把官方意识形态当作社会发展的规律和真理。正如马克思在《路易·波拿巴的雾月十八日》中所指出的：“一切已死的先辈们的传统，像梦魇一样纠缠着活人的头脑。”③农民甘愿被封建统治者所统治和支配的政治立场无法轻易撼动，并且通常愿意遵守封建统治者制定的规范和准则，对封建统治阶级和以儒家文化为核

① 夏纬瑛：《吕氏春秋上农等四篇校释》，中华书局1956年版，第1页。

② 袁银传：《小农意识与中国现代化》，武汉出版社2008年版，第45页。

③ 《马克思恩格斯选集》第1卷，人民出版社2012年版，第669页。

心的官方意识形态的绝对服从具有相对稳定性，认为对封建君主及对意识形态的维护是实现安居乐业的唯一途径，难以认可和接受推翻封建统治的“谋反”行为。

其次，在社会结构发生巨变时，农民又易于成为主张变革社会结构、推动社会生产力发展的革命先驱。处于社会底层的农民并非对时局全无观察，当压迫和剥削突破了农民的底线，农民便能够自发地组织起来讨伐当权者，推动封建社会的改朝换代，或至少对封建统治者产生极大的威胁，由此推动社会面貌的变革。封建统治者的经济剥削和政治压迫使农民的揭竿而起成为变革社会的动力：陈胜、吴广起义掀起了中国历史上农民起义的序幕，沉重地打击了秦朝的统治；黄巢起义成为唐朝覆灭的开端；朱元璋参加红巾军起义并最终结束了元朝的统治，建立了明朝；李自成起义作为明末农民战争的主要战场，导致了明朝的灭亡；由洪秀全、杨秀清等人领导的太平天国运动将矛头直指清政府，成为 19 世纪中叶最大规模的反封建斗争；而 19 世纪末期，以“扶清灭洋”为口号，义和团运动作为一次大规模反帝斗争，沉重地打击了清政府的势力，粉碎了西方列强迅速瓜分中国的迷梦。正如毛泽东对农民起义和农民战争的肯定：“在中国封建社会里，只有这种农民的阶级斗争、农民的起义和农民的战争，才是历史发展的真正动力。因为每一次较大的农民起义和农民战争的结果，都打击了当时的封建统治，因而也就多少推动了社会生产力的发展。”①作为接受统治阶级长期教化的群体，农民对待统治阶级的立场并不是僵死的，而是蕴含着强烈的革命性。

但这种革命者的立场又具有较大的局限性，既没有相应生产力和生产关系的支撑，也没有先进政党的领导。由于农民习惯于遵规守矩、维护传统和权威，因此，由农民引发的变革往往是自发的、不成熟的，缺乏正确的理论指导，虽然对社会历史的发展具有推动作用，但从本质上来看，纯粹的农民革命不会促使社会发生根本性变革，农民身为革命者的立场最终还是受到被统治者这一普遍性立场的限制，无法发挥更大的历史作用。

既遵规守矩又主张变革构成了农民自我意识的第一层面，使农民既呈现出顺从性，又具有转变成为革命者的可能，形成了农民自我意识中的矛盾，深刻影响着农民对农村马克思主义大众化的立场。一方面，由于农民天然具有革命的可能性，在受到马克思主义的指引时，能够一呼百应，迅速成

---

① 《毛泽东选集》第 2 卷，人民出版社 1991 年版，第 625 页。

为马克思主义的信仰者和支持者;此时,革命者的立场有利于推进农村马克思主义大众化的进程。在接受马克思主义的宣传、教育之后,政治觉悟得到提升的农民,一旦了解到革命性质,“会非常兴奋,就会主张:索性把这世界推翻吧,把那些地主老财都干掉吧”①,刘少奇也曾因此发出惊叹:“以马列主义教育农民,是新的启蒙运动,也就是阶级教育。这个教育搞好了,农民跟上我们走,就不会因为受一点波折而怀疑动摇。”②而另一方面,“顺从”作为短时间内难以从精神和心理上彻底抹消的政治立场,对农民自我意识的发展影响深远,甚至在封建制度彻底覆灭后,农民的观念仍不时表现出“顺从”的鲜明特征。例如,抗日战争时期部分抗日根据地的减租减息运动总是进展缓慢,部分农民采取“明减暗不减”的措施,“或者是减了又算成旧欠,偷偷送还给地主债主”③,党的土地政策无法贯彻落实,经过中共中央反复宣传讲解、教育并引导农民识破地主阶级本质的诸多努力,这一问题才逐渐得到解决。“被统治者”的思想观念导致农民很难在较短时间内彻底理解和把握马克思主义的本质,甚至在农村马克思主义大众化进程中,极易对马克思主义产生误解与冲突,从而对农村马克思主义大众化产生阻碍作用。

(2)小生产者与小私有者的二重性

马克思和恩格斯曾对农民的生产方式作出具体分析,认为“农民家庭生产并加工绝大部分供自己以后消费的生活资料和原料”④,农民既是生产资料的拥有者,也是劳动产品的拥有者,这就导致农民不可避免地成为社会经济现实中最为复杂的一个阶级。小生产者与小私有者的二重性在中国农民这里体现得更加明显,构成了农民自我意识中的第二层矛盾。

首先,在生产资料私有制的基础上,农民是自给自足的小生产者,主要从事个体农业和个体手工业,“取得生活资料多半是靠与自然交换,而不是靠与社会交往”⑤。农民的生产方式极为简单,主要以一家一户为基本单位,生产规模较小,生产资料比较简陋,对生产技术要求极低。农民多数都从事农业,依靠土地等自然资源,农作物就是农民的主要生活收入来源,而在生

---

① 《刘少奇选集》上卷,人民出版社 1981 年版,第 236 页。

② 《刘少奇选集》上卷,人民出版社 1981 年版,第 237 页。

③ 《中国的土地改革》编辑部、中国社会科学院经济研究所现代经济史组编:《中国土地改革史料选编》,解放军国防大学出版社 1988 年版,第 89 页。

④ 《马克思恩格斯选集》第 2 卷,人民出版社 2012 年版,第 294 页。

⑤ 《马克思恩格斯选集》第 1 卷,人民出版社 2012 年版,第 762 页。

产原料存在富余并拥有手工工具的情况下，也会把简单的、小规模的家庭手工作为副业。虽然中国的封建社会以农业为生存和发展的根基，统治者时常以兴修水利、调整土地政策、推广精耕细作等方式激发农民的生产积极性，但作为陈旧生产方式的代表，农民的小生产方式必将遭到淘汰，农民作为小生产者也必然会受到其他阶级的剥削和压榨，“发生了一个从原先占地较多、提供余粮也较多的农民蜕变为只占极少土地和完全没有土地的无产化过程”①。虽然在自然经济条件下，农民作为小生产者，无法彻底摆脱对自然的依赖和崇拜，容易形成带有宿命论色彩的自我意识，但小生产方式还深刻地培养农民安于现状、勤劳朴实和温顺平和的天性，构成了农民最鲜明的特征。

其次，农民获得收入的方式意味着他们也是小私有者，即“不但生产自己需要的农产品，而且生产自己需要的大部分手工业品”②，其生产出来的农产品不经过市场流通的环节，在满足自己及家庭成员的基本生活需要之后，会将剩余劳动产品转化为简单再生产的生产资料，完成小生产方式周而复始的循环。但在封建社会的漫长发展过程中，天灾人祸、苛捐杂税和繁重徭役始终是压在农民身上的沉重负担，伴随着农民小生产者地位的扭曲甚至丧失，小私有者的地位也逐步被剥夺，“四海之内，日益困穷”，“民益穷苦憔悴，祇以身为累”成为农民的真实写照。作为小私有者，农民封闭保守、顽固不化，在新事物面前时常展现出无动于衷、缓慢迟钝的状态。

小生产者和小私有者的立场养成了农民易安于现状、勤劳朴实的精神取向，但同时也形成了农民封闭保守、因循守旧的特性，导致农民既革命又保守，既积极又消极，对农村马克思主义大众化的立场也是摇摆不定的。第一，就农民小生产者的立场来看：一方面，农民对安居乐业的美好生活的向往更加迫切，更容易理解和接受马克思主义，对农村马克思主义大众化拥有更强的参与积极性，能够成为马克思主义最可靠的支持者；而另一方面，农民的封闭保守从生产力和生产关系的角度找到了经济根源，并在漫长的历史发展进程中不断得到巩固。因此，农民时常不自觉地充当封建思想及观念的维护者，这一惯习为马克思主义在农民思想中的入场竖起了一道屏障，使农民在面对马克思主义的时候呈现出一种冷漠甚至某种程度上的排斥。

---

① 孙达人：《中国农民变迁论》，中央编译出版社 1996 年版，第 158 页。

② 《毛泽东选集》第 2 卷，人民出版社 1991 年版，第 623 页。

最后，就农民小私有者的立场来看，农民害怕在革命和改革的进程中失去自己的既有财产，对马克思主义大众化的参与度和认同感都是有限的，或者说这种有限的参与是以个人利益的获取为判断标准的。正如恩格斯对农民态度的叙述："作为未来的无产者，他们本来应当乐意倾听社会主义的宣传。但是他们那根深蒂固的私有观念，暂时还阻碍他们这样做。为了保持他们那一小块岌岌可危的土地而进行的斗争越加艰苦，他们便越加顽固地拼命抓住这一小块土地不放。"①又例如在农业合作化运动基本完成、整顿高级社的过程中，相当一部分农村出现了"闹社"现象：农民汇集起来私分公粮，不允许外调本村的粮食和其他农作物，甚至还产生了"拉牛退社"的现象。这一现象产生的原因是多方面的，但其中不能忽视的一点，富裕中农作为"闹社""退社"的主要群体，收入减少较多，因此坚决要求退社，而"减少收入不多的户，情绪也有些动摇"②，这引发了中央对农民立场的深度思考，最终，毛泽东得出让富裕中农退社"不但无害，而且有益"的结论，这正是基于对农民小私有者性质的分析和判断。当农村马克思主义大众化有利于维护农民的个人利益时，农民能够做到更加积极、自愿地参与，而当农村马克思主义大众化不利于农民获取个人利益时，农民则会对这一进程产生反感和消极情绪，从而站在消极对待农村马克思主义大众化的立场上，缺少对马克思主义的理解、接受和认同。

2.态度的转变：价值取向对农村马克思主义大众化的影响力

基于农民自我意识的二重性，其价值取向表现出相似的特点，在农民的日常生活中时常呈现出一定的矛盾，决定了农民面对农村马克思主义大众化的态度。带有集体主义色彩的生活理想来自家族本位的宗法观念，使农民产生重视集体、忽视个体的价值倾向，这一方面有助于农民群体同马克思主义的价值体系产生共鸣，对于参与和推进农村马克思主义大众化具有一定的推动作用；但另一方面，过度缺乏个体主体意识的农民通常寻求外部的庇护，不是走入多神崇拜的歧途，就是陷入崇拜个人权威的误区。此外，农民的社会理想具有平均主义色彩，易于造成农民对马克思主义的盲目推崇，以非理性化的态度造成农村马克思主义大众化在具体实践中的过热化，从而产生负面效果。

---

① 《马克思恩格斯选集》第4卷，人民出版社2012年版，第359页。

② 高化民：《农业合作化运动始末》，中国青年出版社1999年版，第363页。

(1)集体主义色彩的生活理想

对于农民的生存方式，马克思认为：“我们越往前追溯历史，个人，从而也是进行生产的个人，就越表现为不独立，从属于一个较大的整体：最初还是十分自然地在家庭和扩大成为氏族的家庭中。”①以家庭为单位的小生产决定了农民阶级的分散化，但却在一定程度上提高了家庭、家族和宗族等血缘关系的凝聚力，使农民在日常生产生活实践中极为重视家族的力量。此外，中国封建社会实行由父系家长制演变而来的宗法制，长期向农民灌输宗法观念，使农民逐渐形成了家族本位的宗法意识，使农民不仅在实际的物质生活中属于集体，而且其精神的最后归宿也融入集体的共同意识，使其个人的生活理想呈现出了鲜明的集体主义色彩。

对家庭、家族及宗族的重视是形成农民集体主义价值取向的原点，农民个人的生存价值和地位始终与家庭、家族及宗族联系在一起，“一切行为都必须以家庭为基础点，以家庭利益为行为准则”②，而这使农民产生重视集体、忽视个体的价值倾向，认为集体利益高于个人的利益，作为家庭成员，应当无条件服从于家族或宗族的利益。在这样一种认知下，农民的生活理想无疑充满了和谐统一，讲求仁爱宽厚、奉献助人和克己奉公，以实现家庭美满幸福、社会和谐稳定为最终目标，为了达成个体与个体之间、个体与家庭之间、个体与社会之间甚至个体的人与世间万物的和谐统一，农民往往选择严格律己，通过约束自我甚至消灭作为个体的主体性，使自身融入集体，积极承担集体的责任和义务，并由此获取外部世界对自身的肯定。

带有集体主义色彩的生活理想深刻影响了农民对农村马克思主义大众化的态度。一方面，集体主义追求和谐统一符合马克思主义的精神实质与价值追求，这就为农民理解、认同马克思主义奠定了思想基础，对于参与和推进农村马克思主义大众化具有一定的推动作用。但另一方面，这种集体主义的价值取向以极度压抑个体农民的全面发展为代价，过分剥夺了农民的个人权益，而过度缺乏个体主体意识的农民在集体中失去自我，不认可自己能够掌控命运，通常寻求外部的庇护，不是走入多神崇拜的歧途，就是陷入崇拜个人权威的误区，而这都不利于农民正确地对待马克思主义，在习惯势力的操纵之下，农民会形成特定的心理倾向，在一定程度上又阻碍着农村

① 《马克思恩格斯选集》第 2 卷，人民出版社 2012 年版，第 684 页。

② 李秋洪：《中国农民的心理世界》，中原农民出版社 1992 年版，第 17 页。

马克思主义大众化的进程。

(2)平均主义色彩的社会理想

如果农民的生活理想体现了农民对生活图景的追求，展现的是集体主义价值取向之下，农民生存价值之所在，那么，农民的社会理想就体现了农民对理想社会制度的构思，具有鲜明的平均主义色彩。平均主义的价值取向根源于封建土地所有制和中央集权制度对广大农民的沉重剥削，在君主惠农利农的“仁政”之举无法实现、清官廉吏又寥寥无几的状况下，农民“自然会产生团结自救、抗暴求存的反抗思想，这种思想的升华就是平均主义”①。由此产生的社会理想，必然一方面体现了封建主义基础上的平等观，另一方面则超越了封建制度的框架，体现出共产主义精神的萌芽。

首先，农民对未来理想社会的构思具有质朴而粗略的平均主义色彩。在封建社会制度下，农民要求推翻统治者的残酷剥削，平分土地、均摊财产成为农民最普遍的诉求。农民所要求的“平均”主要体现在对收入分配和消费品的占有两个方面，意味着共享一切社会财富，共同享受社会发展的成果，是忽视一切个体差别的绝对平等，而不要求发展机遇和过程规则的平等。如唐末农民起义时，黄巢提出了“均平”的口号；北宋王小波提出了“吾疾贫富不均，今为汝均之”；南宋的钟相、杨幺起义以“等贵贱，均贫富”为号召农民参加起义的口号；明朝末期李自成提出了“割富济贫”“平买平卖”和“均田免粮”；而太平天国时期洪秀全颁布的《天朝田亩制度》则提出了“天下大家处处平均，人人饱暖矣”，标志着平均主义的制度化，使农民的平均主义社会理想发展到了顶峰。

其次，农民的平等观开始挣脱封建统治者平等观的束缚，致使其平均主义的社会理想最终超越了封建制度的框架，体现了农民对封建土地所有制和中央集权制度的激烈反抗。平均主义的价值取向不仅要求财富和土地均平，而且还要求实行“公有”和“公产”，深刻体现了农民对废除私有制和建立公有制的向往。如东汉末年的张鲁，在各地创立了“义舍”，使“行路者量腹取足”；北宋末年方腊在领导农民起义时建立了“馆谷”；而太平天国创立了圣库制度和均产制度，承办各项公私事务所需要的物资都由圣库定量分配。

在以农民小生产方式和封建土地所有制为经济根源的状况下，平均主义的社会理想是农民推动社会发展以及实现自我发展的必然产物，并对推

---

① 董楚平：《农民战争与平均主义》，方志出版社 2003 年版，第 53 页。

进农村马克思主义大众化产生了重要影响。第一,农民的平均主义社会理想不仅反对封建制度,反对阶级压迫和私有制,而且还要求建立社会的平等,最终的目标都包括实现全体社会成员的富足生活,体现了共产主义的萌芽,有利于农民冲破封建思想的束缚,实现权利意识的觉醒,为农民参与农村马克思主义大众化奠定了必要的思想基础。第二,农民的平均主义社会理想既没有发现社会不平等的根源,也没有找到实现理想社会的阶级力量和正确道路,究其本质,只不过“是对明显的社会不平等,对富人和穷人之间、主人和奴隶之间、骄奢淫逸者和饥饿者之间的对立的自发反应”①,这使农民容易在对马克思主义产生初步了解的情况下就盲目进行革命和改革实践。

3.实践的选择:思维模式对农村马克思主义大众化的影响力

在农民自我意识和价值取向的影响下,农民对农村马克思主义大众化形成了基本的立场和态度,而心理活动转化为实践活动的过程最终依赖于农民的思维模式,这就决定了农民参与农村马克思主义大众化的行动逻辑,这一行动逻辑潜在地规制了农村马克思主义大众化的进程。一方面,农民的思维模式以传统道德为核心,在日常生产生活实践中严格遵守道德标准,其优良的道德品质能够自然地融通于马克思主义的价值体系,从而产生情感共鸣,农民亦能够在这一进程之中找到归属感,使自身的发展与社会的前途命运相互连接;另一方面,农民的思维模式以实际经验为检验标准,意味着推进农村马克思主义大众化不仅必须以广泛调动农民参与实践为主要途径,而且还应当使农民看见实际效益,而脱离实践的农村马克思主义大众化则无法获取农民的信任和支持。

(1)以传统道德为核心的思维模式

在自给自足的农村社会中,农民的流动极其有限,这使农民生活在一个“熟人社会”中,形成了以传统道德为核心的思维模式,构成了农民为人处世的基本原则,即便是社会变迁加剧了农民流动,农民仍将传统道德作为自己的行事标准,与带有集体主义色彩的生活理想相适应,“从己到家,由家到国,由国到天下,是一条通路”②。

以传统道德为核心的思维模式贯穿于农民日常生产生活的实践中。在

① 《马克思恩格斯选集》第3卷,人民出版社2012年版,第484页。

② 费孝通:《乡土中国》,北京大学出版社2012年版,第45页。

费孝通看来,差序格局下农民道德体系的核心在于“克己复礼”,而“以修身为本”则构成了农民道德体系的出发点。① 与农民道德体系的核心紧密相连的就是以血缘为基础的家族或宗族,农民把“孝”“悌”确立为与家庭成员相处时的道德准则,在此之外,便是以地缘为基础的乡亲邻里,农民便将“信”“义”作为与乡亲邻里相处时的原则,而当农民遵循的伦理纲常拓展到国家层面,也存在着朴素而自发的爱国主义情怀。此外,农民在面对不同的对象时,能够使用不同的道德规范,形成了内外有别、亲疏有别的道德秩序。在以“人治”为核心的农村社会中,农民所建构的道德体系成为维护社会秩序的重要准则,农民也由此形成了以传统道德为核心的思维模式。

但农民所建构的这种道德秩序实质上是非理性的,具有不稳定性,具有模糊而灵活的界限,可以进行范围的调整和程度的变化,这就构成了农民思维模式的“二重性”特征。首先,利益和道德是难以分离的,利益的获取需要道德底线的约束力,即便这种约束力的强度是不确定的,但传统道德作为一种行为准则和判断标准是必然存在的,从这一层面上来看,“封建统治阶级所确立的伦理道德规范,即儒家的纲常礼教仍具有普遍的有效性”②。其次,根据农民建构起来的差序格局来看,道德与利益之间的矛盾应当采取具体问题具体分析的方式加以解决,正如费孝通先生所言:“这在差序社会里可以不觉得是矛盾;因为在这种社会中,一切普遍的标准并不发生作用,一定要问清了,对象是谁,和自己是什么关系之后,才能决定拿出什么标准来。”③ 传统道德作为农民思维模式的核心,其存在具有必然性和确定性,但在问题解决的应用过程当中,传统道德实际效用的发挥并不固定。

内核为传统道德的思维模式具有二重性特征,而这一思维模式促使农民参与农村马克思主义大众化的实践走向感性,在不同的情境下易发生动摇。农民的思维模式以传统道德为核心,其优良的道德品质能够与马克思主义所代表的社会主义核心价值观产生情感共鸣,农民能够在农村马克思主义大众化进程中找到归属感,能够积极参与农村马克思主义大众化的实践,带有浓厚封建色彩的传统道德品质则加深了农民与马克思主义之间的隔阂,在一定程度上影响了农民对马克思主义的接受度与认同度,增加了马

① 参见费孝通:《乡土中国》,北京大学出版社2012年版,第54页。

② 袁银传:《小农意识与中国现代化》,武汉出版社2008年版,第79页。

③ 费孝通:《乡土中国》,北京大学出版社2012年版,第57页。

克思主义大众化的难度，并对这一过程提出了更高的要求，即必须对农民进行道德教育，通过去除农民道德体系的二重性，使其与马克思主义共鸣共识，进而踊跃投身于农村马克思主义大众化之中。

（2）以经验为检验标准的思维模式

除了重视道德的约束力以外，农民还极为重视经验的积累，形成了以经验为检验标准的思维模式。正如费孝通认为：“乡土社会是个传统社会，传统就是经验的积累，能积累就是说经得起自然选择的，各种‘错误’……被淘汰之后留下的那一套生活方式。”[①]以经验积累对是非正误进行评判，来源于传统农村社会的封闭性和落后性，自给自足的小生产方式对科技的要求较低，农民也通常拥有较低的文化素养和普遍偏低的受教育水平，这就限制了其获取知识的途径。但农民通过非正规教育的方式，积累了祖先世代流传下来的经验和规则。这种共识的形成，构成了农村社会遵循的传统，生成了农民对农村社会的认知和判断，并成为个体农民选择自身行动时的参照标准。

农村社会缺乏完整而系统的社会分工，农民世代从事农业和家庭手工业，在简单再生产的循环过程中不断对自然界进行认识、利用和改造，通常面临相似的问题和困境，而自己在生产生活实践中积累的直接经验、邻里和祖先通过实践得出的间接经验成为农民唯一能够借助和利用的有效信息，而这些信息都经过了实践的检验，拥有成功的范例，作为曾经解决过同类问题的答案，成为农民认可的知识和真理，继而成为农民在实践过程中遵循的依据和农村社会普遍通行的法则。农民积累经验、依赖经验，擅长通过已知解决未知，认为自己及周围人的实践经验就是判断一切是非正误的可靠依据，把实践经验等同于科学和真理。在农民看来，知识和真理的最高权威来自阅历深厚、经验丰富的长者，来自祖宗先辈的传统经验。而这种直观的思维模式依赖着直觉、感受和体验等非理性要素，缺乏对现实的深入剖析，忽视了理性精神和创造性思维，实质上是“一种非反思的思维方式，即这种思维方式只关注思维的对象而不关注思维的前提；只寻问和回答是什么，而不追问为什么、怎么是，不追问思维背后的意义、价值和合理性问题”[②]，从而把参与生产生活实践的过程转化为单调狭隘的周期循环的过程。

农民以经验为检验标准的思维模式，使农民参与农村马克思主义大众

---

① 费孝通：《乡土中国》，北京大学出版社 2012 年版，第 137 页。

② 袁银传：《小农意识与中国现代化》，武汉出版社 2008 年版，第 88 页。

化的行动时常带有实用主义和教条主义的色彩，使农民更愿意依照惯性思维去行动，而不易接受新事物。这种思维模式就要求推进农村马克思主义大众化不仅应当使农民看见实际效益，而且还必须以广泛调动农民参与实践为主要途径，正如邓子恢在全国农业会议上所言："要群众起来，不仅是靠我们宣传教育，还要靠大多数群众自己的切身体验。……群众经验过了，不仅听到而且看到，而且自己做了，确实有好处了，相信了，就会来了。"[①]而脱离实践，只进行宣传教育的农村马克思主义大众化则无法从根本上获取农民的信任和支持。

（二）农村马克思主义大众化改造农民传统惯习

作为一种经过预设的外部力量，农村马克思主义大众化无疑对农民传统惯习进行了区分，不仅能够对具有积极意义的农民传统惯习加以必要的引导，而且还能够改造农民传统惯习的消极部分，使之走上必然消亡的道路。但农村马克思主义大众化对农民消极传统惯习的改造与对农村场域的改造不同，农村马克思主义大众化对农村场域的改造是清晰、迅速且具体可感的显性过程，而对农民消极传统惯习的改造则是相对缓慢的隐性过程，其实践成效具有有限性，改造过程具有长期性。此外，虽然改造农民传统惯习的实践具有复杂性，但改造结果通常呈现出鲜明的趋同性。

1.短期成效的有限性与改造过程的长期性

就农村马克思主义大众化的本质而言，必然会对消极意义的农民传统惯习进行改造，而这种改造不仅涉及物质活动与精神活动的互相转化，而且还涉及精神活动由集体到个体、由表层到深层的过程。因此，农村马克思主义大众化改造农民消极传统惯习的过程，也必然体现为改造短期成效的有限性与改造过程的长期性的有机统一。

首先，农村马克思主义大众化对农民消极传统惯习的改造在短期成效上具有有限性。农民惯习作为社会建构在个体农民中的反映，具有浓厚的社会历史根源，绝非个体农民随心随性的情绪化产物。其作为一个系统而完整的结构体系内化在个体农民之中，并将个体农民的精神和意识转化为自我保护机制，从而展示出相对独立性和较强的稳定性。当农村马克思主

① 中共中央文献研究室编：《建国以来重要文献选编》第4册，中央文献出版社1993年版，第153页。

义大众化试图干预具有消极意义的农民传统惯习，将不可避免地与农民消极传统惯习的惰性进行斗争。农村马克思主义大众化作为一种科学理论普及和主流意识形态形塑的过程，必然在思想、思维和行动等方面对农民消极传统惯习产生冲击，并不断对其改造，但这种影响力，即改造的短期成效是有限的，具有消极意义的农民传统惯习不会在短时期内得到彻底的改变，这是农村马克思主义大众化在改造农民消极传统惯习的过程中的必然体现。

其次，农村马克思主义大众化对农民消极传统惯习的改造在过程上具有长期性。由于马克思主义具有鲜明的时代性和实践性，农村马克思主义大众化也必将是一个不断发展、不断完善的过程。此外，彻底消灭农民传统惯习的消极部分就意味着要改变农民千百年来留存下来的思想、观念，而这一改变相对于物质层面的改变要艰难得多，需要长期持之以恒地宣传、教育才能达到效果。鉴于农村马克思主义大众化对农民消极传统惯习的改造在短期成效上表现出有限性，要实现改造农民消极惯习、建立新惯习的最终目标，就必然要使农村马克思主义大众化与消极的农民传统惯习进行长期的斗争，而不是把农村马克思主义大众化作为见效迅速的、一劳永逸的方案。

2.改造实践的复杂性与改造结果的趋同性

农村马克思主义大众化在对农民消极传统惯习的改造过程中，不仅与农民的意识和精神密切相连，还融入了农民的日常生活世界，因此，在具体的改造实践中具有复杂性，而改造农民消极传统惯习的实践都旨在激发农民的情感归宿并形成心理认同，因此，以至于在改造结果中又体现出鲜明的趋同性。

首先，农村马克思主义大众化对农民消极传统惯习的改造具有复杂性。社会意识并非凭空出现，而是由社会存在生成和决定，这就要求农村马克思主义大众化必须以农民消极传统惯习产生和发展的一切条件出发，以推动马克思主义与农民传统惯习的深层互动为核心，其改造实践不仅要涉及农民思想活动的发展，而且还应当涉及农民的生产生活实践以及对其生产生活条件的改善，以消除外部客观条件对农民消极传统惯习改造的掣肘。

其次，农村马克思主义大众化改造农民消极传统惯习的结果具有趋同性。农村马克思主义大众化在对农民消极传统惯习进行改造的过程中，通常将自身融入农民的日常生活世界，促使农民对农村马克思主义大众化拥有真实体验，而这种真实体验来源于农民生产生活实践的各个方面，看似具有复杂的结构体系，但其结果都在于激发农民的情感归属并形成心理认同，从而使农民对传统惯习自觉地产生反思意识，消除农民精神世界对其传统惯习的消极部分的维护。列宁认为："没有'人的感情'，就从来没有也不可能有人对于真理的追求。"[①]农村马克思主义大众化并不仅仅是对农民进行思想意识层面的灌输，而是推进农民传统惯习与马克思主义产生情感共识、意义共通和价值共鸣，从而削弱消极传统惯习对个体农民的影响，为新惯习在农民性情倾向系统中的介入提供空间，提升马克思主义与农民惯习的相容性。

二、生成与维持：农民现代惯习与当代中国马克思主义大众化的偏好考察

相对传统惯习而言，农民现代惯习则呈现出更多的现代性特征，其与马克思主义的契合性也更为突出，在二者的互动中更多的是一种相互支撑的关系存在，农民现代惯习为马克思主义大众化提供了强有力的内生动力，展现出农民新的自我认知、行为模式和价值观念。另外，值得注意的是，农民传统惯习的积极部分，其在农村场域与马克思主义遭遇后，并不会形成对抗和冲突，而会在马克思主义的引领下，能够自然而然地成为农民现代惯习的重要组成部分，这便形成维持关系的一方面，而另一方面，农村当代中国马克思主义大众化又可以实现新惯习在农民性情倾向系统中的介入，使新惯习经由农村当代中国马克思主义大众化融入个体农民社会化的过程，保证新惯习始终成为农民性情倾向系统中的重要组成部分。在农村当代中国马克思主义大众化的影响之下，农民现代惯习的内在构成得以初步形成，并将随着农村当代中国马克思主义大众化进程的不断推进而进一步发生改变。

新时代以来，农民基于对自身社会角色的定位，通过以经济理性为核心的个体理性把对当代中国马克思主义的认知转化为参与农村当代中国马克思主义大众化的态度与方式，并以关注政策收益时效性为主观偏好，生成了以逐利与维权为核心特征的现代惯习。这一现代惯习对农民广泛参与农村当代中国马克思主义大众化具有重要的推动作用，不仅有助于调动农民参与农村当代中国马克思主义大众化的积极性，而且还有利于维持农民参与其中的自觉性。而农村当代中国马克思主义大众化也潜移默化地调整农民现代惯习的内在构成，不仅引领着农民传统惯习的积极部分与当代中国马克思主义相适应，而且还积极地推动农民现有的性情倾向系统与新惯习展

---

① 《列宁全集》第25卷，人民出版社2017年版，第117页。

开博弈，唯有与时俱进地推动农村当代中国马克思主义大众化进程，才能够使农民现代惯习不断趋向于当代中国马克思主义。

（一）农民现代惯习生成农民参与当代中国马克思主义大众化的强大动力

改革开放以来，尤其是新时代以来，农民生成了以逐利与维权为核心特征的现代惯习。首先，农民逐步抛弃了自我意识的二重性，明确了自身的社会角色定位，并将其作为参与农村当代中国马克思主义大众化的逻辑起点；其次，对传统惯习支配下的思维模式进行取舍，并通过适应市场经济的个体理性实现对自身行为模式的选择；最后，在实践中对传统惯习所支配的价值取向进行调整，调适自身对政策收益时效性的主观偏好，对农村当代中国马克思主义大众化进程产生了深刻影响。

1.逻辑起点的诞生：明确自身的社会角色定位

中国特色社会主义进入新时代，使得农村社会进一步冲破了闭塞，呈现出更加开放和交流的状态，农民对自身的社会角色产生了新定位，集中表现为对新农村的建设者、社会主义建设者以及社会发展成果享有者的认知。而农民在明确了自身社会角色定位后，能够以一种建设者的身份积极主动地参与马克思主义大众化的进程，明确表达自身物质需要和精神文化诉求，实质上有助于使农民的利益诉求同当代中国马克思主义大众化形成内在联系，构筑共通的意义空间，为更加积极地参与农村当代中国马克思主义大众化进程提供了逻辑起点。

首先，农民已经在一定程度上认识到自身作为新农村建设者的社会定位。当代中国马克思主义强调农民在建设社会主义新农村的过程中处于建设者地位，“要在发展现代农业、建设社会主义新农村中展现现代农民新形象”[①]，以一种主人翁的身份来参加乡村建设，成为乡村全面建设的主导者和领头人。新农村建设者的这一社会角色定位要求农民成为社会主义新农村建设的主体，将农民诉求与新农村建设紧密相连，是农民更加积极地参与农村当代中国马克思主义大众化进程的动力源泉。

其次，农民也意识到自己身为社会主义建设者，应当积极投身于中国特色社会主义建设，为实现中华民族伟大复兴的中国梦贡献力量。当代中国

① 习近平：《在知识分子、劳动模范、青年代表座谈会上的讲话》，《人民日报》2016 年 4 月 30 日。

马克思主义始终强调中国梦是依靠中国人民实现并为中国人民造福的共同理想，需要凝聚全体中华儿女的力量，而农民更要充分发挥其劳动精神与创业精神，“发挥聪明才智，勤奋工作，积极在经济社会发展中发挥主力军和生力军作用”①。明晰这一主体的定位，可以促使农民以主人翁的姿态投入社会主义建设之中，将农民诉求与中国梦紧密相连，为农民更加积极地参与农村当代中国马克思主义大众化提供了准确定位。

最后，农民还是社会发展成果的享有者。当代中国马克思主义始终重视破除城乡二元体制、统筹城乡发展，中国共产党在实现现代化的实践中始终把三农问题放在首位，确保每一位农民都能共享改革、发展成果，充分享受到农业技术推广、科技特派员下乡所带来的经济效益和社会效益，日益完善的农村基础设施建设和民生保障水平的提高也促使农民的幸福指数得到了显著提升。农民身为社会发展成果的享有者，其日益增长的美好生活需要应该得到满足，亦是这一群体更为主动地投身于农村当代中国马克思主义大众化的根基所在。

2.行为模式的调整：适应市场经济的个体理性

农民对自身社会角色的定位是生成自身诉求的开始，而农民的行为模式则代表了一种实践理性，内在地选择并具体表现为农民诉求和目标的实现方式，而这是把农民认知最终转化成为一种实际行动的关键。农村场域在急剧变迁的过程中已经不能始终“作为一个基本的认同和行动单位”②，以血缘、地缘村庄③为基本行动单位的“差序格局”逐步向“团体格局”过渡，与之相适应的是以传统道德为核心的思维模式不断被弱化，传统道德认知对农民行动的执行力减弱，而经济理性在农民参与市场经济的实践中迅速发展，继而加大对农民行为模式的引导。自发诞生的经济理性不断增长以及传统道德认知地位的不断削弱，构成了农民适应市场经济的个体理性，它决定了农民的行为模式不再受到传统血缘及地缘农村的束缚，而是可以根据自身的利益诉求选择单独行动，而经济理性作为生产生活方式变迁和市场

① 中共中央文献研究室编：《十八大以来重要文献选编》(上)，中央文献出版社 2014 年版，第 236 页。

② 贺雪峰：《农民行动逻辑与乡村治理的区域差异》，《开放时代》2007 年第 1 期。

③ 根据贺雪峰教授的观点，在传统乡土社会，农民以血缘性和地缘性的村庄为基本行动单位，当前农村社会则以“核心家庭”为基本行动单位。（参见贺雪峰：《农民行动逻辑与乡村治理的区域差异》，《开放时代》2007 年第 1 期）

经济深化过程的必然产物，不仅加深了农民对物质利益和实际效用的偏好，也使得农民受到其自发性、盲目性甚至拜物教倾向的困扰，这就导致农村场域的地方性共识“减弱甚至丧失了约束力，农民的行动逻辑就表现得非常理性”①。这一行为模式决定了农民对当代中国马克思主义的评价以及农民参与农村当代中国马克思主义大众化的态度和方式，即只有农民认为参与农村当代中国马克思主义大众化进程的收益高于参与其他生产生活实践所获得的收益时，农民才会产生参与农村当代中国马克思主义大众化的兴趣，才愿意积极主动地改变行为选择的方向，并最终提升自身参与度。

3.主观偏好的转向：关注现行政策的短期收益

农民对现行政策短期收益的关注内在地彰显了其自身的价值观，并在农村当代中国马克思主义大众化进程中不断对逻辑起点和行为模式进行调适，标志着农民行动的最终生成。正如马克思在《〈政治经济学批判〉序言》中指出：“人类始终只提出自己能够解决的任务，因为只要仔细考察就可以发现，任务本身，只有在解决它的物质条件已经存在或者至少是在生成过程中的时候，才会产生。”②当代中国马克思主义始终把解决农民问题作为解决“三农”问题的核心，对于农民而言，这是推进自身生存境遇发生质变的最佳时机。因此，农民对于改善生产生活状态拥有更强的诉求，他们为了实现人生价值和理想，开始更多地关注当代中国马克思主义，以期不断加深理论认知，从而走上一条正确的全面发展道路。但新时代的农村变迁破坏了农村生产方式和生活方式的稳定，农民无法像过去一样预测自己的行为收益，内在诉求的强烈与现实状况的不稳定形成了矛盾，使农民“不再看重未来的长远收益，而将现时的收益看得极重”③，这一主观偏好在农村当代中国马克思主义大众化过程中则具体表现为对个人利益的集中关注和对当代中国马克思主义的选择性接受，虽然新时代以来农民对当代中国马克思主义拥有一定范围的关注度，但本质上并没有脱离实现自身短期利益的最终目标。

农民在明确自身社会角色定位的前提下，通过适应市场经济的个体理性把自身对当代中国马克思主义的认知转化为参与大众化实践的态度与方式，并根据对自身短期利益的权衡，从而对参与农村当代中国马克思主义大

① 贺雪峰：《新乡土中国》（修订版），北京大学出版社 2013 年版，第 10 页。

② 《马克思恩格斯选集》第 2 卷，人民出版社 2012 年版，第 3 页。

③ 贺雪峰：《熟人社会的行动逻辑》，《华中师范大学学报》（人文社会科学版）2004 年第 1 期。

众化的态度与方式不断进行调适，这表明农民现代惯习以逐利与维权为核心，在农村当代中国马克思主义大众化的过程中成为一种带有强烈倾向性的选择，为农民参与农村当代中国马克思主义大众化提供了强大的助推力。

一方面，以逐利与维权为核心的农民现代惯习，有助于深化农民参与农村当代中国马克思主义大众化的自觉意识。马克思与恩格斯曾指出："不是意识决定生活，而是生活决定意识。"[①]对于农民而言，基本生存问题得以妥善解决后，便渴望获得更宽广的发展空间和更长远的发展前景，拥有更强的参与意识、平等意识和自我保护意识，不仅要求人身安全、政治权利的保障，而且还对教育文化、医疗卫生、生态环境提出更高的要求。农民的物质需要和精神文化诉求，以初步的感性认识和情感体验内化于个人意识之中，通过意识表达为逐利与维权行为，并试图向当代中国马克思主义表达自身诉求。

另一方面，以逐利与维权为核心的农民现代惯习，有利于维持农民参与农村当代中国马克思主义大众化的自觉。逐利与维权不仅有助于在思想上保持农民参与农村当代中国马克思主义大众化的主观能动性和热忱，进而形成对这一过程的情感认同，而且还有利于推动农民在实践中贯彻当代中国马克思主义，以自身实践的检验强化对农村当代中国马克思主义大众化的认知。农民现代惯习中逐利与维权的合理内核，有利于进一步瓦解传统小农意识，同时，还能促使当代中国马克思主义成为农民实现自我改造、突破自身发展桎梏的思想源泉，对农民积极参与农村当代中国马克思主义大众化进程具有能动的反作用。

（二）当代中国马克思主义大众化形塑农民现代惯习

当代中国马克思主义的重要功能之一在于凝心聚魂，而农村当代中国马克思主义大众化则是用当代中国马克思主义所蕴含的世界观和方法论武装农民、教育农民的重要途径，其本质就是对农民现代惯习的形塑。一方面，农村当代中国马克思主义大众化通过引领农民传统惯习的积极部分，使之与当代中国马克思主义相适应并自然而然地成为农民现代惯习的重要组成部分；而另一方面，农村当代中国马克思主义大众化生成并引领着新惯习在农民性情倾向系统中的介入，有助于推动以当代中国马克思主义为核心的新惯习融入农民的性情倾向系统。这里必须注意的是，以逐利与维权为

① 《马克思恩格斯选集》第1卷，人民出版社2012年版，第152页。

核心的农民现代惯习在与农村当代中国马克思主义大众化博弈的过程中，逐步调试农民的倾向系统，而这一进程只能在短期内有限地影响着农民现代惯习，必须以农村场域变迁为根本，不断推进农村当代中国马克思主义大众化的进程，才能够推动农民现代惯习不断趋向当代中国马克思主义。

1.引领农民传统惯习的积极部分与当代中国马克思主义相适应

作为社会历史发展反映在个体身上的必然产物，农民传统惯习并非必定是农民现代惯习的反面，如何以一分为二的辩证态度看待农民传统惯习的生成土壤和发展走向，并通过对农民传统惯习的积极部分加以指引，使之能够与当代中国马克思主义相适应，就成为农村当代中国马克思主义大众化的题中应有之义。

首先，在推进农村当代中国马克思主义大众化的过程中，不能简单否定，而是要尊重农民传统惯习的生成土壤，借助中华优秀传统文化，以农民群众喜闻乐见的形式，实现农民传统惯习的积极部分与当代中国马克思主义的相融相生。一方面，当代中国马克思主义深深植根于中国文化土壤，其本身内含着中华优秀传统文化的因子，也是马克思主义与中华优秀传统文化相融合的产物，其在内容体系和精神实质上能呈现中华优秀传统文化的精神内涵与优秀基因。另一方面，农民传统惯习的积极部分与中华优秀传统文化具有相容性，如：敢于抗争、不畏强权的革命意识，修身齐家、天下大同的终极理想以及务实求真的思维方式是中华优秀传统文化在农民传统惯习中的反映。农民传统惯习的积极部分对当代中国马克思主义具有潜在的自觉性，而借助中华优秀传统文化的强大凝聚力、向心力和感染力，农村当代中国马克思主义大众化能够使这种自觉性得以激发，使农民传统惯习的积极部分能够得以维持，并自然而然地转化为与当代中国马克思主义相契合的现代惯习。

其次，农民传统惯习积极部分在与农村当代中国马克思主义大众化良性互动的过程中，不断向当代中国马克思主义靠拢，使之不再受到消极落后文化因子的错误引导，并与当代中国马克思主义的发展走向达成基本一致，正如布迪厄所强调的那样："行动者通过组织调动过去经历的实践，对以客观潜在性状态深藏在现存事物的未来进行实践预期，实现了对直接现实的超越。"①农民传统惯习存在积极部分与消极部分的差别，意味着农民传统惯

① ［法］布迪厄、［美］华康德：《实践与反思——反思社会学导引》，李猛、李康译，人民出版社 2004 年版，第 183 页。

习并非是消极落后文化因子的完全复写，而是在个体农民社会化的过程中，经过农民性情倾向系统的过滤，由此产生的一种选择性结果。而农村当代中国马克思主义大众化能够清理围绕在农民周围的消极落后的文化因子，弱化消极落后文化因子对农民传统惯习的影响，从而使农民传统惯习的积极部分拥有正确的发展走向，并自然地转化为对当代中国马克思主义的认同。

2.推动农民性情倾向系统与新惯习展开博弈

构成农民现代惯习的另一个方面，在于新惯习的生成及其在农民性情倾向系统中的介入，而新惯习的生成来自农村当代中国马克思主义大众化的理论建构与实践推动。"由于惯习是历史的产物，所以它是一个开放的性情倾向系统，不断地随经验而变，从而在这些经验的影响下不断地强化，或是调整自己的结构。"①农村当代中国马克思主义大众化作为不断调整农民现代惯习的实践，生成了农民新惯习的要素；作为不断自我发展和完善、不断形塑农民惯习的过程，内在地规定了农民新惯习的倾向，并试图将新惯习融入个体农民社会化的过程，从而使新惯习与农民性情倾向系统展开博弈。

农村当代中国马克思主义大众化内在地生成了新惯习的要素，规定了新惯习的倾向，为农民的性情倾向系统提供了新的可供选择的价值和意义，因而，为完善农民现代惯习的内在构成提供了新选择。当代中国马克思主义不仅随着认识、实践和时代的发展而不断发展，而且还不断批判吸收和借鉴人类历史上的一切优秀文化成果，始终是开放发展着的理论成果，能够不断为人们认识世界和改造世界提供行动指南和强大的精神力量。而农村当代中国马克思主义大众化则能够以当代中国马克思主义的精神实质和丰富的内容体系为核心，生成带有新发展倾向的新惯习，并将其融入农民认识规律、利用规律的日常生产生活实践之中，使农民性情倾向系统开始遭遇新的要素，如主体意识、开放意识、法律意识、民主意识和政治意识等自我意识，重视理性反思的思维模式以及以人民为中心的价值取向等，从而为完善农民现代惯习的内在构成提供了新选择。

这里必须注意的是，虽然从理论上来看，农民现代惯习是农民传统惯习的积极部分与来自当代中国马克思主义的新惯习的有机统一，但正如前述，

---

① [法]布迪厄、[美]华康德：《实践与反思——反思社会学导引》，李猛、李康译，人民出版社2004年版，第178页。

农民惯习的构成是一种选择性结果，而农民现代惯习作为一个历史范畴，其最终形成依赖于农民性情倾向系统与农村当代中国马克思主义大众化之间的博弈，而农村当代中国马克思主义大众化是一个不断推进的过程，农民现有的性情倾向系统也处于从传统到现代的转化过程中，因此，农村当代中国马克思主义大众化在短时期内只能有限地影响着农民现代惯习的内在构成，以逐利与维权为核心的现代惯习既是农村当代中国马克思主义大众化的阶段性成果，又隐含着其在下一阶段需要解决的问题所在，必须以农村场域的变迁为根本，与时俱进地推进农村当代中国马克思主义大众化的进程，使之能够不断对现有的农民性情倾向系统进行调节和改造，才能够使农民现代惯习始终处于向当代中国马克思主义靠拢的过程。

第五章 “场域—惯习”视角下新时代农村当代中国马克思主义大众化的现实境遇

理论的生命力在于对现实的回应和关照，唯有深入参与农村当代中国马克思主义大众化的实践，才能发现真问题；离开了对实践的现实关照，理论研究的价值就无法彰显，对现实问题的解决也就无从谈起。调查研究作为倾听人民意愿、回应时代问题、把握价值引领的关键环节，不仅立足于生动鲜活的时代环境，回应时代之问，还通过回应人民重大关切来丰富理论建构的现实支撑，使社会的全面发展与人的全面发展从理想迈向现实。基于“场域—惯习”的研究视角，沿着农村场域和农民惯习与农村当代中国马克思主义大众化的互动机制对现实经验进行考察，农村当代中国马克思主义大众化究竟在场域和惯习方面各自面临怎样的实际问题，需要引入实际的材料并进行更加深刻的探讨。

通过对新时代以来山东省部分农村当代中国马克思主义大众化的现状进行调查，能够“解剖麻雀，发现典型”，揭示新时代农村五大子场域的发展现状对农村当代中国马克思主义大众化所造成的挑战，并归纳得出新时代农民惯习与农村当代中国马克思主义大众化的矛盾，以便合乎实际地对理论分析进行补充。

第一节 新时代农村场域对当代中国马克思主义大众化的掣肘

新时代以来，农村经济场域、政治场域、文化场域、社会场域和生态场域这五大子场域变迁速度日益加快，焕然一新的农村风貌在一定程度上为农村当代中国马克思主义大众化提供了优势条件，但变迁过程中也往往不可避免地蕴含着多元化的不确定因素，对深入推进农村当代中国马克思主义大众化进程产生了挑战。

表 5-1 希望当代中国马克思主义大众化侧重于哪一方面

	响应		个案百分比(%)
	N(人)	百分比(%)	
经济建设	71	21.3	57.3
政治建设	60	18.0	48.4
文化建设	54	16.2	43.5
社会建设	85	25.5	68.5
生态建设	63	18.9	50.8
总计	333	100.0	268.5

表 5-1 显示的是农民认为农村当代中国马克思主义大众化应该侧重的内容。考察农民对大众化内容的期待值,能够侧面反映出当前农村建设过程中仍旧存在不足的方面,数值越高,说明农民对该方面的关注度越高,该村在该方面的建设越存在欠缺。调查结果证明,农民对农村五大子场域建设的关注度相差不大,侧面反映了新时代以来农村场域正在走向全面推进的过程,引发了农民对农村建设各方面的关注,而对社会建设的关注度已经略微超过经济建设事业,成为农民最为关注的问题。

一、不充分的发展搅扰了农村当代中国马克思主义大众化的动力

新时代是一个由高速度增长到高质量发展转变的阶段,而要满足人民对美好生活的需要、实现高质量发展,一个最根本的问题就在于解决发展不平衡和不充分的问题,而这一问题也是当前制约农村经济发展的核心问题,其集中表现为:农业的现代化不足,整体竞争力不强,农民的生活水平相对偏低。这样的发展境遇,很难从物质与时间这两个层面为农民学习当代中国马克思主义提供保障,发展的不充分使农民将增收作为其所有活动的出发点和归宿。一方面,通过这种显性的物质利益的刺激,可以激发农民参与生产和建设的积极性和主动性,提升农业发展水平,提高农民收入;但另一方面也使得这一群体陷入被利益最大化理念所牵制、被物质享受所迷惑的困局。

首先，市场经济的加快推进导致市场份额的竞争日益加剧，农民赖以生存的农业产业在市场中占位并不理想，为大幅提升经济效益、农民个人收入及生活水平，农民群体往往致力于经济利益的追逐，无暇参与当代中国马克思主义大众化实践。“人们为之奋斗的一切，都同他们的利益有关”①，这是农民在进行行为选择时的重要考量标准。当其物质利益难以得到保障时，其奋斗的目标和着眼点一定会放在发展生产和经济利益的获取之上，寄希望于通过多种渠道实现增收，以保证获得充足的物质生活资料。因此，无暇或疏于参与农村当代中国马克思主义大众化。

其次，作为能够有效汇聚农民的经济主体之一，乡镇企业、农村合作社等导向作用失范，仅与农民之间进行单一的经济交往和利益追求，并视其为利益相关方，以至于对其日常行为和价值观念产生误导，加深了其逐利行为倾向。作为与农民交往最为密切的经济主体，乡镇企业在农民融入市场活动的过程中作用重大，然而其在经济运行中，又呈现出一种强烈的竞争意识和利益至上的价值取向，甚至在某种程度上还有实用主义的价值信号。这种市场化的思维和价值取向必然会干扰农民对当代中国马克思主义的判断与选择，降低其参与农村当代中国马克思主义大众化的觉悟，未能妥善发挥自身组织优势，也未能以集中教育的形式有效带领农民参与农村当代中国马克思主义大众化。

最后，市场本身具有逐利性，身处其中的农民往往受其影响，呈现出利益至上的价值选择和逐利性行为选择，从而对农民的价值判断产生误导。这就使得农民在参与农村当代中国马克思主义大众化的实践中，首先考虑的便是经济利益，在即时的经济利益难以满足的时候，便消解了参与当代中国马克思主义大众化的动机。专注于个人经济利益的获取，无暇关注当代中国马克思主义，对农村当代中国马克思主义大众化避而不谈或漠然视之，甚至认为当代中国马克思主义及农村当代中国马克思主义大众化的进展与自身发展毫无关系。

二、村两委权责不明晰削减了农村当代中国马克思主义大众化的成效

农村基层党组织与村委会作为最重要的治理主体，而农村政治场域的

① 《马克思恩格斯全集》第1卷，人民出版社1995年版，第187页。

整体状态实际上便取决于二者合作方式和职能的明确划分，并由此决定其推进农村当代中国马克思主义大众化的效果。一直以来，困扰乡村治理的最大问题便是村两委权责不明晰，难以形成治理合力，进而导致乡村治理结构的失衡，造成农村当代中国马克思主义大众化引领主体的缺失与错位，在相当程度上削减了农村当代中国马克思主义大众化的成效。

表 5-2 本村制度可否帮助您及时了解党的理论和政策并解决实际问题

	频率(人)	百分比(%)	有效百分比(%)	累积百分比(%)
很有帮助	11	8.8	8.8	8.8
比较有帮助	58	46.4	46.4	55.2
帮助不大	50	40.0	40.0	95.2
没有帮助	6	4.8	4.8	100.0
合计	125	100.0	100.0	

表 5-2 体现的是农村制度是否有助于农民了解当代中国马克思主义的问题，重在考察农村制度的运行对农村当代中国马克思主义大众化的影响力。调查结果显示，认为本村制度在大众化过程中起作用的农民占 55.2%，而认为作用不大甚至没有作用的农民占 44.8%，这反映出村两委在农村当代中国马克思主义大众化进程中仍旧存在较多问题。

首先，村两委没能充分联合各治理主体的力量推进农村当代中国马克思主义大众化，导致农村当代中国马克思主义大众化的领导主体分散，弱化了领导力量。当下，农村政治场域主体呈现出多元化的发展态势，既有官方治理主体——村两委，也存在非常多的民间治理主体——农民协会、新乡贤，甚至包括一定程度的乡村宗族势力，各治理主体都在其特定的领域发挥着乡村治理的独特作用。可以说，农村各主体之间的协调与联合是推进农村当代中国马克思主义大众化的前提条件。如何实现各主体间的协调，一个很重要的依托便是作为官方主体的村两委要发挥好协调、组织作用，将其联合起来。但是，目前村两委职能的不明晰导致其难以有效发挥引领乡村治理的作用，更谈不上对其他主体的整合、组织和引领。这便导致乡村治理中的各主体出现各自为战的局面，从而弱化了农村当代中国马克思主义大众化的主体力量。

其次,村两委干部没有将推进农村当代中国马克思主义大众化纳入为自身的职责范畴,这就必然导致其在推进农村马克思主义大众化的进程中流于形式,缺少参与的主动性,也未能从宏观上引领农村当代中国马克思主义大众化的实践。鉴于农村当代中国马克思主义大众化一般由基层党组织通过开会的方式开展,除了农民党员能够拥有充足的渠道参与农村当代中国马克思主义大众化以外,广大非党员身份的农民在参与这一过程的实践中缺乏相应的有效途径,而部分村两委干部急于求成,其工作方法稍显急躁,没有把农村当代中国马克思主义大众化当作一项长期任务循序渐进地推行,忽视非党员身份的农民的参与,没有对非党员身份的农民的思想发展状况进行深入的调查研究,使农村当代中国马克思主义大众化的开展不够充分,逐渐把非党员身份的农民抽离于农村当代中国马克思主义大众化之外。村两委干部十分了解农民思想状态及政治认知水平,并具有一定组织性,一旦其在这一过程中的参与程度过低,便无法触摸农民在接受当代中国马克思主义过程中的真实境遇,继而难以提出有效的解决方案,也就不利于农村当代中国马克思主义大众化策略的进一步优化。

表 5-3 目前村内出现过的宣传当代中国马克思主义的队伍

	响应		个案
	N(人)	百分比(%)	百分比(%)
镇、县政府公职人员	44	19.3	35.2
村委会成员	64	28.1	51.2
基层党组织及党校人员	38	16.7	30.4
村内其他德高望重的人	15	6.6	12.0
农民协会或其他社会性组织	10	4.4	8.0
村外讲解员、老师或大学生等专业团队	30	13.2	24.0
未曾见过	27	11.8	21.6
总计	228	100.0	182.4

表 5-4　与当代中国马克思主义大众化队伍的交流状况

	频率（人）	百分比（%）	有效百分比（%）	累积百分比（%）
交流时间较长且有可选渠道	7	5.6	5.6	5.6
交流时间较短且交流方式较少	65	52.0	52.0	57.6
无任何交流机会	26	20.8	20.8	78.4
村内无农村当代中国马克思主义大众化队伍	27	21.6	21.6	100.0
合计	125	100.0	100.0	

表 5-3 反映的是当前农村当代中国马克思主义大众化队伍的队伍构成，而表 5-4 则是农民与农村当代中国马克思主义大众化队伍的交流现状，从这两个表格可以得知，农村当代中国马克思主义大众化的组织者及其对农民的影响。调查结果显示，目前大众化的组织者仍是村两委成员，共占 44.8%，但在绝大多数情况下与农民交流时间较短且交流方式较少，甚至 20.8%的农民从未与其进行过交流，只有 5.6%的农民有充足的渠道与之进行了较为充分的交流，说明村两委在农村当代中国马克思主义大众化进程中参与不够充分，且没有为广大农民构建起畅通的话语表达途径。

最后，村两委在农村当代中国马克思主义大众化进程中的职责不明晰，还会阻碍农村话语表达通道的通畅。话语权是农民最基础的权利，然而村两委职责协调不良则在一定程度上阻塞了农民表达自我的渠道，其话语表达途径不畅，农民很难就自身所接触到的当代中国马克思主义现状提出问题和观点，也无法根据自己个性化的需求对农村当代中国马克思主义大众化的推进提出具体诉求。此外，话语表达的缺失还容易导致农民在农村当代中国马克思主义大众化的过程中产生错误的价值判断，不是将大众化看成自身发展需要，而是仅仅将其当作一个硬性政治任务来完成。农民有时不但不会主动推进农村当代中国马克思主义大众化，甚至会对此产生不同程度的漠视和抵制，使得农村当代中国马克思主义大众化还未进行，农民已经对农村当代中国马克思主义大众化采取逃避行为。

三、农村文化多元并存干扰了农村当代中国马克思主义大众化的推进

伴随着农村现代化进程的加速推进，农村文化场域的转型也在悄然推

进，同时呈现出更多现代性的因子，文化场域的繁荣和兴盛也日渐显著。但我们还应看到，一方面，兼具传统与现代的文化场域，在很长一段时间仍然难以实现完全的现代转型，文化传统中的消极方面在短期内也难以消解；另一方面，农民文化需要的大幅增长，也给各种非马克思主义思潮的入侵提供了契机。由此便带来了农村文化多元并存的状态，多种文化在抢占意识形态阵地，干扰了农村当代中国马克思主义大众化的推进。

（一）农村文化传统依旧保持其本质特征不变

由于农村“是个传统社会，传统就是经验的积累……各种‘错误’……被淘汰之后留下的那一套生活方式”[①]，因此以务实性、感性直观为核心特征的农村文化传统，从本质上讲，随着农民世代的生产经验和生活实践而发源、发展的，它根植于农民千百年来的历史实践和传承。这一本质决定了农民文化传统的相对稳定性，也是这一场域很难产生根本性变革的合理性说明。这一传统的根深蒂固也必然增加当代中国马克思主义在农村文化场域入场的难度。当然，我们也应该看到，伴随着现代化的逐步推进，农民文化传统也注入了一些新元素，样态和风格较之以往日新月异，然而传统礼俗习惯相沿成习仍然在场，农民仍在一定程度上予以坚守。因此，农民文化传统仍然在场，且对农民生产、生活有着重要影响，其基本性质并未发生根本性变革。同时，我们也应看到，农村文化传统转型过程中也存在着优秀传承缺乏、现代文化供给不足的窘境，急需当代中国马克思主义的引领。

（二）各种非马克思主义思潮的蔓延滋长

农村意识形态阵地面临着多元文化的冲击，各种非马克思主义的多元社会思潮纷纷展开相应的传播活动，或打着合法宗教的旗号，或打着科学的旗号，对农村当代中国马克思主义大众化产生了不同程度的威胁。一方面，非法宗教在农村还有一定的存续空间，面向的对象主要是农村的老人和妇女，利用他们科学文化素养不高、辨别力不足等弱点，大肆宣扬所谓的“普世价值观”，尤其是利用部分农民面临贫困、疾病等困扰，侵蚀农民的精神世

---

① 费孝通：《乡土中国》，北京大学出版社 2012 年版，第 137 页。

界，企图通过扭曲党和国家颁布的部分政策制度，达到弱化农民信仰、动摇当代中国马克思主义在农村意识形态中的领导地位的目的；另一方面，新自由主义思潮夹裹在农村经济的大潮中，企图通过鼓吹所谓的市场化，弱化国家的宏观调控，用私有制来迷惑农民，弱化当代中国马克思主义大众化在农村的影响力，使农民对社会主义市场经济产生误判，甚至萌生错误认同。在这种理性认识匮乏的情况下，农民对当代中国马克思主义便会产生疏离感。

（三）大众化实践在一定程度上脱离了农民的日常生活

表 5-5　当代中国马克思主义的宣传可否帮助您了解党的理论和政策并获取有益信息

	频率（人）	百分比（%）	有效百分比（%）	累积百分比（%）
很有帮助	11	8.8	8.8	8.8
比较有帮助	53	42.4	42.4	51.2
帮助不大	33	26.4	26.4	77.6
没有帮助	1	0.8	0.8	78.4
缺失	27	21.6	21.6	100.0
合计	125	100.0	100.0	

表 5-5 显示的是农村当代中国马克思主义大众化实效问题，其目的在于反映出农村当代中国马克思主义大众化在内容和形式上与农民实际需要、农民生活方式的匹配程度。数据显示，51.2%的农民认为农村当代中国马克思主义大众化对自身的生产生活实践产生了帮助和推动作用，而 27.2%的农民认为没有帮助，还有 21.6%的农民放弃回答这一问题，表明当前农村当代中国马克思主义大众化在一定程度上脱离了农民的现实生活，部分农民对农村当代中国马克思主义大众化存在疏离感。

大众化本身具有强烈的生活性，唯有将当代中国马克思主义深深地嵌入农民的日常生活，当代中国马克思主义才能武装农民、指导实践。在调查中，我们发现，当代中国马克思主义在农村场域的入场，不论在内容、载体、形式还是方法上，都未能扎根农民日常生活。农民日常生活是农民诉求的发生场，蕴含着农民的思维方式、话语系统、价值诉求，偏离农民日常生活，必然使当代中国马克思主义大众化水土不服。这种水土不服主要体现在内容、载体和形式等方面。第一，在大众化的内容方面，当代中国马克思主义以一种抽象、文本理论的面貌出现在农民的生活中，一套完全不同于农民的话语体系，难以实现话语体系的对接，必然会阻碍农民对当代中国马克思主义的认知，就此导致农民产生“难理解”的感性认识，抗拒参与大众化。第二，新时代农村当代中国马克思主义大众化的载体较为单一，把书籍、宣传册作为主要载体，有时也会借助电视、广播等传统媒体。一方面，没有充分利用信息化时代新媒体、社交媒体等新型传播载体，也没有充分发挥传统媒体在农民日常生活中的效能，新旧结合的立体化传播体系尚未建立；另一方面，单一的载体使用，忽略了农民群体特征及当下农民的分化，也没有回应好农民多元化的诉求，这必然会导致农民对当代中国马克思主义的认知出现偏差，不利于农民对当代中国马克思主义形成科学认知。第三，现有的农村当代中国马克思主义大众化的形式与农民日常生活契合度较低，对农民的生活行为方式缺乏深入考察，较为常见的主要活动方式有专家宣讲、会议学习等，这种单向的理论学习的方式未能很好地与农民的生活习惯、认知水平和认知规律结合起来：一方面，农民难以参与其中，其学习的主动性和积极性难以调动起来，学习热情不足，基本处于被动状态；另一方面，话语的理论性又缺少与农民日常生活话语的对接，造成信息传递不对等，农民信息接收效率低下，难以消化、吸收学习内容，更谈不上对相关内容的认同和实践应用。“意识在任何时候都只能是被意识到了的存在，而人们的存在就是他们的现实生活过程。”[①]忽视农民日常生活偏好和话语、行为特点的农村当代中国马克思主义大众化实践很难得到农民的积极响应，也会极大地弱化农村当代中国马克思主义大众化的成效。

四、农民分化稀疏了当代中国马克思主义大众化的资源

新时代农村呈现的最大特点就是其现代转型，现代因子无孔不入的浸入到农村社会的方方面面，打开了乡村社会的封闭状态，带来了传统乡村社会的剧变，其中最显著的变化就在于农村社会日益走向开放。而农村社会

① 《马克思恩格斯全集》第3卷，人民出版社1960年版，第29页。

场域的半开放性，意味着农民谋生的途径在不断增加。越来越多的农民走出农村，非农就业为农民发展带来了极大的不确定性和无限可能性，也就加速了农民群体内部的分化，这种主体的多元与分化，必然对当代中国马克思主义大众化提出了新要求，即要做到分层、精准，这也是当前推进农村当代中国马克思主义大众化所必须关注的。另外，我们还需要注意到，大量农民农外就业，背土离乡，必然会带来农村主体的结构性缺失。农民群体的这种新变化必然会分散农村当代中国马克思主义大众化的资源，从而造成当代中国马克思主义大众化的资源分配不均衡、利用率低等问题。

表 5-6　当代中国马克思主义大众化实践的频次

	响应		个案百分比(%)
	N(人)	百分比(%)	
几乎每天	1	1.0	1.0
一周一次	4	4.0	4.1
半月至一个月	27	27.3	27.6
一个月以上且半年以内	7	7.1	7.1
半年至一年	14	14.1	14.3
一年以上	4	4.0	4.1
没有规律	42	42.4	42.9
总计	99	100.0	101.0

表 5-6 显示的是农村开展大众化实践的情况。通过上表，我们可以观察到农村当代中国马克思主义大众化资源的使用情况，在理想状态下，农村当代中国马克思主义大众化实践的频次越多，即间隔时间越短，说明农村当代中国马克思主义大众化的可使用资源越丰富。经数据显示，42.4%的农村当代中国马克思主义大众化实践没有规律，57.6%能够在实践过程中保持着一定的规律，其中，只有32.3%的农民能够经常性地参与到大众化过程中，享受到较为充足的农村大众化资源。这一系列数据表明，目前农村当代中国马克思主义大众化存在着资源分布不够均衡、资源利用率还相对低下的问题。

（一）农民内部分化导致大众化资源分配不均

城乡一体化的发展加速了农民内部的分化，农村精英开始逐步走向离土离乡，这必然带来农村当代中国马克思主义大众化主体的结构性缺失，意见领袖的作用日渐式微，甚至消失在由乡而城的迁移中；大批中青年农民也开始不断涌向城市，并拥有了一个新身份——农民工，高强度、长时间的工作使其无暇于当代中国马克思主义的学习，甚至出现了文化生活的荒漠化，这种供需的失调，使当代中国马克思主义在农民工群体中遭遇冷场。而常年生活在农村的农民多大以老弱妇幼为主，这一群体在挖掘信息与内化学习知识等方面的能力不足，并且相较于离乡农民工和乡村精英，其在认知水平、思维方式方面也存在着不同程度的落后。在本地乡村精英引导不足、自发参与及学习状态不佳的情况下，当代中国马克思主义在这一群体中的大众化进程较为缓慢，甚至会出现大众化的偏离和盲区，由于“相互之间缺乏必要的知识传播与转化条件，乡村传播知识链在这里发生断裂”①，使农村当代中国马克思主义大众化的既定资源在实际使用过程中被动地产生了效果的偏离，并最终引发农村当代中国马克思主义大众化的资源分散问题。当然，我们也应看到，伴随着乡村振兴战略的实施和农业农村现代化的推进，农村的空心化现象得以缓解，一批懂管理、会技术、有见识的农民纷纷返乡，新乡贤逐步产生，并在乡村治理尤其是农村当代中国马克思主义大众化的进程中发挥重要作用。

（二）农民内部分化导致大众化资源利用率低

对于农民而言，不同的职业会在不同程度上，接触不同类型及不同数量的农村当代中国马克思主义大众化资源，其中农村干部以及党员在村庄治理、政策的上传下达中，拥有较多接触、学习、传播当代中国马克思主义的机会，能够广泛地参与农村大众化进程之中；农村精英在农村社会中具有广泛的影响力和较高威信，其在农村经济发展、村庄治理、舆论导向中同样发挥着举足轻重的作用，因而，也拥有较大的参与农村当代中国马克思主义大众化的机会。无论是村干部、党员还是农村精英，我们都可以将其理解为广义的农村精英，村干部、党员属于体制内精英，而上面提到的农村精英则是狭义的、体制外的精英，这两部分精英群体既是农村当代中国马克思主义大众

① 旷宗仁：《乡村传播中的农民认知行为研究》，中国农业大学出版社 2013 年版，第 258 页。

化的主体，也是受众，掌握着丰厚的大众化资源，甚至在某种程度上决定着大众化的推进，但从目前来看，这两大群体对农村当代中国马克思主义大众化资源的利用及转化率不高，尤其是两大群体的合力还未形成，这也就限制了大众化资源的利用率；另一方面，作为农村当代中国马克思主义大众化主体受众的普通农民，也呈现出不同的特征，传统农民与新型农民接触农村当代中国马克思主义大众化资源状况参差不齐，程度也彼此不同，新型农民虽具有较多接触当代中国马克思主义的机会，但由于其职业的不稳定性、社会保障的滞后，尤其是生活中见证着城乡生活的巨大差距，使其没有充分的时间和科学的心态来接受当代中国马克思主义。而传统农民受制于医疗、养老、教育等问题的困扰，也意识不到积极参与推动农村当代中国马克思主义大众化实践的极端重要性。当代中国马克思主义未能有效融入农民的民生建设与发展，从而致使部分农民缺位于农村当代中国马克思主义大众化，降低了大众化资源的利用率。

五、生态建设不足遏制了农村当代中国马克思主义大众化的机遇

伴随着习近平生态文明思想的深入人心，农村生态场域治理步入良性发展轨道，但仍然呈现出总体建设不足的状态，尤其是当代中国马克思主义在生态场域的入场、在场都稍显不足。一方面，农民的生态意识还尚未完全建立，没有实现与当代中国马克思主义的有效融合，仅仅呈现出较为朴素的生态理念，系统化、科学化的生态意识较为缺乏；另一方面，农民的生态建设实践不足，没有充分发挥农村当代中国马克思主义大众化对农民生态实践的教育和引导作用，使农村在一定程度上遗失了推进农村当代中国马克思主义大众化的新机遇。

农村当代中国马克思主义大众化实践没有推动农民生态意识与当代中国马克思主义、生态文明建设的彼此融合。在农村普及与推广现代科学技术，不仅使农民的工作效率大幅提升，还有效地缓解了农村的环境污染问题、改善了农村的生态面貌，但这并不意味着农民就可以建立其自身的生态文明意识，由此便衍生了农民生态文明意识培育的命题，而当代中国马克思主义中蕴含着深厚的生态文明思想，是农民生态意识培育的重要理论来源。但这一重要资源在农村生态文明建设的实践中往往被忽视，生态文明意识

的缺失使农民难以更为深刻地认识到农村生态场域状态逐步恶化所带来的严重后果，尤其是对子孙后代的恶劣影响。对于生态文明建设的紧迫性及重要性缺少认知，自然也就无法理解和运用当代中国马克思主义所提出的环保呼吁和农村生态文明建设的实践逻辑。

另外，生态文明建设活动缺少农民的有效参与。农民对生态文明建设实践的广泛、有效参与，是当代中国马克思主义在农村生态场域大众化的深刻彰显。然而，在具体的农村生态文明建设活动中，或者宣传活动的设计针对性不够，以简单的环保知识普及为主，渠道单一、内容有限；或者以宣传当代中国马克思主义、党的环保法规和环保政策为主，在农民的实际需要方面考虑不周，脱离农民生产生活实践，针对性与有效性相对欠缺，以至于农民对这种传播方式及内容缺少兴趣，偶尔会以一种“凑热闹”的心态来参与。因而，这仅仅是一种低层次的参与，缺少深度参与，效果自然就无法体现，也就无法用当代中国马克思主义引领农民更加积极主动地投入到生态文明建设实践之中。

综上，农村当代中国马克思主义大众化植根于农村场域，而农村场域发展的不平衡与不充分，则使当代中国马克思主义大众化受到来自农村经济、政治、文化、社会和生态五大子场域的挑战，深刻揭示了这一进程绝不是简单的教化与灌输，也不仅仅是意识形态的宣传、教育，更不同于科技下乡、法律下乡等普及性活动，而是扎根且内生于农村场域，与农民的日常生活同频共振，与农民的惯习相互调试，可以说，这一过程依附于农民生产生活实践，内化于农民意识及思维模式之中，外化于农民的价值判断与行为选择之中，是一种兼具动态与静态、宏观与微观的社会实践活动。

第二节 新时代农民惯习与当代中国马克思主义大众化的张力

内生于农村场域的农民惯习，是农民价值判断和行为选择的重要依据，因而要想顺利推进当代中国马克思主义大众化，就不得不考察新时代农民惯习的新变化与新呈现。当代中国马克思主义的思想体系作为党和国家的指导思想，始终以人民为中心，致力于实现人民的美好生活需要，理应成为全体农民的共同的思想基础，但在考察中，我们却发现农民惯习在不同程度上与当代中国马克思主义存在一定程度的张力，使农民在这一过程中作出不同的选择，形成了“经济人”“复杂人”①与“失学者”困境。

一、“经济人”困境：农村当代中国马克思主义大众化的功利性参与

表 5-7　不参与当代中国马克思主义大众化的原因

	响应		个案
	N(人)	百分比(%)	百分比(%)
没有时间或机会	56	40.0	62.2
听不懂	16	11.4	17.8
影响工作和日常生活	14	10.0	15.6
没有奖励或回报	9	6.4	10.0
规定太多不够自由	9	6.4	10.0
周围人都不参与	18	12.9	20.0
不感兴趣	18	12.9	20.0
总计	140	100.0	155.6

部分农民在当代中国马克思主义大众化的过程中扮演着以获取个人经济利益为中心的“经济人”角色。传统的“经济人”假设把人当作纯粹的利益获取主体，认为人始终以经济利益最大化为选择自身行动的最终目标，满足

① 为避免新概念的出现和设定过于复杂，此处借助其他人文社会学科中已有的假设加以阐释，希望以更加形象化的措辞来表达新时代农民惯习所出现的问题。首先，“经济人”假设起源于亚当·斯密的《国富论》，其内涵经过新古典经济学的发展而进一步得到补充，并最终形成了广义经济人的概念。是极负盛名的基于经济学视角所提出的人性假设学说。其次，“复杂人”假设来自 20 世纪六七十年代基于管理学视角提出的一种假说，不同于斯密所提出的“经济人”假设以及梅奥基于霍桑实验所提出的“社会人”假设，主要是指每个人的需求在不同的时间、地点和年龄阶段都是不同的，因此人对事物或组织作出的反应不仅复杂而且极易动摇。有关“复杂人”假设的更多内容，参见[美]埃德加·沙因：《沙因组织心理学》，马红宇、王斌译，中国人民大学出版社 2008 年版，第 98～101 页。

自我偏好和自身利益是人参与一切实践活动的根本动机，而人为了实现利益的获取，所作出的选择通常遵循“利益最大化”的原则，不仅能够清晰地判断和区分自己最期望获得的利益，而且还能够主动探索最大化地实现自身利益的途径。而在农村当代中国马克思主义大众化过程中也的确存在着扮演“经济人”角色的农民，表现出强烈的利益优先的特征。表 5-7 中的数据已直观地反映出这一问题。据统计结果显示，在没有参加农村当代中国马克思主义大众化的农民中，40％的农民忙于工作，没有时间或没有机会参与农村当代中国马克思主义大众化，还有 6.4％的农民认为农村当代中国马克思主义大众化没有奖励和回报所以不愿意参加。从某种意义上说，这部分农民非常重视个人经济利益的获取，凸显了典型的“经济人”特征。

从个人目标来看，扮演“经济人”角色的农民注重追求自身利益和满足自我偏好，通常只专注于个人经济利益的获取，把增加个人收入、推动物质生活水平的提高和提升个人社会地位作为根本目标，而忽视了个人文化和政治素养的提高，既认为当代中国马克思主义无法切实有效地为自己带来实际的经济利益，也认识不到主动学习并参与这一过程的实践旨归，甚至认为其与自身的发展无甚关联、意义不大。

从个人行动来看，扮演“经济人”角色的农民的行为更多受到经济理性的引导，其在当代中国马克思主义大众化进程中所采取的态度和行为都来自对经济价值的判断和衡量，即希望将自身利益损失以及发展的不确定性降到最低，更加关注并倾向于效仿成功经验，对参与当代中国马克思主义大众化的实践与参与市场活动的实践进行利益衡量，只关注与自身利益直接相关的内容，对当代中国马克思主义的社会价值避而不谈或漠然视之。

但就新时代农村场域整体发展状况来看，农民对“自利最大化”原则的践行并非像正统的“经济人”假设一样表现出绝对而强大的理性，也并非“具有完备和较完备的知识和计算能力……可以有效地利用经济中有价值的信息和知识”①，而是作为市场参与主体之一，扮演“经济人”角色的农民将追求自身经济利益设定为实践的优先事项，在农村当代中国马克思主义大众化的进程中表现出利益优先的鲜明特征。

① 段雨澜：《经济人假设：反思・发展》，云南民族出版社 2008 年版，第 40 页。

二、“复杂人”困境：农村当代中国马克思主义大众化的选择性参与

在考察中我们还发现，农民除了具有“经济人”的特质之外，在大众化的实践中，农民还扮演着以实现个人发展为重点的“复杂人”的角色。“复杂人”假设的鲜明特征在于变动性和不确定性，认为人作为一种社会化的物质存在，其最终目标会随着时间、个人的社会经验、所处境遇和心理状态而持续不断地发生变化，人作出选择的依据不仅参照了自身的物质需要、精神需要、政治需要等不同层面，而且还包括对他人评价、道德习俗、社会制度和国家政策等综合因素的考量，而这些需要和动机在面对某个选择时的重要性程度，最终都“因人而异，因情境而异，并因时而异”①。而扮演“复杂人”角色的农民同样具有变动性和不确定性的特征，把实现个人利益与诉求作为参与及评价农村当代中国马克思主义大众化的依据，对当代中国马克思主义大众化选择性参与。

表 5-8　主动参与当代中国马克思主义大众化的意愿

	频率(人)	百分比(%)	有效百分比(%)	累积百分比(%)
愿意	93	74.4	74.4	74.4
不愿意	10	8.0	8.0	82.4
无所谓	22	17.6	17.6	100.0
合计	125	100.0	100.0	

表 5-9　是否参与过当代中国马克思主义大众化实践

	频率(人)	百分比(%)	有效百分比(%)	累积百分比(%)
参与过	31	24.8	24.8	24.8
未参与	94	75.2	75.2	100.0
合计	125	100.0	100.0	

① [美]埃德加·沙因：《沙因组织心理学》，马红宇、王斌译，中国人民大学出版社 2008 年版，第 96 页。

表 5-8 展示了农民在不考虑现实因素时对参与当代中国马克思主义大众化的态度，而表 5-9 则体现了农民参与大众化实践的频率，二者共同体现出农民对当代中国马克思主义大众化在心理认知和实践践行上的区别。据调查数据可知，74.4％的农民在不考虑现实因素时愿意主动参与当代中国马克思主义大众化，而从未参与这一实践过程的农民占 75.2％，表明许多农民把自己的生产生活实践与当代中国马克思主义大众化实践割裂甚至对立起来，从而导致对当代中国马克思主义大众化的排斥，此种逻辑必然会影响农民对当代中国马克思主义大众化的评价和判断，并作出不同的行为选择。

从个人目标来看，由于市场经济对农民的价值观、伦理道德产生了极大的冲击，致使"极端个人主义、拜金主义、享乐主义与集体主义等多元价值取向并存，使我国社会呈现出转型时期特有的'过渡性'多种道德价值观念并存、冲突的状态"①，而扮演"复杂人"角色的农民以满足自己不同层次的需要为根本目标，不仅重视追逐个人利益诉求、寻求更好的发展机遇以满足自己对美好生活的向往，而且还重视社会归属感的实现以及对社会规范和社会义务的遵守，能够对当前所处的社会环境作出不同的反应，并能够根据不同的个人处境和发展阶段，将这些需要和动机按照重要性程度的高低进行及时的排列，最终组合成行动的动机。因此，农民对当代中国马克思主义大众化的立场和观点始终处于变化的过程，是由不同的动机模式和短期目标最终决定的。

从个人行动来看，扮演"复杂人"角色的农民在参与当代中国马克思主义大众化的过程中采取选择性参与的策略。通常情况下，扮演"复杂人"角色的农民承认当代中国马克思主义对个人发展、农村建设有着重要作用，从而萌生参与当代中国马克思主义大众化的意识，也能够在一定程度上较为积极地关注国家大政方针，甚至能够在一定程度上了解当代中国马克思主义的基本立场、基本观点和基本方法。当自身短期利益与当代中国马克思主义大众化不存在冲突时，此类农民愿意积极参与其中，但当农当代中国马克思主义大众化与实现个人的短期目标无关或相关性较低时，这类农民往往会选择后者而忽视当代中国马克思主义大众化，表现出认知与行为选择

① 程贵铭、朱启臻主编:《当代中国农民社会心理研究》，首都师范大学出版社 2000 年版，第 231 页。

的冲突与矛盾，对当代中国马克思主义大众化的实践选择性参与。这种类型的农民多出现在经济发展较为落后的农村，并占当地农民的大多数。

三、“失学者”困境：农村当代中国马克思主义大众化的非对称性参与

深入推进农村当代中国马克思主义大众化进程的一个重要前提在于使这一进程与农民在生活中面临的现实问题和精神困惑相呼应，但在实践过程中，农民惯习与当代中国马克思主义大众化实践出现了“非对称性互动”的现象，相当数量的农民由于大众化实践与自身需求存在差异，最终成为这一过程的“失学者”。

非对称性互动在社会学中是指互动双方的行动以及双方在互动中的关系呈现出不对等的现象，体现了信息传递过程的一种常见情况。扮演“失学者”角色的农民通常能够明显意识到城乡差距的问题和社会主义市场经济的优越性，深刻地认同当代中国马克思主义对全面建成小康社会、实现中华民族伟大复兴的中国梦所发挥的指导和引领作用，渴望通过当代中国马克思主义及时捕捉更高层次的发展机遇、更宽广的发展平台，期待通过参与农村当代中国马克思主义大众化以改变自身生活水平、实现自我的全面发展，因此这种对当代中国马克思主义的亲切感，使其能够较为积极、主动地参与大众化的实践。

表 5-10　接触当代中国马克思主义的渠道

	响应		个案百分比(%)
	N(人)	百分比(%)	
书报等传统纸质媒介	59	20.1	53.6
电视、广播等传统大众传媒	78	26.6	70.9
互联网、手机 APP 等新媒介	71	24.2	64.5
村里宣传栏、标语、宣传海报等	26	8.9	23.6
讲座、开会等	48	16.4	43.6
邻里聊天	11	3.8	10.0
总计	293	100.0	266.4

表 5-10 体现的是农民日常生活中能够接触到当代中国马克思主义的渠道，通过统计可得知农民平日对各类媒介载体的使用习惯，并从侧面反映出

农民惯习与农村当代中国马克思主义大众化载体的对接程度。调查结果显示,只有 24.2%的农民会使用新兴媒介,绝大多数农民在日常生活中,通过传统媒体接触当代中国马克思主义。因此,在网络信息化、自媒体时代的大环境下,这部分农民在农村当代中国马克思主义大众化进程中更容易遭遇信息传递不对等的问题。

扮演“失学者”角色的农民对当代中国马克思主义存在着强烈的个性化需求,但由于农民的科学文化素养、认知能力、学习能力以及熟练使用现代媒体技术的能力较低等多方面因素,广大农民的需要、行为规律以及日常生活特点无法与农村当代中国马克思主义大众化的内容、载体和活动形式相对接,农民无法在参与农村当代中国马克思主义大众化的过程中获取必要信息、抓住发展机遇。既无法对此产生深切的理解和认识,也不能运用当代中国马克思主义有效实现自身诉求,对当代中国马克思主义缺少正确的认知,进而难以形成彻底的认同,也就难以在实践中得到有效运用,这一格局必然无法实现农民与当代中国马克思主义的有效对话,也就难以从这一进程中把握提升自我、全面发展自我的机会。

第六章 “场域—惯习”视角下农村当代中国马克思主义大众化的路径延展

基于前面的分析，我们可以清晰地看出，农村当代中国马克思主义大众化不仅是一项关涉农村经济、政治、文化、社会、生态场域的系统工程，也是农民做好认知与理解、认同和实践工作并据此内化为惯习的过程。基于“场域—惯习”的研究视角，在对农村当代中国马克思主义大众化的理论建构、历史考察以及农村场域分析的基础上，有针对性地提出农村当代中国马克思主义大众化的实现路径，即对农村场域的再造和农民惯习的形塑提出新策略和新构想。其中，农村新场域的再造是推进农村当代中国马克思主义大众化的基础，而农民新惯习的形塑是推进农村当代中国马克思主义大众化的关键。上述两个方面联系密切、互为补充，时代感鲜明、针对性十足，为当代中国马克思主义在农村的宣传普及提供有价值的参考依据，不仅有助于农村场域与农民惯习的现代化发展与转型，而且还能形成推进农村当代中国马克思主义大众化的内生动力。

第一节 农村新场域的再造与当代中国马克思主义大众化

作为各种客观力量不断调整和竞争的体系，场域“是某种被赋予了特定引力的惯习构型，这种引力被强加在所有进入该场域的客体和行动者身上”①，唯有推动场域的变化，传统惯习内容和结构的变化才具备现实可能性，新惯习才拥有介入客体和行动者的基础。场域对农民的影响是潜移默化的，却也是最为深远的，因为场域变迁代表着过去的历史走向，构成了国

① ［法］布迪厄、［美］华康德：《实践与反思——反思社会学导引》，李猛、李康译，人民出版社2004年版，第17页。

家、社会对于当前及未来发展的基础，融会贯通于农民的个体实践中，成为个体农民的记忆和潜意识，同时为农民对当前实践的选择和未来发展的方向预先准备了条件。

为了推动农村当代中国马克思主义大众化的深入开展，农村就必然要围绕经济、政治、文化、社会和生态五大子场域不断进行协调和再造，即坚持协调农村经济场域，为农民参与当代中国马克思主义大众化的进程提供动力和物质基础；坚持平衡农村政治场域，为当代中国马克思主义大众化提供有效的领导力量和组织基础；坚持完善农村文化场域，为当代中国马克思主义大众化进程的推进营造思想氛围、培育思想土壤，并对农村当代中国马克思主义大众化本身进行调节和完善；坚持健全农村社会场域，为解决当代中国马克思主义大众化的主体参与缺失问题提供必要条件；坚持深化对农村生态场域的治理，不仅有利于当代中国马克思主义走进农民的生态意识，而且还有利于走进农民参与生态文明建设的实践，转化为强大的物质力量。只有坚持推动五大子场域的改造，才能促使农村场域紧跟当代中国马克思主义的创新步伐，始终对当代中国马克思主义的核心要义作出及时响应，从而为农村当代中国马克思主义大众化进程的深入开展奠定坚实基础。

一、协调农村当代中国马克思主义大众化的经济场域

农村经济场域的发展水平不仅决定着整个农村场域的根本属性，而且还决定着广大农民赖以生存发展的根基，构成了农民生产生活实践及社会交往的核心领域。“发展着自己的物质生产和物质交往的人们，在改变自己的这个现实的同时也改变着自己的思维和思维的产物。”[①]因而，通过协调农村经济场域，能够有效地推进农村当代中国马克思主义大众化。利用农民广泛且积极追求利益的典型特征，不仅应当提升农业的经济效益，重视对农民经济利益的维护，而且还应当不断完善农村产业链，拓宽农民增收渠道，除此之外还应当重视经济场域的个人和组织对农民的鼓励、带动和引导作用，建立单位学习机制，以便从物质基础和组织带动两个方面，有效地解决农民参与当代中国马克思主义大众化动力不足的问题。

---

① 《马克思恩格斯选集》第1卷，人民出版社2012年版，第152页。

(一)提升农业产业效益,增强大众化内生动力

维护农民的经济利益、满足农民的物质需要是推进农村当代中国马克思主义大众化的物质前提,离开充足的经济利益和物质需要,农民基本的生存发展难以为继,农村当代中国马克思主义大众化就难以成为农民生活的必选项,就必然会被农民所忽视。正如马克思、恩格斯所言:"人们是自己的观念、思想等等的生产者,但这里所说的人们是现实的、从事活动的人们,他们受自己的生产力和与之相适应的交往的一定发展——直到交往的最遥远的形态——所制约。"①农村当代中国马克思主义大众化的发展进程受到农村经济场域发展状况的限制,因而,农村经济场域的改造要致力于帮助农民摆脱被物质匮乏所困扰的状态,并能够为农民提供更宽广的发展平台和更充分的发展机遇,使农民不再困扰于基本的物质生活,才能促使农民具备关注当代中国马克思主义、积极参与农村当代中国马克思主义大众化的现实基础,才能提升农民参与当代中国马克思主义大众化的积极性,为推进农村当代中国马克思主义大众化进程提供强大的内生动力。

1.提升农业经济效益,保障农民经济利益

农村当代中国马克思主义大众化的动力被激发出来源于农民经济利益得到保障与维护,所以农村经济场域首先应当以增强农业经济效益为自身变迁的重中之重。农业仍然是农民收入来源的基本渠道,以农业为主业或兼营农业的农民仍在新时代农村经济场域中占有较大比重。因此,针对广大农民,尤其是生活在生产力发展水平仍旧偏低的农村的农民收入偏低、生活水平较低的问题,不断提升农业的经济效益能够提供根本性的解决方案,只有不断增加农民收入,保障农民的基本经济利益,才能为农民参与当代中国马克思主义大众化提供必要的物质基础。正如恩格斯所讲:"人们首先必须吃、喝、住、穿,然后才能从事政治、科学、艺术、宗教等等。"②为减弱农民焦虑,解决农民的生存发展问题,从而增加其对当代中国马克思主义的信任以及参与大众化的积极性,必须不断提升农业经济效益。

---

① 《马克思恩格斯选集》第1卷,人民出版社2012年版,第152页。

② 《马克思恩格斯选集》第3卷,人民出版社2012年版,第1002页。

提升农业经济效益必须贯彻落实藏粮于地、藏粮于技战略，坚持把提高农业生产能力放在首位，并引导农民不断扩大农业生产规模。农业科技是提高农业生产力的核心驱动力，应当引进并推广农业科技成果，加强基本农田和其他农业生产区的基础设施建设。而严守耕地红线是提高农业生产力的重要前提，必须对基本农田实施保护政策以确保土地规模、提升耕地质量，重视农业生产区的发展规划。此外，各地政府应当积极培育新型农业主体，鼓励农民通过多种方式扩大生产规模，通过规模经营助推农业现代化的实现，增加农业经济效益。

针对农业供给能力和市场实际需求存在差距的问题，必须加快推进质量兴农战略，推进农业高质量发展，应当摆脱以增产为核心的农业生产导向，而“按照增加总量、优化存量、提高效能的原则，强化高质量绿色发展导向”①，以提供适销对路的高质量农产品为主线，打造一批“有影响力、带动性、特色鲜明、产业基础好”的农产品，依托新型农业科技的研发和投入，推广优质品种，优化农产品结构，优先培育地方特色农产品，形成具有地域特色的农业产业布局，推进农业生产的品牌化和优质化，并针对农产品质量检测问题构建科学的评估体系，以便从农业生产的全过程综合提高农产品质量，增强农产品的市场竞争力。

同时，帮助农民创造更多农业发展机遇和更活跃的农产品贸易环境。一方面，统筹利用好国内国际两个市场和两种资源，不仅要健全平等公正的国内市场环境，依托市场机制作用的充分发挥，为农民争取更加广阔的发展机遇，利用各种营销途径，推动农产品走出去；还要依托农业产业集团，深耕农产品的生产、加工与销售，提高农产品质量，做强农产品品牌，对接海外市场，通过提升农业的对外合作水平和农产品的销售能力，真正帮助农民解决农业效益问题；另一方面，应当以保护农民利益、支持农业优先发展为基本原则，积极引导农民深入了解市场竞争机制，迎合市场需求，及时向农民发放农产品贸易补贴，研究适应农村农业发展现状、有助于开拓农业市场份额的惠农政策，研究并制定各类农业保护政策，帮助小型农户与农社对接、与

① 《中共中央国务院关于坚持农业农村优先发展做好“三农”工作的若干意见》，《人民日报》2019 年 2 月 20 日。

市场对接,并使之最终能够与现代农业实现有机衔接。

2.完善农村产业结构,拓宽农民增收渠道

基于农业经济效益的增长,不断推进农村产业链的完善是满足农民物质生活需要和提升农民参与农村当代中国马克思主义大众化实践的另一个重要举措。要想帮助农民增收,除了提升农业经济效益之外,还应关注农业产业结构的优化,做强、做长农产品的产业链,以提升农产品附加值为目标,挖掘和开发农业的非基础性功能,延长和扩展农村产业链,丰富农村产业结构,构建并发展第一、二、三产业交织融合的现代化产业体系,实现现代农业全产业链发展。

从横向来看,要注重农村产业结构的优化。借助于一些科研机构平台和人员,针对本地农村的资源情况、生产力发展水平、基础设施建设现状以及人才培养状况,对农村产业发展进行科学合理的规划。此外,还可以把构建较为完善的大数据产业体系作为最终目标,依托互联网科技和其他信息技术,将互联网创新项目融入农村产业结构的调整和完善过程,广泛带动市场新信息和国家的“三农”政策及时入村入户,支持广大农民借助互联网积极开展农村电子商务,深入推进农村产业链的信息联通,为调整农村产业链提供可靠的技术支撑。

而从纵向来看,要注重农村产业结构的综合性,努力促使各产业摆脱单一的、零散的、孤立的发展状态,建立多层级、宽领域、多节点的农村产业链条。以淘汰农村落后产能为优先任务,通过强化集约型生产方式充分发挥农村的生产优势,加快推动工农业现代化,构建新型农村服务业,大力发展乡村旅游业和特色创意产业,全面升级农村产业并推进农村产业链内部的深加工,打造具有民族和地域特色的产品品牌。

通过具体的农业增收形式,一方面农民能够从中获取实实在在的经济利益,能够最大程度地提高生活水平,拥有更高质量的基本生活保障,为农民参与农村当代中国马克思主义大众化实践提供必要的物质前提;另一方面,正如邓小平提出生产力发展和人民收入增加是“压倒一切的标准”,“空讲社会主义不行,人民不相信”①,提升农业的产业效益能够促使农民切身体

① 《邓小平文选》第2卷,人民出版社1994年版,第314页。

会到当代中国马克思主义对“三农”问题的关注和支持，增强农民的亲切感，激发农民参与当代中国马克思主义大众化的内生动力，提升其参与大众化实践的积极性、自觉性和有效性。

（二）树立经济行业典型，榜样带动促成大众化

较低的收入水平和生活水平，使农民不得不致力于增加个人收入，缺乏主动参与当代中国马克思主义大众化的积极性，但农村经济场域中的成功人士和产业精英在增加个人收入、改善生活水平等方面取得了巨大成就，无疑会吸引农民的关注和模仿。因此，我们要看到其在大众化中的独特作用，不能将其仅仅定位于大众化的受众，而应当促使其成为农村当代中国马克思主义大众化过程中的本土引导者，凭借其对农民产生的巨大的影响作用，助推农村当代中国马克思主义大众化的发展并增强其效果。

1.充分发挥农村产业精英的示范作用

推进农村当代中国马克思主义大众化，应当充分发挥农村经济场域中行业精英自身的榜样模范作用，为这一过程打造先锋力量。由于以务农为生的农民受教育水平较低，制约了他们对当代中国马克思主义的理解能力及获取当代中国马克思主义的途径方法，即便是农村当代中国马克思主义大众化宣传主体为其提供有益信息及获取渠道，他们依旧无法依据自身需要进行选择和利用。而农村产业精英作为其生活中的“熟人”，凭借着其经济发展成就，自然成为农民关注、羡慕而又想效仿的对象，这就意味着其拥有引导农民参与农村当代中国马克思主义大众化天然的独特优势，比起干部、官员和外来的农村当代中国马克思主义大众化专业队伍而言，更容易成为农村当代中国马克思主义大众化进程中农民的意见领袖。

要充分发挥农村产业精英在大众化中的示范作用，首先要定位于当代中国马克思主义的主动学习者，要具备学习当代中国马克思主义的理论自觉，借助其较高的认知理解能力和创新能力，对当代中国马克思主义的新发展要及时关注、学习，同时要自觉的将其精神实质与农村经济发展实际结合起来；对党和国家颁布的各项重要方针、战略和重大部署中所蕴含的信息进行加工、转化，从而加深其对当代中国马克思主义的理解，实现其对当代中国马克思主义的坚定信仰，借助其对农民的影响力和号召力，为广大农民树

立学习和传播当代中国马克思主义的榜样和典范，这是促使农村产业精英充分发挥其示范作用的前提，应当成为广大农民接触和参与农村当代中国马克思主义大众化的隐性途径。

此外，农村产业精英更是农村当代中国马克思主义大众化的积极践行者。农村经济场域的成功人士和产业精英拥有其他各级领导干部和农村当代中国马克思主义大众化专业队伍所不熟悉的乡土思维和话语体系，对新时代农村经济场域的客观环境以及处于这一环境之中的农民群体更为熟悉，这促使农村经济场域中的成功人士和产业精英在当代中国马克思主义大众化过程中具有天然优势。因此，为了更加深入地推进农村当代中国马克思主义大众化，除了促使农村产业精英成为重要受益人之外，还必须鼓励他们以身作则，树立主动学习当代中国马克思主义并参与农村当代中国马克思主义大众化进程的榜样形象，以自身的影响力带动农民主动向当代中国马克思主义靠近，并在日常生产生活实践和社会交往实践中，对于农民实践当代中国马克思主义也起到一定的引领和协助作用，为广大农民宣传、讲解当代中国马克思主义的重要意义和时代价值。通过农村精英与广大农民的互动交流，有助于潜移默化地推进农村当代中国马克思主义大众化的顺利开展，从而促使农村经济场域的成功人士和产业精英成为提升农村当代中国马克思主义大众化实践成效的先锋力量。

2.充分发挥农村产业精英的引领作用

农民生产、生活的分散化，使其呈现出一种原子化的状态，而这对于拓展农村当代中国马克思主义大众化的覆盖面及单元化开展皆存在不利影响，无法保证每一个农民都能有效参与。如何将农民有效的组织、动员起来，这是推进当代中国马克思主义大众化的关键所在，而仅仅靠农村党员干部，很难实现有效的组织动员与思想引领。而农村产业精英在农民中拥有广泛的影响力和威信，能够将农民组织、动员起来。因此，推进农村当代中国马克思主义大众化还应当把这一群体视作中间人，适时吸引农民加入农村经济组织，为农村当代中国马克思主义大众化创造组织条件。

当代中国马克思主义要在农村经济场域更广泛地发挥作用，必须借助农村经济场域中成功人士和产业精英的力量，不断提高农民合作社、农民综合服务站的服务质量，引领并组织更多农民加入经济组织，通过提升农民组织化程度，促进当代中国马克思主义及国家有关“三农”工作的方针政策等相关信息和知识的共享、传播、交流和教育，使农民全面提升自身对当代中国马克思主义的认知，创造并利用好组织条件，以引领农民更好地参与市场活动，有助于农村场域更好地带领农民抓住发展机遇，开辟科学发展、全面发展之路。同时，借助农民参与经济组织的积极性，通过成功人士和产业精英对更多农民的组织和带动，有助于在一个开放、交流、合作与信任的群体环境下，推动农村当代中国马克思主义大众化实践的创新。这一举措不仅有利于拓展农村当代中国马克思主义大众化的覆盖面，而且还有助于减少农村当代中国马克思主义大众化在同一个村内“一刀切”“走过场”的现象，能够充分考虑到不同职业、不同年龄、不同性别及不同受教育水平农民的实际情况，将农村当代中国马克思主义大众化在本村单元化，有力地保证每一个农民都能有效参与农村当代中国马克思主义大众化进程。

（三）建立岗位学习机制

新时代以来，农民的增收渠道不断拓展，可从事的职业类型也愈加丰富，在传统意义上的农民数量不断减少的同时，新型农民作为新时代农民的缩影，不再只把从事家庭式农业生产劳动作为主要收入来源，而是可以依据知识素养和专业技能，在农村合作社、综合农业园以及其他农村龙头企业和工厂中谋求工作岗位，日渐成为改善农村面貌、提升农业产值的主力军。不同于农村经济场域中的成功人士和产业精英，新型农民这一群体学习的积极性与主动性不足，缺少理论的洞察力与理解力，需要农村当代中国马克思主义大众化更多的指引和带领，同时他们又不同于传统意义上的农民，拥有比传统农民更高的主动性和积极性，能够成为深入推进农村当代中国马克思主义大众化进程的中坚力量。要充分发挥新型农民在当代中国马克思主义大众化中的作用，就必须在农村的各企事业单位建立起岗位学习机制，促使农村各企事业单位形成当代中国马克思主义大众化的激励机制、管理机制以及考评机制，促使新型农民能够在特定的工作岗位上得到激励和引导，确保农村当代中国马克思主义大众化在新型农民这一群体中拥有良好效果。

1.建立农村当代中国马克思主义大众化的激励机制

对于在工厂、合作社及其他机关企事业单位从事工作的农民而言，完成本职工作、获得劳动收入是其身为员工的责任和权利，而在农民日常工作之余推进当代中国马克思主义大众化，也必须借助激励机制对农民的推动作用，借助精神激励、物质激励和工作激励的方式，建立农村当代中国马克思主义大众化的激励机制，不仅符合农民的实际需要，能够激发其参与当代中国马克思主义大众化的热情和主动性，而且还能够保证农民在较长时间内始终维持较高的参与热情，有助于逐步提升推进农村大众化的深度和广度。

作为激发农民积极性的重要保障，当代中国马克思主义大众化的激励机制应当根据不同岗位的新型农民的需要，采取精神激励、物质激励与工作激励相结合的方式，满足农民的期望值。首先，工厂、合作社及其他机关企事业单位的领导干部应当关注新型农民思想觉悟的变化，注意观察新型农民对当代中国马克思主义的情感和立场。一方面，对积极参与农村当代中国马克思主义大众化进程、坚定信仰当代中国马克思主义以及在工作实践中认真践行当代中国马克思主义的新型农民予以精神奖励，可以采取口头表扬、大会表彰和发放证书等方式，促使新型农民获得心理的满足和激励；而另一方面，应当对消极参与当代中国马克思主义大众化的新型农民，予以思想教育和引导，言行不当者则应根据程度轻重，予以批评和惩罚。其次，工厂、合作社及其他机关企事业单位应当予以农民必要的物质激励，对于思想觉悟高、积极参与农村当代中国马克思主义大众化的新型农民，应当设计适宜的补贴和福利项目，如：为了激励农民外出交流学习而发放必要的外出津贴；针对家庭状况不佳的新型农民，可有针对性地给予各类保险福利。此外还可以设计带薪假期、吃住补助，甚至提供工作餐或健康检查等其他项目，由农民根据自身需要自由选择。正如邓小平鲜明指出：“革命是在物质利益的基础上产生的，如果只讲牺牲精神，不讲物质利益，那就是唯心论。”①同样，物质激励对大多数新型农民都能发挥较好的激励效果，应当成为农村各类企事业单位建立当代中国马克思主义大众化激励机制的主要途径。最后，针对新型农民对未来发展机遇和工作平台的重视，农村的工厂、合作社

① 《邓小平文选》第2卷，人民出版社1994年版，第146页。

及其他机关企事业单位还可以采取工作激励的方式，使思想觉悟高、积极参与农村当代中国马克思主义大众化进程的新型农民拥有更多的晋升机会和发展机会，给予农民技能培训、调整岗位级别的机会，使新型农民不仅能够满足自我实现的需要，而且还能够极大地激发其工作积极性和参与大众化的主观自觉性。

农村当代中国马克思主义大众化的激励机制一旦在农村各类企事业单位形成，就能对新型农民参与当代中国马克思主义大众化产生重要影响，要使这一激励机制持续、有效发挥作用，就必须对本单位内新型农民的个人需要进行全面调查和综合分析，因地制宜、因时制宜地采取精神激励、物质激励与工作激励相结合的方式，才能真正提升新型农民参与当代中国马克思主义大众化的主动性和积极性。

2.建立农村当代中国马克思主义大众化的管理机制

农村当代中国马克思主义大众化作为一项系统工程，需要借助农村各类企事业单位对新型农民的管理和培训制度，将当代中国马克思主义大众化的管理机制融入其中，使当代中国马克思主义大众化能够在农村各类企事业单位制度化常态化运行。

首先，应当促使农村各类企事业单位建立相应的部门，或联合多个已有部门共同履行推进当代中国马克思主义大众化的相应职责，明确本单位推行当代中国马克思主义大众化的基本规定，建立起由个体到小组到部门再到全体员工的灵活性管理结构以及基本的规范管理程序，以便加强对新型农民政治意识、责任意识、大局意识的教育和培养，及时解决和处理本单位内部当代中国马克思主义大众化进展缓慢，甚至“浮于形式”的问题。其次，为使农村当代中国马克思主义大众化深入新型农民群体，引导新型农民的实践活动，保障其根本利益。农村各类企事业单位应及时总结当代中国马克思主义大众化的进展，归纳总结本阶段的工作经验、成效及不足之处，并建构合理有效的目标体系，广泛征集本单位内部新型农民的意见、建议和要求，兼顾不同年龄、岗位、个体素养的员工，制定当代中国马克思主义大众化阶段性目标，包括基本任务、基本途径、参与人员的数量、预期时长以及预期效果等。最后，农村各类企事业单位还应当构建较为完备的当代中国马克思主义大众化的实践体系，不仅包括大众化的基本环节，而且还应当密切结合本单位的特色，尝试使用不同的媒介与载体，探索兼具实效性和创新性的农村当代中国马克思主义大众化实践，不断巩固并拓展本单位的当代中国马克思主义大众化研究阵地、传播阵地和教育阵地。

3.建立农村当代中国马克思主义大众化的考评机制

正如邓小平所讲“一项工作布置之后，落实了没有，无人过问，结果好坏，谁也不管”①，这是各类企事业单位取得工作成效的重大阻碍，为了真正把农村当代中国马克思主义大众化贯彻落实，同样必须杜绝无人监督、无人监管的状态。而要纠正农村当代中国马克思主义大众化进程中“一手硬，一手软”的问题，就必须在农村各类企事业单位建立较为完善的当代中国马克思主义大众化考评机制。

首先，在本单位建立相应的反馈机制是建设农村当代中国马克思主义大众化考评机制的前提。促使农村各企事业单位开拓本单位的信息反馈渠道，及时整理和总结归纳新型农民的反馈意见。以个人和小组为单位，对本阶段农村当代中国马克思主义大众化开展状况的及时反馈，才能进一步促使个人互评、小组互评与专业测评、社会评价相互结合，不仅能够对本单位推动农村当代中国马克思主义大众化所取得的理论创新成果、实践创新成果以及相应机制的完善状况进行评估，而且还可以从新型农民的角度出发，对其思想认识的成果和感悟进行评价，有助于规避从上到下的、命令式的农村当代中国马克思主义大众化实践。良好的反馈机制是正确认识本单位农村当代中国马克思主义大众化工作进展的必要条件，只有农村当代中国马克思主义大众化的实践反馈愈及时、愈充分，对本单位农村当代中国马克思主义大众化的考核评价才能愈准确、愈真实、愈科学，才能真正促使农村当代中国马克思主义大众化取得良好效果。其次，建设农村当代中国马克思主义大众化考评机制的关键在于，客观评价标准的建立与完善。农村当代中国马克思主义大众化不能套用机械的意识形态传播公式，应当反对农村当代中国马克思主义大众化过程中的“一刀切”“一锅煮”现象，辩证地看待“一把尺子量到底”的理念，广泛听取本单位内部新型农民的意见，在本单位

---

① 《邓小平文选》第2卷，人民出版社1994年版，第150～151页。

内针对不同的评估指标进行测评，实现定性评价与定量评价的有机统一，并最终形成一套切实可行的评估指标体系，以便及时掌握和科学评估大众化的实际情况，并在此基础上对大众化实践作出阶段性总结。

二、平衡农村当代中国马克思主义大众化的政治场域

伴随着农业现代化的发展和农民收入的增加，农民对政治场域的关注度和期待度也越来越高。农村政治场域的平衡关乎农民对当代中国马克思主义认同度，不仅因为当代中国马克思主义是引领全党全国人民建设中国特色社会主义的指导思想，而且还因为在当代中国马克思主义的指导下，产生了我国现行的政治制度、国家政策和战略方针，与农民的日常生产生活实践息息相关。正如普列汉诺夫所指出的，社会中的人的心理“一部分由经济直接所决定”，“一部分由生长在经济上的全部社会政治制度所决定”①，为了提升农民对当代中国马克思主义大众化的参与度，除了应当对农村经济场域进行再造，还必须从健全农村政治场域层面入手做好必要的政治保障，保证其在大众化进程中能够平稳运行，始终保持平衡状态。因而，平衡农村政治场域不仅应当明确村两委在推进农村当代中国马克思主义大众化进程中的职能，建立农村当代中国马克思主义大众化长效机制，而且还应当继续提升村两委干部在这一过程中的参与度，做好及时且明确的反馈。此外，农村政治场域必须不断提升农民话语权，理顺农村当代中国马克思主义大众化的表达渠道，如此，才能保证农村当代中国马克思主义大众化的推进与农民诉求、农民需要相对接。

（一）明确村两委职能，建立大众化长效机制

村两委由农村基层党组织和村委会构成，是党和政府与广大农民产生密切联系的重要桥梁和纽带，对农村日常事务的处理和对农民合法权益的保障产生不可磨灭的作用。同时，村两委作为推进农村基层民主建设、政治建设的基层组织，也是推进大众化的核心部门。要想充分发挥村两委在农

① [苏]普列汉诺夫，Г.В.：《普列汉诺夫哲学著作选集》第3卷，生活·读书·新知三联书店1962年版，第195页。

村当代中国马克思主义大众化进程中的基础性作用，必须首先明确村两委各自的职能分配以及二者之间的关系，才能平衡乡村治理主体结构，更好地组织其他治理主体助力于农村当代中国马克思主义大众化的实践，并逐步建立起多主体有序参与的农村当代中国马克思主义大众化长效机制。

1.明确村两委在农村当代中国马克思主义大众化进程中的职能分配

平衡农村政治场域的核心在于促使村两委协同共治、形成强大合力，正确处理村两委在农村当代中国马克思主义大众化过程中的关系问题，明确二者各自在这一过程中的职能担当。虽然村两委在推进大众化的实践中没有出现权责冲突，但是职责范围不清晰的问题仍在一定程度上存在着。因此，顺利推进当代中国马克思主义在农村政治场域的实践，必须明确村两委在这一进程中的关系并划分各自职责。

从二者关系的角度来看，应当强化农村基层党组织的政治领导和顶层设计的作用，使村委会在基层党组织的领导下有序开展大众化工作。由农村基层党组织对当代中国马克思主义大众化进行总体部署，由村委会加强对农村基层党组织在当代中国马克思主义大众化进程中的工作态度和工作方法的监督，对农村基层党组织提出工作意见和建议，二者应当依据本村实际、农民思想政治状况，共同制定本村推进当代中国马克思主义大众化的基本目标、基本方法、基本原则和实施步骤，共同对当代中国马克思主义大众化进程中出现的典型事例、基本经验和教训进行总结，并对推进这一进程所遇到的实际问题提出合理的解决方案。

从基本职责的角度来看，村两委在农村当代中国马克思主义大众化过程中应当避免交叉、合理分工，保证各自拥有不同层面但彼此联系的基本职责。正如葛兰西所言：“党应是进行共产主义教育的机构，是信念的源泉，是共产主义学说的维护者。”①农村基层党组织作为贯彻落实党的各项方针路线政策和重大决策部署的领导核心，必须首先突出其在农村当代中国马克思主义大众化进程中的政治引领功能，重在“把方向、管大局、保落实”②，切

① ［意］葛兰西：《葛兰西文选（1916～1935）》，中共中央马克思恩格斯列宁斯大林著作编译局国际共运史研究所编译，人民出版社1992年版，第38页。

② 《中国共产党党组工作条例》，《人民日报》2019年4月16日。

实加强对村委会的领导作用和对农民的教育引导作用，保证当代中国马克思主义和党的重大决策、重大部署及重要举措能够在农村政治场域形成共识，并能够有效转化为具体可行的政策，“坚持农村改革发展推进到哪一步，思想政治工作就跟进到哪一步，在解决好‘富口袋’的同时，解决好‘富脑袋’的问题”①。而村民委员会则负责具体政策的实施问题，应当积极响应和支持农村基层党组织的号召，不仅要针对当代中国马克思主义和党的各项政策积极地展开多种形式的宣传活动和学习活动，而且还应当对农民在当代中国马克思主义大众化实践中提出的问题和需要给予及时回应，引导农民在生产生活实践中践行当代中国马克思主义。

从工作方法的角度来看，应当促使村两委在农村当代中国马克思主义大众化进程中实现互相补充、互相配合。农村基层党组织应优先培育农村中的党员及干部，进而向普通农民延伸，而村委会则应当优先组织广大农民，为农民学习当代中国马克思主义和参与农村当代中国马克思主义大众化实践提供条件。

2.建立以村两委为核心的农村当代中国马克思主义大众化长效机制

农村当代中国马克思主义大众化要解决其制度化、常态化问题，应当充分考虑农村治理主体的多元化，在明确村两委职能分配的基础上，协调各治理主体，实现治理格局的科学、有序，在此基础上，建立以村两委为核心的、多元主体协调参与的当代中国马克思主义大众化长效机制。

就农村当代中国马克思主义大众化长效机制的运行机制来看，农村基层党组织作为农村内部各类经济组织、自治组织和社会服务组织的领导核心，负责“重大思想动态的政治引导”②，村民委员会则是基层群众性自治组织，所以村两委应当成为农村当代中国马克思主义大众化的组织者。而新乡贤、农村话语领袖、各种农村经济组织、自治组织及社会组织应当成为农村当代中国马克思主义大众化的推动者。首先，村两委应在推进农村当代中国马克思主义大众化的过程中发挥统领作用，并在此过程中贯彻执行对

① 仲祖文：《始终坚持农村基层党组织领导核心地位不动摇》，《人民日报》2015 年 6 月 21 日。

② 《中国共产党党组工作条例》，《人民日报》2019 年 4 月 16 日。

其他治理主体的领导职责，不断提高领导水平。其次，要充分发挥新乡贤、农民协会、农村合作社等组织和个人的作用，利用其组织和资源优势开展形式多样的宣传教育活动，同时借助其自身特色，探索大众化实践的新形式和新载体，实现当代中国马克思主义大众化的分层化和单元化传播，解决大众化实践的全员参与问题。与此同时，也增强了大众化内容、形式和渠道的针对性。通过两类主体的同向发力，可以有效解决农村当代中国马克思主义大众化的覆盖性与针对性、单一性与多样性相统一的两难问题。

主体作用的有效发挥还有赖于保障机制的健全和有序运作，健全基层民主、保障农民政治权益不仅有助于完善农村自治机制，为激励农民充分参与农村当代中国马克思主义大众化提供政治保障，而且还有助于提升各治理主体的参与感，发挥新乡贤、农村话语领袖和其他社会组织在农村当代中国马克思主义大众化进程中的积极功能。因此，应当依托党的代表大会制度、基层群众自治制度和党政干部选拔任用制度，一方面充分发扬党内民主，保障广大农民的政治权利，一方面充分发扬党内民主，保障广大农民的政治权利，另一方面则坚决反对形式主义和官僚主义作风，保证各级领导干部能够真正扎根农村当代中国马克思主义大众化的实践，在实践中发现真问题，并在分析问题的基础上探寻符合实际的解决方案。

主体自身政治素养状况及话语偏好也影响到其推进农村当代中国马克思主义大众化的效果，建立常规的主体培训机制至关重要。可以通过专题讲座、理论学习、实践调研等方式来系统地学习当代中国马克思主义的思想体系、党在农村的方针政策等，加强思想和理论武装，进而提升广大农村话语领袖及其他农村精英的理论水平和政治素养。当然，为强化其对广大农民群众的教育和引领作用，还应进一步扩展培训内容，在带领各治理主体学习、领会当代中国马克思主义之余，还应当培训有关开展农村当代中国马克思主义大众化实践的工作方法、工作原则，以便提升各治理主体在农村当代中国马克思主义大众化进程中的工作能力，促使农村当代中国马克思主义大众化由应急式教育转变为主动式学习。

(二)增强干部参与度，及时反馈大众化效果

村两委的各级领导干部是带领广大农民群众学习、领会并践行当代中

国马克思主义的责任主体。村两委的各级领导干部在一定程度上代表着党在农民中的形象，这一形象的好坏直接影响着农民对党的信任度，同时也决定着农民对当代中国马克思主义的认同感，因而，村两委的各级领导必须“带头学理论、强信念，筑牢信仰之基，补足精神之钙，把稳思想之舵”[①]，同时积极领导、参与推进农村当代中国马克思主义大众化的全过程。然而，在其实践过程中，部分领导干部缺少深度参与和全面覆盖，比如，有些干部只关注党员群体的教育，对其他农民群体的宣传教育工作重视不足，使大众化的受众范围受限、窄化。要提升农民群体在大众化进程中的参与度、活跃度，既要首先考虑提升各级领导干部的参与程度，还要使领导干部及时反馈农村当代中国马克思主义大众化的效果，及时为广大农民服务。

1.促使领导干部积极地参与大众化进程

广泛参与农村当代中国马克思主义大众化是各级领导干部增强自身学习本领、政治领导本领及群众工作本领的必要环节，应当充分发挥各级领导干部的带头作用，使各级领导干部积极参与这一进程。

首先，村两委的各级领导干部应当以坚定的共产主义信仰和较高的马克思主义理论素养感染广大农民群体，而不能将农村党员作为单一的受众群体，应促使广大农村党员在农村当代中国马克思主义大众化的进程中率先垂范、躬身践行，并在农民群体中树立积极形象、发挥先锋模范作用，积极向广大农民群众弘扬主旋律、传播正能量，坚决反对一切歪曲、违背、否定当代中国马克思主义和党的政治路线的言论，坚决与反对当代中国马克思主义的错误行为作斗争。

其次，村两委的各级领导干部必须以杰出的工作能力和卓越的办事水平使农民信服，增强自身对贯彻落实意识形态工作的责任意识，“切实提高把握方向、把握大势、把握全局的能力和辨别政治是非、保持政治定力、驾驭政治局面、防范政治风险的能力”[②]，把推进农村当代中国马克思主义大众化进程与完善农村基层党组织建设、村两委领导班子建设紧密结合起来，利用自身的工作优势使当代中国马克思主义所换发的真理光芒、理论魅力感染

---

① 《中共中央关于加强党的政治建设的意见》，《人民日报》2019年2月28日。

② 《中共中央关于加强党的政治建设的意见》，《人民日报》2019年2月28日。

广大农民群众，实现当代中国马克思主义的理论逻辑向农民的实践逻辑的实质性转化，将深入推进农村当代中国马克思主义大众化作为己任、增强责任担当，坚决摒弃形式主义、以表面行为应付推进大众化进程的工作态度以及逻辑简单的工作方法，杜绝村两委领导班子与农民之间出现交互制约的无益局面以及主导与执行的矛盾关系。

此外，村两委的各级领导干部还应当通过实际行动带领和教育广大农民。以严谨与生动并存为原则，促使领导干部探索和挖掘多种形式的农村当代中国马克思主义大众化实践，在宣传教育活动、党课学习活动以及线上主题教育等方式之余，还应组织本地区农民进行集体考察学习、外出实地学习，或通过文化娱乐活动的开展，从而实现对当代中国马克思主义的宣传，这有助于实现村两委领导干部与农民之间形成近距离甚至零距离的良性关系，化解村两委领导干部与农民之间的隔阂以及沟通障碍，进而减少农民群体对当中国马克思主义的理解偏差和认知误区，提升对各级领导干部的评价，加深对当代中国马克思主义的理解度、认知度，重新审视在推进农村当代中国马克思主义大众化实践进程中的积极作用，继而增强农民对农村当代中国马克思主义大众化的心理认同。

2.推动领导干部及时地反馈大众化效果

及时反馈农民意见、进行阶段性总结是推进农村当代中国马克思主义大众化的一项极为重要的基础性任务，其开展情况如何直接影响大众化的效果，决定着能否将大众化实践向纵深推进。因而，应当鼓励村两委的各级领导干部在参与农村当代中国马克思主义大众化的过程中注意总结经验，及时反馈农村当代中国马克思主义大众化效果。

“面向生活、面向实践、面向大众，关注、代表和实现人民群众的根本利益”①，这是对农村当代中国马克思主义大众化的基本要求，各级领导干部应当主动承担起推动农村当代中国马克思主义大众化的责任，把对党负责与对广大农民群众负责高度统一起来，主动保持与各级组织、宣传部门和其他有关部门之间的密切联系，依靠其自身对农民思想状况的了解情况，并及

① 袁银传:《建设具有强大凝聚力和引领力的社会主义意识形态》,《人民日报》2018 年 6 月 3 日。

时、系统地整理农民对这一阶段农村当代中国马克思主义大众化的评价以及农民对参与下一阶段农村当代中国马克思主义大众化的诉求和期待，与各级组织、宣传部门及其他有关部门认真研究农民心理构成、价值观念、理想信念和行为倾向，总结本阶段农村当代中国马克思主义大众化实践的新鲜经验与不足之处，以便保证下一阶段农村当代中国马克思主义大众化的实践工作能够更加迎合农民的诉求和期待，并最终提升当代中国马克思主义在农民群体中的认知度、认可度以及对广大农民群众的感召力、影响力。

这一系列举措不仅能够及时把握农民的思想动向，避免产生以绝对化、片面化的心理去理解和把握农民的情况，还能依据农民所反映出来的具体的、客观的实际情况剖析部分农民产生错误观念和歪曲价值观的根源所在，从而加强对农村思想阵地的管理，取缔反对当代中国马克思主义的错误言论的传播渠道，为针对性地引导农民参与农村当代中国马克思主义大众化提供了科学指引和实践依据，为接下来的在当代中国马克思主义大众化进程中帮助农民扫除理解障碍、厘清观念是非提供了便利。更关键的是，对本阶段农村当代中国马克思主义大众化实践效果进行及时反馈和科学研究，有助于各级领导干部从现阶段的农村当代中国马克思主义大众化进程中及时发现问题和不足，有针对性地进行调整和完善，也为下一步推进农村当代中国马克思主义大众化指明了方向。这种反馈机制和评价体系的建构，可以实现对农村当代中国马克思主义大众化的科学观测，便于在实践的反复校正中探寻真正符合本地实际和需要的大众化的实践路径。

（三）提升农民话语权，畅通大众化表达渠道

农民的话语权是当代中国马克思主义话语权体系的重要组成部分，“当代中国马克思主义在农村大众化的过程实质上是农民逐步掌握当代中国马克思主义话语权的过程”①。由此可见，农民话语权的保障至关重要，要实现大众化实践的顺利推进，就必须致力于保障农民拥有充足的话语权，能对自身权益和利益诉求进行表达，使农村当代中国马克思主义大众化成为实现

① 肖芳：《农村当代中国马克思主义大众化研究》，山东大学出版社 2015 年版，第 195 页。

农民对美好生活向往的重要途径，而不是只将大众化的过程理解为简单的单向输出的过程。只有从态度上克服对农民话语的歧见、在内容上尊重农民叙事风格、在形式上拓宽农民发言阵地，才能塑造有效话语，切实保障农民话语权，从而畅通农村当代中国马克思主义大众化的表达渠道。

1.克服对农民话语的歧见

领导干部及其他宣传人员“主宰着话语权，并以权威的身份、高高在上的姿态对受众实施单向的信息传递并渴望对方无条件地接受”①，这种单向传播由于缺少有效互动，往往会削弱当代中国马克思主义大众化的效果，而造成这一问题的根源便是对农民话语权和话语表达方式的忽视和不重视，给农民群众贴上了保守、愚昧、落后的标签，并认为其话语表达的方式和内容缺乏科学性、时代性。唯有破除这一错误思想，克服话语歧见，在大众化的实践中善于倾听和运用农民话语，实现与农民双向有效互动，才能拓展农民对当代中国马克思主义大众化的参与度。

克服对农民话语的歧见必须以完善农村基层民主政治建设为基础，首先转变各级领导干部及其他宣传人员在农村当代中国马克思主义大众化进程中的工作态度，尤其应当注重对领导干部民主意识的提升，使各级领导干部及其他宣传人员抛弃对农民群体的刻板成见，对农民群体的社会地位、农民话语权的重要意义产生新认识，不断增强其对农民话语权的重视，克服大众化实践中的家长制做派，从而避免使农民成为“沉默的大多数”。其次，应当使各级领导干部及其他宣传人员改变和调整自己的工作定位，不能给农民群体贴标签，也不能只把农民当作农村当代中国马克思主义大众化过程中的接受者，要尊重农民的主体地位，使农民成为农村当代中国马克思主义大众化的核心参与者，正视自己作为农民利益代言人和维护者的身份，不遗余力地鼓励、支持、推动农民群体参与大众化过程。

2.尊重农民叙事风格

农民的叙事风格是其话语权的核心呈现，主要体现在农民的思维方式、话语偏好之中。农民对自我诉求的表达存在着特殊的用语习惯，往往既反映了传统习俗中的陈规古训，又与现实利益密切相连。农民话语表达与其

---

① 李春会：《传播视域下的马克思主义大众化》，人民出版社2013年版，第94页。

他群体话语表达的差异性不应当也不能成为提升农民话语权、保护农民合法权益的桎梏，更不能成为推进农村当代中国马克思主义大众化的阻碍。相反，农民群体的话语表达正是在大众化过程中更好地理解农民、团结农民的重要载体，必须充分尊重并理解其带有自身鲜明特色的叙事风格，如此才能真正与农民对话，走进农民的精神世界。

首先，转换话语系统，用农民喜闻乐见的话语，推进农村当代中国马克思主义大众化。毛泽东十分重视农民话语权问题，认为“如果是不但口头上提倡提倡而且自己真想实行大众化的人，那就要实地跟老百姓去学，否则仍然‘化’不了的”①。各级领导干部及其他宣传人员应当主动深入农村、深入农民，学习农民常用的通俗语言，通过自身话语风格的转变，使农民更易理解、相信和接受当代中国马克思主义。在这一点上，习近平总书记给我们做了很好的示范，他在讲话时善用家常话语、典型事例、古典诗词及传统谚语，如把理想信念的不坚定描述为精神上“缺钙”；在坚决惩治腐败的问题上强调“老虎”“苍蝇”一起打；对群众教育活动路线提出了“照镜子、正衣冠、洗洗澡、治治病”的总要求等，其形象生动、幽默风趣的话语风格拉近了与群众之间的距离，应当成为各级领导干部及其他宣传人员推进农村当代中国马克思主义大众化的典范。

其次，提高话语权，保障农民的政治参与。切实保障农民的政治参与度，以便在政治参与的过程中拥有表达自我、与其他群体进行博弈、沟通和协调的机会，而不是在农村当代中国马克思主义大众化的实践中以权力群体的话语权、知识群体的话语权和精英群体的话语权代替农民话语权的表达，必须剖析农村当代中国马克思主义大众化进程中农民集体性失语的状态，充分尊重不同年龄、职业和性别的农民的个人境遇，保证广大农民群众的经济需要、政治诉求和其他各项权益都能够在农村当代中国马克思主义大众化进程中得到反映、研究和解决。

最后，通过信息公开，提升农民参与农村当代中国马克思主义大众化的积极性。充分调动农民自我管理和监督的积极性、主动性，以真正发挥各级领导干部对农民及农民组织的合法权益的保护作用，防止在农民群体中出

---

① 《毛泽东选集》第3卷，人民出版社1991年版，第841页。

现政治边缘化、孤立化的现象，并由此激发农民参与农村当代中国马克思主义大众化进程的积极性，确保农民能够与村两委和上级政府进行平等对话，参与农村当代中国马克思主义大众化的积极性就能得到提升，农民群体才能够真正成为农村当代中国马克思主义大众化的受益者。

3.拓宽农民发言阵地

农民作为较为分散的群体，缺乏保护自身合法权益的能力。在很大程度上，农村精英和领导干部依然是大众传媒载体的主导者。农民“缺少发言的阵地，部分失去了话语权”①，而在权力机构中也缺乏相应的代言人，这就使农民产生了一种“局外人”之感，以一种被动的姿态参与当代中国马克思主义大众化的实践。就此，拓宽农民发言阵地就显得极为紧迫，要求我们将拓展和完善农民自我表达的发言阵地、发言平台等工作做实，以此提升农民对农村当代中国马克思主义大众化的信任感与支持度。

首先，完善信访机制和监督机制，在村两委的领导下保障农民诉求表达和权益保障渠道的畅通，有效拓展农民的话语表达阵地。为了在农村当代中国马克思主义大众化进程中缩小政府与农民之间的距离，改变“大闹大解决，小闹小解决，不闹不解决”的错误原则，必须重视信访机制和监督机制在农村当代中国马克思主义大众化进程中的地位和作用，积极营造有利于农民进行诉求表达的体制机制环境，保证政府能够与农民平等对话，破除精英主导的话语格局，给予农民充分的话语表达自由与平台，使农民既拥有自我发声、自我解释的主动权，又可以阐述意见和建议、呼吁解决实际问题，拓宽农民实现自我表达的平台和途径，以适当方式对农民之间、农民与领导干部之间的矛盾纠纷予以解决和处理，如常见的和解、调解等方式。实现农民与政府的良性互动，在农民话语表达得以充分保障的基础上，提升农民对当代中国马克思主义的情感认同。

其次，拓展农民话语表达平台，积极引导农民采用合法、有序的方式表达诉求，使农民不需要借助传统乡俗和强权势力，就能够产生维护自身根本利益的公共话语，大力推进农村公共话语空间的建立，并使维权组织成为提高农民政治参与度、农民与政府对话的有效途径，使农民话语权在日常生产

① 李春会:《传播视域下的马克思主义大众化》，人民出版社2013年版，第78页。

生活实践中得以充分落实，在农村当代中国马克思主义大众化过程中得以有效贯彻，有助于极大地缓解农民话语表达上的“失语状态”，提升农民群体与其他群体展开博弈的实际力量，增强农民对自我诉求进行表达的效力，增强其在农村当代中国马克思主义大众化进程中的话语影响力和诉求能力，以便化解农民话语与农村当代中国马克思主义大众化形式之间的矛盾。

随着网络信息化在农村的深入发展，网络平台及新媒体资源的开发、利用将成为拓展农民话语的重要渠道。因而，在大众化的实践中应进一步提升媒体资源对农民的倾斜力度，不仅要为广大农民提供表达诉求、倾诉心声和述说实情的途径和机会，防止他者的话语表达在农村当代中国马克思主义大众化的过程中误解、误传了农民的真实意愿，而且还要帮助农民完善其话语体系的缺陷，以媒体话语体系表达农民呼声，在大众化的实践中建构起以农民为主体的话语格局，而不是以农村精英和领导干部为主体取代以农民为主体的实践风格，充分保障农民话语权。

三、完善农村当代中国马克思主义大众化的文化场域

由农村经济场域和政治场域所决定的农村文化场域是影响农民思想意识、价值观念的关键性场域，“通过传统和教育承受了这些情感和观点的个人，会以为这些情感和观点就是他的行为的真实动机和出发点”①，这不仅体现了决定农村当代中国马克思主义大众化实践效果的文化土壤和舆论场，同时也亟需用当代中国马克思主义来滋养农村文化场域。完善农村文化场域，是迎合农民对当代中国马克思主义精神需要的必然之举，使之成为农民接受、认可当代中国马克思主义的内在推动力。一方面，要善于运用当代中国马克思主义推进传统乡土文化现代化，营造符合新时代要求的乡风民风，实现当代中国马克思主义与农村文化传统的优秀成分进行有机结合；另一方面，还应当坚持以当代中国马克思主义为指导，挤压非马克思主义思潮的存续空间，消除非马克思主义对农民思想、价值观念的负面影响和对农村当代中国马克思主义大众化进程的阻碍作用。此外，还应当以发现和消除当代中国马克思主义大众化在内容与形式上的弊端，促进与农村精神文明建

① 《马克思恩格斯选集》第1卷，人民出版社2012年版，第695页。

设的有机结合。

(一)推进传统乡土文化现代化

乡土文化是影响农民思想观念、影响农村文化走向的重要因素,其发展历程构成了农村文化场域变迁的主线。而传统乡土文化毕竟是历史文化传统的延续,已经不能完全满足新时代农民的精神文化需要。因而,要对传统乡土文化进行现代化的转化和创新,依托当代中国马克思主义来推进传统乡土文化现代化,不仅要使当代中国马克思主义融入广大农村的乡风民风建设,营造与农村当代中国马克思主义大众化的实践要求相适应的民风民俗,还要推动当代中国马克思主义与农村文化传统的优秀部分进行有机结合,引领农村文化传统转型的基本方向,为农村当代中国马克思主义大众化营造更加积极向上的文化氛围、培育优质思想资源,与新时代农村精神文明建设的时代要求相呼应,深入把握推进农村当代中国马克思主义大众化进程的重要时代契机。

1.营造与农村当代中国马克思主义大众化相适应的乡风民风

传统乡土文化的重要呈现载体便是乡风民风,这也是推进农村当代中国马克思主义大众化的重要文化底色。农村经济和政治场域的迅速转型极大地影响了乡风民风的发展走向,但乡风民风作为一种具有相对独立性和稳定性的文化产物,其转型是一个漫长的过程,因此,在新时代推进农村当代中国马克思主义大众化,必须紧密围绕社会主义精神文明建设的要求,以当代中国马克思主义为指导来实现乡风民风的现代转型。

第一,充分发挥乡风民风对农民群体的塑造作用,必须对本地区农村的乡风民风进行深入考察,以加强对当代中国马克思主义、党的路线方针及其他“三农”政策的宣传教育为目标开展移风易俗工作,破除农村的陈规陋习并弘扬文明乡风。移风易俗的关键在于以当代中国马克思主义为引领,不仅要加大对落后社会习俗的整治和对不良乡风民风的治理,“遏制大操大办、相互攀比、‘天价彩礼’、厚葬薄养等陈规陋习”①,建立道德评议会、红白

---

① 《中共中央国务院印发〈乡村振兴战略规划(2018～2022年)〉》,《人民日报》2018年9月27日。

理事会等机构，引导农民远离带有封建落后色彩的不良习俗，而且还包括宣扬健康向上的社会风气，创建更加民主、法治、和谐的乡风文明，以文明村镇、文明家庭为主要活动主体开展群众性文明创建活动，带领农民在生活中领悟当代中国马克思主义的丰富内涵、重大意义及党的各项重要部署，将社会主义核心价值观充分落实在生活实践的各个方面，为农村当代中国马克思主义大众化的深入推进提供良好的思想基础。

第二，打造健康向上的乡风民风必须整治非法宗教和各项封建迷信活动。农村非法宗教活动和其他各项封建迷信活动对乡风民风的塑造也产生了深远影响，在邪教组织、非法宗教活动痕迹较少的农村，其乡风民风更加崇德向善、积极向上，而在邪教组织、非法宗教活动痕迹较多的农村，其乡风民风则更加消极落后，丧失了生机活力。他们利用农民的心理诉求和社会需要，以唯心主义的基本立场为出发点对当代中国马克思主义进行歪曲，使信教农民在一定程度上脱离对现实社会的关切而产生虚无的认同感。为防止邪教组织、非法宗教对乡风民风的侵袭，对农村的封建迷信活动进行抵制也应当成为营造良好乡风民风的重要组成部分。首先，抵制非法宗教和各项封建迷信活动，坚决反对非法宗教在农村的肆意传播，反对村民开展和参与各类非法宗教活动，并把禁止参与非法宗教活动和其他各类封建迷信活动纳入村规民约，从而防止非法宗教干预农村公共事务、扰乱农村社会秩序的行为，破除封建迷信、消极落后的观念对农民思想的束缚和对良好乡风民风的破坏。其次，丰富农民群体的精神文化生活，依托村内文化礼堂、文化广场的建设，强化对广大农民的无神论教育和历史唯物主义教育，对中国特色社会主义和中国梦等内容展开深入的宣传教育，培养与社会主义核心价值观相契合的世界观、人生观和价值观，铲除农村非法宗教活动和其他各项封建迷信活动在农村场域生存的思想阵地，为农民接受、认同并践行当代中国马克思主义提供思想准备。

第三，为营造新时代良好乡风民风而培育重要思想资源。首先，要为农村培育先进的思想资源提供必要的文化氛围，大力宣传民俗新风尚。应当以习近平新时代中国特色社会主义思想为指导，遏制农村文化生活中的陋习，鼓励、宣传民俗新风尚，树立一些新风尚的典型，通过媒体宣传及表彰的方式，引导广大农民积极效仿，形成乡村文明新风尚。其次，要坚持以当代中国马克思主义为指导，繁荣发展农村文艺作品，以先进的文艺作品引领农村新风尚。鼓励广大文艺工作者面向农民生产生活实际，“不断推出反映农民生产生活尤其是乡村振兴实践的优秀文艺作品，充分展示新时代农村农民的精神面貌”①，以优秀文艺作品凝聚起社会正能量、提升农村社会的文明程度，有利于打造淳朴文明的乡风民风，潜移默化地激发农民对当代中国马克思主义的认同。最后，明确文化事业和文化产业创新发展的着力点，为培育先进思想教育资源开辟新路径、寻找新方法。以当代中国马克思主义为精神指引，科学对待农村文化遗产，充分吸收一切古今中外的优秀文明成果，进一步协调、促进农村精神文化产品的创作和发展，为农村场域优质文化产品和服务的提升提供强大的供给能力，将农村文化事业和文化产业的发展作为满足农民对精神文化生活的新期待、新要求的推动力，探寻当代中国马克思主义大众化的新的着力点。

2.推动当代中国马克思主义与农村优秀文化传统的有机结合

推进乡土文化现代化蕴含着一个重要的命题，那便是实现当代中国马克思主义与中华优秀文化传统的结合，也就是要解决好文化的传承与创新。要用当代中国马克思主义对农村文化传统中的优秀成分与消极成分进行辨别，实现农村文化传统的优秀成分与当代中国马克思主义的融合，形成文化精神的贯通和文化内容的契合，为农民认同当代中国马克思主义提供丰厚的文化传统滋养。

一是用当代中国马克思主义界定农村文化传统优秀成分的范围和内容。当代中国马克思主义作为理论参照，不断地促进着农村文化传统的发展、转型和革新，指引着农村文化传统的发展道路及发展目标，对农村文化传统优秀成分进行范围界定和内容阐述是当代中国马克思主义的文化使命。同时，当代中国马克思主义又“为文化传统的延伸和发展提供……科学的理论基础”②，在新时代的新机遇和新挑战中拉近了当代中国马克思主义

---

① 《中共中央国务院关于实施乡村振兴战略的意见》，《人民日报》2018 年 2 月 5 日。

② 薛金慧：《农民文化传统与马克思主义在中国早期实践的互动关系研究》，人民出版社 2017 年版，第 189 页。

与农民间的心理距离。实现传统乡土文化的创新性发展必须坚持以当代中国马克思主义尤其是习近平新时代中国特色社会主义思想为指导，赋予其符合时代特征和农民需要的新形式，在保持本地区文化精华的基础上实现焕发时代气息层面的跃升，并与中国特色社会主义文化在文化观念和文化精神上达成共识，有助于当代中国马克思主义走进农民的日常文化生活，成为凝聚广大农民群众的集体意志和强大力量。

二是用农村文化传统的优秀成分，提升农民对当代中国马克思主义的认同。传统乡土文化现代化涉及如何看待农村传统的文化基因以及乡村振兴的文化支撑的重大问题，既体现了时代发展的必然要求，也体现了农村文化场域发展的内在需要，如何依据新时代的时代特征和时代要求传承农村文化传统的优秀成分，并用农村优秀传统文化的精髓引领农民增强对当代中国马克思主义的认同感，是解决农村当代中国马克思主义大众化这一重大战略问题的逻辑必然。要明确继承发展科学且先进的乡土文化是当代中国马克思主义深入农村文化场域的重要途径，应突出乡土文化在引导农民、感化农民工作中所暗含的教化与规范作用，将农村传统文化中最本质、最高尚的道德规范和精神特质呈现在当代中国马克思主义大众化的全过程中，充分发挥其“在凝聚人心、教化群众、淳化民风中的重要作用”①，更好地适应当代中国马克思主义大众化的内在要求。同时还要防范农村场域内虚假的“传统文化热”，注重从历史发展的客观性和文化发展的延续性的角度分析农村文化传统优秀成分的历史地位和时代价值，在当代中国马克思主义的指导下对农村文化传统的优秀成分进行继承和发展。

当代中国马克思主义与农村文化传统并非是简单的“官方”与“非官方”或者决定与被决定的关系，而是必须互通互鉴、融合发展，坚持以当代中国马克思主义为引领来推进新时代传统乡土文化现代化，同时也必须对农村文化传统进行选择性继承、创新性发展，以实现二者的有机结合。推动当代中国马克思主义与农村优秀文化传统的有机结合，不仅是农民在精神文明建设过程中与当代中国马克思主义形成价值共识、观念共识的必然之举，而且也为提升农民对当代中国马克思主义的认知度和认同感提供了文化依

---

① 《中共中央国务院关于实施乡村振兴战略的意见》，《人民日报》2018 年 2 月 5 日。

据，缩小农民与当代中国马克思主义之间的距离，为农民理解和认同当代中国马克思主义提供了文化滋养，使其能够坚守中国特色社会主义文化立场，并基于文化自信而实现对当代中国马克思主义的信仰与践行。

（二）抵制非马克思主义思潮的入侵

当代中国马克思主义在意识形态领域的领导地位不仅在理论创新和实践创新的过程中得以确立，而且还在反对与抵制各种错误思潮的过程中得以巩固。新时代农村当代中国马克思主义大众化实现实质性、突破性开展的过程中，必然无法逃脱与农村场域存在的各种非马克思主义思潮的斗争，而成功抵制的前提在于分辨各种非马克思主义的思潮，这也是巩固农村主流意识形态的重要举措。一方面，要学会辨别农村文化场域中各种非马克思主义思潮，在当代中国马克思主义的指导下，认清各种非马克思主义思潮的本质以增强农民对其的鉴别力和警惕性；另一方面，以强有力的管控进一步压缩各种非马克思主义的社会思潮的传播途径、传播方法，从根源处巩固农村的思想阵地，进而营造出农村当代中国马克思主义大众化的健康向上的文化环境，便于农民在良好的环境中学懂弄通做实当代中国马克思主义的基本立场、观点和方法，为推动农民积极参与大众化提供良好的文化环境。

1.增强农民对非马克思主义思潮的鉴别力和警惕性

伴随着农村社会的逐步开放，各类非马克思主义思潮充斥农村场域，这一趋势必然会对当代中国马克思主义在农村意识形态领域的主导地位产生冲击，对农村主流意识形态的巩固具有阻碍作用。提高农民对错误思潮的鉴别力和警惕性，有利于提升农民的政治辨别力，是农民增强政治意识、站稳政治立场的基础。

坚持以当代中国马克思主义为指导，强化农村的意识形态建设，针对当前农村文化场域中非马克思主义思潮的典型特征，以强烈的问题意识、时代意识和战略意识，密切关注农民思想的发展走向，帮助农民加强对各种非马克思主义思潮的认知，从而科学辨别非马克思主义思潮和当代中国马克思主义的本质区别，认清其险恶用心，防止农民受到各种非马克思主义思潮的侵蚀。将理想信念教育贯穿农村当代中国马克思主义大众化全过程并作为主体内容，使农民意识到当代中国马克思主义的重要性，帮助农民树立共产主义的远大理想，坚定对社会主义和共产主义的信念，并在此基础上充分发挥理想信念的感召力，增强农民对当代中国马克思主义的认同，使农民成为当代中国马克思主义的坚定信仰者和忠实实践者。

2.对非马克思主义社会思潮的传播进行管控

抵制非马克思主义思潮的入侵，除了需要在主观层面强化农民对非马克思主义思潮的鉴别力之外，还应当从源头上管控其传播，进而从根本上防止错误思潮对农民思想的侵蚀，增强广大农民对当代中国马克思主义的认同感和接受度，不断推进农村当代中国马克思主义大众化。

管控各类非马克思主义社会思潮的传播，应当对农村文化活动基础设施及文化市场建设的情况进行摸底和排查，严堵含有非马克思主义思潮的文化产品及传播活动的流入，使农村文化场域得以净化、升华，削弱各类非马克思主义对农民群体在文化教育宣传活动中的侵蚀影响，从而使国家战略方针、市场经济为农民所正确理解和看待，始终坚定对当代中国马克思主义的信仰。此外，应重点管控农村宗教思潮的影响，深刻剖析各类合法、非法宗教活动的展开形式和传播途径。一方面要消除非法宗教与邪教的活动空间与时间，掐断其传播途径，另一方面则应当使合法宗教的流派成为信教农民接纳当代中国马克思主义、积极参与农村当代中国马克思主义大众化的重要桥梁，为引导信教农民积极参与农村当代中国马克思主义大众化的实践贡献力量，使宗教合法活动为当代中国马克思主义在信教农民群体的广泛传播奠定实践基础。

（三）注重农村当代中国马克思主义大众化的内容选择与形式转换

内容与形式是农村当代中国马克思主义大众化的核心要素，决定着大众化的实效。无论是内容的选择还是形式的确定，都要围绕农民这个中心，结合农民日常生产生活实践的实际情况对其内容和形式进行调整，修正与农民的生活习惯和思想状况相背离的形式与方法，以适合农民生活习惯和思想状况的方式推进农村当代中国马克思主义大众化，以此避免农村当代中国马克思主义大众化的实践活动与农民日常生活相脱离的现象，在日常生活实践中认知、认同并实践当代中国马克思主义。

1.根据农民实践需要凝练农村当代中国马克思主义大众化的内容

为了提升农民群体参与农村当代中国马克思主义大众化进程的积极性，化解农民群体对当代中国马克思主义的认知偏差和认知障碍，促进当代中国马克思主义深入人心并形成广泛共识，农村当代中国马克思主义大众化不能只是对农民“翻来覆去地谈论那被有意庸俗化了的、陈腐的社会主义思想，而不引用新的材料、新的例证，也不进行新的加工”①，而是应当深入考察并研究农民的实践需要，从而对其主要内容进行调整。一方面应当优先向农民宣传贴近农民日常生产生活实际的、农民有需求的内容，在农民日常生产生活的实践和农民需要的满足中推进当代中国马克思主义大众化；另一方面则应当转变农村当代中国马克思主义大众化的话语体系，使之更符合农民的话语惯习，从而在精神实质层面上，实现农民与农村当代中国马克思主义大众化进程的有机统一。

列宁指出：“没有革命的理论，就不会有革命的运动。”②当代中国马克思主义无疑是农民生产生活的重要指导，但这一教育和引领作用的有效发挥，首先需要实现理论的通俗性，即对理论文本的转化。用农民熟悉的话语，讲述农民生产、生活实践的故事，将其融入农民的日常生活以达到引领农民日常生活实践的目的，并进一步内化为农民生产生活实践和社会交往实践。面向农民群体的农村当代中国马克思主义大众化必须考虑其主要内容与农民日常生产生活实践及社会交往实践的适应性问题。首先，应当以农民认知程度高、关注度高的内容作为切入点，优先向农民宣传贴近其日常生产生活实践的相关内容，包括当代中国马克思主义对“三农”问题的重要阐述、党和国家所颁布的“三农”政策及所实施的“三农”实践，并使本村经济、政治、文化、社会与生态建设的实际情况与以上内容进行有机结合，使农民能够亲身感受与体验当代中国马克思主义。正如列宁所言：“多深入生活。多注意工农群众怎样在日常工作中实际地创造新事物。多检查检查，看这些新事物中有多少共产主义成分。”③唯有此，才能真正使当代中国马克思主义走进

① 《列宁全集》第5卷，人民出版社2013年版，第322页。

② 《列宁专题文集·论无产阶级政党》，人民出版社2009年版，第39页。

③ 《列宁选集》第3卷，人民出版社2012年版，第573页。

农民日常生活。

其次，要遵循着“由点到面”的原则，逐渐扩展当代中国马克思主义面向农民群体的内容。必须首先明确农村当代中国马克思主义大众化并非需要对农民进行当代中国马克思主义文本的系统传播，而是从农民的日常生产生活需要出发，由此作为大众化内容选择的逻辑起点，在这个起点的基础上逐步扩展，扩展到农民日常生产生活的实践。使当代中国马克思主义深入农民日常生活实践，真实地反映农民的日常生活，贴合农民的行动逻辑，为农民解决实际生活中遇到的问题，使农民愿意在生产生活实践和社会交往实践中自觉践行当代中国马克思主义，这才是农民真心需要的当代中国马克思主义。

与此同时，还需要对农村当代中国马克思主义大众化的话语体系进行模式转变和系统创新。正如列宁所言：“最高限度的马克思主义＝最高限度的通俗化。”①话语体系是体现某一时期社会生产力发展水平、基本制度和文化构成的表达范式，能够有效改善思想体系和价值观念在社会群体中的功能。毛泽东在《反对党八股》中提到转变话语体系的重要性：“有些天天喊大众化的人，连三句老百姓的话都讲不来，可见他就没有下过决心跟老百姓学，实在他的意思仍是小众化。”②在当代中国马克思主义大众化的实践中一定要注意话语体系的建构，要善于运用农民的话语体系来传播当代中国马克思主义，把当代中国马克思主义从思想领域拉向农民的日常生活，将当代中国马克思主义从学术话语、政治话语转变为农民容易理解的通俗话语，避免“学术话语本身的刻板性、理论话语的晦涩性以及政治话语居高临下的命令性、训导性和规范性”③。必须从实践讲起，从现状讲起，从事实讲起，用身边的事例、鲜活的故事、翔实的数据，深入浅出地讲清楚当代中国马克思主义的基本立场、基本观点和基本方法，构建乡村振兴战略背景下的当代中国马克思主义话语体系，从而提高当代中国马克思主义对农民的吸引力。在理论表达方式上，农村当代中国马克思主义大众化的推进，应善于运用农民

---

① 《列宁全集》第 36 卷，人民出版社 1959 年版，第 467 页。

② 《毛泽东选集》第 3 卷，人民出版社 1991 年版，第 841 页。

③ 李春会：《传播视域下的马克思主义大众化》，人民出版社 2013 年版，第 87 页。

群众语言，摒弃抽象空洞的虚假口号和“教师爷”般的说教口吻，将当代中国马克思主义回归到农民的生活世界中，不断引导农民加深对当代中国马克思主义的关注度、认可度并在日常生产实践中践行当代中国马克思主义，使农村当代马克思主义大众化实践活动与农民的实际情况达到需求对等、话语匹配的良好态势。

不能把当代中国马克思主义仅仅作为新时代的社会主义意识形态和政治纲领，而是当作全面推进乡村振兴、解决“三农”问题的根本遵循和实现农业农村现代化的强大思想武器；不能将大众化仅仅当作一种理论宣讲或思想教化，而应该将其置身于农民的日常生产生活实践，真正实现当代中国马克思主义从思想力量到物质力量的跃升。

2.根据农民实践需要探索农村当代中国马克思主义大众化的载体

农村当代中国马克思主义大众化的实施载体是当代中国马克思主义在农村场域的传播渠道和传播工具，是重要的承载媒介。正如毛泽东所讲：“我们不但要提出任务，而且要解决完成任务的方法问题。我们的任务是过河，但是没有桥或没有船就不能过。不解决桥或船的问题，过河就是一句空话。不解决方法问题，任务也只是瞎说一顿。”①着眼于转换和革新农村当代中国马克思主义大众化的实施载体来提升实践效果，实现实施载体的多样化传导、结构性传播，进而满足农民的多元需求，针对不同年龄、职业、性别的农民的实践需要和生活习惯，遵循农民的认知规律和特点，选择适宜农民实际需要的传播载体，结合农民群体在日常生活实践中展现出来的理解水平和认知能力，利用现有的手段实现载体革新并使之高效地融入农民生活，以增进农民对当代中国马克思主义的信任和理解，实现传统媒体与新兴媒介相互补充、彼此结合。

首先，充分利用传统媒体在推进农村当代中国马克思主义大众化中的先发优势。传统媒体对广大农民尤其是传统农民影响较为深远，借助其在农民群体中传播速度快、传播范围广的显著特点，挖掘其在农村当代中国马克思主义大众化进程中的宣传功能和教育功能。对于偏好传统媒体的农民群体，应当依托其日常使用的电视、广播等传统载体来传播当代中国马克思

① 《毛泽东选集》第1卷，人民出版社1991年版，第139页。

主义，不仅要发掘电视、广播等传统媒体的教育教化功能，把当代中国马克思主义融入各类电视节目的主题中，创新电视宣传语言，开办农民频道，使当代中国马克思主义转换成可听、可看，农民真心喜欢的形式，而且还应当借助此类载体，鼓励农民勇于对自身的根本立场、情感态度、价值追求和思想观念进行表达，并对农村当代中国马克思主义大众化进程作出及时反馈，从而“在感性和理性的交融中，有效催发情感，生成理性认知，不断唤起形象，撞击思维”①。

其次，逐步提升新兴媒体在农村当代中国马克思主义大众化中的后发优势。我们还应注意到，新型农民生活中充斥着网络等新兴媒体，深深植根于信息化时代。为了以更加丰富多样的直观体验和更高效的传播质量对语言媒介与文字媒介进行综合，农村当代中国马克思主义大众化还要打破传统媒体在农民群体中的绝对性优势，引导农民更多使用手机、电脑、平板及其他各类数字产品等现代化传播载体，采用农民便于理解的方式，着力将主流媒体和媒体集团打造成富有创新精神与竞争力的、形态多样且手段先进的媒介承载体。使农村当代中国马克思主义大众化能够在实践过程中，把文字材料、图像图表和音频视频材料有机结合，同时也便于农民对各类材料和载体进行自由选择。新兴媒体能够实现交互式交流，这一传播载体恰恰能够凸显以农民为中心的当代中国马克思主义大众化传播理念，实现农民与当代中国马克思主义的双向互动。同时，传统媒体与新兴媒介在农村当代中国马克思主义大众化进程中协调融合、扬长避短，可以建构起立体化、全覆盖的当代中国马克思主义传播格局，实现线上线下、网上网下无缝对接。既能全面、立体地向农村传播当代中国马克思主义，还能更快速地把农民的反馈加以传达，提高当代中国马克思主义的传播力、引导力、影响力。

3.将保障农民利益贯穿农村当代中国马克思主义大众化的全过程

利益是农民一切活动和行为的逻辑起点，农村当代中国马克思主义大众化与其他理论传播最大的不同就在于其关注农民的利益诉求，且不断回应和满足农民的合理权益。满足农民的生产生活需要是农民主动参与农村当代中国马克思主义大众化的动力，也是农村当代中国马克思主义大众化

① 李春会：《传播视域下的马克思主义大众化》，人民出版社2013年版，第172页。

实践的必然要求。这也就要求我们在农村当代中国马克思主义大众化过程中秉持以农民为主体的原则，抛弃自上而下说教式的单向传播模式，建立起视野融合、价值融通与精神融合的互动模式。在实践互动中可以使传播主体更好地捕捉到农民的诉求，使其不断调试大众化的内容与方式以更好地满足农民需要，同时也能够深化农民对当代中国马克思主义的认识，使其不能局限于对当代中国马克思主义的理论体系、党和国家的重要文件以及领导人讲话的文本学习，还要从以人民为中心的精神实质上把握当代中国马克思主义。当然，在实践互动的过程中，还应当把当代中国马克思主义融入农民的日常生活，使农民能够将当代中国马克思主义外化为自身的实践，才能使农民真正打破对当代中国马克思主义的刻板印象，感受其贴近自身生活实际的无限魅力与实践效能，充分调动农民参与农村当代中国马克思主义大众化的积极性，真正把农村当代中国马克思主义大众化由单一的传播活动转变为双向的实践活动。

四、健全农村当代中国马克思主义大众化的社会场域

作为农村当代中国马克思主义大众化主体的农民，其内部分化是影响农村当代中国马克思主义大众化实效的主体因素，必须适应农村由“熟人社会”向“陌生人社会”的发展倾向，必须正确认识新时代农村社会场域作为“半开放的半熟人社会”的鲜明特征，对农民内部分层分化的问题进行研究和探讨，并使农村当代中国马克思主义大众化能够针对不同生活境遇、文化素养和发展层次的农民，采取分层传播，关注到每个群体的独特需要与特点，这也是完善农村社会场域的重要指向。在农村“一站式”公共服务平台融入与马克思主义大众化相关的实践服务，为解决农村当代中国马克思主义大众化的主体性结构缺失提供服务支撑；还应当优化农村当代中国马克思主义大众化多主体参与机制，完善以各级干部为主的基础资源调动援助机制、以专家小组为主的村情民情考察调研机制以及以普通村民为主的大众化参与激励机制，为农民参与农村当代中国马克思主义大众化提供充足的资源和机制保障。

（一）平衡大众化主体结构性缺失，完善公共服务推进大众化

正如前述，中国农村在其漫长的发展历程中始终不具备均质性，生活于其中的农民同样面临着不断分化的境况，而农村发展现状的差距及农民内部的分化，导致主体结构性缺失的问题在农村当代中国马克思主义大众化的实践过程中突显出来。要解决此类问题所导致的资源占有不均的现象，其关键在于依托农村“一站式”公共服务平台和农村公共服务体系，推进农村当代中国马克思主义大众化供给侧结构性改革，缓解农村当代中国马克思主义大众化资源在供给和实际投入过程中的不平衡状态，为农村当代中国马克思主义大众化在农村的均衡开展提供资源支撑。

1.依托农村“一站式”公共服务平台保证大众化资源供给的有效性

如前所述，农村当代中国马克思主义大众化要坚持以农民为重点，这就决定了大众化资源的供给必须与解决农民群体的现实问题相结合。但从实践落实的角度来看，国家不可能针对每个农村的发展现状“解决农民所有的问题，尤其是不同农村地区差异极大，农民的公共品需求完全不同”，也就是说，国家层面的公共资源供给具有广泛性，但是缺少针对性，而一旦失去针对性，农民就会变得冷漠和消极，“国家对农民提供的公共品就可能无效”①。因此，借助农村“一站式”公共服务平台，打造本村全体农民参与农村当代中国马克思主义大众化的资源供应平台，能够有针对性地汇聚资源并加以使用，有助于促使农民在农村当代中国马克思主义大众化进程中由消极态度转向积极态度、由被动向主动转化。

从农村推进公共服务的具体途径上来看，在农村当代中国马克思主义大众化的实践过程中，充分落实农村“一站式”公共服务平台，化解农村主体结构性缺失的问题，以此来实现大众化资源的有效供给。解决农村转移人口在村时间灵活性以及留村人口的自身局限性所造成的大众化资源分散问题，应当借助农村“一站式”公共服务平台，在村内资源相对紧缺的状态下注重对农民群体的集体使用问题，而在农村当代中国马克思主义大众化资源相对丰富的状态下，则需要更加重视对个体农民的针对性使用问题，推进农

① 贺雪峰：《新乡土中国》（修订版），北京大学出版社2013年版，第287页。

村当代中国马克思主义大众化资源从村级干部到农村精英再到普通农民、从个别到相对集中再到全体的有序化供给，在此基础上探索村村之间大众化资源的共建共享，实现彼此联合、协同建设，使县级、乡镇的便民中心和村级便民服务室能够为农村当代中国马克思主义大众化提供驻村渠道、业务协助和资金支持，确保农村当代中国马克思主义大众化的公共资源实现合理配置并满足广大农民的不同地域、不同层次的需求，从而保证农村当代中国马克思主义大众化的长期性和有效性。

2.依托农村公共服务体系实现大众化资源供给的均衡性

不同地区的农村所具备的当代中国马克思主义大众化资源的质量和数量是非均质的，而同一村落内部，不同阶层农民所拥有的当代中国马克思主义大众化资源也是非均质的。由于农民内部的分化分层，导致农民在占据农村当代中国马克思主义大众化资源方面存在着主动性强弱的问题。农村当代中国马克思主义大众化进程中的主要受益者，会愈发注重对农村当代中国马克思主义大众化资源的获取和利用，而次要受益型农民与主要受益型农民在获取和利用当代中国马克思主义的差距则会逐步加大，最终造成农村当代中国马克思主义大众化资源在实践中的失衡分布。为在农民群体中均衡农村当代中国马克思主义大众化的资源，应当将次要受益型农民纳入农村公共服务体系，以实现农村当代中国马克思主义大众化资源的均衡供给。

从农村推进公共服务的内在结构上来看，应当使农村公共服务体系涵盖农村当代中国马克思主义大众化进程的主要受益群体，并且为与之相对应的次要群体提供相应的服务，提升公共文化服务的标准化与均等化水平。驻村的乡土精英在农村当代中国马克思主义大众化中要有双重定位，一方面是大众化的受众、受益者，另一方面还要作为农村当代中国马克思主义大众化进程的推动者，依托农村公共服务体系，提升其对普通村民的示范、引领作用，既要帮助次要受益型农民从当代中国马克思主义中探寻关于提升自身生活质量、提高自身素质及推动农村全面发展的相关信息，还要助推受益型农民对当代中国马克思主义的认知能力、内化能力和实践能力的显著提升，逐步摆脱次要受益型农民消极参与农村当代中国马克思主义大众化的状态，鼓舞和带动次要受益型农民更多地参与农村当代中国马克思主义大众化的相关活动，在一定程度上减轻次要受益型农民对农村当代中国马克思主义大众化的心理隔阂，有助于提高农村当代中国马克思主义大众化的社会参与度，实现重心下移、共建共享的新格局，通过健全农村公共服务体系，实现大众化资源供给的均衡性和覆盖性，继而实现大众化实践的有效双向互动。

(二)优化多主体协同参与，健全大众化参与机制

农村当代中国马克思主义大众化绝非是对理论的简单灌输和传授，而是一项多主体协同参与、提升农民对当代中国马克思主义认知度和理解力的系统化、综合性的长期工程，而是“一个涉及中国人的历史记忆、理论需求、思想境界和未来期待的实践问题”[①]，随着农村场域的不断变迁，农村当代中国马克思主义大众化应当更加敏锐地察觉到并着手解决农民生产生活所面临的问题，坚持农民主体地位的实践原则，从理论教育与实践开展等多个角度，建构一个多主体协同参与的传播网，动员农村基层干部、专家和普通村民等主体积极参与，建立基础资源调动援助机制、村情民情考察调研机制和大众化参与激励机制。

1.完善以基层干部为主的基础资源调动机制

农村基层干部在大众化的进程中扮演着极为重要的中介角色，是联通多方、上传下达的重要桥梁，并对农村基础资源的征集、管理和分配起基础性作用，是全体农民共享基础资源的总枢纽。因而，要优化多主体参与机制，首先必须重视发挥基层干部的作用，完善以各级干部为主的基础资源调动机制。

“政策下乡”和“资源下乡”，应成为各级领导干部依托的主要手段和措施，将优化农村社会场域的机遇适时把握好，用更加科学合理的决策方式，对村集体所掌握的基础资源加以调动，可以借助传统的村民议事会和村民代表会议的方式进行村内基础资源的管理，使村民得以充分协商讨论、表达

---

① 马克思主义传播与大众化研究中心编:《马克思主义传播研究》，中国传媒大学出版社 2014 年版，第 46 页。

意见，使基础资源相关决策的实施建立在“充分尊重反对者、协商且一致通过村务决策以及实质民主的基础上”①。此外，借助网络信息技术，整合农村当代中国马克思主义大众化资源管理系统，完善农村当代中国马克思主义大众化资源供应渠道，实现村级干部与县级、乡镇干部的沟通交流，确保各级领导干部之间的信息沟通畅通无阻，使各村在推进农村当代中国马克思主义大众化的进程中所暴露出的问题和弊端上报时达到无间断、无拖延的状态，县级、乡镇干部接收到问题反馈之后及时审核处理，总结经验并着力处理农村当代中国马克思主义大众化进程中频繁出现、难度较大的各类问题，要重点突出，有针对性地提出解决方案，甚至在资源供给层面给予相应的倾斜和扶助，坚决避免出现“一刀切”的无效供给，真正依据各阶层农民的实际需要，为其传递当代中国马克思主义大众化的急需和优质资源。

2.完善以专家小组为主的村情民情考察调研机制

专家小组具有较高的马克思主义理论修养，其理论功底和研究能力都高于基层干部，有着较强的理论洞察力和问题分析力，这是其他当代中国马克思主义大众化主体所不具备的优势，这为其有效推进农村当代中国马克思主义大众化提供了坚实的理论基础，但与此同时，也面临着不可忽视的不足和问题，那就是缺少对农村、农民的了解，对实际情况了解稍有欠缺。因而，对于这一主体而言，最重要的就是对村情民情进行更加系统、完整而深刻的调查和研究，当然，这需要借助驻村工作队、广大理论工作者、宣讲骨干和媒体从业者等多方力量，构成一支专业的农村当代中国马克思主义大众化队伍，既为农民讲好当代中国马克思主义，又为农民讲好其自身发展的故事。

理论必须扎根于实践才会富有生命力，当代中国马克思主义也必须在农民的日常生活中回应好农民关切的问题，如此，才能提升当代中国马克思主义的吸引力、感染力和针对性，这必然要依赖于本地区的农村当代中国马克思主义大众化专家小组对村情民情进行细致考察和研究分析。而要建立

① 贺雪峰：《新乡土中国》（修订版），北京大学出版社 2013 年版，第 285 页。

起“理论功底深厚、业务素质高、道德素质好、熟悉农村农民实际”[①]的专家小组，不仅需要整合农村社会现有的专家，诸如大学生村官、“第一书记”、新乡贤等，还应该内外联动，运用好外部理论，借助高校及科研院所的广大理论工作者、宣讲骨干和媒体从业人员，充分发挥其专业优势。首先，鼓励专家小组的成员走入乡村，以一个观察者和参与者的身份对大众化实践现状及该地区农民的信息关注点进行全方位、多角度的考察，依据考察数据形成研究报告，在研究报告的基础上建构其推进农村当代中国马克思主义大众化的具体化路径或解决方案。其次，基于对村情民情的考察，专家小组依托考察数据研究在农民群体中出现的各类个性化问题，协同制定出党和国家的各项方针政策的贯彻方案以及宣讲教育活动，以自身专业素养和知识储备协助村级领导干部完成各项工作的部署和实施，同时还能对村级干部的农村当代中国马克思主义大众化工作进行一定程度的指导，防止村级干部借助自身职权的独特优势而在农村当代中国马克思主义大众化进程中实施资源垄断和信息权威。

正如毛泽东指出：“无产阶级没有自己的庞大的技术队伍和理论队伍，社会主义是不能建成的。”[②]建立一个强大的专家小组有利于在推进农村当代中国马克思主义大众化的进程中实现田野调查法和文献研究法、激励感染法和宣传教育法的深度融合，实现说理与言情、思想性与通俗性的有机统一，从而能够把当代中国马克思主义精准地传递给广大农民。

3.完善以普通村民为主的激励机制

资源调动机制和村情民情考察调研机制是从外部机制层面探寻推进农村当代中国马克思主义大众化的保障机制，而要从内部激发农民自身参与的积极性，则需要完善以普通村民为主的农村当代中国马克思主义大众化激励机制，使当代中国马克思主义对农民日常生活生产实践的指导作用能够更加直接具体，“让广大农民切实感受到当代中国马克思主义是为农民服

① 肖芳：《农村当代中国马克思主义大众化研究》，山东大学出版社 2015 年版，第 185 页。

② 《毛泽东文集》第 7 卷，人民出版社 1999 年版，第 309 页。

务的"[①]，才能提升当代中国马克思主义在农村场域的影响力和传播力。

正如马克思在《〈黑格尔法哲学批判〉导言》中强调："理论在一个国家实现的程度，总是取决于理论满足这个国家的需要的程度。"[②]农村当代中国马克思主义大众化的激励机制，需要注重针对农民不同层次的诉求进行目标激励，使农民的基本生存需求和自我实现需求能够得到满足，为此，应当着眼于农村民生建设的改善，着力回应农民在收入、就业、教育、医疗、养老等方面的诉求，依据当地实际情况制定出具有针对性、可行性的短期实践目标，从对农民群体相关民生建设的政策宣传层面提升为结合当地情况进行民生工程建设层面，不仅要推进农村教育事业、社会保障体系的建设和农村基础设施的升级，提高农村自治能力和治理水平，而且还应当关注农民的就业质量及其家庭的脱贫状况，针对农民工边缘化的问题，深化户籍制度改革，拓宽渠道，推进农民工的转移就业和进城落户，使之依法享有城镇公共服务，并与城镇居民同等享有权利和义务。以农村民生工程建设问题的解决为路径，满足农民的美好生活期待，使农民在生产生活条件的逐步改善中感知和体悟当代中国马克思主义的精神实质，从物质与精神两方面提升农民对当代中国马克思主义的期望值与认可感，由此提高其参与大众化的积极性。

五、治理农村当代中国马克思主义大众化的生态场域

农村生态场域不仅关系农民生存发展的福祉，而且还关乎农村发展道路和美丽中国建设，是社会主义新农村建设和乡村振兴的重要内容。在农村生态场域推进当代中国马克思主义大众化，本质上在于充分发挥习近平生态文明思想的引导作用，主要体现在培育农民生态意识、加强农村生态文明建设等方面。一方面，使习近平生态文明思想深入农民内心，进而生成一种自觉的生态意识；另一方面，使当代中国马克思主义真正内化于农民的日常生产生活实践之中，从而实现从理论学习到自觉实践的飞跃。

---

① 肖芳：《农村当代中国马克思主义大众化研究》，山东大学出版社 2015 年版，第 184 页。

② 《马克思恩格斯选集》第 1 卷，人民出版社 2012 年版，第 11 页。

(一)坚持用习近平生态文明思想培育农民生态意识

农民对生态环境问题一向是较为忽视的,无论是日常生活垃圾的排放问题还是农林牧副渔业的传统生产方式及乡镇企业的生产销售环节所造成的污染问题,都与农民薄弱的生态意识息息相关。随着农民对和谐宜居的生态环境的需要愈发升级,当代中国马克思主义也愈发重视对农村生态场域的关注,并日益成为农村当代中国马克思主义大众化进程中的重要组成部分。习近平生态文明思想是农村生态文明建设的行动指南,其在农村生态场域的大众化中可以帮助农民树立“绿水青山就是金山银山”的生态理念,为建设新时代社会主义新农村、筑牢农民生态文明理念指明了正确方向,为农民更加深刻地了解当代中国马克思主义、参与农村当代中国马克思主义大众化进程提供重要切入口。

首先,要以习近平生态文明思想为指导,明确新时代农民生态意识培育的正确方向。在农村营造尊重自然、重视生态文明的良好生态观,鼓励和引导农民在农村、农业可持续发展的大局中看待生态文明建设的重大价值,从自身的利益中理解生态文明建设的重要性,以农民的节约意识带动形成和发扬尊重自然、保护生态的生态文明意识,建立并完善农村生态文明建设的价值规范和系统机制,使广大农民清醒地认识到生态恶化、环境破坏所造成的严重后果和不良循环,继而提升广大农民对农村生态文明建设工程的认知和理解。

其次,习近平生态文明思想为新时代农民生态意识的培育提供了最终目标。当代中国马克思主义在农村生态场域大众化的一个重要目标就是培育农民的生态意识,即以培育勤俭节约、崇尚环保、爱护自然的生态意识为目标,使得习近平生态文明思想对生态文明建设的部署规划和战略安排为农民所了解、所认知,掌握保护农村生态环境的方法和路径,在日常生产生活的实践中自觉维护和践行这一生态意识,实现理论与实践的统一、认知与行动的统一。

正如毛泽东所言:“一切群众的实际生活问题,都是我们应当注意的问题。”①农村生态问题是习近平生态文明思想所关注的问题，唯有以这一思想为科学指引，才能为提升广大农民整体的生态文明观提供新观念、新思想。在农村中树立广泛的生态文明观、环境保护意识迎合了农民对农村发展的新期待，同样也为广大农民更加深刻地理解当代中国马克思主义、更为积极地参与农村当代中国马克思主义大众化开辟了新领域与新方向。

（二）坚持以习近平生态文明思想指导农村生态文明建设

当代中国马克思主义在农村生态场域的大众化，不仅要使农民通过学习习近平生态文明思想，提升环保意识和树立生态文明理念，更重要的是使农民能够自觉以习近平生态文明思想为指导，积极推动农村生态文明建设，努力探索出一条农村生态文明建设的创新路径，引领农民积极坚守和践行，在生态文明建设的实践中完成对当代中国马克思主义的认知、理解、认同和运用。

首先，坚持以习近平生态文明思想指导农村生态文明建设，应以丰富农村生态文明建设活动形式为载体，探索农民参与农村生态文明建设的创新途径。通过深入推进“乡村绿化美化行动”，在农村积极倡导节约适度、绿色环保的生活方式和生产方式，持续推进对农村人居环境的改善。一方面要在村内设置垃圾集中排放点，对村内的日常生活垃圾、建筑垃圾进行分类处理、定时清理；另一方面则要号召农民在日常生活中重视对古树名木、生态园林和其他乡土风貌的保护，鼓励农民广泛参与植树活动和废物利用活动，充分开展以个体农民为单位的公益事业和志愿活动，逐步形成具有区域特色的生态活动品牌，并将其制度化与常规化，发挥活动品牌的影响力和带动力，辐射和带动周边村民或乡村积极参与其中，形成争相探索生态文明新路径的良好态势。

其次，农村生态场域还可以探索村内特定生产岗位的生态文明创建活动，实现农村产业发展生态化。“以生态环境友好和资源永续利用为导

① 《毛泽东选集》第1卷，人民出版社1991年版，第137页。

向”[1]，坚持创新、协调、绿色、开放、共享的发展理念，在习近平生态文明思想的指引之下，一方面要守底线，严防农业生产污染，加大农业污染的治理力度，降低农药、化肥等的使用率，做好农业生产废弃物的处理和循环再利用，保护好农民赖以生存的土地、水流和空气；另一方面，做好绿水青山的文章，使其转变为金山银山，探索适合本地区生态资源状况的生态发展之路，强化对本地区生态资源的规划和利用，在绿色产业建设和深度发展上下功夫，深挖生态产业发展优势，使农民受益于生态文明建设，加深对习近平生态思想的认同，进而转化为进一步推进生态文明建设实践的内生动力。

坚持以习近平生态文明思想指导生态文明建设，是新时代农民践行当代中国马克思主义的重要体现，不仅使习近平生态文明思想深入人心，还实现了从理论到实践的转化，融入农村生态场域，落实到农村生态文明建设的实践之中，有助于当代中国马克思主义与农民生产生活实践的紧密结合，使广大农民自觉树立起生态文明观念并成为其生活习惯，实现真正意义上的当代中国马克思主义大众化和化大众的效果。

第二节 农民新惯习的形塑与当代中国马克思主义大众化

在农民惯习视域中考察当代中国马克思主义大众化，我们可以将其看作是在农民的性情倾向系统和心智结构中建构当代中国马克思主义的意识，改造和取代农民传统惯习，使之深入农民内心和行为倾向，并由此构成农民新惯习。正如布迪厄指出，“惯习使场域中存在的种种表象和实践活动客观地得到‘调节’并‘合乎规则’”[2]，通过认知和性情倾向系统能够把客观世界不断改造为由人的能动性与人的目的汇聚而成的实践世界。因此，农民新惯习的形塑，能够促使广大农民在态度倾向、内心偏好、价值认同和行为选择的过程中自觉靠拢当代中国马克思主义，在对当代中国马克思主义

---

① 《中共中央国务院印发〈乡村振兴战略规划（2018～2022 年）〉》，《人民日报》2018 年 9 月 27 日。

② ［法］布迪厄：《实践感》，蒋梓骅译，译林出版社 2012 年版，第 74 页。

产生认知需要和表达需要的基础上，试图与农村当代中国马克思主义大众化形成紧密的内在联系，通过深化这一实践过程，实现农民与当代中国马克思主义的情感沟通、价值联通，不是以政治符号的形式看待当代中国马克思主义，而是折服于其理论魅力、实践力量的深度认同，通过扩大共通的意义空间提升中华民族的凝聚力与向心力，逐步实现由个体到群体再到社会与国家的有机统一。

农民在改革开放的进程中逐步产生了以逐利与维权为核心的现代惯习，并在不同程度上与当代中国马克思主义产生了疏离，使农民在面对当代中国马克思主义时作出不同的选择，形成了“经济人”“复杂人”与“失学者”困境，表面上来看为大众化实践带来了更为复杂严峻的挑战，但实质上却为农村当代中国马克思主义大众化工作者提供了了解农民内心偏好和行为倾向的机会，有利于剖析农民在当代中国马克思主义大众化中的认知规律和行动逻辑，从而为当代中国马克思主义大众化的推进提供一个新窗口，是推进农村当代中国马克思主义大众化的重要关注点。首先，应当在引导农民价值理念的过程中推进当代中国马克思主义大众化，不仅要引导农民树立崇高的价值理想，而且还应当引导农民树立良好的道德观念，使农民由“经济人”变为“追梦人”；其次，应当在改善农民行为模式的过程中推进农村当代中国马克思主义大众化，一方面要帮助农民调和其价值理性与工具理性，实现其感性思维和理性思维的辩证统一，由此促使农民的个体理性发生转变，另一方面则需要培养农民在社会主义现代化建设过程中的现代经济心理、民主法治心理和文明生活方式，由此推动农民群体心理的变革，使广大农民由摇摆不定的“复杂人”变为当代中国马克思主义的坚定信仰者；最后，积极提升农民的科学素养、信息素养与新媒体素养，使农民从“失学者”困境跳脱出来，以一种学习者的身份出现，才能真正推动当代中国马克思主义深入人心。

一、变“经济人”为“追梦人”

“经济人”困境意味着农民把追求自身经济利益设定为自身实践的优先事项，其在农村当代中国马克思主义大众化进程中所采取的态度和行为都来自对经济价值的判断和衡量。要使农民摆脱农村当代中国马克思主义大众化进程中的“经济人”困境，变为新时代的“追梦人”，就必须引导农民价值理念的发展。一方面，要进一步引导农民树立崇高价值理想，不仅使农民把实现个体的人生价值与共产主义远大理想彼此相连，而且还应当使农民把中华民族伟大复兴中国梦与实现“人的全面发展”彼此相连，使当代中国马克思主义成为广大农民精神与心灵的最终归宿；另一方面则要进一步引导农民树立良好的道德观念，推动农民职业观、家庭观与乡土观的现代化转型，使当代中国马克思主义的根本要义与农民价值理念的现代性相统一，为农民认同当代中国马克思主义提供价值引领。

(一)引导农民树立崇高价值理想

价值理想蕴含着对人类社会未来生存与发展走向的毕生追求，体现了主体的终极理想与使命。正如习近平总书记在庆祝改革开放40周年大会上指出：“无论过去、现在还是将来，对马克思主义的信仰，对中国特色社会主义的信念，对实现中华民族伟大复兴中国梦的信心，都是指引和支撑中国人民站起来、富起来、强起来的强大精神力量。”[①]使农民摆脱“经济人”困境必须首先坚定农民的理想信念，以崇高的价值理想指引农民走向当代中国马克思主义，使农民明确共产主义远大理想作为人类社会的最终归宿，并不是遥不可及的幻想；其次，应当使农民明确当代中国马克思主义对客观世界和人的改造，本质上体现了对人的终极关怀；最后，还应当使农民明确当代中国马克思主义作为信仰与宗教教义的区别，明确宗教教义所构建的理想社会与当代中国马克思主义所提出的根本目标之间的区别，积极引导宗教与社会主义社会相适应，而其麻醉群众的社会功能应当为当代中国马克思主义所消除。引导农民树立崇高的价值理想是推动农民的个人理想与当代中国马克思主义的最终目标相契合的重要途径，也是农民对当代中国马克思主义产生认同的重要源泉。

1.最终归宿：实现人生价值与共产主义远大理想的衔接

农民所追求的根本价值目标在于人与人的和谐、人与自然的和谐以及人与社会的和谐，在其价值理想中具有对“天下大同”、万物和谐共存的向往。而当代中国马克思主义坚持以实现共产主义的远大理想和中国特色社会主义共同理想为最终目标，不仅在理论上构建了以社会成员的共识为基

① 习近平：《在庆祝改革开放40周年大会上的讲话》，人民出版社2018年版，第42～43页。

础的、高度和谐统一、发达繁荣的共产主义社会，而且还探索出了一条前往共产主义社会的道路，即中国特色社会主义道路。要使农民摆脱农村当代中国马克思主义大众化进程中的“经济人”困境，变为新时代的“追梦人”，就必须要推动农民的人生价值与共产主义远大理想相互衔接，使农民对当代中国马克思主义产生价值认可，并对农村当代中国马克思主义大众化作出肯定的价值判断。

首先，要帮助农民树立无产阶级的世界观，克服小农意识的消极作用。应当重视马列主义、毛泽东思想和中国特色社会主义理论体系对农民世界观的培育作用，尤其是要用习近平新时代中国特色社会主义思想教育农民，使农民能够以辩证唯物主义和历史唯物主义的基本观点看待人类社会发展规律和社会主义建设规律，懂得资本主义必然灭亡和共产主义必然胜利的根本规律，明确社会主义社会作为资本主义社会和共产主义社会的过渡形态，需要无产阶级在这一发展阶段充分发挥自身的力量，鼓励广大农民在尊重社会发展客观规律的基础上对其加以利用，用于发现社会变迁过程中出现的新情况，积极探索并解决新问题，不仅要成为社会物质财富的创造者和社会精神财富的创造者，还要成为社会变革的发起者和参与者，克服小农意识排斥创新和变革的本能，克服保守求稳、不思进取的心态和对传统的惯性依赖。“认识真理，掌握真理，信仰真理，捍卫真理，是坚定理想信念的精神前提。”①只有帮助农民树立起无产阶级的科学世界观，才能使农民从价值层面深刻地把握当代中国马克思主义的精神内核和最终目标，是农民减弱市场价值认同，并对当代中国马克思主义产生深度认同、产生坚定信仰的重要价值因素。

其次，要使农民明确共产主义社会并非是无法实现的幻想，个体人生价值的实现正是产生通往共产主义社会的历史合力的必然之路。正如马克思所指出的：“历史承认那些为共同目标劳动因而自己变得高尚的人是伟大人

① 中共中央党史和文献研究院：《十八大以来重要文献选编》(下)，中央文献出版社2018年版，第398页。

物;经常赞美那些为大多数人带来幸福的人是最幸福的人。”①应当以当代中国马克思主义为价值引领,明确共产主义社会的实现是无产阶级的历史使命,人生存和发展的实践“作为整体的、不自觉地和不自主地起着作用的力量的产物”②,同时也是推动社会历史发展的实践,而农民作为社会物质财富的直接生产者,能够与其他社会阶层产生推动人类社会向前发展的历史合力。此外,还应当着重引导广大农民明确个人理想,树立正确的人生价值,使之明确共产主义社会并非是无法实现的幻想,而是有其历史根源和现实依据,并教育农民关于社会历史的产生过程和本质问题,将农民现实的生活生产实践与共产主义的远大理想联系起来,实现农民将个体人生价值的实现与共产主义社会的实现相互连接,使农民形成对当代中国马克思主义与个人理想内在契合的正确认识,从而认识到农村当代中国马克思主义大众化对自身利益的维护以及对生活状态的改善,增强对当代中国马克思主义的心理认同和价值认同。

2.终极关怀:中国梦与实现“人的全面发展”相互关联

农民拥有朴素而自发的爱国主义情怀和集体主义精神,懂得个人的发展应当以国家的繁荣昌盛为前提,但是扮演“经济人”角色的农民没有把中国梦的实现与马克思、恩格斯所强调的“人的全面发展”相互联系,而是认为中国梦的实现与个人全面发展的实现毫无关联,不懂得中国梦的实现正是个体的人实现全面发展的现实基础与强大动力,因此,对当代中国马克思主义产生冷漠和拒斥。而使农民正确看待中国特色社会主义共同理想,将其与个人理想紧密地联系在一起,是破除“经济人”困境的重要方面。

首先,对农民进行新时代的爱国主义与集体主义教育,使其能够正确认识我国的阶段性发展目标与个人目标的实现在本质上是一致的。新时代对广大农民开展爱国主义教育,应当更加重视把当代中国马克思主义所蕴含的精神内核作为教育农民的根本,使农民明确新时代爱国主义就是坚定“四

① 《马克思恩格斯全集》第1卷,人民出版社1995年版,第459页。
② 《马克思恩格斯选集》第4卷,人民出版社2012年版,第605页。

个自信”、实现中国特色社会主义共同理想，社会主义现代化强国的建设只有在每个人的不懈奋斗中才能变为现实。此外，还要注重破除农民的非主体性意识，以新时代的集体主义教育农民，使其明确集体利益与个人利益并不是相互分割、相互矛盾的，中华民族伟大复兴中国梦的实现不仅不需要以牺牲个人利益为代价，反而代表了广大农民在社会主义初级阶段的根本利益，与党的人民立场相呼应。对农民进行新时代的爱国主义与集体主义教育能够使农民更加全面而深刻地认识到中华民族伟大复兴中国梦的本质，消除农民对于当代中国马克思主义的误解并缩小两者之间的差距，激发农民对当代中国马克思主义的情感认同，从而有助于拉近农民与当代中国马克思主义的心理距离。

其次，对农民展开理想信念教育，使其明确当代中国马克思主义对实现人的全面发展具有重大意义。在革命战争年代，农民秉持着坚定的理想信念，以对毛泽东思想和对以毛泽东同志为核心的党的第一代中央领导集体的认同和拥护，在党的领导下取得了新民主主义革命的胜利并建立了社会主义制度，由此“为当代中国一切发展进步奠定了根本政治前提和制度基础”①。同样，新时代推进中国特色社会主义事业也需要农民继续坚守理想信念，明确中国特色社会主义理论体系的最新理论成果对促进社会与人的全面发展的时代意义，“不断提高马克思主义思想觉悟和理论水平，保持对远大理想和奋斗目标的清醒认知和执着追求”②。当代中国马克思主义把中华民族伟大复兴中国梦与实现人的全面发展密切相连，体现了其对人的生存意义、对社会发展的本质的终极关怀，体现了党“把坚持农民主体地位、增进农民福祉作为农村一切工作的出发点和落脚点”③，始终坚持以人民为中心的实践原则和价值取向。要以理想信念教育深化农民对中华民族伟大复兴中国梦的认识，并使之认识到当代中国马克思主义是连接中华民族伟大复兴中国梦与广大农民个人梦的纽带，个人梦的实现离不开中国梦强有力

① 中共中央文献研究室编：《十七大以来重要文献选编》(上)，中央文献出版社 2009 年版，第 6 页。

② 《习近平谈治国理政》第 2 卷，外文出版社 2017 年版，第 35 页。

③ 中共中央党史和文献研究院编：《十八大以来重要文献选编》(下)，中央文献出版社 2018 年版，第 103 页。

的支撑，而个体农民的全面发展、中华民族伟大复兴中国梦也都离不开当代中国马克思主义对理论创新与实践发展的指导作用。因而，应当在当代中国马克思主义的指导下，使农民成为实现中华民族伟大复兴中国梦的自觉实践者。当代中国马克思主义的开创和发展，离不开坚定的理想信念，对农民展开理想信念教育是促使广大农民理解当代中国马克思主义逻辑的重要思想基础，同时也是明确中国特色社会主义道路、理论、制度、文化四者间的历史逻辑、实践逻辑的重要思想基础，为农民自觉参与并推进农村当代中国马克思主义大众化提供理论认同和情感认同。

3.信仰回归：用当代中国马克思主义消除宗教的“麻醉剂”功效

马克思、恩格斯认为宗教是现实的人的异化，对推动社会与人的全面发展造成强烈的精神阻碍，因为“一个人，如果曾在天国的幻想现实性中寻找超人，而找到的只是他自身的反映，他就再也不想在他正在寻找和应当寻找自己的真正现实性的地方，只去寻找他自身的假象，只去寻找非人了”[①]。不可置疑的是，宗教有助于在新时代维护社会稳定、民族团结和国家统一，但宗教也为农民带来了消极的世界观、人生观和价值观，“是人民的鸦片”[②]，甚至极少部分地区会因宗教狂热引发农村的群体性事件。因此，引导农民树立崇高价值理想还必须正视新时代农村宗教的发展现状及其对农民思想偏好的影响，用当代中国马克思主义消除宗教的“麻醉剂”功效，不仅应当通过对农民的无神论教育改变农民对民间信仰的迷信状态，引导农民对当代中国马克思主义的坚定信仰，而且还应当积极引导农村的合法宗教与当代中国马克思主义相适应，促使农村的合法宗教活动转变为农民参与农村当代中国马克思主义大众化的重要推动力。

首先，应当通过对广大农民的无神论教育，引导农民以科学的态度对待民间信仰，破除那种迷信状态，建立起农民对当代中国马克思主义的坚定信仰。从民间信仰的内涵来看，农民对待信仰的态度通常是“有用则近、无用

---

① 《马克思恩格斯选集》第1卷，人民出版社2012年版，第1页。

② 《马克思恩格斯选集》第1卷，人民出版社2012年版，第2页。

则疏、有神则拜、多多益善”①的“多神崇拜”或“万灵崇拜”，相对于某种固定的宗教教义而言，则是宽泛而功利的，甚至“在宗教狂热的背后，每次都隐藏有实实在在的现世利益”②，各类民间信仰通常被认为是一种实现美好生活的工具，但其对“宿命”和“来世”的推崇容易使农民产生宿命论，使农民“消极地去依赖和听任命运摆布”，“趋于保守、宿命和逃避现实”③，不仅对当代中国马克思主义产生排斥和抵制，而且还于无形中对当代中国马克思主义走进农村、深入农民头脑产生阻碍。必须对广大农民开展无神论教育，帮助农民在意识形态问题上获得清晰认识、明确自身立场及正确态度，防止农民沉浸在民间信仰中寻找人和社会存在的价值以及信念，引导农民信仰当代中国马克思主义，保证当代中国马克思主义作为主流意识形态在农民群体中的主导地位，不仅要帮助明确科学与迷信、文明与愚昧之间的界限，而且还应当引导农民明确唯物主义与唯心主义之间的界限以及民间信仰、合法宗教与非法宗教三者之间的区别，逐渐消除农民对当代中国马克思主义的拒斥以及对民间信仰的狂热状态抑或盲从状态，尤其要运用农民日常生活中的典型事例以及十八大以来我国社会主义建设取得的多方面成就，在农村开展无神论的宣传教育活动。总之，“应该向他们提供各种无神论的宣传材料，告诉他们实际生活各个方面的事实，用各种办法接近他们，以引起他们的兴趣，唤醒他们的宗教迷梦，用种种方法从各方面使他们振作起来”④，使农民的精神世界与当代中国马克思主义的精神内涵达成一致。

而从民间信仰的形式来看，农民参与宗教活动的方式与其日常生活紧密相关，不仅涉及农民对神灵、祖先及自然的崇拜，而且还包括节日庆贺、礼仪规范以及家族象征，更像是一种地区性、民族性甚至宗族性的习俗，虽不具备系统而完备的体系，但仍然具有文化意义、道德意义，甚至还具有相当程度的政治功效，影响农民对当代中国马克思主义的立场和态度。在对广

---

① 张鸣:《乡土新路八十年:中国近代化过程中农民意识的变迁》,陕西人民出版社 2008 年版,第 21 页。

② 《马克思恩格斯选集》第 4 卷,人民出版社 2012 年版,第 328～329 页。

③ 吕洁、戴浦之:《农村社会变迁中的文化演进与冲突》,河北人民出版社 2015 年版,第 214 页。

④ 《列宁专题文集・论辩证唯物主义和历史唯物主义》,人民出版社 2009 年版,第 325 页。

大农民进行无神论教育的过程中，要坚持用历史唯物主义的基本立场、基本观点和基本方法向农民分析和解释民间信仰，坚持用当代中国马克思主义对民间信仰“去神秘化”“去极端化”，保留民间信仰作为民间文化重要组成部分时所发挥的文化功效以及对农民的道德约束作用，但要防止农民出现思想文化和价值观念的多元矛盾，杜绝民间信仰对主流意识形态的思想挤压，控制农民迷信行为的滋生蔓延，从而削弱民间信仰的政治功效，使农民能够保持对当代中国马克思主义的政治认同和思想认同。

其次，应当积极引导农村的合法宗教与当代中国马克思主义相适应，促使农村的合法宗教活动转化为农民参与农村当代中国马克思主义大众化的重要推动力。针对信仰合法宗教的农民，不应当强制其放弃或转换信仰，而是引导信教农民正确看待宗教现象，不仅要理性认知宗教与当代中国马克思主义、社会主义现代化建设事业之间的关系，而且还应当明确当代中国马克思主义作为信仰与宗教教义的区别，更要明确宗教教义所构建的理想社会与当代中国马克思主义所提出的根本目标之间的区别，使农民明确其反党、反社会主义的真面目。引导农村的合法宗教与当代中国马克思主义相适应是信教农民接受和认可当代中国马克思主义、积极参与农村当代中国马克思主义大众化进程的现实基础。

无论是合法宗教还是其他民间信仰，都应当以当代中国马克思主义为根本指导，充分发挥其凝聚人心、道德约束的社会功能，消除其消极的“麻醉剂”功效。正如马克思所言：“对宗教的批判使人不抱幻想，使人能够作为不抱幻想而具有理智的人来思考，来行动，来建立自己的现实；使他能够围绕着自身和自己现实的太阳转动。”[①]遭受市场功利引导的农民，在现实需要无法得到应有满足之时，更容易倒向多神信仰，并产生宗教极端主义，而以当代中国马克思主义改造宗教教义中不合理的成分，引导农民坚定信仰当代中国马克思主义，则是使其抛弃极端和虚幻，走向理性与现实的必然途径。

（二）引导农民树立正确价值观念

社会主义市场经济的深入发展极大地激发了农民的拼搏、奋斗精神以

---

① 《马克思恩格斯选集》第1卷，人民出版社2012年版，第2页。

及创新意识，但市场经济的价值误区不可避免地会使农民的价值观念发生变化，其鲜明的逐利性会降低道德规范对农民的约束性，农村社会自律机制的效能趋于减弱，产生拜金主义、损人利己的私有心理，容易使农民“屈从于外在物质的制约，往往只在功利主义、经验主义、实用主义的层面去寻找人生的答案，而不再去思考那些具有永恒意义的价值”①，从而易使农民在农村当代中国马克思主义大众化进程中陷入“经济人”困境。正确的价值观念便是摆脱这一困境的根本所在，只有自觉屏蔽错误市场观念的影响，不断深化社会主义核心价值体系建设，引导农民职业价值观、家庭价值观和乡土价值观的现代化转型，使之与社会主义核心价值观相契合，才能强化广大农民对当代中国马克思主义的价值认同与心理认同。

1.推动农民职业价值观的现代转型

农村社会的传统观念认为农民与土地存在天然的联系，因此，大多数农民选择延续传统的生产方式与生活方式，不愿意完全脱离土地选择职业。而随着中国特色社会主义进入新时代，越来越多的农民愿意选择农工兼业的道路，即“闲时务工，忙时务农”或者“务工为主，务农为辅”②，也有越来越多的农民开始遵循“三权分置”的原则，在对土地经营权进行流转的基础上从事非农职业。在农民的职业选择方向发生转变的过程中，农民的逐利意识越发凸显，“有钱就有一切”的错误价值观在一定程度上成为农民从事生产生活实践的基本原则。为了削弱错误职业价值观对农民的消极影响，必须以社会主义核心价值观为根本，对从事非农职业的农民不断加强职业道德教育，强化新型职业农民职业理想培育，积极引导农民职业价值观向正确的方向转化。

首先，以社会主义核心价值观为内容，对从事非农职业的农民不断加强职业道德教育。以农民工为典型代表，从事非农职业的农民期待融入城市，向往在城市从事生产实践的过程中获取稳定而又持续的利益，但由于各种主客观因素，从事非农职业的农民往往游离在城市边缘，难以真正融入城市生活，对城市缺乏归属感以及强烈的边缘意识，导致广大非农职业的农民无

---

① 李贵成：《民工荒视域下的新生代农民工价值观研究》，科学出版社 2016 年版，第 182 页。

② 康来云：《中国农民价值观变迁》，河南人民出版社 2008 年版，第 70 页。

法从现有职业中获取足够的利益，以满足自身多方面的需求，在现实的困顿中对职业目标、职业规划甚至个人的人生价值产生了歪曲的认识，损人益己、自私自利的错误言行以及对待职业选择的消极态度之下隐藏着对市场经济逐利性、自发性的默认与遵从。正如马克思所言：“被名利弄得鬼迷心窍的人，理智已经无法支配他，于是他一头栽进那不可抗拒的欲念驱使他去的地方；他已经不再自己选择他在社会上的地位，而听任偶然机会和幻想去决定它。”①这不仅使广大非农职业的农民难以认同和践行社会主义核心价值体系，而且还无法理解当代中国马克思主义所蕴含的根本要义与时代精神。难以建构起当代中国马克思主义与实现自身美好生活需要之间的逻辑关联，因而，对农村当代中国马克思主义大众化产生冷漠态度。以社会主义核心价值观为内容，对从事非农职业的农民不断加强职业道德教育，就是要培养从事非农职业的农民爱岗敬业、诚实守信、服务群众、奉献社会的职业道德，不仅要热爱本职工作、遵守岗位的规章制度，在从事生产实践的过程中忠于职守、严格自律、廉洁奉公，不利用职业之便谋取私利，而且还要在从事生产实践的过程中坚持集体主义的基本原则，正确处理个人利益与他人利益、个人利益与集体利益的关系，尽力化解现实生活中的利益冲突问题，教育农民正确对待个人利益，把实现人生价值的个人理想转化为恪守职业道德的实践，拒绝有损他人利益、有损集体利益的市场行为。对农民开展职业道德教育，有助于引导农民在日常工作中正确看待市场功利的现象，能够以正确的立场和态度对待市场功利与个人理想，弱化功利主义对农民行为偏好的误导，为其更好地融入城市生活、工作，提供良好的职业道德支撑，加速其思想观念的现代化转型，使其充分意识到当代中国马克思主义在其职业成长中的引领作用，改变其对当代中国马克思主义的偏见，并由此拉近与当代中国马克思主义的距离。

其次，以社会主义核心价值观为内容，强化新型农民职业理想培育。长期以来缺乏充足物质财富的农民，在市场经济的大背景下得到了充分的发展，但同时，市场经济也使农民无法找到自身的职业价值定位，在选择职业时遵循经济利益取向，认为从事农业相关的工作不够体面、低人一等，“在选择职业时很

① 《马克思恩格斯全集》第 40 卷，人民出版社 1982 年版，第 4 页。

大程度上取决于其经济利益的大小”[①]，其职业理想为经济利益所遮蔽。职业理想的价值缺失，必然会使农民难以准确定位自己在乡村振兴及中华民族伟大复兴历史进程中的身份，无法对当代中国马克思主义产生价值共鸣。马克思指出：“在选择职业时，我们应该遵循的主要指针是人类的幸福和我们自身的完美。不应认为，这两种利益是敌对的，互相冲突的，一种利益必须消灭另一种的；人类的天性本来就是这样的：人们只有为同时代人的完美、为他们的幸福而工作，才能使自己也达到完美。”[②]应当把新型职业农民的职业理想培育贯穿于引导农民职业价值观发展的全过程，向农民宣传职业平等意识，通过榜样示范与理论教育相结合的方法，潜移默化地影响新型职业农民针对职业理想问题的价值定位和价值取向，不仅使农民明确自己在推动农业农村现代化、实现乡村振兴过程中的主体地位，而且还要使农民明确农业农村优先发展是当代中国马克思主义的重要任务之一，让农民明白其自身利益的实现是当代中国马克思主义大众化的重要任务。由此，只有实现农民职业价值观与当代中国马克思主义的价值耦合，才能打通农民与当代中国马克思主义的情感共鸣，进而在此基础上产生心理认同，这种价值认同的一致性将为农村当代中国马克思主义大众化提供思想支撑。

2.引导农民家庭价值观的现代转型

自改革开放以来，因农村劳动力的大量转移，农村家族、宗族作为农村社会的基本单位不仅渐趋小型化，而且还日渐丧失其政治功能，即农村家族势力不再对乡村秩序的治理问题起决定性作用，而其文化功能及社会功能则日渐凸显，“实际已经转化为自发性的社会群体”[③]。在这一现代转型的过程中，农民的家庭价值观随着广大农民物质生活条件、家庭结构、家庭性质的变化而不断发生变化，广大农民固有的传统家庭观念体系走向瓦解，在一定程度丧失了对农民价值观念和行为模式的调节能力，但诞生于市场经济条件下的新家庭价值观则“直接导致了中国农民两种看似矛盾的价值取向

① 程贵铭、朱启臻主编：《当代中国农民社会心理研究》，首都师范大学出版社2000年版，第134页。

② 《马克思恩格斯全集》第40卷，人民出版社1982年版，第7页。

③ 陆益龙：《后乡土中国》，商务印书馆2017年版，第206页。

即集体主义取向和自私自利取向”①,其作用范围通常局限于农村家族、宗族内部,从而使广大农民对于家族利益、宗族利益之外的事情表现出置身事外、漠然置之的态度。为破除农村当代中国马克思主义大众化的“经济人”困境,必须在践行社会主义核心价值观的实践中实现农民家庭价值观的现代化转型。

首先,以社会主义核心价值观与中华民族传统家庭美德为内容,引导传统农民家庭价值观的现代转型。家风是家庭价值观最为直观的表现,注重农村家风建设,积极弘扬中华优秀传统美德和社会主义核心价值观,使传统农民家庭价值观在扬弃中辩证发展,并转化为新时代农村家庭价值观,增强其对农民和农村社会的道德约束力,使农村家族、宗族成为大力弘扬爱国主义与集体主义精神、培育和践行社会主义核心价值观、宣传当代中国马克思主义的重要阵地。

其次,应当密切结合农民的分层分化问题和生活状态的双重化问题,不仅要更加重视新时代农民家庭价值观的时代内涵,逐步消除农民对公私问题的错误理解,逐步纠正错误的农民家庭价值观所带来的“家族主义、排他心理,唯自己家庭(家族)至上,忽视或损害他人以至社会整体利益”②等错误言行,引导农民正确看待个人私利或家庭私利与集体利益、社会效益间的关系,实现传统农民家庭价值观的现代转型,而且还要尤为注重扩展新时代农民家庭价值观的社会功能,充分发挥其对农民思想与行为的引领、导向和教育作用,扩展其对农村社会风气的改良和净化作用,使新时代农民家庭价值观得以充分发挥其影响力与感染力,从而以潜移默化的方式,降低“利益为上”“价值优先”的原则对农民行为的消极影响,重构农民在农村当代中国马克思主义大众化进程中作出行为选择的标准与尺度。

通过对农民家庭价值观的引导,不断提升农民的道德素养,不仅有利于新时代农民重新平衡道德与个人私利的关系,破除以个人私利或家庭私利衡量价值高低的错误准则,而且还有助于充分发挥家族、宗族的文化认同作用,“通过家庭成员间朝夕相处、感情体验、耳濡目染以及各种非正式的文化

① 康来云:《中国农民价值观变迁》,河南人民出版社2008年版,第72页。

② 李秋洪:《中国农民的心理世界》,中原农民出版社1992年版,第163页。

活动、信息沟通形成较为稳定的价值取向、精神风貌和作风”①，进一步促使农民认同当代中国马克思主义的社会价值，不是把当代中国马克思主义作为与自己毫无关联的事物，而是在农村当代中国马克思主义大众化中实现自身利益的满足。在农村宗族、家族小型化的状态下，广大农村以家庭为基本行动单位，使农民的价值目标与当代中国马克思主义相契合是推进农村当代中国马克思主义大众化的必要前提。

3.引导农民乡土价值观的现代转型

在传统的乡土中国，由于二元的城乡社会结构和户籍制度，绝大多数农民的一生都与故土紧密地联系在一起，而随着家庭联产承包责任制的推行、乡镇企业的崛起以及农业劳动生产率的提高，农民开始在比较利益的驱动下由农村涌入城镇，以“离土不离乡”的方式开启了农民生活状态的双重化，农村社会道德开始走向转型。随着中国特色社会主义进入新时代，越来越多的农民愿意走出农村，以“离土又离乡”的方式流入城市。在当代农村职业结构变化、广大农民日益分化的过程中，相当一部分农民会为城市丰富的物质文化生活所吸引，对城市生活产生价值认同，并在一定程度上动摇了对乡土社会的心理依赖感。要使扮演“经济人”角色的农民摆脱市场经济在价值观念上的误导，就必须坚持正确的价值导向，使农民能够正确看待城乡关系，通过了解当代中国马克思主义为解决城乡二元结构问题而提出的一系列重大战略举措，强化农民对当代中国马克思主义的心理认同。

首先，引导进城农民乡土价值观的转变。在推进城乡一体化进程中，进城农民普遍认为城市能赋予自己更丰富的物质利益、发展机遇与更广阔的发展空间，为了获取充足的物质财富以实现对美好生活的向往，进城农民通常再难返回农村，而是尝试在城市落户、定居，对城市与乡村的评价存在鲜明的高低、优劣之分，同时也不再从事与农业相关的职业。应当在社会主义核心价值观的指导下，培育和引领进城农民的乡土价值观，修正农民把城市和农村相对立或相割裂的错误观点，使农民了解城乡二元结构产生的历史根源以及新时代推进城乡融合的重大成就，使农民不再对城市或农村产生

---

① 程贵铭、朱启臻主编:《当代中国农民社会心理研究》，首都师范大学出版社 2000 年版，第 284 页。

高低之分，重在强调城乡地位平等，使进城农民明确“产业兴旺、生态宜居、乡风文明、治理有效、生活富裕”①才是乡村发展新样态，鼓励人才返乡，引导部分进城农民形成回归农村、为农村振兴助力的乡土价值观，通过对城乡融合的认识，重新定位新时代农村、农业的发展前景与自身的社会地位和社会价值。

其次，引领留乡农民乡土价值观的转变。广大留乡农民不仅是推进乡村振兴战略的主体，而且还是参与农村当代中国马克思主义大众化的主体，应当更加注重对留乡农民的乡土价值观培育，厚植其乡土情结，同时，充分把握实现农业农村现代化发展的时代机遇，不仅清晰地认识到改革开放以来农村改革的伟大实践以及我国农业生产、农民生活、农村面貌的巨大变化，而且还要理解乡村振兴与当代中国马克思主义在理论、实践上的联系，明确中国特色社会主义乡村振兴道路的根本目标在于“让农业成为有奔头的产业，让农民成为有吸引力的职业，让农村成为安居乐业的美丽家园”②，推动广大留乡农民形成振兴农村、为农村助力的乡土价值观，并进一步把乡村振兴上升为价值理想，在思想、精神层面上激发广大留乡农民参与农村当代中国马克思主义大众化的内生动力。唯有“使广大农民看到了走向富裕的光明前景，坚定了跟着我们党走中国特色社会主义道路的信心”③，才能增强广大留乡农民对当代中国马克思主义的信任与认同。

无论是进城农民还是留乡农民，其乡土价值观的转变是其认同农村当代中国马克思主义的关键所在，只有在城乡平等的基本立场下正确看待农业与农村，才能对当代中国马克思主义形成正确的理性认知。从社会主义新农村建设的推进到乡村振兴战略的实施，党始终把做好“三农”工作作为重中之重，并为推进城乡一体化提出了一系列富农惠农强农政策，农村未来的发展前景广阔，城乡关系不应该在观念、思想层面出现二元化。正如习近平总书记在广东考察时所强调：“我们党是全心全意为人民服务的党，党的

① 《中共中央国务院印发〈乡村振兴战略规划（2018～2022年）〉》，《人民日报》2018年9月27日。

② 《中共中央国务院关于实施乡村振兴战略的意见》，《人民日报》2018年2月5日。

③ 习近平：《加大推进新形势下农村改革力度 促进农业基础稳固农民安居乐业》，《人民日报》2016年4月29日。

一切工作就是要为老百姓排忧解难谋幸福。全面小康路上一个不能少，脱贫致富一个不能落下。要一代接着一代干，既要加快脱贫致富，又要推动乡村全面振兴、走向现代化。"①在回归农村、振兴农村、为农村助力的乡土价值观的指引下，广大农民不仅能够根据自身对乡土社会的熟悉感以及对乡土社会未来发展的期待感，产生对当代中国马克思主义的认同，而且还有助于把普遍认同的价值观念转化为坚定的价值理想，在其生产生活实践中不再纯粹地追逐物质利益，有助于将对当代中国马克思主义的信仰外化为实践行动。

二、变"复杂人"为"信仰者"

"复杂人"困境最显著的特点在于变动不居，以短期效益为判断依据，能够根据不同的个人处境和短期目标，形成参与农村当代中国马克思主义大众化的不同动机。其立场与态度始终处于摇摆不定的状态，并在农村当代中国马克思主义大众化的实践中采取选择性参与的策略。为了避免农民在参与农村当代中国马克思主义大众化时陷入"复杂人"困境，促使广大农民成为当代中国马克思主义的信仰者，应当注重对农民行为模式的改善。一方面，要转变农民个体理性的内在构成，降低工具理性对农民行为模式的控制力，弱化感性思维对农民行为模式的惰性冲击，不仅要实现价值理性与工具理性的内在调和，而且还应当推动理性思维与感性思维的辩证统一；另一方面，则应当推动农民群体心理的变革，着重引导农民群体在社会主义现代化建设过程中的现代经济心理，强化其民主法治心理并培养其现代生活理念，使新时代农民能够对当代中国马克思主义产生理性认知，有助于为转变农民参与农村当代中国马克思主义大众化的行为模式进行思维转换和心理调适。

（一）推动农民个体理性的转变

农民的个体理性决定了其行为模式的转变路径，影响着农民参与农村当代中国马克思主义大众化的行为选择。自改革开放以来，农民的个体理

① 《高举新时代改革开放旗帜　把改革开放不断推向深入》，《人民日报》2018年10月26日。

性呈现出传统性与现代性的失调，其工具理性思维在市场经济条件下得到迅速提升，价值理性思维却逐步被忽视，广大农民的理性思维有所提升，但感性思维却仍然占据思维模式的主导地位，对农民行为模式的生成产生决定性作用。因此，要破除“复杂人”困境，就必须重视农民个体理性的转变，不仅应当调和农民的价值理性与工具理性，还应当实现理性思维与感性思维的辩证统一，使农民的个体理性从失衡走向回归。

1.价值理性与工具理性的内在调和

农民参与农村当代中国马克思主义大众化的行为模式取决于农民的理性思考，从个体理性的结构上来看，则取决于价值理性与工具理性各自在农民采取行为选择时的地位与作用。基于农村场域对农民行为选择的客观约束，不同生活方式、性别、职业、受教育水平的农民会按照个体偏好、需求及对实践效益的预期衡量农村当代中国马克思主义大众化的成效，并对当代中国马克思主义产生不同层级的认知需要，其产生的出发点始终以实现农民利益与现实诉求为中心。农民参与当代中国马克思主义大众化的意愿总体偏低，这种低层次的认知需要是产生“复杂人”困境的主要原因。大多农民的认知需要仍然围绕着与自己密切相关的、现实的日常生活展开，保持着生活化和情景化的特征，导致少数农民意识不到参与当代中国马克思主义大众化进程、学习当代中国马克思主义的重要性，更多的农民则把实现个人利益与诉求作为参与及评价当代中国马克思主义大众化的依据，重在考虑实际效益最大化的实现，而相对忽视对固有价值的纯粹信仰，只有当农村当代中国马克思主义大众化为反映、追求和实现农民现实的利益而服务时，农民才会表现出更高的积极性。因此直接导致了农民对当代中国马克思主义大众化的选择性参与，部分农民甚至会主动放弃参与农村当代中国马克思主义大众化的机会。为了转变农民个体理性的结构，必须减弱工具理性对农民个体理性的影响力、对农民行为模式的控制力，增强和巩固价值理性对农民的思维转换与行为引导，实现价值理性与工具理性的调和，才能有效提升农民参与农村当代中国马克思主义大众化的积极性。

首先，应当弱化工具理性对农民行为模式的控制力，引导农民由利益追寻向价值追寻转化。工具理性在农民行为选择的过程中占主导地位，使农民无法更好地理解当代中国马克思主义的核心要义与农村当代中国马克思主义大众化的价值所在，而是从先验的立场和效益最大化的角度去观察并曲解了当代中国马克思主义。马克斯·韦伯在《新教伦理与资本主义精神》中批判了工具理性对人的行为的扭曲，并进一步指出在工具理性的错误引导下，甚至连美德也是"因为对个人有实际的用处，才得以成其为美德；假如能同样达到预期目的，仅仅换个外表也就够了"[①]。为了减弱工具理性的影响力，应当从个体的人与他人、个体的人与社会、个体的人与自然之间的关系这三大层面出发，引导农民对意义和价值进行追问，在认可农民日益增长的美好生活需要的基础上培育农民的社会责任感，使农民认识到个体的人与社会的全面发展所蕴含的意义向度，克服工具理性把手段作为目的的错误观念，促使农民重新考虑人的生产生活实践与社会进步、自然延续的密切关联，以对人与人、人与社会、人与自然的和谐关系的认知激发农民对价值的需要，继而实现对工具理性的超越。启发农民对价值和意义进行追问是破除工具理性桎梏的必然途径，缺乏对人、社会与自然的意义考察，就无法真正认识实践的本质，既无法真正理解当代中国马克思主义的价值指向，也不能理解农村当代中国马克思主义大众化对农民美好生活的终极关怀，而只能从工具和手段的角度，关注当代中国马克思主义的政策效益或意识形态功能，唯有启发农民进行价值思考，才能提升农民对当代中国马克思主义的认知层次，使个体农民的生命意义能够与大众化过程彼此联通，并进一步转化为广大农民对当代中国马克思主义的坚定信仰。

其次，应当增强和巩固价值理性对农民的思维转换与行为引导，引导农民于生活世界中建构意义世界。价值理性并非拒绝个人功利，而是在合理肯定功利的基础上，更加强调对人的终极关怀，超越了对功利的绝对追求。正如韦伯认为行动的"理性化"在其本质上就意味着"深思熟虑地根据自我利益适应局面"，致使行动选择带有不确定的指向："积极的方向是自觉的价值观理性化，消极的方向则是不仅牺牲习俗、也牺牲情感的价值，最后可能

① [德]马克斯·韦伯：《新教伦理与资本主义精神》，于晓、陈维纲等译，陕西师范大学出版社 2006 年版，第 15 页。

是赞同道德不可知论的工具理性而放弃对任何绝对价值的信仰。”[①]提升价值理性对农民行为模式的影响力，应当使农民在其生产生活实践中建构价值体系，引导农民对生活世界建立正确的价值评判标准，使农民的视野不仅包括现实利益的实现，更重要的是为生活世界赋予价值和意义，使农民的生活世界同时在农民的思想体系中形成了相应的意义世界，由此促使个体农民不再把效益最大化作为解决一切现实问题、进行一切生产生活实践的唯一准则，而是通过价值与意义的赋予，把现实的不合理转化为诉求的表达以及相应的实践探索，继而使广大农民在思想及实践层面皆与整个社会彼此连接。在农村当代中国马克思主义大众化的进程中，增强价值理性对农民行为模式的引导，有助于激发农民对合理性的思考，引导农民在充满意义的世界中逐步形成价值追求和精神信仰，并与当代中国马克思主义建立起相通的意义世界，有助于破除农民在农村当代中国马克思主义大众化进程中的选择性参与状态，使其内心回归当代中国马克思主义的精神境界与意义归宿。

2.理性思维与感性思维的辩证统一

人们现实的物质生活决定了人们的思维方式，人的现实生活的方式决定了其思维方式的特征，而任何行为的产生都来源于自身认知模式的引导，认知模式的发展一定程度上又决定着行为模式的发展。正如马克思与恩格斯在《德意志意识形态》中对思维和观念的分析：“人们是自己的观念、思想等等的生产者，但这里所说的人们是现实的、从事活动的人们，他们受自己的生产力和与之相适应的交往的一定发展——直到交往的最遥远的形态——所制约。”[②]农民的行为模式表现出强烈的价值优先的特征，从个体理性的内容上来看，实质上则是理性思维与感性思维的失衡。农民所接受的知识主要源于自身或他人的成功经验，不仅对自身经验得来的结论始终保持着深信不疑的状态，而且还通过对他人成功经验的模仿学习，尝试改变自身的部分行为，若在实践中能够得到预先设想的结果，农民才会对来自外界

① [德]马克斯·韦伯：《经济与社会》第1卷，阎克文译，上海人民出版社2010年版，第121页。

② 《马克思恩格斯选集》第1卷，人民出版社2012年版，第152页。

的知识产生信任感，并将其融入自身原有的知识体系之中。这种通过实践积累自身经验和通过模仿学习他人成功经验的方法构成了农民对待知识的思维定式，具有缺乏反思、狭隘且保守落后的局限性。当然，在新时代条件下并非所有的农民都依旧固守着这样的认知模式，一部分农村精英也会主动获取关于当代中国马克思主义的信息，积极响应国家政策打破传统的经验思维，但从整体上来说，农民依然"遵循着一种粗放的感性的经验主义思维方式"①，而这对农村当代中国马克思主义大众化产生了认知能力层面的阻碍。为了协调农民个体理性的构成要素，必须弱化感性思维对农民行为模式的惰性冲击，提升理性思维对农民行为模式的引导和建构，实现理性思维与感性思维的辩证统一，才能使农民全面、科学地理解当代中国马克思主义，从而建构大众化在农村地区的理论逻辑和实践逻辑的基础。

首先，必须弱化感性思维对农民行为模式的惰性冲击。正如恩格斯在《自然辩证法》中所指出："经验主义者深深地陷入经验体验的习惯之中，甚至在研究抽象的时候，还以为自己置身在感性体验的领域内。"②在农村当代中国马克思主义大众化进程中，农民的感性思维通常表现为对农村当代中国马克思主义大众化产生零散的、朦胧模糊的意识片段，通过其感觉和知觉，对作为认知客体的当代中国马克思主义产生有限认识，只能以浅层次的、甚至带有偏见的感性认识，定义和理解农村当代中国马克思主义大众化，"他们的思维空间只能是本村、本乡，思维的内容仅限于多打粮食，有吃、有穿，对外来文化，对新事物的接受往往持怀疑态度"③，容易在推进农村当代中国马克思主义大众化的进程中展现出人云亦云、摇摆不定的立场和态度。为了摆脱"一切认识都是感性的量度"④的错误认识，必须减轻感性思维以及经验的认知方法对农民的限制和约束，弱化农民直观反映、因循式的思维惯性，破除偏狭、保守落后的消极思维定式对农民创造性思维的阻碍以及对农民经验主义、易从众且麻木的行为模式的巩固和强化，不断推动以反思

① 旷宗仁：《乡村传播中的农民认知行为研究》，中国农业大学出版社 2013 年版，第 246 页。

② 《马克思恩格斯选集》第 3 卷，人民出版社 2012 年版，第 939 页。

③ 程贵铭、朱启臻主编：《当代中国农民社会心理研究》，首都师范大学出版社 2000 年版，第 294 页。

④ 《马克思恩格斯选集》第 4 卷，人民出版社 1995 年版，第 343 页。

总结、积极创新为基本特点的思维能力的发展。此外，还应当在农村当代中国马克思主义大众化进程中强调经验并非是获得知识的唯一途径，为广大农民充分展现当代中国马克思主义的多种角度和不同层次，展现其相互作用的内在机制和本质，使大多数农民在对大众化这一实践过程产生正确认识的基础上，使其精神领域与当代中国马克思主义发生深层内在联系，为推动农民从感性思维到理性思维的转化积累可供参考的现实材料和思想积淀，从而促使农民对农村当代中国马克思主义大众化的认知、情感、记忆和思维活动产生质的飞跃。

其次，应当提升理性思维对农民行为模式的引导和建构。理性思维以感性思维为基础，但又在农民的精神世界中超越了感性思维的局限，使思维具体作为农民对现实社会的能动的反映，“在思维中表现为综合的过程，表现为结果，而不是表现为起点，虽然它是现实的起点，因而也是直观和表象的起点”①，成为农民选择更加合理的行为模式的必然环节。为了使广大农民对当代中国马克思主义产生正确的理性认识，进而消除其摇摆不定的态度，我们应该在引领农民观察、感悟生活世界的基础上，更加积极主动地引导广大农民使用科学的思维方法，使之对其生活世界中遇见的一切进行探索、分析和比较，引导农民对新事物发问、对新问题提出方案，通过提升农民思维的分析力、判断力和理解力，增强其敏捷性、灵活性和创造性，推动农民思维能力的系统化、抽象化，使广大农民能够克服墨守成规、不思进取、孤立分散、僵化静止的思维局限，破除农民对当代中国马克思主义的碎片化、表面性认识，不仅要从整体上引导广大农民更加注重当代中国马克思主义的整体架构，还应更加注重大众化进程与其他宣传、传播及教育活动的区别，以便能够在农民的知识结构和思想体系中，将当代中国马克思主义内化为其个体行动的规则，使广大农民建立起与当代中国马克思主义相连接、与农村地区大众化过程相适应的思维结构，使之对当代中国马克思主义的理性判断和理性认识，由此，实现与农村当代中国马克思主义大众化的良性互动。脱离理性思维对广大农民的引导和带动，农民就无法对当代中国马克思主义产生全面而系统的准确认识，也无法理性认识农村当代中国马克思

① 《马克思恩格斯选集》第 2 卷，人民出版社 2012 年版，第 701 页。

主义大众化。

(二)推动农民群体心理的变革

囿于根深蒂固的乡土背景,新时代农民的生活方式与交往方式仍然在一定程度上具有鲜明的群体性特征,农民内部分层分化的趋势还未能使之彻底摆脱传统农民群体内部的影响力,农民的生产生活实践仍然会受到群体意识的深刻影响。尽管农民个体理性在其行为模式最终形成的过程中起决定性作用,但农民群体心理同样在这一过程中发挥了重要影响,是农民在农村当代中国马克思主义大众化的过程中,考察自身行为是否得当的重要参照物。自改革开放以来,农民群体的竞争意识、创新意识、权利意识和政治参与意识迅速觉醒,其现代生活理念也同样得到了发展与更新,但在缺乏对农民群体的系统教育和引导的状态下,广大农民易在市场经济的强力诱导中走入思想观念的误区,并易与当代中国马克思主义的基本观点、基本思想产生矛盾冲突。为使农民群体心理内在地适应这一进程,必须着重引导农民群体在社会主义现代化建设过程中的现代经济心理,强化其民主法治心理并培养其现代生活理念,引导广大农民摒弃落后保守的传统心理,有助于从群体性角度增强农民对当代中国马克思主义内涵的理解与认可,不断增强广大农民在大众化进程中参与的积极性。

1.形塑农民的现代经济心理

农民群体的现代经济心理决定着农民生产生活实践的向度,是大多数农民在农村当代中国马克思主义大众化进程中呈现出复杂性的重要心理动因。随着经济体制改革的深入开展,农民群体的群体需要、群体规范及目标指向融入了现代化因素,但在缺乏当代中国马克思主义引导的状况下,农民现代经济心理的发展趋向易走入误区,而农民传统经济心理与现代经济心理也会产生矛盾冲突,导致农民群体在参与农村当代中国马克思主义大众化的过程中时常出现摇摆不定的心理,由此带来对当代中国马克思主义信仰不坚定的问题。因此,必须形塑农民在社会主义现代化建设过程中的现代经济心理,使其形成对新时代我国经济建设的心理共性,并成为其参与农村当代中国马克思主义大众化的强大推动力。

首先,对农民进行社会主义市场经济教育,使农民能够以正确的立场和态度对待社会主义市场经济。使农民了解社会主义市场经济是推动我国经济发展、实现人民共同富裕的经济体制，不仅要明确市场经济在历史发展进程中的必然性及其未来发展图景，而且还应当明确社会主义市场经济的优越性、推进经济体制改革的时代意义，明确社会主义市场经济改革的基本方向和根本目标，明确“发展是党执政兴国的第一要务”[①]，并进一步引导农民群体摒弃落后保守的传统经济心理，克服自给自足、安于现状、不思进取的消极经济心理，以培育崇尚创新、开放活跃、积极进取的现代经济心理为目标，积极引导农民群体的经济意识与社会主义市场经济、经济体制改革相适应，从经济建设与改革的角度，推动农民群体对当代中国马克思主义产生正确认识，以高度的社会责任感与义务感，激发农民群体更加积极地参与大众化实践。

其次，以经济社会发展规律为支撑，使农民群体能够正确地认识政策效益和物质利益获取的问题。使农民明确价值规律的基本内容、市场经济的竞争机制、社会资源配置的基本方法以及供求关系的基本规律，使农民群体不仅能够清晰地了解到市场经济的弊端，正确地看待政策效益和物质利益获取的问题，而且还能够对经济社会发展规律形成深刻认知，培养农民参与市场活动时的判断能力与分析能力，引导农民抓住经济发展的机遇，增强其获取国家政策重要信息的能力，从而有助于唤醒广大农民在社会主义现代化建设过程中的主体性经济意识，以社会主义现代化建设重要参与者、乡村振兴主人翁的姿态，克服排斥竞争的平均主义心理，并促使农民群体形成重视公平、竞争、合作与效率的现代经济意识，从而能够以正确的动机和观念参与农村当代中国马克思主义大众化。

正如列宁所强调的：“人类的最高任务，就是从一般的和基本的特征上把握经济演进（社会存在的演进）的这个客观逻辑，以便使自己的社会意识以及一切资本主义国家的先进阶级的意识尽可能清楚地、明确地、批判地与它相适应。”[②]培养农民群体的现代经济心理是破除“复杂人”困境、坚定农民对当代中国马克思主义信仰的内在要求。一方面，现代经济心理是促使农

① 《习近平谈治国理政》第 2 卷，外文出版社 2017 年版，第 38 页。
② 《列宁专题文集·论辩证唯物主义和历史唯物主义》，人民出版社 2009 年版，第 111 页。

民群体正确认识、准确把握政策效益和物质利益的心理因素，不仅有助于破除市场经济对农民群体在心理特质、行为动机等方面的误导，而且还能促使农民基于对社会主义市场经济、社会主义经济体制改革的认可，继而将当代中国马克思主义转化为理想信念；另一方面，通过培育农民群体的现代经济心理，不断深化其对社会主义建设规律、经济发展规律的认识，能够使广大农民真切地感受到农村当代中国马克思主义大众化的实际效用，有利于这一大众化实践过程在农村地区不断向前推进。

2.强化农民的民主法治心理

民主法治心理是推进社会主义民主法治建设进程中诞生的心理特质，塑造与社会主义民主法治实践相适应的民主法治心理，有利于培育农民的民主法治意识、规范农民的民主法治行为。强化农民群体的民主法治心理，是在农村场域不断深入推进当代中国马克思主义大众化的重要心理基础。一方面，应当着重培育农民群体的民主意识，鼓励农民积极参与政治生活、参与农村社会的自治事业，提升农民的政治参与积极性；另一方面，着重强化农民群体的法治意识，促使农民群体能够自觉学法、尊法、用法、守法，树立起公民意识和规范意识。

首先，强化农民群体的民主意识。改革开放以来，农民群体的政治参与度有所提高，但其对于自身参与政治的认知，相对较为模糊，主动参与政治的主观愿望仍旧不强，民主权利意识以及政治参与意识仍需要进一步提升。提升农民对党和国家的各项大政方针的正确理解、对我国政治制度、政治体制以及农民所享有的政治权利的正确判断，摆脱动员式或强制式的政治参与，帮助农民克服宗法血亲意识、等级意识以及对“清官”、政治权力的盲目崇拜，使农民群体了解我国社会主义民主制度的物质基础与制度基础，明确自身在社会主义现代化建设过程中的合法权利及应当履行的义务，鼓励农民通过平等地参与政治活动维护并表达自身的合法权利，如：通过参与村内、社区内事务管理，积极行使监督权，通过对村干部的选举活动，积极行使其选举权等，表明即使在村治结构多样化的格局下，国家也在制度上、法律上对农民所享有的民主权利及其所开展的自治活动进行了切实的保障，解除“政府不会考虑普通老百姓的意见，农村很多事情都是走过场，搞形式，到头来还是少数当官的说了算”[①]的认识误区。与此同时，还要教育农民群体正确使用宪法赋予的合法权利，尤其需要加强村干部的民主意识，杜绝官僚主义作风、特权思想以及家长制作风的再次回归，提升广大农民对农村基层民主选举、民主决策、民主管理、民主监督的正确认识，不能因贪图蝇头小利而把民主权利的行使，扭曲为纵容违法犯罪行为、贪污行为的方式和途径。

其次，强化农民群体的法治意识。改革开放以来，农村治理体系不断完善，农民群体的法制观念也得到了提升，但在市场经济的冲击之下农民易对我国的法治建设产生错误认识，法治素养有待进一步提升。应当加强对农民群体的法治教育，不仅要使广大农民明确我国坚持依法治国和以德治国的有机统一，了解我国共同推进依法治国、依法执政以及依法行政的客观实际，而且还应当使其明确提升法治素养的重要性，明确“法律面前人人平等”“宪法法律至上”和“公平正义”等社会主义法治的基本理念，了解我国社会主义法治建设的目标、根本遵循和基本内容，提升农民群体对法律权威的尊重，促使其能够自觉学法、尊法、用法、守法。同时，应当密切联系农村实际，促使广大农民除了掌握以宪法为核心的中国特色社会主义法律体系的基本知识之外，还应当了解村民委员会组织法、农业法以及与社会主义市场经济相关的经济法律知识，在强化农民群体公民意识和规范意识的基础上提升广大农民的法治思维，使之在遇见困难时能够自觉以法律规范为标准认识和分析问题，能够积极主动地运用法律手段维护自身的合法权益，使广大农民都能“成为社会主义法治的忠实崇尚者、自觉遵守者、坚定捍卫者”[②]。同时，还要着重提升村干部依法决策、依法行政的法治观念，杜绝任何“以言代法、以权压法、逐利违法、徇私枉法”[③]的错误行为，使广大村干部不仅能够以坚定的法律精神坚持运用宪法、法律法规和村规化解农民矛盾、维护农村社会的稳定，而且还能够以其坚定的法治信念、法治信仰和较强的法治能力，成为依法办事、依法行政的重要实践者和推动者。

---

① 康来云：《中国农民价值观变迁》，河南人民出版社 2008 年版，第 58 页。

② 《弘扬宪法精神 树立宪法权威　使全体人民都成为社会主义法治的忠实崇尚者自觉遵守者坚定捍卫者》，《人民日报》2018 年 12 月 5 日。

③ 习近平：《决胜全面建成小康社会　夺取新时代中国特色社会主义伟大胜利——在中国共产党第十九次全国代表大会上的报告》，人民出版社 2017 年版，第 39 页。

强化农民群体的民主意识与法治意识是变革农民群体心理的先决条件，同时也是在大众化进程中解决“复杂人”困境的重要举措，不仅有助于进一步提升农民的权利意识、政治参与意识、公民意识和规范意识，能够促使农民群体对当代中国马克思主义、对中国特色社会主义形成更为清晰明确的认识，而且还能促使广大农民坚定对当代中国马克思主义的信仰，不断深化农民对参与大众化实践的观点和看法，是促使广大农民对当代中国马克思主义产生认同感、激发农民更加积极热情地参与农村当代中国马克思主义大众化进程的重要心理因素。

3.培育农民的现代生活理念

在传统乡土社会中，农民与村外世界的关系是孤立的，村内的农民与农民之间则具有亲密无间的熟悉感与信任感，农民的生活方式与生活理念都是单一、传统而偏向封闭的。而改革开放的深入推进，冲击了城乡隔离的局面。一方面，促使市场经济与来自城市的文化逐步向农村社会渗透；另一方面则使农村社会生活由封闭向开放转化，农民的流动及分层分化使广大农民建立起新的生活方式，获取了新的思想观念，由此削弱了农村社会原有的共识基础，对农村当代中国马克思主义大众化的深入推进产生深刻影响。为了在新时代条件下，深入推进农村当代中国马克思主义大众化，应当培育农民在社会主义现代化建设过程中的现代生活理念。一方面引导农民群体改善其社会交往理念；另一方面则引导农民群体树立健康向上的生活理念，使农民的生产生活实践及社会交往实践能够与社会主义现代化建设相适应，与当代中国马克思主义相契合。

首先，引导农民群体改善其社会交往理念。在传统乡土社会，广大农民把血缘家族作为社会交往的基本对象，家庭和宗族构成了农民群体生活的核心圈，而与乡亲邻里的地缘交往不过是血缘交往的延伸，这就意味着同一地区的农民在思想观念上高度统一，且彼此之间影响深刻。改革开放以来，“市场经济观念开始支配村民的交往活动，它驱使村民与更大的市场发生更多的联系，使村民的活动场域极大地扩展”①，农民新的生活方式逐步破除了

① 吕洁、戴浦之：《农村社会变迁中的文化演进与冲突》，河北人民出版社 2015 年版，第 100 页。

血缘与地缘交往的封闭性特征而呈现出城乡徘徊的二重性，新的人际关系的建立，打破了原本高度相通的思想共识，造成了农民行为模式的异质性，致使新时代推进当代中国马克思主义在农村场域的大众化缺乏群体化的环节。为凝聚思想共识，减少农民惯习中的异质性因素，必须以农民现实的生活状态为切入点，帮助农民群体破除圈子意识，不仅要破除广大农民对血缘交往、地缘交往和业缘交往的不同歧见，改正把“城里人”与“农村人”对立看待的错误观点，不再以“生活世界”的差异对社会阶层进行评价和定位，而且还要使广大农民树立健康文明的交往观，引导农民将传统乡土社会的交往法则进行调整与转化，进一步建立起针对陌生人的交往原则以及参与业缘交往的基本规范，不断增强其对外部社会的信任、联系与交流沟通，从而提升农民在不同社会组织中的归属感和参与感。

与此同时，还应当防止群体农民形成“有势则从，无势则去，利丰则聚，利尽则散”的错误交往原则，拒绝以利用价值和实际效用为确定社会关系亲疏的标准，拒绝以“谋利”和“牵线搭桥”为目的，与不法社会人员进行不当交往，尤其是广大村干部，更应该坚持择善而交，在社会交往实践中“常修从政之德，常怀律己之心，常思贪欲之害，常戒非分之想”，自觉抵制帮派意识、人身依附、“小团体利益优先”的错误交往观。

其次，引导农民群体建立健康向上的生活方式。随着社会主义市场经济的深入发展，农民的社会交往方式与生活方式都出现了多元化、多层次化的鲜明特征。“社会经济生活的复杂性……决定了人们的价值观念，行为模式和生活方式的复杂性和多元性。……对任何一件事物用一种价值标准进行评价的时代已经过去了。”[1]部分外出务工农民的交往范围已经由血缘交往与地缘交往扩展为以业缘交往为主，其对传统乡土社会的交往秩序与生活习性的遵循趋于解构，其传统的生活观念在一定程度上被消费主义文化所侵蚀，个人主义、拜金主义、享乐主义、功利主义等消极的生活理念与传统的生活理念多元并存，呈现出既传统又现代的特征。为培育农民在社会主义现代化建设过程中的现代生活理念，应当积极引导农民群体形成积极进

① 程贵铭、朱启臻主编：《当代中国农民社会心理研究》，首都师范大学出版社 2000 年版，第 282 页。

取的人生态度，保持健康向上的生活习惯，不断提升广大农民的社会公德、职业道德、家庭美德和个人品德，激励广大农民“向上向善、孝老爱亲，忠于祖国、忠于人民”①，使其生活方式在市民化进程中保持健康化，杜绝唯利是图、“金钱至上”的拜金主义和自私自利的个人主义，克服思想游离、价值凌虚的不良生活作风，树立非义不取的名利观与奋斗进取、明礼诚信、怀德自重的生活观，营造团结互助的家风和勤劳俭朴、严格律己的生活作风。而广大村干部更应该率先垂范、以身作则，远离铺张浪费、以权谋私、腐化堕落的不良生活作风，以廉洁奉公、艰苦朴素、慎独慎微的生活态度践行党的性质和宗旨，以此带来良好的村风民约，并进一步增强村内的凝聚力和向心力。

马克思、恩格斯认为，交往活动和生产实践活动对人的思想体系也具有重要的反作用。“个人怎样表现自己的生命，他们自己就是怎样。”②引导农民群体改善其社会交往理念、树立健康向上的生活理念能够兼顾新时代以来个体农民生活模式的区别，更加强调观察、模仿及人际交流等非正式的信息传播途径对推进农村当代中国马克思主义大众化的作用，为深入推进大众化进程提供了精神共识。通过农民群体与不同社会阶层间交流的加深以及广大农民市民化、健康化的生活方式的确立，提升不同社会阶层间的价值共识、思想共识，不仅有助于推进农村当代中国马克思主义大众化的群体化，使之由显性传播活动转变为隐性学习活动，从而破除农村当代中国马克思主义大众化自上而下的线性传播结构，而且还有利于使农村当代中国马克思主义大众化脱离信息传播、思想教育的单一模式，建构起循序渐进和潜移默化相结合的农村当代中国马克思主义大众化新范式。

三、变“失学者”为“学习者”

农民在农村当代中国马克思主义大众化进程中所遭遇的“失学者”困境，鲜明展现了农民惯习与这一大众化实践之间的矛盾冲突，虽然广大农民拥有较强的学习当代中国马克思主义、参与农村当代中国马克思主义大众

① 习近平：《决胜全面建成小康社会 夺取新时代中国特色社会主义伟大胜利——在中国共产党第十九次全国代表大会上的报告》，人民出版社 2017 年版，第 43 页。

② 《马克思恩格斯选集》第 1 卷，人民出版社 2012 年版，第 147 页。

化进程的积极性、主动性和自觉性，但其认知能力与学习能力的不足导致其无法正确理解和看待当代中国马克思主义，因此，无法在参与农村当代中国马克思主义大众化的过程中获取必要信息、抓住发展机遇。

为摆脱农村当代中国马克思主义大众化进程中的“失学者”困境，其关键就在于变被动为主动，把简单的信息传递结构转变为系统而完备的自主学习能力，使广大农民可以在脱离外界推力的状态下仍旧保持学习当代中国马克思主义的理论自觉与实践自觉。而提升农民文化素养，不仅要注重对农民科学文化素养的提升，提升其对科学理论的认同和对科学方法的使用，而且还应当努力提升农民的信息素养与新媒体素养，提升农民在新媒体时代挖掘信息、组织信息并掌握信息的能力，为广大农民终身学习当代中国马克思主义、坚定信仰当代中国马克思主义提供必要的认知基础。

（一）提升农民科学文化素养

农民科学文化素养普遍偏低是农民惯习变迁缓慢、无法适应网络化和自媒体迅速发展的关键因素，因而，也是农村当代中国马克思主义大众化效用偏低、农民无法进一步深入理解当代中国马克思主义的重要阻碍因素。“缺乏科学技术的运用，使得农民小生产者必然是眼光狭隘，目光短浅，因循守旧，墨守成规，安于现状，害怕风险，不思改革和进取，形成落后、保守的思想意识”①。提升农民在农村当代中国马克思主义大众化进程中的学习能力，就必须一方面注重提升农民的科学素养，增长农民的科学知识，使之能够正确理解和使用科学理论与科学方法，另一方面则必须提升农民的文化素养，为当代中国马克思主义在农民中有效传播提供坚实的文化基础。

首先，提升农民的科学素养。科学素养涉及农民对客观世界的认识以及对社会价值的评价，是推动农民形成正确思想观念、道德品质和思维方式的前提和基础，应当结合农民的生产生活实践需要，着重对农民进行科学知识教育、在农村深入开展科技推广活动与科普活动。一方面，要大力宣传科学精神、举行科普活动，使农民群体了解基础科学知识，掌握基本的科学观

① 袁银传：《小农意识与中国现代化》，武汉出版社2008年版，第232页。

点和科学方法，有助于使广大农民进一步形成对待科学的正确立场，学会以科学理念指导自己的实践，产生开拓进取、改革创新、实事求是的科学精神，摆脱愚昧迷信、落后保守以及带有鲜明的经验主义色彩的思想状态；而另一方面，则应当增强农业科技的推广力度，坚持"科技兴农"，以先试点后推广的推进路径，探索由政府推动、大学及研究院为基础、基层农技人员为骨干的科技推广活动，探索田间指导和技能培训等不同形式，切实提升农民在进行农业生产过程中掌握并运用农业科技的能力，不仅有助于在实践中强化农民群体以科学解决问题的自觉，而且还有利于把更多的农民培养为知识型、技能型、创新型新农民。

其次，提升农民的文化素养。文化素养是形成农民群体精神世界的思想基础，是个体农民从民族和国家的文化积淀中所汲取的重要思想基因。列宁认为文化素养是对广大农民进行共产主义教育和思想政治教育的先决条件："劳动人民不但要识字，还要有文化，有觉悟，有学识。必须使大多数农民都能明确地了解摆在我们面前的任务。"①一方面，推进教育形式的多元化，实现职业教育与宣讲教育相结合，同时注意教育内容与形式的灵活性，在考虑不同地区农村发展实际的状况下，针对各地农村的特色对农民开展个性化教育，培养兼具较强实践能力和创新能力的复合型新农民；另一方面，鼓励农民积极开展形式多样的文体活动，在寓教于乐的氛围中普及文化知识，提高其文化素质，使之摆脱封建迷信、愚昧落后的观念，更重要的是要培养其自主学习能力和理解能力，使之能够自觉抵制错误社会思潮的误导，从而有效地推进农民意识的现代化转型。

列宁始终认为文盲群体不可能参与任何政治活动："只要在我国还存在文盲现象，那就很难谈得上政治教育。这并不是政治任务，这是先决条件，没有这个条件就谈不上政治。"②提升广大农民的科学文化素养是提升农村当代中国马克思主义大众化实效的重要手段，不仅有助于锻炼农民的理性思维，提升其学习理论、接受知识的能力，能够在一定程度上有效化解广大农民忽视理论学习的问题，还能提升农民群体对本民族文化的认知共识，改

① 《列宁专题文集·论社会主义》，人民出版社2009年版，第183页。

② 《列宁专题文集·论社会主义》，人民出版社2009年版，第267～268页。

造广大农民“对外来文化的怪诞承受力”，从根本上改变其“容纳力强，排斥力也强，易于走极端，盲目排拒与盲目接受，缺乏理性的文化融会能力”①的缺陷，为广大农民真正理解和领会当代中国马克思主义的核心要义提供必要的认知基础。

（二）培育农民信息素养与新媒体素养

在传统乡土社会，广大农民对信息的获取基本处于被动接受的状态，通过村内的人际关系网进行非正式传播和教育活动，主要包括家庭教育、邻里交谈、宗教宣传和文化活动的潜移默化，农民自主获取新信息的意愿不强。而在网络化、自媒体时代的大环境下，通过各类媒介获取和利用必要信息、拒绝虚假信息应当成为广大农民适应时代发展趋势的基本技能。新时代推进农村当代中国马克思主义大众化必须适应我国媒介环境的发展趋势，应当着力提升农民的信息素养和新媒体素养。一方面，培育农民在农村当代中国马克思主义大众化进程中自主寻找信息、利用信息的能力；另一方面，引导农民积极融入网络化社会，充分利用新媒体等信息传播手段，拓展对当代中国马克思主义的认知渠道。

传统媒体对农民群体社会行动的建构具有重要意义，但广大农民对传统媒体的使用，本质上来看不过是一种生活习惯，并没有将使用媒介转化为一种参与现代社会生活的必备技能。因此，在传统媒体向新媒体进行更替和转移的大时代，农民的心理定势及惯性没有随之产生根本变迁，对新媒体的需求层次较低，也没有形成及时获取信息的意识。因而，当前最重要的就是要培育农民的新媒体意识，使农民认识到信息技术、信息获取对个人及农村社会全面发展的重要性，提升农民群体的信息需求，增强广大农民对信息的敏感度，培养农民主动了解、收集、分析和利用信息的意识与能力，能够以创新精神自觉利用信息收集、信息分析的方法尝试解决生产生活实践问题。其次，应当培养农民接触和使用新媒体的能力，帮助农民了解不同类型新媒体的特征以及用法，使新媒体对于广大农民而言具有可操作性，尤其需要依

① 张鸣：《乡土新路八十年：中国近代化过程中农民意识的变迁》，陕西人民出版社2008年版，第35页。

据不同农民生活习惯的差异，将媒介环境变整为零，引导农民认识、适应并积极使用不同形式的新媒体，杜绝以形式主义的态度强迫农民群体选择单一类型的、适用性不强的新媒体形式，帮助农民充分利用多种途径表达自我、彼此互动、分享经验并参与学习，以此提升农民与新媒体的接触频率，提升农民群体个性化、主体化的学习自觉，促使其在网络环境下进一步强化信息素养和开放精神。与此同时，还应当提高农民群体对不同新媒体、不同媒介内容的辨别力和解读能力，避免农民成为一个信息的被动接受者，对新媒体所呈现的所有信息无差别地接受，使其能够作为一个独立的学习者，对不同信息的真假、价值立场进行基本判断，有能力对媒体资源中呈现的信息进行初步筛选，还能够作为新信息的创造者通过新媒体积极进行交流、作出反馈，创造性地建立新内容。

农民群体信息素养与新媒体素养的培育，是增强农民对当代中国马克思主义的理解与认同的重要途径。“如果受众在接受信息时，仅仅是以一种看客的心态，出于‘不关心意识形态’的认知心理支配，没有任何功利心和探索欲去深刻体会包含的意义，那么它对信息的认知层面会是浅薄的，基本处于感觉、知觉和浅层情感体验的范畴。”①在自身参与、体验、判断、选择、传播的过程中，提升农民群体的信息素养与新媒体素养，一方面，有助于推动农民新认知结构的生成，提升农民对当代中国马克思主义、对参与农村当代中国马克思主义大众化的需求层次，激发农民在这一进程中自觉挖掘信息、利用信息的意识，突破农民对当代中国马克思主义的浅层认识，与当代中国马克思主义建立更深层次的精神关联；另一方面，有助于扩展农民群体对当代中国马克思主义的认知渠道，不仅适应了农民分层分化的发展现状，而且还能够有效对不同年龄、职业、性别、学历的农民，开展方式更灵活、形式更丰富多样的大众化实践，解决大众化进程中农民与媒介的非对称性互动问题，通过单维度向多维度的转化化解“失学者”困境。

---

① 王慧：《我国主流意识形态传播研究》，五洲传播出版社2018年版，第143～144页。

结　语　新时代推进农村当代中国马克思主义大众化研究钩沉

农村当代中国马克思主义大众化是农村、农业、农民突破自身发展瓶颈，与中国特色社会主义道路、理论、制度、文化建立深层关联与双向互动的过程，在这一过程中，农村、农业、农民正在挥别传统而陈旧的过去，以崭新面貌迎接新时代的发展机遇与挑战。再次审视农村当代中国马克思主义大众化这一研究主题，必然离不开对研究背景、研究范式、研究主题与研究材料的再回顾，也许正是在反思与展望的过程中，农村当代中国马克思主义大众化作为一个亟待解决的问题，才能更清晰地呈现其研究价值所在。

一、研究背景之思："三农"发展之路将去向何方？

在中国共产党革命、建设和改革的百年历史中，我们可以清晰地看到农民、农业、农村始终是关乎党和国家命脉的根本问题。党始终把"三农"问题放在一切工作的重中之重，这也是百年来中国共产党领导中国革命、建设和改革的一条重要经验。中国特色社会主义进入新时代以来，农村社会就面临着比以往任何历史时期更大的发展机遇与挑战。一方面，广大农村地区正以日新月异的步伐由传统向现代加速过渡。随着各项惠农、富农、强农政策的执行力度及农业投资力度不断加大，农业生产能力得到迅速提升，农民收入持续增加、增收渠道不断拓展，农村地区在经济社会及生态层面发生了翻天覆地的新变化，农业、农村现代化建设和民生工程建设都取得了历史性成就。另一方面，发展中的不平衡和不充分的问题也异常突出。农村基础设施建设、城乡基本公共服务均等化水平以及城乡融合发展体制机制仍需要进一步提升与完善，农产品质量问题仍然较为突出，低质量农产品供过于求和高质量农产品供不应求的现象同时存在，农民收入与城市居民收入差距仍然较大，其自身素质与能力不足以在市场竞争中占据有利地位，农村亟待更有针对性的改革与发展举措。

而当代中国马克思主义则是引领“三农”发展之路的根本，是站在马克思主义基本立场上解决“三农”问题的指导思想。尤其是在新时代的历史方位中产生的习近平新时代中国特色社会主义思想，对新时代推进农业农村优先发展、培育有文化科技素养、有思想道德修养、有社会主义觉悟的新农民具有统领全局的作用。以习近平新时代中国特色社会主义思想统筹农业、农村和农民的全面发展。因此，推动当代中国马克思主义，尤其是习近平新时代中国特色社会主义思想在农村深入人心，能够从根本上引领农村变迁、农业进步及农民发展问题，不仅强有力地确保了农村能够紧跟全面建成小康社会、中华民族伟大复兴中国梦的阶段性目标，实现经济、政治、文化、社会、生态五个方面的全面振兴，还强有力的确保了农业科学发展之路与农民全面发展之路符合社会主义建设规律与人类社会发展规律，保证农村未来的发展方向始终坚守中国特色社会主义道路这一根本道路以及建立共产主义社会的根本目标。新时代推进农村当代中国马克思主义大众化，是对“三农”问题的全面回应和深刻把握，体现了党对农村、农业、农民未来发展走向的密切关注，坚持其在农村的领导地位是使农村真正成为安居乐业的美好家园、充分挖掘农业发展潜力、实现农民的美好生活需要的内在要求，也是必须一以贯之的重要举措。

二、研究范式之思:“场域—惯习”是社会实践研究的终结?

探究理论架构及其本质必然要从现实的、有生命的人本身出发，“不是意识决定生活，而是生活决定意识”①，任何对于思想体系的考察，都必须从思想家的理论转向开始。布迪厄并非只是以纯粹的社会学家的身份呈现出“场域—惯习”的宏观框架，其研究生涯发源于对萨特的行为哲学、胡塞尔与海德格尔等人的精神现象学、维特根斯坦的晚期哲学、黑格尔的辩证法及马克思主义的广泛涉猎，哲学文本的研读为其一生的理论研究轨迹累积了理论基础。在阿尔及利亚独立战争期间布迪厄深入田野研究，借助早期的哲学研究全面审视民族学理论、索绪尔的语言学和列维—斯特劳斯的结构主义，批判了主观主义与客观世界的割裂、客观主义与人的原初经验的割裂，

① 《马克思恩格斯选集》第1卷，人民出版社2012年版，第152页。

转向针对阿尔及利亚的人类学研究,而在揭露法国教育体制弊端并与社会学家帕斯隆等人彻底决裂后,布迪厄以社会学为切入点不遗余力地从事对社会过程的研究,在理论与实践的自我突破中实现了社会实践理论的形成与完善。对于研究社会实践发展之必然性的突破口,布迪厄后来在《实践感》中指出研究“必须回到实践中来,因为实践是实施结果和实施方法、历史实践的客观化产物和身体化产物、结构和习性[①]的辩证所在”[②],为了更精确地从事对人类社会的研究,必须明确研究对象的本质,不在于纯粹客观的社会表象,也不在于个体或群体的意识活动,而在于通过研究主观与客观的作用关系揭露社会的运作机制,“场域—惯习”便因此呈现出哲学、社会学与人类学复杂交织的面貌。

场域是布迪厄社会实践理论、甚至布迪厄社会学研究生涯中的核心概念,其内涵不同于学者们惯常使用的“客观环境”“场所”以及“空间”,而是以资本数量和位置的矛盾运动为运作核心的客观关系,是推动一切历史产物诞生的根本作用力。场域甚至也不同于“系统”,不具备“系统”在横向结构上所内在包含的构成要素和组成部分,而是以纵向结构为核心特征实现各子场域的有机统一,每个子场域都以其独立的运作规则和逻辑,推动动态界限的变更,必须通过具体的研究对象对其进行划分。当然,场域与“机器”更是相去甚远,其运行规则和逻辑并非是一成不变的,其演进路径也并非是因循守旧的,正是由于场域的存在,历史在时空运动中生成了自己,充满了不确定的争夺、反抗、博弈和压制。因此,超越了“机器”的稳定、顺从甚至僵化的运作机制,存在反抗统治者执行意愿及政治权威预先设定的情况,从某种意义上来说,“机器”反而是处于社会革命临界点、即将阶段性地终结稳定运行状态、极端病态的场域。场域开辟了社会研究领域关系向度的纵向结构[③],为实际考察设定了研究边界,“既避免陷入实证主义经验主义的理论真

① 此处的“习性”仅是译文的措辞问题,原文为“Habitus”,即“惯习”。

② [法]布迪厄:《实践感》,蒋梓骅译,译林出版社 2012 年版,第 88 页。

③ 场域不是代表着时间向度,而是始终从结构本身出发,对涵盖不同客观关系的上下层级的划分进行了明确指向,诞生的是“场域—子场域”的纵向结构。

空，又避免堕入唯理论主义话语的经验真空”①，是破除文本研究、符号性分析（即思维）等研究范式的重要概念。

但场域并非孤立、单向、随机地运作，那将不可避免地导致客观主义、结构主义与机械论的错误立场。为了破除社会与人、物质世界与意义世界的二元割裂，避免把社会实质理解为纯粹物化或精神化的过程，惯习作为表现人的存在状态的性情倾向系统，内在地包含着人的内在偏好、根本立场与行动趋向，是社会化了的主观性。惯习与“习惯”截然不同，“习惯是体现在身体层面上的对感性世界的感受性”②，本质上是人的精神活动的外在表现，表现为人脑机能的产物，而惯习则首先来自场域条件的制约，又存在于个体的身体之中，虽然具有相对稳定性，但也受到场域内各种可预见的必然性与可能性的调整与形塑，是实现一切实践所必需的客观条件与自身意图的自然契合。惯习的存在使现实世界的演进成为同一过程的两个方面，不仅是固有的客观属性不断变迁的过程，而且还是人对意义价值的赋予与考察过程，有助于从实践的内部建构考察研究对象的运行机制，清晰地确定行动者（agent）③进行实践的立场，联通了社会研究领域的意义向度，打破主观与客观、微观与宏观相互割裂的分析架构，是破除经验研究、物质性分析（即社会现象）等研究范式的重要概念。

布迪厄基于社会实践理论所构建的“场域—惯习”能够为研究人类社会现象提供具有借鉴性的逻辑进路，但这一理论并不是社会实践研究的结束。作为辩证唯物主义基本立场与基本观点的价值认同的分析框架，“场域—惯习”不仅强调物质第一性的观点，认为“不存在超越历史因素影响的场域之

① ［法］布迪厄、［美］华康德：《实践与反思——反思社会学导引》，李猛、李康译，人民出版社2004年版，第151页。

② ［法］布迪厄、［美］华康德：《实践与反思——反思社会学导引》，李猛、李康译，人民出版社2004年版，第71页。

③ 布迪厄认为社会科学的真正对象并非个体，但这并不意味着个人不存在，在场域中，他们“以行动者（agent）……的方式存在着”，而不是“生物性的个体、行为人（actor）或主体”。他与一些新马克思主义者运用这一概念主要是为了区别于意识哲学的相关范畴，与唯意志论划清界限。（参见［法］布迪厄、［美］华康德：《实践与反思——反思社会学导引》，李猛、李康译，人民出版社2004年版，第146页）

间关系的法则”①，而且还认可意识的主观能动性，认为惯习并非是消极被动的复刻活动的产物，而是诞生于主动意义的建构活动。场域代表社会建构的可能，惯习则代表个人建构的可能，而实践则把二者有机连接，将社会历史的烙印镶嵌在个体的人的性情倾向系统中，并把由此诞生的个人历史通过客观结构转化为推动场域变迁的作用力。基于非笛卡尔式的社会本体论，“场域—惯习”避免了主观与客观、物质与意识、自在（En－soi）与自为（Pour－soi）二元对立的争议，化解了客观主义与主观主义无法调和的矛盾，力图实现客观化的具体化与具体化的客观化的辩证统一。但值得注意的是，布迪厄认为马克思主义分析社会历史问题时在一定程度上将主客观推向对立，回避了马克思主义者时时强调的经济基础和上层建筑的关系，模糊了马克思与恩格斯对人的本质的定义。从总体上来看，“场域—惯习”虽不失为一种卓有成效的研究工具，但由于其过度强调关系的建构而在一定程度上忽视了实质性的存在，只能探讨人类社会现象的因果问题，却无法揭示出人类社会现象中所蕴含的本质问题。

以“场域—惯习”为研究视角探讨农村当代中国马克思主义大众化，是对马克思主义大众化传统研究范式的挑战以及对人的实践逻辑的深刻挖掘，可跳脱出所谓“传播困境”的束缚与个案调研所带来的局限，聚焦于与农村当代中国马克思主义大众化有关的一切子场域与农民惯习的各个方面，通过分析其内在张力，思考新时代推进农村当代中国马克思主义大众化的路径。而此处子场域的划分是在中国特色社会主义建设总体布局的基础上进行的，之所以这样划分，不仅因为“五位一体”符合中国农村的实际情况，带有鲜明的中国特色，而且还因为它能包含农民全部的生产生活实践，有利于全面剖析究竟应该怎样以理论引领实践，又应当怎样从实践中自觉领会理论的智慧。

三、研究主题之思：农村当代中国马克思主义大众化是传播、教育抑或灌输？

自中国特色社会主义进入新时代，农民在全面深化改革的大潮下面临

① ［法］布迪厄、［美］华康德：《实践与反思——反思社会学导引》，李猛、李康译，人民出版社2004年版，第150页。

着更多的发展机遇，同样面临着信仰问题和价值迷惘，所以新时代推进农村当代中国马克思主义大众化是回应时代之问的必然选择，也是推进乡村振兴和实现农业、农村、农民现代化的必然之举。学界目前对于农村当代中国马克思主义大众化的概念问题已在众说纷纭中呈现出达成共识的倾向，而对农村当代中国马克思主义大众化本质的定位则罕有专门涉及，该问题不仅从根本上影响到广大理论工作者的根本立场、根本态度和根本工作方法，而且还将对农村当代中国马克思主义大众化研究范式的深入推进与完善产生根本性影响，直接影响到马克思主义大众化相关研究对于实践路径的考量。因此，该问题应当成为理论工作者值得重点思考和深入挖掘的问题。

毫无疑问，列宁是"灌输论"的系统提出者。一方面，列宁重视马克思主义理论的普及化，强调群众不可能自发形成社会主义意识和政治自觉性，普及马克思主义意识形态是使理论力量为群众所掌握的必然途径。列宁指出，无产阶级政党应该把马克思主义的基本原则"渗透到群众的意识中去，渗透到他们的习惯中去，渗透到他们的生活常规中去"①，应当充分利用各类机关党报，不仅要对群众最关注的社会问题进行切合社会实际的回答，而且还要由此引导群众掌握马克思主义的基本立场、基本观点和基本方法，领导群众科学地认识到无产阶级与资产阶级的阶级对立，明确无产阶级的历史地位和历史使命。另一方面，列宁极为重视马克思主义理论的通俗化。他认为在群众中开展马克思主义的宣传灌输必须注重其通俗化问题，即运用群众喜闻乐见的话语表达，将马克思主义理论话语转化为通俗明了的大众话语。列宁认为无产阶级政党"应当善于用简单、明了、群众易懂的语言讲话，坚决抛弃难懂的术语，外来语，背得烂熟的、现成的但是群众还不懂、还不熟悉的口号，决定和结论等一系列重炮"②。与此同时，还应当注意通俗化与庸俗化之间的本质区别，坚决反对马克思主义的庸俗化。列宁对"灌输论"作出了系统而全面的论述，对在工农群众中推进马克思主义大众化的基本路径进行了大有裨益的探索，成为研究农村当代中国马克思主义大众化本质的重要理论基础。

---

① 《列宁全集》第 39 卷，人民出版社 2017 年版，第 100 页。

② 《列宁全集》第 14 卷，人民出版社 2017 年版，第 89 页。

当前学界，多数学者都以列宁的灌输论为基础，强调当代中国马克思主义首先要通俗化，其次才能普及化，这是对农村当代中国马克思主义大众化概念的一项基本定义，同时也在一定程度上反映了学者对“理论灌输活动”这一基本观点的认同，但学术研究的脚步远不止于此，有诸多学者试图将其与思想政治教育学或教育学进行融合，认为农村当代中国马克思主义大众化在本质上属于一种教育活动，或更加具体地表述为思想政治教育活动，如赵诤、杨睿与陶利江在《农民教育思想研究（1921～1949）》（2014）中，通过研究中华人民共和国成立前中国共产党所提出的马克思主义大众化理论及其所开展的实践，将“马克思主义大众化”定义为一种“农民教育活动”，而黄世虎在其《中国共产党思想政治教育史简论》（2016）中则把农村当代中国马克思主义大众化进一步定义为中国共产党领导开展的“思想政治教育活动”，此种观点在王树荫的《中国共产党思想政治教育史纲（1919～1949）》（2002）、王爱平的《中国共产党思想政治教育理论的演进及对比研究》（2006）、王茂胜的《中国共产党思想政治教育简史》（2010）、何一成的《中国共产党思想政治教育史》（2011）及周湘莲的《中国共产党思想政治教育内容体系的发展与构建》（2016）等著作中也多有呈现。将农村当代中国马克思主义大众化定义为农民教育活动及农民思想政治教育活动有其合理之处，这一观点是对“理论灌输活动”观点的发展与完善，从意识形态层面来定位当代中国马克思主义，将其大众化视为推动意识形态在农民群体中发挥其政治统治功效的根本活动，而且还兼顾了农村与农民的发展现状，将其视为改造农村与农民，充分发挥当代中国马克思主义的社会治理功效的活动，但这一定位把农民群体与大众化工作者割裂并对立起来，将农村当代中国马克思主义大众化视为自上而下的政治思想的改造，实际上并不能完整概括其本质。

与农民教育活动、思想政治教育活动的定位不同，部分学者以传播学为切入点，对当代中国马克思主义大众化的本质进行分析，认为当代中国马克思主义大众化属于传播活动或宣传活动。如李春会的《传播视域下的马克思主义大众化》（2013）中将其定义为“思想传播活动”，而类似观点在周小华的《基于新媒体技术的马克思主义传播》（2012）、刘基与苏星鸿的《网络境遇中当代中国马克思主义大众化传播问题研究》（2014）、任素琴的《马克思主义大众化传播方略》(2018)、李进的《媒体融合进程中的马克思主义大众化传播研究》(2018)及王宪锋的《新媒体时代马克思主义大众化传播路径研究》(2019)等著作中多有呈现。把农村当代中国马克思主义大众化定义为对农民群体的思想传播、宣传活动进一步破除了许多理论研究者把这一进程视为政治思想改造活动的刻板印象,将其上升到价值观及理想信念层面,表明农村当代中国马克思主义大众化不只是对农民的政治立场、政治态度和政治思想进行引导,而是通过实现农民意识的现代化,促使农民在对价值意义与信仰的觉悟中真正融入现代化进程,融入推动我国社会发展的根本道路。但不可忽视的是,思想传播、宣传活动这一定位同样没有化解农村当代中国马克思主义大众化队伍与农民在实践中的二元对立问题,反而更加强调政治精英、知识群体的价值判断、文化取向和社会责任,最终将农村当代中国马克思主义大众化推向了“精英主导农村思想文化建设”的泥潭。

农村当代中国马克思主义大众化的本质应该是什么?它与马克思主义大众化存在共性,即在实践进程中可以表现为理论灌输活动、思想政治教育活动或思想传播、宣传活动,但其本质则不能如此简单地加以概括。佘双好认为马克思主义大众化“是无产阶级对自己理论的掌握和自觉的过程,不是单向的宣传、教育、传播、灌输”①。还有一种观点,在欧阳恩良的《中国共产党的马克思主义理论学习研究(1921～1949)》中可以窥见,即试图把马克思主义大众化的本质归结为一种理论学习活动。以上诸多观点存在的共性在于把马克思主义大众化限制为党围绕着理论、思想而展开的实践,更多强调怎样使农民群体对马克思主义产生更高程度的认知、理解与认同。但农村当代中国马克思主义大众化又不同于马克思主义大众化。首先,从研究对象来看,农村当代中国马克思主义大众化的研究对象是农民群体,这一群体和其他社会群体相比,有着其自身鲜明的特点,对于农民、农村和农业的了解是该研究得以顺利开展的前提,所以在大众化的具体实践中不能把农民简单地定位于被动接受的客体,而必须将其作为具有积极主动性、能动性与创造性的主体来进行研究。其次,当代中国马克思主义不仅以理论形态存

① 马克思主义传播与大众化研究中心编:《马克思主义传播研究》,中国传媒大学出版社2014年版,第15页。

在，而且还以制度形态融合于我国的各项制度体制中，以实践形态直接改造着农村场域及农民惯习，三种形态都始终贯穿于农民的生产生活之中，在现实的生活中体现出理性与信仰的有机统一。因此，农村当代中国马克思主义大众化应当成为推动农民群体对当代中国马克思主义知行合一的实践活动，不仅使广大农民能够广泛接触、认识、理解、认同和践行当代中国马克思主义，将当代中国马克思主义作为农民的思想、行动的指南；还应当在推进农村当代中国马克思主义大众化的实践中不断丰富、发展当代中国马克思主义，在农民生产生活的实践中生成当代中国马克思主义的新思想、新内容。农村当代中国马克思主义大众化必然在本质上呈现出农民对当代中国马克思主义认识与实践的有机统一，才能使农村社会的发展与农民的全面发展始终保持价值理性与工具理性的基本平衡，并最终成为合规律性与合目的性的统一。

四、研究材料之思：农民必然无法形成参与农村当代中国马克思主义大众化的自觉？

对于新时代农民、农村面貌，理论研究者似乎难以一劳永逸地借助某些概念和理论进行准确无误的定位，因为农民、农村始终在以惊人的速度马不停蹄地经历着巨变，似乎在新时代面前，农民与农村才是紧跟其要旨大踏步前行的那一部分，而这些变迁的发生值得每一位理论工作者进行分析和探讨：在农业、农村、农民的快速发展中，农民对待当代中国马克思主义的立场、态度和行动有何种变化？正如马克思、恩格斯所指出的，实证方法的前提是人，“但不是处在某种虚幻的离群索居和固定不变状态中的人，而是处在现实的、可以通过经验观察到的、在一定条件下进行的发展过程中的人”①。或许，一切阐述应从踏进山东省临沂市沂水县黄泥沟村的那一刻开始谈起。

这是一个三面环山、相对偏远、干净而静谧的村庄，实际上处在潍坊市、泰安市、临沂市的交界地带，之所以选择此处作为调研的开端，不仅因为其相对传统的村容村貌、常住人口的老龄化，还因为其相对落后的经济发展水平与稍显不足的基本物质条件。春暖花开的五月，黄泥沟村的白天是基本

① 《马克思恩格斯选集》第1卷，人民出版社2012年版，第153页。

见不到农民的——繁忙的春播，使家家户户在天微微亮时就动身前往山中种植黄烟、地瓜、花生等作物。当友人与我站在一个山头向另一个山头望去，田野里每位农民都忙于弯腰播种，鲜有人进行交谈，于是萌生了向农民请教农活的念头。帮助农民干农活的确是切身体会其生活实践的重要方式，尽管他们或多或少不愿意外人参与自家农活，但在了解此番来意之后，仍然对我们展现其淳朴、善良而热情的一面。

经过了解，黄泥沟村原有1200多人口，现有五六百常住人口，可供种植的土地在近几年内经过修路修水、划宅基地、造林及撂荒等变化，已由2707亩迅速缩减为二三百亩。村内缺乏提升农业劳动生产率、带动本村经济发展的劳动力，当地的常住农民以种植黄烟为主，近年来常遭受美国白蛾等病虫害的困扰，而其余大量的闲散土地基本种植杨树，从总体来看，农民虽不致遭受温饱问题，但也没有稳定性收入。村民说，每个人都很忙于增加收入，村干部也同样忙于生计，因为缺乏科学的发展道路与规划，所以农民收入的提升始终是村里的主要难题。然而，我问他们是否觉得农村有广泛学习党的指导思想及党的重大方针政策的必要时，他们没有任何迟疑就作出了回答，呈现出来的是一种坚定。“当代中国马克思主义”在农民听来本应该是极为陌生的词汇，在其观念及实践中却始终被视为社会生活的重要组成部分而心照不宣地存在着。这一复杂现象使黄泥沟村的农民呈现出鲜明的“复杂人”特征，其在农村当代中国马克思主义大众化进程中明确地知道学习当代中国马克思主义、参与农村当代中国马克思主义大众化的必要性，但由于受制于发展不充分的农村经济场域，进而无法生成与当代中国马克思主义相契合的农民惯习，农民在实践中通常不倾向于主动参与农村当代中国马克思主义大众化，表现出对当代中国马克思主义的知与行的不统一。但党员的情况就要好很多，因为有党支部和村支书的有效组织，党员对农村当代中国马克思主义大众化保持着高度的热情。犹记得离开黄泥沟村的前一天与老党员的谈话，他讲：“想搞好（大众化），必须解决农民的切身利益，只摆形式肯定是不行的。”笔者被这句话触动了，问他对推进农村当代中国马克思主义大众化有何建议，他的表情极为认真：“至少党员应该组织起来，不能既不了解党的政策，也不了解当前发展形势。”

随后在山东省淄博市沂源县东里村，开始注意到宗教对农村当代中国马克思主义大众化的影响。一位坐在水井边的老人叫住笔者，谈起了村里信教的情况。她说，村里的老人（尤其女性）多半都信基督教。这里的农民家中会留出一到两间房间作为教堂使用，举行百十余人的活动完全不在话下，对于地处山中的小村而言确实已是相当大的规模了。诚然，农民对基督教的崇信具有强烈的实用主义色彩，其与部分农民精神共识的建立通常始于农民人生理想的寄托及对美好生活的需要，以其唯心主义立场的思维模式、价值观念和行为选择促使部分农民形成了新的生活逻辑。

也许在部分农民的信仰体系之内，当代中国马克思主义是"此岸之学"，而基督教教义则是"彼岸之学"，其症结在于颠倒的世界观在农民意识中营造出了颠倒的世界，这是农村场域变迁无法直接涉及的精神领域。因此，引导信教农民与当代中国马克思主义相适应，必须以一分为二的观点去分析农村基督教现象，消除其消极的"麻醉剂"功效，充分发挥其凝聚人心、道德约束的社会功能。对于生存于世的大众而言，科学因其理性真理①而值得尊崇，但纯粹的科学理性不能也无法代表和诠释生活中的一切，人们所需要的精神寄托来自信仰，应当进一步强化当代中国马克思主义的理想信念功能和价值先导功能，才能推动农民惯习的重建，使农民的精神世界与当代中国马克思主义实现内在契合。

当笔者决心投入下一阶段的调研，本希望以村内精神文明建设为一切调查工作的开端，但没想到，临沂市郯城县埝里村却引起笔者对新问题的注意——村两委在农村当代中国马克思主义大众化进程中的职能问题。其实这一问题在先前的调研过程中也稍显端倪，但正如前述，黄泥沟村最核心的问题在于经济发展与农民增收，而东里村则面临着宗教与当代中国马克思主义的矛盾。因此，村两委的问题成为退居二位的隐性问题，但在埝里村这样一个经济发展中等、精神文明建设较为到位、生态环境与人居环境改善极为突出的乡村而言，解决村两委在农村当代中国马克思主义大众化进程的职能问题就成为推进大众化的首要问题。村委会在一般情况下是不参与农

① 德国哲学家戈特弗里德·威廉·莱布尼茨（Gottfried Wilhelm Leibniz）用语。亦为"必然真理"。

村当代中国马克思主义大众化的，而村支部通常只带领本村党员开全体党员大会、听党课，带领党员农民参与农村当代中国马克思主义大众化，使农村当代中国马克思主义大众化的广度存在极大局限。非党员农民则普遍形成一种共识，即认为农村当代中国马克思主义大众化是领导干部与党员需要重点关注的事情，他们只需要关注经济发展状况及个人增收问题即可，呈现出了“经济人”的鲜明特征。而作为结果，则表现为埝里村党员农民与非党员农民在农村当代中国马克思主义大众化中的巨大差别。村两委在农村当代中国马克思主义大众化这一过程中需要指导和帮助，而这些都需要规划并形成系统的大众化多主体参与机制，在自上而下和自下而上的交互中形成农民的主体性和主动性，推动各级干部、专家小组和普通村民的多方协调参与，相应地建立起基础资源调动援助机制、村情民情考察调研机制和大众化参与激励机制，才能为全体农民参与大众化提供全方位的机制保障。

与上述几村皆截然不同的是，临沂市兰陵县代村却构建出了与众不同的农村当代中国马克思主义大众化的推进路径。该村约有 1200 多户村民，居住总人口约 1.1 万，村两委坚持带领村民走新型集体化道路，创建了农业产业园、国家农业公园等重点项目，推动了村内一、二、三产业融合发展，2017 年全村各业总资产达 20 多亿元，村民人均纯收入 6.5 万元。此外，村两委重视文化建设、基础设施建设、生态建设以及自身政治建设、思想建设、作风建设和组织建设等方面，皆取得突出成绩，曾被评为“全国文明村镇创建先进村镇”“全国敬老模范村居”“中国美丽乡村创建试点村庄”“中国乡村旅游模范村”及“山东省农业科技园”等。此番慕名而去，使我不仅更新了对农业、农村、农民的认识，也看到了农村当代中国马克思主义大众化探索中出现的新样态。

代村在推进农村当代中国马克思主义大众化的进程中，已经完全形成了具有本地特色的“代村模式”，他们根据村民生活规律、秩序感强烈的鲜明特征，实际上建构起了规律性为主、灵活性为辅的农村当代中国马克思主义大众化实践体系。代村推进农村大众化的核心在于每月五号党员与村民代表一起开会学习，辅以村支书不定期向党员与村民代表作报告、专题学习活动、观看主题系列影片、去外地参观学习等各类活动形式，并且村民之间始终保持着良好的互动交流，能够及时推动不同年龄、不同性别、从事不同职业的农民形成对政策和思想的认知。代村推动农村大众化的成功经验就在于：第一，村两委职责明确，能够充分发动多部门联合开展农村当代中国马克思主义大众化并在这一过程中分工协作，始终坚持以人民为中心，是农村当代中国马克思主义大众化的重要组织者、参与者和推动者。第二，推动农村场域的全面发展，通过农村经济、政治、文化、社会与生态文明五大场域的协同发展，为农村当代中国马克思主义大众化提供物质与精神条件，提升农民参与农村当代中国马克思主义大众化的积极性。第三，熟知并主动引导村民的认知与行为，以规律性和灵活性有机结合的大众化的新模式满足不同阶层农民的需要，使大众化的实践能够适应农民生活习惯，更接地气，也更具实效。第四，村民代表作为代村推进本地基层民主的重要参与者，被纳入农村当代中国马克思主义大众化参与机制，与党员农民一起成为在农村当代中国马克思主义大众化进程中连接领导干部和其他普通村民的重要中介，创造了农村当代中国马克思主义大众化的新参与模式。

为了扩展当代中国马克思主义的学习和宣传力度，代村始终都重视村民代表的重要作用，而村民代表每三年换一届，所以许多村民有机会轮流参会。当笔者问到一位村民代表对农村当代中国马克思主义大众化的形式有什么新的建议时，她想了一下说："我觉得主要还是开会。因为不管是党员还是村民代表，自从王书记开始工作，确实已经养成这个习惯了，如果突然改变的话反而大家会不太适应。"此时，笔者意识到，也许对于农民来说，农村当代中国马克思主义大众化的内容、形式都需要简单易懂、有规律和秩序可循，也许在运行机制和准备条件的方面确实需要复杂而详尽地全面推进，但在当代中国马克思主义与农民直接接触的时候，必须首先是简单凝练、感性直观、与具体情境相结合的，代村很好地将当代中国马克思主义与本村的发展实际相结合，使农民切实地感受到了当代中国马克思主义与自己生活、未来发展的密切关联，这是深入推进农村当代中国马克思主义大众化的认知基础；其次才能在反复巩固中实现逐步推进。也就是说，推进农村当代中国马克思主义大众化要迈出的第一步是适应农民惯习，而在不断交互作用的过程中对农民惯习进行引导才是这一进程中更为重要的任务。

代村用鲜活的实践证明，农民并非不具备参与农村当代中国马克思主义大众化的条件。只是作为农民而言，其现代意识多是零散而不系统的，缺乏对理论的敏感度和理解力，但这并不妨碍对其能力和自觉性的形塑，只是需要正确的培育以及漫长的发展、转化过程。农民群体比其他群体更容易被外界左右，又共同改造着农村环境的发展走向，其政治立场、价值观念、生活态度、行动偏好等一系列惯习与农村场域休戚与共、相得益彰，不妨借用二者之间的这种内在逻辑，破除对农村当代中国马克思主义大众化的单向、静态的传统认识，使之成为立体而鲜活、井然有序的生活实践，格局自会截然不同了。

或许我们应当期待农村当代中国马克思主义大众化成为农民自觉的生活实践的那一天，并为那一天的到来而不懈奋斗。

附录一　农村当代中国马克思主义大众化调查问卷

注:为方便农民阅读与理解,本问卷在实际发放过程中对部分题干与选项在用词上进行了转化。

农村当代中国马克思主义大众化状况
调查问卷

问卷填写要求:

①请您按照问卷提问逐一作答,避免遗漏。

②请您在认为正确的选项上打"√"。(无特殊说明则为单选)

1.您的性别是什么?

①男　　②女

2.您的年龄是多大?

①18 岁以下　　②18～29 岁

③30～39 岁　　④40～49 岁

⑤50～60 岁　　⑥60 岁以上

3.您的文化程度如何?

①小学及小学以下　　②初中　　③高中　　④专科

⑤本科及本科以上

4.您是否在农村常住?

①是　　②否

5.您对当代中国马克思主义了解多少呢?

①非常了解　　②基本了解　　③了解不多

④不了解(选此项者,可以跳过第 6 问)

6.您是通过何种渠道接触当代中国马克思主义的呢?(可多选)

①书籍、报纸、杂志等传统纸质媒介

②电视、广播等传统大众传媒

③互联网、手机APP等新型媒介

④村里的宣传栏、标语、宣传海报

⑤学校、党政机关(如讲座、开会)

⑥邻里聊天

⑦其他:______________

7.在不考虑任何现实因素的情况下,您是否愿意参与农村当代中国马克思主义大众化?

①愿意　　②不愿意　　③无所谓

8.您是否参与过农村当代中国马克思主义大众化?

①参与过(选此项者,可以跳过第9问)　　②未参与

9.您在此前没有参与农村当代中国马克思主义大众化的原因是什么?(可多选)

①忙于工作,没有时间或机会　　②听不懂

③影响日常生活　　④没有奖励或回报

⑤活动的规定太多、不够自由　　⑥周围人都不参与

⑦不感兴趣　　⑧其他:__________

10.您认为在村内宣传当代中国马克思主义有什么作用?(可多选)

①了解国家政策、社会现状及发展目标

②增强党与群众的密切联系

③推动农村全面建设和农业发展

④增强民族凝聚力,培养爱国主义精神

⑤增长个人见识,把握发展机遇

⑥没什么作用

11.您在村内见过哪些人宣传当代中国马克思主义?(可多选)

①镇、县政府公职人员

②村委会成员

③基层党组织及党校人员

④村内其他德高望重的人

⑤村内企业或其他社会性组织

⑥来自村外的讲解员、老师、大学生或专业大众化团队

⑦未曾见过(选此项者,可以跳过第12、13、14问题)

12.这些实践活动一般多长时间一次?

①不分次数,几乎每天都有　②一周以内　③半月至一个月

④一个月以上且半年以内　⑤半年至一年　⑥一年以上

⑦没有规律,时多时少　⑧其他:________________

13.您与宣传人员进行交流的现状如何?

①交流时间长且交流方式多样

②交流时间较长,有可供选择的交流渠道

③交流时间较短,交流方式较少

④无任何交流机会

14.您认为目前的农村当代中国马克思主义大众化实践是否能够帮助您了解国家政策并从中获取有益信息?

①很有帮助　②比较有帮助　③帮助不大　④没有帮助

15.您认为本村制度能否及时帮助您了解国家政策、解决实际问题?

①很有帮助　②比较有帮助　③帮助不大　④没有帮助

16.您认为本村开展农村当代中国马克思主义大众化的优势条件有哪些?(可多选)

①经济发展速度较快,人们丰衣足食

②领导班子态度好,办事效率高

③文化资源丰富,学习氛围浓厚

④基础设施建设较为完善

⑤地理位置优越,环境良好

⑥村内有许多见多识广的人才

17.针对目前农村当代中国马克思主义大众化实践,您认为还存在怎样的不足?(可多选)

①宣传时间不符合自己的安排

②宣传内容不符合自己的需求

③对现有的宣传载体(书籍、视频、音乐、手机 APP 等)不感兴趣

④宣传途径单一

⑤参与活动存在强制性

⑥村内制度建设不健全

⑦其他:____________________

18.若要在本地进一步开展农村当代中国马克思主义大众化,您希望增添哪一部分的内容?(可多选)

①经济方面:农业政策、土地流转等

②政治方面:民主政治、反腐倡廉等

③文化方面:宣传社会主义先进文化

④社会方面:医疗卫生服务、住房等

⑤生态方面:保护环境、节约资源等

19.您希望农村当代中国马克思主义大众化多久开展一次?

①几乎每天　　②一周至半月　　③半月至一个月

④一个月以上且半年以内　　⑤半年至一年　　⑥一年以上

⑦可以无规律,但要及时跟上国家大事

20.您希望农村当代中国马克思主义大众化采取何种方式?(可多选)

①党校课程教育　　②专题讲座　　③长期开设政策解读室

④开研讨会、讨论班　　⑤组织集体外出调研、实地考察

⑥网上自主学习(看文章、视频)

⑦其他:________________________

21.您对农村当代中国马克思主义大众化还有怎样的建议?(选填)

____

____

____

____

附录二　农村当代中国马克思主义大众化访谈记录

注：由于样本多样，此处仅选择有代表性的几次访谈编入附录，并在不改动原意的状况下对访谈中的言辞进行了书面化处理。

访谈记录（一）

访谈时间：2019年5月1日

访谈方式：面对面

访谈地点：山东省临沂市沂水县黄泥沟村

被访谈人：徐先生，现任村书记（以下简称“乙”）

访谈人：刘女士（以下简称“甲”）

访谈内容：

甲：咱村里有什么宣传党的政策的活动吗？

乙：咱这边主要是“学习强国”，一般的年轻党员都天天学。老头不知道这些，他们不懂，得用智能手机下载，没有智能手机下载不了。

甲：咱支部里平时会开展什么活动吗？

乙：一般一个月学习一次，在每个月的第一周的星期五，就是党员学习。一般就是“三会一课”，叫支部主题党议。

甲：咱一般宣传什么内容？

乙：学习领导人讲话啊，学习什么政策等等，反正什么都学，一月一次，不能只学一样啊。

甲：都涉及什么方面的内容呢？

乙：基本上都有吧！

甲：像经济发展、社会现状，国内外大事这些方面？

乙：对，乡镇党委每月都会发放材料。

甲：会和村委会联合办一些什么活动吗？

乙：一般村委会没什么事，就是上级有什么任务的时候，两方会商量着来。

甲：咱和村委会的联系强吗？

乙：基本上天天联系。

甲：他们一般都干些什么工作？

乙：村委会现在就村主任一个人，现在农村以党支部为主，党支部三人，村委会一人，现在都成社区了，一个村里一个社区委员，就相当于以前的村委会，实际农村现在根本就不是村委会了，几个村连成一个社区，一个主任，几个委员。

甲：之前几个大爷反映，党员的话就是开会学习，不是党员就平时听听大喇叭吆喝。

乙：有什么事、什么政策就用扩音喇叭，再有就是宣传标语什么的，宣传材料贴大街上，村民看看就行了。

甲：那他们都参与吗？

乙：都参与，一般都参与。现在有什么宣传材料，我都拍个照片发在村里的微信群里。

甲：咱现在有外边的人过来宣传吗？

乙：镇党委有时候会派宣传车宣传什么政策，特别防火的时候，或者有特殊情况的时候。

甲：如果进一步宣传党的一些政策，您觉得哪些方面需要加强，或者说说不足之处？

乙：说实话，现在农村太忙，除了年轻的在外边上学、打工，剩下的就是老人。老人你也不好组织，有什么事他不愿意去，去了他也听不明白，他也坐不住，平常很少把他们组织起来，只能吆喝吆喝，贴贴宣传单让他们看看。

甲：您觉得加强哪方面的宣传比较重要，比如说怎样发展村里的经济、医疗教育这方面，还是其他方面？

乙：现在一般都通过电视了解上级政策，特别是老人空闲时间比较多，都看电视，看新闻基本上都知道了，明白了。现在老百姓的意识都提高了，他们都知道这些政策，也愿意看这些政策，特别是跟自己有切身利益的，贫困啊，低保啊，电视上会说，他们也就懂一些。

甲：咱要开展的话增加一些什么形式比较合适，比如网上学习，外边来人给咱多讲讲，还是咱自己开开会？

乙：支部主题党议的时候，乡里都有党建辅导员，他们一般一月来一次给咱讲讲课，宣传一些政策。

甲:村里还有什么别的精神活动和娱乐活动吗?

乙:有文化广场,天天晚上有跳舞的,有图书室。

甲:图书室使用情况怎么样?

乙:小孩经常去看,晚上我在那的时候,他们都随便拿着看。

甲:都有什么样的书?

乙:什么样的书都有,几乎所有的书都有,很多。党委又通知我去领书,下来一批,三四百本,我还没去领呢。

甲:这些书都是上级给的?

乙:都是上边给的,咱不用花钱,都是从文化局拨下来的。

甲:之前有几个大爷提到咱村里的土地问题,村里种地的人少了,您对这个问题有什么看法?

乙:土地种的越来越少,为什么栽树呢,有些年轻人外出打工,地承包给别人价格不合适,不如栽上树长着效益大,另外栽树的地相互影响,你的地栽树了,我的地挨着你也必须得栽。

甲:村里地荒了的现象多吗?

乙:没有荒的,都种着东西。

甲:大概就是这些问题了。谢谢您。

乙:没事。

访谈记录(二)

访谈时间:2019 年 5 月 2 日

访谈方式:面对面

访谈地点:山东省临沂市沂水县黄泥沟村

被访谈人:徐先生,党员,务农(以下简称“乙”)

访谈人:刘女士(以下简称“甲”)

访谈内容:

甲:咱村里对党的政策有什么宣传吗?

乙:今年去乡里开了两次会了。

甲:去乡里开会?那都说些什么呀?

乙:县组织部部长讲的课。

甲:平时也没有什么外边的人来咱村里调研?

乙:没有。

甲:咱平时看电视,听收音机吗?

乙:在家里就看电视。

甲:平时会关注党的政策吗?

乙:我天天看新闻就看这个。

甲:村里如果进一步宣传您觉得有什么可行的方法吗?组织大家开会,请外边的人给咱讲讲,还是什么别的方法?

乙:农村不适应,一是现在党员年龄构成偏老,年轻人很少在家,加上农活多,开会学习根本就没有时间,在农村的话党员学习可以选择阴雨天。现在村里党员没有多少,能参加学习的也就六七个,年纪大的不方便走动,也出不来。

甲:村里干部工作开展得怎么样?

乙:开展什么呢,现在整天吆喝脱贫,村里连个工厂都没有怎么脱贫?老百姓还是种地,粮食又不值钱,周围这几个村,地里收益比较大的就是黄烟。

甲:基本上就是靠种地是吧?

乙:大多数人都出去打工了,1000多口人的村庄现在在家的也就四五百口人。

甲:是,感觉现在村里的人都挺少的,而且都不在家。

乙:哪个村都这样。

甲:嗯,好,就这些吧,谢谢大爷。

乙:没事。

访谈记录(三)

访谈时间:2019年7月28日

访谈方式:面对面

访谈地点:山东省临沂市兰陵县代村

被访谈人:谢女士,村主任(以下简称“乙”)

访谈人：刘女士(以下简称“甲”)

访谈内容：

甲：我想问一下咱们村里对党的政策、指导思想以及习近平新时代中国特色社会主义思想是怎样宣传的？

乙：我们这里的党员和村民代表每个月的五号都要集中起来开大会，平常如果镇里、县里有重要的学习活动，就不按照固定日期了，随时就学习。因为我们村里的两委会随时给党员下通知，每个月五号，如果有紧急事项就直接打电话。

甲：主要还是针对党员进行开展吗？

乙：村民代表也是来的，大家一起开会。

甲：那么，如果不是党员，也不是村民代表，只是普通的村民，他能否有渠道和途径认识当代中国马克思主义呢？

乙：因为我们村里这项规定不是一天两天了，是坚持了很久的，所以我们通常什么时间干什么他们(指普通村民们)都知道，村民代表、党员开完大会以后，回去也都会给其他村民说一说的。还有我们自己推出的一些政策、待遇，连村里的老年人基本都是知道的。一般老年公寓里的老人都是3月9日、6月9日、9月9日、12月9日，这些日期都不需要我们通知，到了时间他们自己都会过来。因为从王书记开始干，他们就慢慢地开始知道了。

甲：那我们这里会采用一些特色的文化形式推进农村当代中国马克思主义大众化吗？

乙：其实主要还是政治方面的。所有的工作都是县里、镇里安排下来的，只要安排下来我们这里就随时干。你刚才问我的那几个问题“党员怎样知道、村民怎样知道”，首先就是我们对于他们(指村民们)的信息都知道，王书记也都知道，其次，这些村民也是有什么政策、思想，王书记都会及时给他们讲，本来我们村里就建了一个“平安代村”的群，我们通常就会在群里下通知。比如合作医疗、养老保险政策，我们的村民甚至不需要主动过问，我们会主动去做。我们这里都有底，一家一户几口人，其实都清楚。到什么时间开什么会，我们这里就自动进行。

甲：刚才路边有位大爷还夸咱们村两委工作做得好。

乙：主要是跟着王书记工作，王书记很认真，我们工作有动力。只要王书记不出去作报告，每天早上六点两委人员就集合、开晨会，各个星期天的晚上一般都是八点开会，一般都开到十一二点，甚至下半夜一点。平时园区、商城等各个地方都有负责人。为什么每天早上开会调度？你昨天做了什么事，做完了没有，你今天需要布置什么事，王书记都会挨个了解。

甲：刚才我跟另外一个大爷聊的时候，他还给我提到咱们村两委会带着他们看影片，您能说一说这项活动吗？

乙：只要镇里组织党员进行学习的内容，就也让他们去看一看。还有我们村里自己组织的一些其他活动，比如前年去了一趟曲阜，还有“七一、八一”这些特殊的日子，只要天不热，尽量不占用上班时间，抽出时间来，到各个地方学习、参观，村里的党员又都是老党员。我们两委也想为了自己村里好，所以我们也需要学习，其他地方的各个村，我们也都会去一去。

甲：那您觉得，如果咱们村想进一步推进农村当代中国马克思主义大众化，哪些方面的内容变得越来越重要了呢？比如教育、医疗，还是进一步提升个人收入？

乙：医疗的话，我们村民其实是不需要过问的，我们负责作出名单来，到了时间村里统一给垫付；到了高中以上的学生，每年4000元的补助，考上大学则是30000～50000元的奖金，考上清华北大的奖金还要更多，只要是高中及以上，哪怕是技校，只要有录取单子，村里都会发学业补贴，教育这一块其实真的也不需要担心，一区、二区、三区挨着幼儿园、小学，还有私立的中学，这边就是高中，都是按片划分，出了小区两分钟就能到学校。你问的这些问题，我们的村民其实已经形成习惯、都已经知道了，他平日里不必担忧。还有年底买合作医疗，新生婴儿、嫁进来的儿媳妇，只要落上了户口，待遇和合作医疗都有，都是一视同仁的。只要你变成代村人了，你就能够享受所有土生土长的代村人该有的待遇。至于学习这一块，不只是党员学习，村民代表也学习，回去之后都会相互之间宣传，所有的公示也都在外面的公示栏里写得清楚，大家都知道。就像你们学生知道周一到周五需要上课，周六日不上课，是一个道理。

甲：就是什么时间要干什么，其实我们有自己的规律。

乙:对,规律已经都找清了。

甲:那咱要是想进一步开展农村当代中国马克思主义大众化,您觉得怎样的方式会更受大家欢迎呢?

乙:学习这一块吧,我觉得主要还是开会。因为不管是党员还是村民代表,自从王书记开始工作,确实已经养成这个习惯了,如果突然改变的话大家反而会不太适应。宣传力度已经基本固定了,每个月的五号这是基本的,不定期的活动就是打电话下通知。还有,有的村民有问题,现在都知道自动到办公大厅来找我们。

甲:您一直都在提到村民代表,这个村民代表是怎样选出来的呢?

乙:都是开会。我现在是干了8年,8年之前,我刚来的时候,就已经形成村民代表了。王书记这是干了20年整了。一般都是开会,村民选,还有就是主动过来说想当农民代表的,不过我们也得看他们的表现、行为,还有他们的影响力大不大,三年换一届。有的年龄大了,或者有的出去打工,实在没有时间,再一个就是村民代表不能只让某几个人来做,别的人也需要知道村里的制度和政策,也要参会,所以我们就制定了"三年一届"的准则。党员就更不用说了,只要王书记不出去讲课,就会给大家开大会,讲讲新政策。一般如果不是新政策就不是这么大规模,因为平日里大家已经都清楚了。

甲:感觉您跟王书记挺熟悉的,村两委是不是经常协调工作?

乙:我们这些人都是一起的呀,虽然王书记整天出去学习、作报告,但是对于他的工作作风我们都非常熟悉,王书记非常支持我们,我们也很有干劲儿。不光我,其他村两委的职工也都是这种感觉。

甲:那王书记平时的工作职责包括哪些呢?

乙:所有村里的事情他都要管着、都要问着,所以说王书记很累,他又是县里的常委,开会什么的他都得去,指导我们的工作基本都是早晨早加班、晚上晚加班,白天干县里那些、去开会,晚上、早晨调度我们的工作。所有的园区、村民、村务这些他都过问,他也都知道。

甲:现在深刻地感觉到,村里有一位好干部真的是太重要了。

乙:是的。太重要了啊。

甲:最后一个大问题,我想问问咱们村信教的情况怎样?

乙:几乎是没有的。老年公寓里几个七八十岁的老年人没有事儿,吃完晚饭在那里坐坐,聊聊就回家了,不像一些农村对宗教的极度迷恋,那些极端情况我们没有。对了,再跟你说,我们村从来也都没有子女不孝顺的问题,因为村里给老人在老年公寓里配的东西都是统一的,只要拿上衣服、锅碗瓢盆,就能进去住,装修都非常整齐的,生活上就没有什么问题可以吵。

甲:所以咱们这儿甚至连一些不良的民风民俗都没有吗?

乙:没有,因为这些村民都知道什么是好事儿、什么是坏事儿,意识都转变得很好。特别是那些七八十岁的老党员开完会之后,心里都很清楚。纠纷什么的都没有。我们村两委对每一家每一户的情况也都很了解,你说一个名字,我都能反应过来他住在哪一栋楼的哪一户。你不要惊讶,这个问题就相当于一位老师教班里的学生,她也会非常了解每位同学的情况,你如果让我去和老师交谈,我也会不可思议,觉得这怎么可能做得到呢?换个思维其实是一样的。如果你到我们村工作,可能一年、两年不清楚,但是如果三年五年,你可能会比我干得更好。首先还是王书记政策好,他带领我们,他走的路正直,我们村走的路就正直,大家都有精神、有干劲儿。

访谈记录(四)

访谈时间:2019年8月3日

访谈方式:面对面

访谈地点:山东省临沂市郯城县埝里村

被访谈人:李女士,外出打工(以下简称“乙”)

访谈人:刘女士(以下简称“甲”)

访谈内容:

甲:咱们这边有没有什么特色活动呢?

乙:有的时候会在这个广场里放电影。

甲:一般都是什么类型的电影呢?

乙:距离上次有个把月了,宣传关于教育的、国防的。广场还是经常有活动的,上次有一个是关于家庭教育的宣传片,然后就是一部抗日电影,然后有的时候就是会有一些文化汇演。

甲：那姐您平时会去参加这些活动吗？

乙：我不去。我平时不在家，也就星期六、星期天回来一下。其他具体的活动我知道的也不多了，也就知道一点儿广场附近的这些活动。

甲：那村里有没有宣传党的政策或者是习近平新时代中国特色社会主义思想这一类的，姐有没有见过？

乙：有的时候村干部会来问一下。

甲：那这是固定时间还是随机的？

乙：年底吧，或者过节。

甲：那一般像这些信息，他们是怎么提供给你们的？

乙：有个埝里微信群。有时候也打电话。

甲：那他们是每家每户的电话都知道？

乙：那应该是都知道吧。像那种经常在家里待着的，肯定会有底儿。主要是这个村就这么大点儿，谁不认识谁啊。村干部对每家的电话都会有个了解。

甲：那村里还有面向大家的一些特殊政策吗？

乙：其他的我也不太知道了。主要是很少在家。

甲：那咱们这儿有没有信基督教的？

乙：有啊。有信耶稣、基督教的，但是不多，而且一般都是上了很大年纪的。因为有些老人在家没事，信教的话还能跟人一起出去唱唱歌什么的，相当于是一种消遣活动，现在村里信耶稣的都有这样一种趋势。主要是些孤寡老人，子女不在家，大家一起聚一聚，也是相当于生活中的文化娱乐活动，也并不是有多么“信仰”。

访谈记录(五)

访谈时间：2019 年 8 月 4 日

访谈方式：面对面

访谈地点：山东省临沂市郯城县埝里村

被访谈人：李先生，电器修理店店主(以下简称“乙”)

访谈人：刘女士(以下简称“甲”)

访谈内容：

甲：咱这边儿有没有人组织学习或宣传党的政策或者是习近平新时代中国特色社会主义思想这一类的？

乙：这个经常有，这个必需的，不宣传不行。政府部门，比如镇政府，它都要求学习这些东西。上边不要求，它就没有了。只要有要求的，就都得做。

甲：能说得再详细一点吗？

乙：就是你刚才说的这些习近平总书记的思想、党的政策，只要是要求的，它都得做。比如党员开会、学习，最近刚弄的“学习强国”。总之，上边国家有的政策、必须办的，它都有。但是老百姓不学习，老百姓没有学的，只有党员才学。

甲：您是党员吗？

乙：我不是党员，我要是党员我就经常开会，知道的更多了。因为我不是党员，所以一般我也不参加。

甲：那也就看看新闻之类的？

乙：对，也就看看新闻之类的，别的一般不看。

甲：那您一般都关注哪些方面的内容啊？

乙：我关注的少，只关注做点什么能够赚钱，别的不关注。

甲：也就是个人收入这一块对吧？

乙：因为那些关注也没有用，跟咱没有利益的事咱关注也没有用，也关注不了，只是说关注一下国家大事。新闻为什么要看？因为根据国家的政策，你才能做生意，才能随着走。你自己不随国家形势走，生意没法做。

甲：村两委没有组织大家学习过吗？

乙：哪有学习的，除非有什么特殊情况。只有选举才能把村里人都叫回来，平时只是党员。你调研这个干什么的？

甲：我是学这个的。

乙：那你以后也要准备到村里，你得在实践中干这个。你要想了解农村的什么东西，就要经常地到农村来，这些基层的事才能了解清楚，光说也说不清楚。就像拍电影一样，有些东西你自己不去亲自体验一下，你拍不出好电影，拍出来也不像。

甲:其实就是想了解一下大家的真实的想法。

乙:得有文化的人,讲他才能理解,如果是没有文化的人,怎么讲他也不理解。就像我们干这些东西,必须懂原理,不懂原理没法修。大多数干维修的不懂得电器的工作原理。我要是和你们一样上过大学,我现在都能讲课。就像每一个电子元件的工作原理你都要知道。最怕就是把书上的东西念一念,真正的道理是什么他自己也不太清楚。不管在哪个地方上班,学习不能间断,学习一旦间断你就跟不上发展。你就得一直学,活到老、学到老,不能停。知识太厉害了,没有知识,到哪里都不适应。语言知识和你学的专业知识都很重要。语言好了,不但你能把人做好、把事儿做好,还能当领导。你能说到大众的心里,那你就能当领导。要只是极个别认可,那就不行。所以说人一旦做了领导,更要不间断地学习。学得多了才能管教他们,才能说到他们心里想的事情。所以这些就得多读国学,儒家那些学问。国学实际上就是咱们5000年的文化。现在习近平总书记特别推崇这个。实际上国学讲的更多的是自然规律,你不能违背自然规律。比如《易经》所讲的。《易经》实际上就是自然,真正弄懂《易经》就会明白它并不是讲鬼神。

甲:其实就是人和自然的和谐相处。

乙:对的,你就说八卦里有乾、坎,自然就是天,就是乾,坤就是地,《易经》主要讲的就是阴阳平衡,都不能过剩,阴阳不平衡就会出现问题。就像这个电极一样。自然界也是这样,家庭也这样。

甲:您好有智慧啊。

乙:我哪有智慧?《易经》才是最厉害的,包括一些科学发明都可以从《易经》中找到源头。其实咱中国的文化很值得研究,要不然外国怎么都来学这个嘛。崇洋媚外干什么,外国哪有什么好推崇的。现在那些美国等西方国家解决问题都没有中国的手段高明。这些文字记载的东西,学习起来一定要灵活。它们要变,因为自然界本身就是变的,不是不动的。它也变。但是它的变需要条件——根据什么样的条件?才会怎样变?加什么条件就变化成什么样。就像人学好学坏,基本是客观环境造成的,什么样的环境造就什么样的人,人生来是纯净、纯善的,什么都不懂,大脑也什么都没有,类似空白,都是后天灌输出来的。如果不教孩子说话,他到大了也不会说话。

人学好学坏，一般是环境造就的，并且一旦把这些东西印上去了，就很难再把它去掉，特别是坏的东西，更难去掉。就像抽烟喝酒的坏习惯，一旦养成就很难改。像你们老师在讲课的时候，这些东西应该都得让你们知道。是要多看书，这样，别人是不是在忽悠你，你自己心里才能明白。像以前，他们总会来找我让我去听课，听了那么多传销我都没觉得有一个想做的。他们说的话很多是胡说八道。中国总体上都是儒家文化，佛教、基督教，实际上讲的东西都能找到儒家文化的影子。以前毛主席说过："任何东西都没有绝对的。"所以，你们上完学了之后，知道得多，学到得多，说话水平跟学历低的就是不一样。

参考文献

一、经典著作与文献资料

[1]《马克思恩格斯选集》第1～4卷，人民出版社2012年版。

[2]《马克思恩格斯全集》第1卷，人民出版社2002年版。

[3]《马克思恩格斯全集》第40卷，人民出版社1982年版。

[4]《马克思恩格斯文集》第1卷，人民出版社2009年版。

[5]《列宁选集》第1～4卷，人民出版社2012年版。

[6]《列宁全集》第5卷，人民出版社1986年版。

[7]《列宁全集》第14卷，人民出版社1988年版。

[8]《列宁全集》第25卷，人民出版社1998年版。

[9]《列宁全集》第36卷，人民出版社1985年版。

[10]《列宁全集》第39卷，人民出版社1986年版。

[11]《列宁专题文集·论辩证唯物主义和历史唯物主义》，人民出版社2009年版。

[12]《列宁专题文集·论无产阶级政党》，人民出版社2009年版。

[13]《列宁专题文集·论社会主义》，人民出版社2009年版。

[14]《普列汉诺夫哲学著作选集》第3卷，生活·读书·新知三联书店1962年版。

[15]《葛兰西文选(1916～1935)》，中共中央马克思恩格斯列宁斯大林著作编译局国际共运史研究所编译，人民出版社1992年版。

[16]《毛泽东选集》第1～4卷，人民出版社1991年版。

[17]《毛泽东文集》第1卷，人民出版社1993年版。

[18]《毛泽东文集》第6卷，人民出版社1999年版。

[19]《毛泽东文集》第7卷，人民出版社1999年版。

[20]《邓小平文选》第 2 卷，人民出版社 1994 年版。

[21]《邓小平文选》第 3 卷，人民出版社 1993 年版。

[22]《胡锦涛文选》第 2 卷，人民出版社 2016 年版。

[23]《刘少奇选集》上卷，人民出版社 1981 年版。

[24]《刘少奇选集》下卷，人民出版社 1985 年版。

[25]《周恩来选集》上卷，人民出版社 1980 年版。

[26]《李春涛文集》，广东人民出版社 1985 年版。

[27]习近平：《论坚持全面深化改革》，中央文献出版社 2018 年版。

[28]习近平：《习近平谈治国理政》第 1 卷，外文出版社 2018 年版。

[29]习近平：《习近平谈治国理政》第 2 卷，外文出版社 2017 年版。

[30]习近平：《决胜全面建成小康社会　夺取新时代中国特色社会主义伟大胜利——在中国共产党第十九次全国代表大会上的报告》，人民出版社 2017 年版。

[31]中央档案馆编：《中共中央文件选集》第 1～18 册，中共中央党校出版社 1989～1992 年版。

[32]中共中央文献研究室、中央档案馆编：《建党以来重要文献选编》第 4～7 册，中央文献出版社 2011 年版。

[33]中共中央文献研究室编：《建国以来重要文献选编》第 1～20 册，中央文献出版社 1992 年版。

[34]中央党校教务部编：《十一届三中全会以来党和国家重要文献选编(一)》(1978 年 12 月至 1992 年 9 月)，中共中央党校出版社 1998 年版。

[35]中共中央文献研究室编：《十三大以来重要文献选编》(上、中、下)，中央文献出版社 2011 年版。

[36]中共中央文献研究室编：《十四大以来重要文献选编》(上、中、下)，中央文献出版社 2011 年版。

[37]中共中央文献研究室编：《十五大以来重要文献选编》(上、中、下)，中央文献出版社 2011 年版。

[38]中共中央文献研究室编：《十六大以来重要文献选编》(上、中、下)，中央文献出版社 2011 年版。

[39]中共中央文献研究室编:《十七大以来重要文献选编》(上、中、下),中央文献出版社2009～2013年版。

[40]中共中央文献研究室编:《十八大以来重要文献选编》(上、中),中央文献出版社2014～2016年版。

[41]中共中央党史和文献研究院编:《十八大以来重要文献选编》(下),中央文献出版社2018年版。

[42]中共中央党史研究室第一研究部编:《共产国际、联共(布)与中国革命文献资料选辑(1917～1925)》,北京图书馆出版社1997年版。

[43]中国社会科学院经济研究所中国现代经济史组编:《第一、二次国内革命战争时期土地斗争史料选编》,人民出版社1981年版。

[44]《中国的土地改革》编辑部、中国社会科学院经济研究所现代经济史组编:《中国土地改革史料选编》,解放军国防大学出版社1988年版。

[45]江西省档案馆、中共江西省委党校党史教研室选编:《中央革命根据地史料选编》上、下册,江西人民出版社1982年版。

[46]教育科学研究所筹备处编:《老解放区教育资料选编》,人民教育出版社1959年版。

[47]中共中央宣传部办公厅、中央档案馆编研部编:《中国共产党宣传工作文献选编(1937～1949)》,学习出版社1996年版。

[48]中共中央宣传部办公厅、中央档案馆编研部编:《中国共产党宣传工作文献选编(1957～1992)》,学习出版社1996年版。

[49]中共中央文献研究室、国务院发展研究中心编:《新时期农业和农村工作重要文献选编》,中央文献出版社1992年版。

[50]马克思主义传播与大众化研究中心编:《马克思主义传播研究》,中国传媒大学出版社2014年版。

[51]农业部产业政策与法规司编著:《中国农村50年》,中原农民出版社1999年版。

二、学术专著

[1]毕天云:《社会福利场域的惯习》,中国社会科学出版社2004年版。

[2]程贵铭、朱启臻主编:《当代中国农民社会心理研究》,首都师范大学出版社2000年版。

[3]董楚平:《农民战争与平均主义》,方志出版社2003年版。

[4]费孝通:《乡土中国》,北京大学出版社2012年版。

[5]高化民:《农业合作化运动始末》,中国青年出版社1999年版。

[6]高宣扬:《布迪厄的社会理论》,同济大学出版社2004年版。

[7]龚古今、唐培吉主编:《中国抗日战争史稿》(上、下),湖北人民出版社1983年、1984年版。

[8]何一成:《中国共产党思想政治教育史》,湖南大学出版社2011年版。

[9]贺雪峰:《新乡土中国》(修订版),北京大学出版社2013年版。

[10]黄世虎:《中国共产党思想政治教育史简论》,河海大学出版社2016年版。

[11]康来云:《中国农民价值观变迁》,河南人民出版社2008年版。

[12]旷宗仁:《乡村传播中的农民认知行为研究》,中国农业大学出版社2013年版。

[13]李春会:《传播视域下的马克思主义大众化》,人民出版社2013年版。

[14]李春会:《传播视域下的马克思主义大众化》,人民出版社2013年版。

[15]李德芳、李辽宁等主编:《中国共产党思想政治教育史料选编》,武汉大学出版社2009年版。

[16]李贵成:《民工荒视域下的新生代农民工价值观研究》,科学出版社2016年版。

[17]李进:《媒体融合进程中的马克思主义大众化传播研究》,人民日报出版社2018年版。

[18]李秋洪:《中国农民的心理世界》,中原农民出版社1992年版。

[19]刘基、苏星鸿:《网络境遇中当代中国马克思主义大众化传播问题研究》,中国文史出版社2014年版。

[20]陆益龙:《后乡土中国》,商务印书馆2017年版。

[21]吕洁、戴浦之:《农村社会变迁中的文化演进与冲突》,河北人民出版社2015年版。

[22]欧阳恩良:《中国共产党的马克思主义理论学习研究(1921—1949)》,中国社会科学出版社2015年版。

[23]任素琴主编:《马克思主义大众化传播方略》,中国传媒大学出版社2018年版。

[24]孙达人:《中国农民变迁论》,中央编译出版社1996年版。

[25]王爱平:《中国共产党思想政治教育理论的演进及对比研究》,东北师范大学出版社2006年版。

[26]王道勇:《中国农民工的未来》,云南教育出版社2012年版。

[27]王慧:《我国主流意识形态传播研究》,五洲传播出版社2018年版。

[28]王茂胜:《中国共产党思想政治教育简史》,华中师范大学出版社2010年版。

[29]王树荫:《中国共产党思想政治教育史纲(1919—1949)》,党建读物出版社2002年版。

[30]王宪锋:《新媒体时代马克思主义大众化传播路径研究》,沈阳出版社2019年版。

[31]武力、郑有贵主编:《解决“三农”问题之路——中国共产党“三农”思想政策史》,中国经济出版社2004年版。

[32]肖芳:《农村当代中国马克思主义大众化研究》,山东大学出版社2015年版。

[33]薛金慧:《农民文化传统与马克思主义在中国早期实践的互动关系研究》,人民出版社2017年版。

[34]袁银传:《小农意识与中国现代化》,武汉出版社2008年版。

[35]张鸣:《乡土新路八十年:中国近代化过程中农民意识的变迁》,陕西人民出版社2008年版。

[36]张神根:《中国农村建设60年》,辽宁人民出版社2009年版。

[37]张树军、史言主编:《中国共产党八十年重大事件实录》(上),湖南人民出版社2001年版。

[38]赵诤、杨睿等:《农民教育思想研究》(1921～1949),电子科技大学出版社 2014 年版。

[39]周湘莲:《中国共产党思想政治教育内容体系的发展与构建》,中南大学出版社 2016 年版。

[40]周小华:《基于新媒体技术的马克思主义传播》,国家行政学院出版社 2012 年版。

[41]朱国华:《权力的文化逻辑》,上海人民出版社 2017 年版。

[42][德]马克斯·韦伯:《新教伦理与资本主义精神》,于晓、陈维纲等译,陕西师范大学出版社 2006 年版。

[43][德]马克斯·韦伯:《经济与社会》第 1 卷,上海人民出版社 2010 年版。

[44][法]布迪厄、[美]华康德:《实践与反思——反思社会学导引》,李猛、李康译,人民出版社 2004 年版。

[45][法]布迪厄:《实践感》,蒋梓骅译,译林出版社 2012 年版。

[46][美]埃德加·沙因:《沙因组织心理学》,马红宇、王斌译,中国人民大学出版社 2008 年版。

三、论文

(一)期刊论文

[1]习近平:《在党的十九届一中全会上的讲话》,《前线》2018 年第 1 期。

[2]毕朝文:《新民主主义革命时期马克思主义大众化启示——以大众化的主要目标与实现路径为研究对象》,《黑龙江省社会主义学院学报》2014 年第 1 期。

[3]蔡娟:《群众至上:马克思主义大众化的内生动力》,《贵州师范大学学报》(社会科学版)2013 年第 6 期。

[4]蔡文伯、徐玮嘉:《基于布迪厄“场域—惯习”理论对新疆少数民族毕业生就业遭遇的个案分析》,《民族教育研究》2016 年第 3 期。

[5]曾令辉等:《论当代中国马克思主义大众化内涵及其价值》,《广西师

范学院学报》(哲学社会科学版)2008 年第 2 期。

[6]陈斌:《当前农村干部队伍建设的现状与对策——以浙江省 LH 市村两委换届选举为例》,《福建行政学院学报》2012 年第 4 期。

[7]陈方刘:《关于推动当代中国马克思主义大众化的思考》,《中共南京市委党校学报》2008 年第 1 期。

[8]陈红娟:《理念·境遇·利益:马克思主义大众化的三重障碍》,《马克思主义研究》2014 年第 11 期。

[9]陈洁:《高校推进马克思主义大众化机制的思考》,《思想理论教育》2009 年第 23 期。

[10]陈运普、刘士成:《论推进马克思主义大众化的主体条件》,《兰州学刊》2011 年第 10 期。

[11]崔军伟、孙念超:《当前农村社会推进马克思主义大众化的问题与对策》,《广西社会科学》2012 年第 6 期。

[12]邓美英:《农民文化与马克思主义大众化》,《求实》2013 年第 8 期。

[13]丁俊萍、虞志坚:《李达在马克思主义大众化历程中的贡献》,《湘潭大学学报》(哲学社会科学版)2014 年第 3 期。

[14]董馨:《新时代马克思主义大众化传播路径选择》,《重庆社会科学》2018 年第 2 期。

[15]樊荣:《新型国家建构背景下马克思主义大众化的实践形态——以 1949～1966 年农民教育为中心考察》,《青海社会科学》2020 年第 1 期。

[16]范丹卉:《从五四新文化看当代中国马克思主义大众化》,《毛泽东思想研究》2009 年第 1 期。

[17]方小年、曹根记:《毛泽东推进中国马克思主义大众化的理论思考》,《当代世界与社会主义》2008 年第 4 期。

[18]房雪:《新中国成立初期马克思主义大众化路径的历史考察》,《枣庄学院学报》2010 年第 4 期。

[19]高国栋:《马克思主义作为社会常识和公众意识》,《思想政治教育研究》2013 年第 7 期。

[20]高奇、陈明琨:《大数据技术条件下的马克思主义大众化》,《马克思

主义研究》2019 年第 7 期。

[21]宫留记:《场域、惯习和资本:布迪厄与马克思在实践观上的不同视域》,《河南大学学报》(社会科学版)2007 年第 3 期。

[22]郭俊敏:《城市社区当代中国马克思主义大众化的路径》,《新乡学院学报》(社会科学版)2013 年第 6 期。

[23]郭克良、焦金波:《论毛泽东农民马克思主义大众化思想——以大革命时期为对象》,《西北农林科技大学学报》(社会科学版)2012 年第 3 期。

[24]郭理:《分众:马克思主义“化”大众的当代进路》,《安徽师范大学学报》(人文社会科学版)2011 年第 4 期。

[25]郭威:《论马克思“理论转化为物质力量”的思想》,《思想教育研究》2017 年第 5 期。

[26]郭维、富冬青:《“场域—资本—惯习”理论视角下的中国外语教学》,《东北师大学报》(哲学社会科学版)2013 年第 4 期。

[27]郭艳英:《农村基层党组织在推进马克思主义大众化中的作用机制建构——以陕西农村为例》,《理论与改革》2013 年第 4 期。

[28]郝建华、张强:《中央苏区时期马克思主义大众化的宣传体系》,《重庆社会科学》2014 年第 12 期。

[29]郝立新:《当代中国马克思主义的人民性与大众化》,《社会主义论坛》2020 年第 11 期。

[30]郝婉露:《十年内战时期马克思主义大众化的实践和经验研究》,《品牌》(下半月)2014 年第 12 期。

[31]何玲玲:《新中国成立初期马克思主义大众化的基本经验与当代启示》,《马克思主义研究》2016 年第 3 期。

[32]何毅亭:《谈谈推进马克思主义大众化》,《红旗文稿》2021 年第 4 期。

[33]和会宁:《论中国传统文化与马克思主义大众化的一致性》,《求索》2012 年第 8 期。

[34]贺雪峰:《农民行动逻辑与乡村治理的区域差异》,《开放时代》2007 年第 1 期。

[35]胡继冬:《论新时代马克思主义大众化的方法创新——以新国产动漫〈领风者〉为例》,《思想理论教育导刊》2020 年第 2 期。

[36]胡雪萍:《在农村推进当代中国马克思主义大众化的策略研究——基于黑龙江省鹤岗市周边农村调查》,《西南民族大学学报》(人文社会科学版)2011 年第 32 卷第 7 期。

[37]胡艺华、杜敏:《新中国成立初期马克思主义哲学大众化推进方法初探》,《马克思主义哲学研究》2020 年第 2 期。

[38]黄刚:《马克思主义大众化的日常生活维度研究》,《广西社会科学》2013 年第 2 期。

[39]黄红东:《“场域—惯习”论:农民心理文化研究的新工具》,《经济与社会发展》2010 年第 7 期。

[40]解玉喜:《布迪厄的实践理论及其对社会学研究的启示》,《山东大学学报》(哲学社会科学版)2007 年第 1 期。

[41]景丽萍、杨燕:《论马克思主义大众化的本质属性和主体构成》,《山东社会科学》2016 年第 8 期。

[42]李爱华:《马克思恩格斯致力于马克思主义大众化的思想与实践》,《理论学刊》2012 年第 4 期。

[43]李安增:《民族复兴进程中的马克思主义与中国传统文化》,《齐鲁学刊》2014 年第 3 期。

[44]李冬梅:《试论毛泽东在马克思主义大众化过程中对传统文化的丰富和发展——毛泽东的马克思主义大众化思想贡献研究》,《长春工程学院学报》(社会科学版)2013 年第 4 期。

[45]李海星:《马克思主义大众化理论元释——马克思恩格斯论马克思主义的传播与普及》,《东南学术》2013 年第 6 期。

[46]李威娜:《深入理解“马克思主义大众化”内涵的三重视角》,《思想理论教育导刊》2016 年第 11 期。

[47]李祥兴:《新中国成立初期马克思主义哲学宣传普及的历史考察——基于马克思主义大众化的视角》,《马克思主义与现实》2019 年第 5 期。

[48]李祥兴:《延安时期的教育推进马克思主义大众化的历史经验》,《当代世界与社会主义》2014 年第 2 期。

[49]李志峰、梅雄杰:《青年教师工程技术能力培养:场域、惯习与组织改进》,《高等工程教育研究》2017 年第 4 期。

[50]林岩:《当代中国农村推进马克思主义大众化的现实进路——基于农民价值主体的思考》,《理论界》2014 年第 5 期。

[51]刘大维、薛忠义:《当代中国马克思主义大众化的时代意蕴探析》,《东北师大学报》(哲学社会科学版)2014 年第 1 期。

[52]刘建军:《关于当代中国马克思主义大众化的若干问题》,《思想理论教育》2008 年第 7 期。

[53]刘祎莹:《中产阶级子弟在精英大学中的生存图式——基于文化资本、场域、惯习的民族志研究》,《中国青年研究》2018 年第 12 期。

[54]刘长军、谢瑜:《新中国成立初期党报推进马克思主义大众化的历史考察——以〈人民日报〉为例》,《江苏社会科学》2016 年第 6 期。

[55]刘志明:《延安时期我们党是如何推进马克思主义大众化的》,《红旗文稿》2020 年第 19 期。

[56]卢刚、王永磊:《推进马克思主义大众化》,《红旗文稿》2018 年第 19 期。

[57]罗华:《当代中国马克思主义大众化与农民思想政治教育》,《毛泽东思想研究》2009 年第 4 期。

[58]罗会德:《马克思主义大众化的历史进程和基本经验——30 年的回顾与总结》,《社会主义研究》2008 年第 6 期。

[59]罗会德:《五四运动:马克思主义大众化的新解读》,《中共南京市委党校学报》2009 年第 5 期。

[60]骆郁廷:《马克思主义大众化与思想政治工作》,《思想政治工作研究》2008 年第 1 期。

[61]马福运:《井冈山时期马克思主义大众化的实现路径及其当代价值》,《河南师范大学学报》(哲学社会科学版)2011 年第 3 期。

[62]孟献丽、刘林沙:《基于传统文化的马克思主义大众化实现路径探

索》,《中华文化论坛》2013 年第 11 期。

[63]孟献丽、王玉鹏:《实践需要:马克思主义大众化的决定性动因》,《贵州师范大学学报》(社会科学版)2013 年第 6 期。

[64]宁阳:《从中国传统文化视角看马克思主义大众化的实现路径》,《甘肃理论学刊》2009 年第 4 期。

[65]彭恩胜:《影响农村当代中国马克思主义大众化的若干维度》,《求实》2011 年第 8 期。

[66]皮家胜:《推动当代中国马克思主义大众化的几点思考》,《马克思主义与现实》2008 年第 6 期。

[67]戚杰强:《农村基层党组织与马克思主义大众化》,《长江论坛》2013 年第 3 期。

[68]齐霁、杨东:《澎湃与马克思主义在乡村社会的大众化》,《兰州学刊》2011 年第 3 期。

[69]邱柏生:《推进当代中国马克思主义大众化的路径和过程》,《思想理论教育》2008 年第 5 期。

[70]邱幼云:《"场域—惯习"视野下劳动参与的性别化机制——基于一名 80 后流动女性的个案分析》,《中国青年研究》2017 年第 2 期。

[71]瞿琨:《场域理论与马克思主义法学理论的发展——以法官审判行为为例的场域分析》,《上海交通大学学报》(哲学社会科学版)2007 年第 5 期。

[72]任文、徐寒:《社区口译中的场域、惯习和资本——口译研究的社会学视角》,《中国翻译》2013 年第 5 期。

[73]阮成武:《高校教师职业生涯发展的场域转换及惯习重构》,《华东师范大学学报》(教育科学版)2019 年第 5 期。

[74]阮晓菁:《党在农村推进马克思主义大众化的经验》,《中共福建省委党校学报》2016 年第 1 期。

[75]商志晓:《马克思主义大众化何以可能——人民群众是否需要马克思主义以及存在问题、解决方式等》,《东岳论丛》2013 年第 8 期。

[76]石瑛:《五四时期马克思主义大众化探因》,《社会科学战线》2013 年

第 8 期。

[77]孙慧娟:《全面推进农村马克思主义大众化》,《人民论坛》2018 年第 35 期。

[78]孙熙国、路克利:《马克思主义大众化的两个基本前提和两条实现路径》,《马克思主义研究》2009 年第 2 期。

[79]孙熙国、路克利:《马克思主义大众化与马克思主义理论的创新和发展——改革开放三十年来马克思主义大众化的一条重要经验》,《探索》2008 年第 6 期。

[80]谭可可:《论网络新媒体马克思主义大众化传播的三重维度》,《湖南社会科学》2013 年第 6 期。

[81]唐曼莲:《民族地区马克思主义大众化的规律探讨》,《湖南社会科学》2010 年第 6 期。

[82]唐伟锋:《改善社会风气:推进马克思主义大众化的重要条件》,《理论月刊》2014 年第 1 期。

[83]王桂泉、张铁民:《当代中国马克思主义大众化问题研究》,《理论探索》2008 年第 5 期。

[84]王敏:《从“常规”到“惯习”:一个研究框架的学术史考察》,《新闻与传播研究》2018 年第 9 期。

[85]王迁、邓淑华:《关于马克思主义大众化内涵、功能和目的的新认识》,《毛泽东思想研究》2015 年第 2 期。

[86]王让新、吴满意、宋歌:《论马克思主义大众化的战略意义和实现方式》,《毛泽东思想研究》2009 第 6 期。

[87]王树生:《布迪厄的“实践理论”及其对社会学研究的启示》,《社会科学研究》2007 年第 5 期。

[88]王伟光:《马克思主义大众化的时代价值与现实意义》,《红旗文稿》2020 年第 7 期。

[89]王永贵、郭晓禄:《经典作家关于马克思主义大众化路径思想及其当代启示》,《理论探讨》2011 年第 6 期。

[90]魏继昆:《生活:延安时期马克思主义大众化探索的重要领域》,《理

论探讨》2014年第4期。

[91]武月琴:《新中国成立初期在知识分子群体中推进马克思主义大众化的历史经验》,《学校党建与思想教育》2019年第17期。

[92]肖芳、李安增:《融合与共生:马克思主义与中国优秀传统文化——"第六届马克思主义中国化论坛"综述》,《马克思主义研究》2015年第12期。

[93]肖芳、李安增:《中国共产党对农村马克思主义大众化的探索》,《当代世界与社会主义》2012年第1期。

[94]闫金山:《乡村精英隐退何之故——有关社会学的场域、资本、惯习解释》,《重庆社会科学》2007年第6期。

[95]杨发祥:《乡村场域、惯习与农民消费结构的转型——以河北定州为例》,《甘肃社会科学》2007年第3期。

[96]杨柠聪:《主义化体系化大众化时代化科学化:恩格斯对马克思主义的重要贡献》,《毛泽东邓小平理论研究》2020年第5期。

[97]杨全海:《毛泽东推进马克思主义大众化的调查研究路径》,《学理论》2013年第29期。

[98]杨帅:《充分发挥大学生村官的作用　提高农村马克思主义大众化的有效性》,《科教导刊》(中旬刊)2013年第20期。

[99]杨威、刘宇:《论当代家风"场域—惯习"的运作逻辑——基于社会主义核心价值观视域的思考》,《中国特色社会主义研究》2017年第2期。

[100]杨威:《借鉴传统文化传播方式推动当代中国马克思主义大众化》,《思想教育研究》2011年第3期。

[101]杨鲜兰:《大众化是马克思主义的本质要求》,《湖北大学学报》(哲学社会科学版)2008年第3期。

[102]杨亚利:《马克思主义在新农民受众中的传播路径新探》,《探索与争鸣》2011年第7期。

[103]衣俊卿:《马克思主义大众化的民生视角》,《求是》2010年第13期。

[104]于伟峰、李文桥:《胡锦涛对推动马克思主义大众化的重要贡献》,《理论探索》2011年第1期。

[105]俞世兰:《关于城市社区推进马克思主义大众化的思考》,《吉林工程技术师范学院学报》2012 年第 8 期。

[106]詹学德:《推动农村当代中国马克思主义大众化的思想文化制约性因素分析》,《襄樊学院学报》2010 年第 9 期。

[107]张达:《新媒体语境中的马克思主义大众化》,《前沿》2013 年第 15 期。

[108]张红云:《当代中国马克思主义在农村的大众化》,《理论学习》2011 年第 3 期。

[109]张红云:《农村马克思主义大众化的现实困境与成因分析——以沂蒙老区农村为例》,《学理论》2011 年第 7 期。

[110]张雷声:《必须加强马克思主义理论学科制度建设》,《思想理论教育》2010 年第 7 期。

[111]张强清、张宏卿:《中央苏区时期马克思主义大众化的路径与基本经验——以马克思主义研究会为中心的考察》,《赣南师范学院学报》2012 年第 4 期。

[112]张书军、高乃云、向往:《民族地区马克思主义大众化实现路径研究:以四川民族地区为例》,《毛泽东思想研究》2014 年第 1 期。

[113]张志安:《新闻场域的历史建构及其生产惯习——以〈南方都市报〉为个案的研究》,《新闻大学》2010 年第 4 期。

[114]章剑锋:《大众文化:马克思主义观塑造的新场域》,《云南社会科学》2012 年第 6 期。

[115]赵勇:《马克思主义大众化及其实现路径》,《思想理论教育》2008 年第 7 期。

[116]钟瑞添、张艺兵:《论中国传统文化与当代马克思主义大众化》,《科学社会主义》2012 年第 5 期。

[117]钟小林、钟瑞华:《农村党组织推进马克思主义大众化的路径探析》,《云南社会主义学院学报》2013 年第 2 期。

[118]仲逸智:《马克思主义大众化价值的共享与实现——当代中国农村马克思主义大众化的思考》,《河南社会科学》2011 年第 6 期。

[119]周蕴蓉:《关怀民生:马克思主义大众化的有效途径》,《马克思主义与现实》2013 年第 6 期。

[120]朱海:《马克思主义大众化的实现路径与经验总结——以延安时期为中心考察》,《徐州工程学院学报》(社会科学版)2011 年第 6 期。

[121]朱颜、薛忠义:《当代中国马克思主义大众化的内涵与特征》,《河南社会科学》2013 年第 9 期。

[122]邹国振:《大众接受马克思主义大众化传播的机理探析——基于精细加工可能性模型的视角》,《广西社会科学》2012 年第 2 期。

(二)报刊文章

[1]习近平:《加大推进新形势下农村改革力度　促进农业基础稳固农民安居乐业》,《人民日报》2016 年 4 月 29 日。

[2]习近平:《坚持不懈推进“厕所革命”　努力补齐影响群众生活品质短板》,《人民日报》2017 年 11 月 28 日。

[3]习近平:《在 2015 年春节团拜会上的讲话》,《人民日报》2015 年 2 月 18 日。

[4]习近平:《在庆祝改革开放 40 周年大会上的讲话》,《人民日报》2018 年 12 月 19 日。

[5]习近平:《在庆祝中国共产党成立 95 周年大会上的讲话》,《人民日报》2016 年 7 月 2 日。

[6]习近平:《在知识分子、劳动模范、青年代表座谈会上的讲话》,《人民日报》2016 年 4 月 30 日。

[7]《高举新时代改革开放旗帜　把改革开放不断推向深入》,《人民日报》2018 年 10 月 26 日。

[8]《关于 2018 年国民经济和社会发展计划执行情况与 2019 年国民经济和社会发展计划草案的报告》,《人民日报》2019 年 3 月 18 日。

[9]《夯实中华民族伟大复兴的健康之基》,《人民日报》2017 年 10 月 14 日。

[10]《弘扬宪法精神　树立宪法权威　使全体人民都成为社会主义法

治的忠实崇尚者自觉遵守者坚定捍卫者》,《人民日报》2018 年 12 月 5 日。

[11]《农村改厕　建好更要管好》,《人民日报》2016 年 8 月 8 日。

[12]《我国农业科技进步贡献率达 57.5%》,《人民日报》2018 年 9 月 26 日。

[13]《智能化绿色农业实现提质增效》,《人民日报》2019 年 3 月 29 日。

[14]《中共中央关于加强党的政治建设的意见》,《人民日报》2019 年 2 月 28 日。

[15]《中共中央关于认真学习宣传贯彻党的十九大精神的决定》,《人民日报》2017 年 11 月 3 日。

[16]《中共中央、国务院关于坚持农业农村优先发展做好“三农”工作的若干意见》,《人民日报》2019 年 2 月 20 日。

[17]《中共中央、国务院关于实施乡村振兴战略的意见》,《人民日报》2018 年 2 月 5 日。

[18]《中共中央、国务院印发〈乡村振兴战略规划(2018～2022 年)〉》,《人民日报》2018 年 9 月 27 日。

[19]《中国共产党党组工作条例》,《人民日报》2019 年 4 月 16 日。

[20]袁银传:《建设具有强大凝聚力和引领力的社会主义意识形态》,《人民日报》2018 年 6 月 3 日。

[21]仲祖文:《始终坚持农村基层党组织领导核心地位不动摇》,《人民日报》2015 年 6 月 21 日。